전도에 관한 만물의 이치와 원리

전 도 학

김 경 섭 지음

20여 년 동안 기도와 눈물로 얼룩진 목회 현장에서 몸소 체험하고 터득한 전도에 관한 만불의 근본 이치와 핵심 원리를 진솔하게 기록한 책이다.

도서출판 조은

전도에 관한 만물의 이치와 원리

전 도 학

인쇄일 | 2015년 9월 15일
발행일 | 2015년 9월 15일

지은이 | 김경섭
펴낸곳 | 도서출판 조은
발행인 | 김화인
편집인 | 김진순
디자인 | 김진순
주소 | 서울시 중구 을지로20길 12 대성빌딩(인현동1가, 405호)
전화 | (02)2273-2408
팩스 | (02)2272-1391
출판등록 | 1995년 7월 5일 등록번호 제2-1999호
ISBN | 978-89-94329-68-0
정가 | 25,000원

|서문(序文)|

전도(傳道)는 예수 그리스도의 지상명령(至上命令)이며, 예수 그리스도의 유언(遺言)이며 성도들이 마땅히 행해야 할 의무이며 또한 책임이다. 예수님의 공생애(共生涯)의 시작도 전도의 일부터 시작이 되었고, 그의 제자(弟子)들을 부르신 후에도 가르치고 명령하심도 모두 전도의 일이었다. 성도(聖徒)들이 마지막 끝날까지 해야 할 일도 역시 전도의 일이요, 교회(敎會)의 모든 행사가 모두 전도의 일이라 할 수 있다. 왜냐하면 전도(傳道)의 목적(目的)은 오직 구령(救靈)이기 때문이다.

예수 그리스도께서 십자가 위에서 못박혀 죽으심도 세상을 구원(救援)하시기 위함이요, 교회의 강단에서 부르짖는 모든 목회자의 설교도 오직 구령을 목적으로 하고 있다. 성도라면 어느 누구든지 그리스도의 지상명령(至上命令)을 성심껏 받아들여 열심히 전도의 일을 해야함에도 불구하고, 대부분의 성도들이 "때가 되면 되겠지, 전도할 기회가 오겠지" 하는 식으로 매우 소극적인 자세에 머물러 있어 적극적은 자세는 몇 사람 외에는 거의 찾아볼 수 없는 현대를 살아가는 성도들의 실정이다.

모든 교회들이 전도를 해야한다는 압박감(壓迫感)을 가지고는 있으면서도 전도의 효과와 열매를 거두지 못하고 있고, 여전히 무능한 목회나 현상유지(現狀維持)에 급급한 목회, 혹은 자연 증가에만 기대를 거는 매우 소극적이고 성의가 없는, 주님이 보시기에 부끄러운 목회를 하고 있는 실정이다.

필자(筆者)는 10여 년 동안을 기도하며 전도하다가 드디어 교회를 개척하여 계속 전도에 열심을 다했다. 이로 인해 세상으로부터는 온갖 핍박(逼迫)이 많았지만, 주님께서 다 아시고 모든 것을 주님이 책임져 주실 것을 굳게 믿고 위로를 받으면서 전도에 계속 열심을 쏟았다. 이렇게 20여 년 동안을 기쁨을 가지고 전도의 일을 하면서 여러 가지 실지로 체험(體驗)한 전도의 원리들을 조심스럽게 정리하여, 사랑하는 동역자들과 후배들에게 제공하여 알려줌으로써 식어만 가는 현대 전도에 큰 능력과 활력소가 될줄로 믿고 기쁨으로 바라보며 본서를 온갖 정성을 다하여 집필(執筆)하게 되었다. 그리고 이 세상에 수많은 종교 가운데 왜 하필이면 기독교를 믿어야만이 구원을 받으며 천국에 갈 수 있는가에 대해서도, 끝까지 본서를 필독(必讀)하기만 하면 근본 원리를 스스로 깨달아 알 수 있도록 이해하기 쉽게 집필하였다.

끝으로 본서를 집필(執筆)할 수 있도록 불타는 소원을 주시고 은혜와 사랑으로 인도해 주신 하나님께 먼저 감사와 찬양을 드리며 영광을 돌립니다. 또한 아낌없는 사랑과 격려(激勵)로 힘이 되어 주시고, 인도해 주신 문화평 목사님, 류한상 목사님, 구한나 목사님께 깊은 감사를 드립니다. 여러모로 자상(仔詳)하게 조언(助言)해 주신 김언규 목사님께 깊은 감사를 드립니다. 성민교회(聖民敎會)가 힘들고 어려울 때 물심양면(物心兩面)으로 힘이 되어 주신 박오수 장로님께 눈물로 감사를 드립니다.

빈곤(貧困)하고 어지러운 환경 속에서도 저를 낳아주시고 정성껏 길러주신 어머님(이수봉)에게 고개 숙여 조용히 감사를 드립니다. 말없이 변함없는 사랑과 격려(激勵)로 아낌없이 밀어준 아내(이정희)에게 깊은 감사를 드리며, 두 아들(재근, 대성)과 자부(애숙, 화영), 여섯 동생들(정숙, 두섭, 우섭, 경숙, 미경, 창섭)에게 조용히 감사의 마음을 전하면서, 부모 형제와 가족의 넓고 깊은 따뜻한 사랑을 다시금 마음 속 깊이 느끼며 새겨 봅니다.

2015년 5월 10일
성민교회 목양실 서재에서
김경섭 목사

추천사(推薦謝)

김경섭 목사님을 생각할 때마다 '광야의 사람' 이라는 생각을 떨쳐 버릴 수 없습니다.

김목사님은 섬기는 교회가 어렵고 힘들 때도 포기(抛棄)하거나 좌절(挫折)하지 않고 오히려 더 열심히 기도하는 모습은 '광야의 사람' 을 연상(聯想)시킵니다.

열악(劣惡)하고 힘든 목회(牧會) 환경(環境) 속에서도 20여 년 동안 한결같이 복음을 전하는 김목사님의 모습은 단순하면서도 주님의 지상명령(至上命令)에 순종(順從)하는 오뚜기 같은 모습이었습니다.

김목사님이 쓴 책은 미사여구(美辭麗句)나 지적가치(知的價値)를 자랑하는 그런 책이 아닙니다. 삶 속에서 실천(實踐)했던 그 전도(傳道)...!! 우리 모두가 반드시 해야 할 전도를 진솔(眞率)하게 소개하고 있는 책입니다.

부족한 제가 이렇게 귀한 책을 추천할 수 있는 영광을 얻게 된 것을 감사드립니다.

21C 목회성장연구소 소장
문화평 박사

추천사(推薦謝)

이 세상의 존재물(存在物)들은 모두가 다 저마다의 책임과 의무와 사명이 있는 것입니다. 하물며 우주 만물 가운데 가장 걸작품인 사람이야말로 더욱 큰 책무가 있음을 망각할 수가 있겠는가요. 유독 사람만이 하나님의 형상으로 지은 바 되었다고 했습니다. 하나님의 형상은 그 마음과 생각, 뜻뿐만이 아니라 언어와 행동, 열매와 같은 모든 것이 질서 정연한 그 자체의 삶인 것입니다.

금번에 사랑하는 김경섭 목사님께서 '전도학' 책자를 지면을 통하여 적나라하게 사람들에게 호소(呼訴)하시듯, 간청(懇請)하시듯 자신을 통하여 하나님의 원하시는 참 마음을 피력(披瀝)하였습니다.

디모데 후서 4장 1절과 2절을 더욱 생각하게 하는 채찍을 맞게 해 주었습니다. "하나님 앞과 산 자와 죽은 자를 심판하실 그리스도 예수 안에서 그가 나타나실 것과 그의 나라를 두고 엄히 명하노니, 너는 말씀을 전파하라 때를 얻든지 못 얻든지 항상 힘쓰라, 범사에 오래 참음과 가르침으로 경책(警責)하며 경계하며 권하라" 고 했습니다. 하나님의 사람된 자의 덕목이요 삶의 도리를 명령하셨습니다. 지극히 당연한 것은 일상적인 것입니다. 우리가 먹고 입고 자고 깨고 숨쉬는 일상이 이상한 것으로 여기는 종합 에너지 원이 되는것이지요. 주님도 "일하기 싫거든 먹지도 말라"고 하셨잖

아요. 일하기 위해 먹는 것이지요. 무슨일을 해야 하나요? 어리석은 자문(諮問)이지요. 주님의 일을 위하여 우리는 늘 힘을 다 해야 할 것입니다. 주님의 일은 살리는 일입니다. 살리는 것은 사는 것입니다. 생명보다 귀한 것이 어디 있겠습니까? 주님께서 우리를 값매겨 주셨지요. 한 영혼이 천하보다도 귀하다고요. 그리고 주님의 참 맘을 우리에게 알려 주셨습니다. 모든 영혼이 다 구원얻기를 그토록 원하고 계십니다. 회개를 외치고 계십니다. 우리 모두 주님의 명령을 몸소 받아 오늘 다시 하나님의 사자(使者) 김경섭 목사님을 통하여 다시 한번 듣고 각성하여 전도의 귀업을 이루십시다. 간절한 절규(絕叫)의 심정으로 우리에게 외치는 하나님의 사자 그 심정과 행동이 우리 모두에게 동참을 호소합니다.

아무쪼록 이 책이 모든 이들에게 읽혀지고 삶의 목적과 도리와 책무(責務)를 발견하여 이 생명 다할 때까지 주님을 기쁘시게 해드리는 참 삶의 생활을 이룰 수 있기를 간절히 바라고 이 책을 추천합니다.

이 시대에 함께 살고 있는 우리 동역자들이여...! 이 시대의 주역들이여...! 참 전도의 사명 온전히 다하여 생명 살리는 일에 앞장설수 있기를 바랍니다. 귀한 전도 사명이 이 한권의 책을 통해 저자와 또한 이 책을 대하는 모든 동지들에게 생명, 생기, 활력의 에

너지가 힘차게 발산(發散)되어 솟구침의 생기가 범사에 부흥의 숨결로 가득할 수 있기를 주님의 이름으로 축원드립니다.

본서의 필독(必讀)을 모든 성도들에게 강력하게 추천합니다.

서울중구문인협회 회장
중심교회 담임목사
류한상 박사

추천사(推薦辭)

세상이 점점 어두워져 가고 있습니다.

차마 입으로 옮기기 조차 민망(憫惘)한 성적타락(性的墮落), 쾌락추구(快樂追求), 배금주의(拜金主義), 인명경시(人命輕視)의 일그러진 사회상은 소돔과 고모라의 타락을 능가하며, 노아의 홍수 전의 세대를 재연(再演)하는 것과 같은 탄식이 저절로 나오게 합니다.

그러나 복음의 일꾼된 우리들은 이 악한 세대의 풍조(風潮)에 이끌려 멸망과 지옥의 영원한 형벌 속으로 휩쓸려 가는 수없이 많은 사람들, 속절없이 죽어 가는 영혼들을 바라보며 더더욱 사명의 허리띠를 동여야 할 것입니다.

왜냐하면 인류의 역사(歷史) 속에 죄악이 관영(貫盈)하면 반드시 심판하시며, 의롭다고 인정하신 사람들을 보호하시고 구원(救援)하셨던 하나님의 공의(公義)와 사랑이 지금도 동일하게 예비되어 시행될 것이 임박하였음을 우리가 분명히 알기 때문입니다.

그 모진, 극한(極限) 고통의 십자가를 지고 우리를 살리시려 죽으시고 부활하신 주님의 사랑에 빚진자된 우리들, 승천하시기 전에 복음의 증인된 제자들에게 주셨던 지상명령(至上命令)을 위해 일할 시간이 얼마 남지 않았음을 자각하고 달려가야 하는 사람들에게,

영혼구원(靈魂救援)의 오직 유일한 방법이며 구원의 문을 여는 전도만큼 중요한 것은 없을 것입니다.

이 중요한 시점에, 전도의 현장을 직접 발로 뛰며 밤낮없이 전도에 생명을 걸고 달려오신 신실한 하나님의 종 김경섭 목사님께서 그리스도의 심장으로 전하며 집필(執筆)한 본서는, 같은 사명(使命)을 가지고 달려가는 하나님의 종들과 사명자들에게 귀한 전도의 동력(動力)을 제공(提供)하는 양서(良書)가 될 것을 믿기에, 기쁨으로 추천(推薦)하며 이책을 대하는 모든 하나님의 일꾼된 여러분들을 축복합니다.

호헌총회신학 · 대학원 학장
구한나 박사

제 1 장

서론(序論)

제1장
서론(序論)

전도(傳道)는 예수 그리스도의 지상명령(至上命令)이요, 그리스도인들에게 있어 꼭 해야만 하는 최고의 의무(義務)이며 책임이다. 전도가 있으므로 교회의 사명(使命)이 살아 있고 전도가 있으므로 교회의 부흥과 발전과 성장이 있다. 구원(救援)을 받은 자라면 어느 누구든지 전도해야 하고, 더구나 교회가 이루어졌으면 날이 갈수록 전도에 불이 붙어야 하고 전도가 더욱 왕성해져야 한다. 주 예수의 강림(降臨)의 날까지 계속되어야 할 교회의 의무는 오직 전도이다. 전도는 천국을 세상에 알리는 일인 동시에 천국으로 안내하는 역할(役割)이다. 천국과 세상 사이에 주 예수가 중보(中保)가 되심같이 전도는 곧 하나님께 구원(救援)받은 인간들이 할 수 있는 중보의 역할이다. 예수께서 하나님의 아들로서 하나님과 세상에 중보(中保)가 되심같이 전도는 예수 안에서 하나님과 죄인 사이를 중재(仲裁)하는 역할을 하는 것이다. 예수의 피흘리심이 없으셨다면 우리의 영혼(靈魂)은 구원을 받지 못했을 것이지만, 마침내

흘려진 예수의 보배로운 피는 천국에 들어갈 수 있는 언약(言約)이 되었다. 그러므로 전도는 불신자들로 하여금 교회로 들어오게 하는 최고의 안내자다. 전도(傳道)는 예수를 믿게 하는 믿음을 줄 수 있는 첩경(捷勁)이다. 누구든지 예수를 믿어야 구원(救援)을 얻을 것인데, 예수를 믿으려면 믿음이 있어야 한다. 또 믿음을 얻으려면 들음이 있어야 하므로 만약 전도(傳道)가 없으면 믿음은 절대(絕對)로 생길 수가 없다.

"그러므로 믿음은 들음에서 나며 들음은 그리스도의 말씀으로 말미암았느니라"(롬 10:17).

전도(傳道)는 전쟁(戰爭)에 비유(比喩)할 수 있다. 전도는 최전방(最前方) 전선(戰線)에서 싸우는 전투(戰鬪)와도 같아서, 불신자들을 전도할 때는 모든 최선을 다해야 한다. 전도는 하나님의 일을 세상 사람들에게 알려 주는 일로서, 죽도록 순종(順從)하고 복종(服從)해야만 하는 하나님의 명령이다.

그리스도인이라면 누구나 체험해 보았듯이 전도는 그리 쉬운 것이 아니다. 우선 세상 사람들은 하나님을 거부(拒否)하고 있다. 그 저항력(抵抗力) 또한 대단하다. 이를 영적으로 해석하자면 당연한 일로 받아들일 수 있을 것이다. 즉 세상은 마귀(魔鬼)의 지배 아래 있기 때문에 마귀는 하나님의 일이라면 그 무슨 일이라도 무조건 훼방(毁謗)하려고 유혹(誘惑)하고 있는 것이다. 마귀(魔鬼)는 어쩔 수 없는 성도(聖徒)들의 원수(怨讐)이다.

마귀(魔鬼)는 어떤 모양으로든지 예수의 복음이 전파(傳播)되는 것을 끈질기게 끝까지 방해하고 막으려고 한다. 이런 전도를 꼭 해야만 하는 이유가 무엇인가? 왜냐하면 전도만이 천국으로 인도하는 유일한 길이요, 하나님 아버지가 기뻐하는 일이요, 예수 그리스도께서 교회에 남겨 놓으신 교회의 유일한 사명이기 때문이다. 하나님이 세상을 이처럼 사랑하사 독생자(獨生子)를 십자가상(十字架上)에서 죽게 하심으로 하나님의 뜻을 다 이루셨다.

"예수께서 신 포도주를 받으신 후 가라사대 다 이루었다 하시고 머리를 숙이고 영혼이 돌아가시니라"(요 19:30).

하나님은 이미 다 이루어 놓으신 이 일을 세상에 알려 주심으로 믿는 자들을 구원(救援)하실 것을 작정(酌定)하셨으니, 우리는 하나님이 하늘에서 작정(酌定)하신 뜻이 아들(예수)을 통하여 다 이루어진 것을 믿는 것이다.이것이 구원에 이르는 믿음이다. 이것이 진리일진대 진리를 모르고 죽어 가는 이들에게 어찌 이 안타까운 심정(心情)을 전하지 않을 수 있겠는가? 이렇게 보건대 전도는 바로 사랑의 실천이며 또한 사랑의 능력이다. 그러기에 전도자에게는 사랑의 능력이 필요하며 전도 대상자를 바로 사랑할 수 있는 사랑의 대상자로 볼 수 있어야 한다. 그러므로 전도는 절대적 사랑 즉 불신자의 영혼(靈魂)을 사랑하는 마음이 없이는 도저히 불가능한 일이다. 예수님께서는 아버지의 부탁하신 일이라면 십자가의 죽음도 거절(拒絕)하실 수 없었던 것처럼 교회의 성도들은 전도를 위하여 생명을 바쳐야 할 것이다.

실로 오늘날 교회가 전도를 목적으로 세워진 것인지, 목회자의 생활을 돕는 직업의 하나로 세워진 것인지 분간하기가 어려울 만큼 전도에 대한 적극성이 결핍(缺乏)된 것이 사실이다. 그러므로 교회가 그 사명을 감당하지 못하고 세상으로부터 동정(同情)을 구하거나 도움을 받는 존재로 전락(轉落)하고 있는 경우도 있다. 전도!! 이것은 주님의 불타는 심정이다. 주님의 적극적인 명령이다. 이를 모르는 것은 진정한 교회가 아니고 그 의의(意義)를 알지 못하는 자는 진정한 신자가 아니다. 신자의 생애(生涯), 그것은 곧 전도자의 생애이다. 한국의 초대교회(初代敎會) 시절에 "예수 천당(天堂), 불신 지옥(地獄)!"이라는 단순한 말로 열심히 전도하는 자들이 많이 있었다.

그러나 시대의 변천에 따른 오늘날에 이르러 더욱더 효과 있는 전도를 위하여 전도 신학인 "전도의 원리(原理)"의 절대적 필요성을 인식해야만 한다. 그저 "교회에 나오세요", "예수 믿으세요", "예수 믿으면 천국 갑니다" 하는 식으로, 듣든지 아니 듣든지, 받든지 아니 받든지 그냥 전하는 형식적(形式的)이고 성의(誠意) 없는 전도가 대부분인 오늘날의 실정이다.

그리고 목회자가 강단에서 "여러분, 다음 주일에 한 분이 한 분씩을 교회로 인도하여 오세요" 라고 아무리 호소(呼訴)할지라도 그 효과는 매우 적다. 이는 전도에 대한 간절함이 없고 전도가 영적 생활에 별 관계가 없는 것처럼 생각하기 때문에 목회자에게 전도에 대한 신학적 이해가 부족하기 때문이다. 우리가 만물 중에 최고

인 인간으로 태어난 것도 너무 감사한데, 하나님의 일을 할 수 있는 존재로 부름을 받았다는 것이 얼마나 영광스러운 일인가? 또 하나님의 일 중, 특별히 예수의 남은 고난(苦難)을 우리 자신들의 육체에 채운다는 것이 얼마나 귀하고 거룩한 일인가? 세상 사람들에게는 하찮은 일같이 보일지라도, 전도는 하나님이 함께하시는 일이요, 전도는 하나님이 기뻐하시는 일이요, 예수님이 흘리신 보혈로 하시는 역사(役事)이니, 이 얼마나 값진 일인가? 모름지기 신자라면 전도를 생의 목적으로 삼아야 할 것이요, 가장 아름다운 사역(使役)으로 삼아야 할 것이다. 전도보다 더 큰 일이 또 어디 있겠는가? 전도가 없는 곳은 지옥(地獄)일 뿐이며 마귀(魔鬼)가 득세(得勢)할 음부(陰府)이지만, 전도가 있는 곳은 주님의 이름과 영광이 있어 마귀(魔鬼)의 일을 멸(滅)하고 귀신(鬼神)을 축출(逐出)한다. 그리고 예수 그리스도의 구원(救援)과 사랑과 평화와 축복과 소망이 넘치는 곳이다. 전도를 향한 꿈은 하나님의 기뻐하시는 뜻이므로 이는 성도들의 간절한 소원이 되어야 한다. 누구든지 그리스도의 은혜(恩惠)를 받으면 자원(自願)해서 기쁜 마음으로 전도하게 된다. 아주 열심 있는 전도자의 전도를 받은 자는 역시 그와같이 열심으로 교회 생활에 전념하는 것을 볼 수 있다.

역시 열심히 전도할려면 전도에 대한 성경적 배경(背景)과 신학적 이해가 필요하다. 이를 무시하면 가장 큰 효과를 발휘해야 할 중대한 때에 그 효과를 얻지 못한다. 이것은 영적 지도자들이 먼저 익히고 있어야 할 일이다. 그리스도인들이 주님의 요구(要求)를 받아들여 그 뜻대로 순종(順從)하며 열심히 움직이기만 한다면 모든 교회들은 부흥이 되고 성장하게 될 것이다.

전도학(傳道學)과 교회 성장학(成長學)을 특별히 구별지을 필요를 느끼지 않을 만큼, 성장학은 곧 전도학의 연속이며 전도학은 성장의 원리(原理)가 된다. **교회의 부흥은 목회자의 소원이지만, 전도는 주님의 불타는 소원이다.** 그런데 한편으로는 교회의 부흥을 훼방(毁謗)하는 이방종교(異邦宗敎)의 세력은 갈수록 왕성해 가고 있다. 현대교회들이 교회 부흥의 꿈을 가지고 갖가지 인간의 수단과 이상적인 방법들을 개발하거나 동원하지만 전도에 대한 불타는 심정(心情)이 없이는 계속적인 부흥은 기대(期待)할 수 없다.

또한 교인들이 전도에 대한 의욕(意慾)이 없거나 그들이 전도에 대하여 무관심한 것은 곧 주의 은혜(恩惠)를 제대로 받지 못한 것이요 그리스도인에 대한 소망과 기쁨이 없기 때문이다. 그런데 교인들이 평생 전도하는데 기쁨을 누리며 전도로 뿌려놓은 씨가 자라고 또 자라서 곳곳에 교회들이 세워진다면, 그 상급과 칭찬은 대단할 것이다. 그런데 인간의 육체는 시간이 가면 갈수록 낡아져 노화(老化)되어 가지만 우리의 속은 날로 새로워진다.

"그러므로 우리가 낙심하지 아니하노니 겉사람은 후패(朽敗)하나 우리의 속은 날로 새롭도다"(고후 4:16).

그러나 육체(肉體)는 흙이니 결국(結局) 흙으로 돌아간다.

"… 너는 흙이니 흙으로 돌아갈 것이니라 하시니라"(창 3:19).

"다 흙으로 말미암았으므로 다 흙으로 돌아가나니…"(전 3:20).

오직 전도(傳道)는 흙으로 돌아갈 육신(肉身)이 세상에 있는 동안만 할 수 있는 가장 거룩한 주님의 최고(最高)로 귀하고 값진 사역(使役)이다.

오늘의 현실을 보면 과거 소돔과 고모라 땅에서나 있었던 성범죄(性犯罪), 일찍이 지구상에서 그 자취를 감추어 버린 폼페이 같은 도시에서나 볼 수 있었던 타락상(墮落象)이 지금 온 천지를 마구 뒤흔들며 난무(亂舞)하고 있지 않는가? 이성(異性)을 육체의 쾌락(快樂)의 도구(道具)로 본다면 이는 바로 짐승이다. 오늘날 사랑이 없이 이성(異性)을 피차 쾌락(快樂)의 도구로만 만족하는 악의 타락상을 보고 있다. 멀쩡한 정신으로 사람을 칼로 토막내는 범죄(犯罪)가 과거 어느 때에 볼 수 있었던 일인가? 청소년들의 범죄와 강탈(强奪), 인신매매(人身賣買) 등이 실로 지옥(地獄)을 방불(彷佛)케 하고 있다. 어린것들이 마약(痲藥)에 중독(中毒)되고 그것을 계속하기 위하여 범죄하고, 또 10대 소년들이 40대 중년(中年)을 겁탈(劫奪)하는 것을 재미로 아는 시대에 살고 있다. 이 모두가 전도의 부족에서 왔다고 생각해 볼 수는 없는가? 교회의 신자들은 보다 더 열심히 눈물을 흘리고 기도하며 죄와 싸워야 하고 불신앙과 싸워야 하고 미신(迷信)들과 싸워야 한다. 오늘날 자녀들로 인해 심각(深刻)하게 고민(苦悶)하고 있지 않는 가정이 거의 없다. 이럴수록 교회는 깨어 눈물로 기도하며 전도를 위해 최선을 다해야 하며 사탄(Satan)의 저주(詛呪) 아래서 죽음을 향해 달려가는 사랑하는 내 형제 자매들을 구원(救援)하기 위하여 오직 전도에 생명을 걸어야 할 것이다.

일부 교회들이 어깨에 띠를 두르고 거리에서 전도지를 나누어 주기도 하고 또는 확성기(擴聲器)를 통해서 크게 소리를 지르고 있지만 그런 방법은 이제 별 효과를 거둘 수 없다. 확성기가 거의 없었던 시대에는 그 소리에 귀를 귀울였을지 모르지만 오늘날과 같이 과학이 고도로 발달한 시대에는 그것이 오히려 심신을 피곤케하는 방해물이 될 수도 있지 않는가? 그러므로 새 시대에는 그 시대에 걸맞는 보다 더 과학적인 전도 방식을 사용해야 한다. 전도를 위해 현대의 교회들은 모든 지혜(智慧)를 총동원 하지 않으면 겨우 힘들게 이루어 놓은 교회마저 더러운 세상에 오염되고 말 것이다. 고로 현대의 전도는 전투처럼 생명을 걸고 최선을 다해 전진해야 겨우 방어하는 격이 되는 것이다. 대체로 전도는 누구나 하면 되는 것이기에 특별한 방법을 생각하려 하지 않는다. 전도는 복음을 전하기만 하면 그 임무를 다한 것이라 하는 자도 있을 것이다. 그러나 전도를 받은 자들을 계속적으로 양육하는 것이 전도하는 것과 같이 중요하다. 전도를 받은 자들의 믿음을 계속적으로 지속(持續)시켜 줄 수 있어야 만이 전도의 열매를 확실하게 얻을 수 있다. 어쨌던 전도는 하나님의 지상명령(至上命令)이니 우리는 꼭 그 일에 절대 순종(順從)하며 감당(堪當)해 내야만 한다. 교회는 오직 전도해야 한다. 전도는 성령(聖靈)이 가르쳐 주셨고 또한 성령께서 함께 역사(役事)하시는 일이다. 예수는 하나님 보좌(寶座) 우편에 앉으신 후 온 세상 인류에게 그의 일이 증거(證據)되도록 하기 위하여 성령을 충만히 부어 주셨다.

> **"하나님이 오른손으로 예수를 높이시매 그가 약속하신 성령을 아버지께 받아서 너희 보고 듣는 이것을 부어주셨느니라"**(행 2:33).

전도(傳道)는 어느 누구에게 미루거나 어느 누구를 핑계할 수 없는, 그리스도인이라면 어느 누구나 마땅히 해야 할 지상명령이며 사명(使命)이다. 전도는 인간의 영혼(靈魂)을 진정으로 사랑하는 자만이 감당할 수 있는 임무이다. 또한 십자가 위에서 고난을 받으신 주님의 뜻을 따르는 신자된 자의 도리이기도 하며, 주님을 진정으로 사랑하는 자의 사랑의 순종이기도 하다. 오늘날 대부분의 신자들에게 있어 전도의 사명에 대한 관심이 부족하고 구령(救靈)에 대한 의지가 빈약하다. 이는 여태껏 잘못 전해 내려온 전통 때문이다. 이런자들의 전도는 군인이 무장도 하지 않고 전쟁에 나가는 것과 같아서, 원하는 만큼의 성과가 이루어지지 않는다. 그러므로 전도의 실천에 관한 지혜(智慧)를 캐내어 다시 정립(定立)하고, 신자(信者)이면 누구나 꼭 그렇게 해야 한다는 분명한 사실을 가슴 깊이 심어 주어야 할 것이다.

현대교회(現代敎會)의 실천(實踐) 학문學問) 중 전도에 관한 실제(實際) 이론(理論)이 매우 빈약(貧弱)한 것은 전도에 더욱 무관심하게 하는 원인이 되었고, 이에 따라 전도하지 않는 죄에 대한 두려움도 잃고 있는 것이다.

필자(筆者)는 전도에 관한 종래의 수많은 서적과는 달리 이론의 중복을 떠나서 오직 성령(聖靈)으로 새롭게 전도하는 실천 신학 분야의 일환(一環)으로 다루고저 한다. 우리가 함께 알아야 할 것은, 하나님은 인간을 너무나 잘 아시고 인간에게 필요한 말씀과 은혜(恩惠)와 은사(恩賜)와 능력(能力)을 내려 주셨다는 것이다. 그러므로 은사적 면으로서의 전도 전략(戰略)을 다루면서 본인의 20여년 동안의 전도 경험(經驗)을 토대로 한 실증(實證)을 체계화(體系化)하여, 시대에 맞는 전도의 전략을 시도해 보고자 한다. 주먹구구식 보다 체계적(體系的)인 전략을 제시해 줌으로써 교회의 부흥은 물론 주님의 원하시는 구령(救靈)의 한 부분을 채워보고자 한다. 교회들이 전도의 기술적인 책임을 회피(回避)함으로써, 부흥되지 않는 것에 대한 책임을 다른 이유로 돌려서는 결코 안될 것이다. 전도는 부활(復活)하신 주님께서 오늘날에도 인정하는 것이다. 사람의 노력과 성령(聖靈)의 힘으로 할 수 있는 하나님과 인간의 거룩한 합작(合作)이다. 교회의 모든 일 중에 하나님께 영광을 돌리지 않는 일이 없지만, 전도에 대해 특별한 관심을 가지고 깊이 연구하여 적극성(積極性)을 띤다면 이보다 더 큰 하나님의 보람된 일은 없을 것이다. 오늘날 교회에는 전도에 대한 실제적인 영혼(靈魂)을 사랑하는 불타는 사명(使命)이 없는 실정이다. 지도자를 양성(養成)하는 많은 신학교에서도 전도에 대한 구체적(具體的)인 교육과 훈련이 되지 못하고 있기 때문에, 전도에 대한 실천은 신학교를 나온 초년(初年) 목회자(牧會者)들이 늘 당황(唐慌)해 하는 문제이기도 하다. 전도에 관한 훈련을 무시하거나 이에 대한 지식이 없어 그대로 방치(放置)하면 결국 교세(敎勢) 확장(擴張)에도 큰 지장을 가져오고 교회 부흥(復興)은 더더욱 힘들 것이다.

오로지 교회는 전도에 눈을 크게 떠야 하고 전도를 위한 적극적(積極的)인 세밀(細密)한 계획을 수립(樹立)해야만 한다. 전도는 신자의 평생의 의무(義務)요, 하나님이 눈동자와 같이 지켜 보시는 성도(聖徒)의 평생의 사명(使命)이다. 교회는 날마다 전도를 위해 전적으로 기도하고, 또 기도하고 전도하며 전도에 총력(總力)을 다하여 교회를 날로 부흥시켜 나가야 한다.

전도는 매일마다 눈물로 간절히 기도하며 연구하고 과감히 실천하면 한만큼 되는 것이 또한 전도이다. 이제부터 영혼(靈魂)을 사랑하는 불타는 사명(使命)을 가지고 전적으로 기도하며 이 생명 다 바쳐 이 세상 마지막 한 순간까지 전도하여 유종지미(有終之美)를 거두어야 할 것이다. -아멘-.

제 2 장

전도의 의미(意味)

제 **2** 장

전도의 의미(意味)

천국(天國)은 아직 이 땅위에 살아 있는 인간이 가 보지 못한 곳이지만, 미래에 갈 수 있는 가장 행복한 곳으로 여기는 나라이다. 누구든지 그곳은 억압(抑壓)이나 슬픔, 괴로움이나 어려움, 가난이나 걱정, 고통이나 아픔이 없는 곳으로 믿고 있다. 인생은 세상을 살아가는 동안 수많은 역경(逆境)을 치르며 욕구(欲求)를 충족(充足)시키지도 못한 채 살아가며, 소원도 이루지 못한 채 속고 속이며 살아가고 있다. 인간은 이 세상에 태어나서 어린 아기로 얼마 안 있어 청년을 지나 장년이 되고, 장년이 곧 바로 늙은이가 되어, 결국은 앞서거니 뒷서거니 이 세상을 떠나게 되고 다시는 올 수 없는 자가 되어 버리는, 허무한 생애(生涯)를 통과한다. 이렇게 어이없고 허무한 인생에게 천국이 존재하지 않는다면, 이는 짐승과 같은 것이요 자연의 어느 일부분일 뿐이다.

이렇게 소망 없는 인생에게 삶에 대한 두려움과 죽음에 대한 두려움까지 겹치고, 이에 더하여 자아(自我)를 비관(悲觀)하는 탄식

주의(歎息主義)에 빠져 버리게 되면 인간의 발전은 여지없이 정지되고 만다. 또한 '사람이란 무엇인가?' '나는 과연 무엇인가?' 하며 자아 분석(分析)에 빠져 버리면 세상을 미워하는 염세주의(厭世主義)를 낳게 되고, 결국은 자기라는 가치를 세상 속에 묻어 버리는 허무주의(虛無主義)에 빠져 버리게 된다. 인간은 신과 상대하는 높은 수준에 살고 있는 인격적(人格的) 존재로 동물의 가치 그 이상으로 취급을 받을 수 있는 존재이나, 여전히 보이지 않는 하나님에 대한 회의(懷疑)에 사로잡혀 결국 허무주의를 발생시켰다.

그러므로 철학(哲學)은 인간의 삶에 대한 책임의 한계성과 또 각 개인의 위치에 대한 해답을 꾸준히 찾아 가고 있는 것이다. 만약 인간에게 이런 철학적 과정이 전혀 용납될 수 없었다면 인간은 여전히 원시적 수준에 머물러 있었을 것이다. 인간은 두 발로 걸어 다닌다는 차이점에서 하등(下等) 동물보다 우월(優越)한 존재로서의 인간을 의식하기 시작했고, 이에 더 나아가 창조주(創造主)의 거취(去就)에 대하여 상상하기에 이르렀다. 이렇게 하여 인간은 하나님을 알 만한 종교성(宗教性)이 있는 존재임을 드디어 스스로 발견해 낸 것이다.

인간(人間)은 일찍이 에덴(Eden) 동산에서 하나님께 불순종함으로 인간은 하나님과 단절(斷絕)된 삶의 골짜기를 너무 깊게 이루어 놓고 말았다. 그러나 어딘가에 계실 창조주(創造主)를 찾으려고 각자의 나름대로의 종교적 의식과 정신을 나타냄으로써 미신(迷信)이 발생하게 되었고, 신에 대한 각자의 추측으로 인하여 초월적(超越的) 존재에 대한 이미지를 나타내려고 힘쓰게 되었다.

자연 종교는 인간에게 반드시 두려운 존재가 계신다는 미신적(迷信的)인 행습에서 가상적(假象的) 신과의 관계를 유지해 왔다. 이것은 세월이 흘러갈수록 이 사회가 공동 사회의 구조 현상(現象)을 나타냄으로 자연 종교는 개인적인 차원(次元)에서 이웃에게로, 이웃에서 지역으로 확산되어 이제 공동의 행위(行爲)로 확산되어 가기 시작했다. 이로써 풍습(風習)이 생기고 전통(傳統)이 마련된 것이다. 이제 더 이상 신(神)은 두려운 존재에서 벗어나 공경(恭敬)의 대상(對象)으로 떠오르게 되었다. 이와같은 종교적 심성(心性)은 더욱 강하고 능력(能力)이 센 존재를 사모(思慕)하게 되었고, 자신들의 사회를 지켜 줄 것을 기대(期待)하는 종교적 바램으로 수호신(守護神)을 봉양(奉養)하게 되었다. 인간의 힘 이상의 힘을 가진 수호신을 믿음으로 외부의 침입자로부터 자신들의 생명을 보호하고자 하는 또 다른 차원(次元)의 믿음을 발전시켰다.

설령(設令) 인간은 신을 볼 수 없어도 신은 인간을 감찰(監察)하기에, 신을 섬기는 것은 결국 인간에게 유익을 가져오며, 신을 노엽게 하는 것은 결국은 신의 도움을 받지도 못할 뿐만 아니라 화(禍)를 받게 된다는 확신(確信)이 무속신앙(巫俗信仰))으로 하여금 뿌리를 내리게 했던 것이다.

인간은 외부나 자연 현상(現象)으로부터 받는 두려움을 제어(制御)하기 위하여 그것들 보다 더 힘세고 무서운 신을 자기들의 수호신(守護神)으로 삼고 그 신으로부터 보호받기를 소원(所願)하며 살아가고 있는 것이다.

가까운 동족(同族)에게 진실로 기독교(基督敎)의 참다운 이치(理

致)를 알게 해주고 깨우쳐 주고자 노력하고 힘쓰고 애쓰는 것을 한 마디로 전도(傳道)라고 할 수 있다. 종교에는 오로지 그 신으로부터 자유하려는 목적만이 있을 뿐이다. 그러나 기독교는 하나님께 가까이 가게 함으로 오히려 구원을 얻게 한다. **오직 인간에게 구원을 주시는 분은 전능하신 하나님 한 분이시다**(욘 2:9).

▶ 기독교는 전 인류를

① 두려움으로부터 구원(救援)하며,

② 질병(疾病)으로부터 구원(救援)하며,

③ 미신(迷信)으로부터 구원(救援)하며,

④ 타종교(他宗教)로부터 구원(救援)하며,

⑤ 불신앙(不信仰)으로부터 구원(救援)하며,

⑥ 죄(罪)로부터 구원(救援)한다.

오직 **전도(傳道)는 전 인류의 구원(救援)을 그 목적으로 하고 있는 것이다.**

전도(傳道)는 천국(天國)의 복음(福音)을 듣게 하는 것이다. 복음은 이 세상에서는 전혀 들어 볼 수 없는 새로운 복된 소식으로서, 인생의 저 너머에 제2의 영원한 복된 삶이 있음을 들려주는 것이다. 그러므로 전도에 있어서 반드시 있어야 할 것은 전도의 내용에 대한 책임(責任)이 확실해야 한다는 것이다. 즉 전도(傳道)는 오직 성경(聖經)에 근거(根據)를 두어야 한다는 것이다. 그렇게 될 때에 전도(傳道)는 성경적(聖經的) 전도(傳道)가 되는 것이다.

"만일 나팔이 분명치 못한 소리를 내면 누가 전쟁을 예비하리요" (고전 14:8).

성경적 전도(傳道)는 성경이 주장하는 바 예수 그리스도의 도(道)를 전하는 의무(義務)를 말한다. 세상에는 종교(宗敎)마다 그들 나름대로의 경전(經典)을 가지고 있다. 그러나 기독교(基督敎)가 가지고 있는 성경은 그것들과는 전혀 다른 것이다. 경전(經典)은 교리(教理)와 예전(禮典)과 예식(儀式) 등을 설명하고 이론과 주장이 있을 뿐이지만, **성경은 수많은 사람들이 각각 다른 시대에 하나님을 직접 체험(體驗)한 사실을 1,600여 년에 걸쳐서 40여 명이 기록한 엄청난 책이며, 사랑하는 후손들을 구원하기 위하여 기록한 책이다.**

아무리 악한자라도 자기 자식에게는 좋은 것을 줄 줄 알지 않는가? 어느 누가 거짓을 자기 후손들에게 가르쳐 주겠는가? 여기에 바로 진실이 있다. 또한 성경의 가르침의 권위(權威)는 하나님이 성령(聖靈)으로 그 증거(證據)를 보증하여 주신다는 데 있다. 전도는 하나님께서 그의 아들에 관한 내용을 성령으로 가르쳐 주신 것을 전하는 것이 그 주요 핵심이며 골자(骨子)이다.

"너희가 성경에서 영생을 얻는 줄 생각하고 성경을 상고(詳考)하거니와 이 성경이 곧 내게 대하여 증거(證據)하는 것이로다"(요 5:39).

하나님은 전도(傳道)를 통하여 이 세상(世上) 땅 끝까지 하나님의 아들에 관한 것을 알게 하려 하신다. 하나님의 아들은 아버지의 약속(約束)을 이루기 위하여 십자가(十字架) 위에서 피흘려 죽기까지 복종(服從)하셨으니(눅 22:42), 그의 복종(服從)하심으로 인류(人類)에게 큰 구원(救援)과 믿음이 나타났다.

"그는 주 앞에서 자라나기를 연한 순같고 마른 땅에서 나온 줄기 같아서 고운 모양도 없고 풍채도 없은즉 우리의 보기에 흠모(欽慕)할만한 아름다운 것이 없도다 그는 멸시를 받아서 사람에게 싫어 버린 바 되었으며 간고(艱苦)를 많이 겪었으며 질고(疾苦)를 아는 자라 마치 사람에게 얼굴을 가리우고 보지 않음을 받는 자 같아서 멸시를 당하였고 우리도 그를 귀히 여기지 아니하였도다"(사 53:2~3).

"그가 곤욕(困辱)을 당하여 괴로울 때에도 그 입을 열지 아니 하였음이여 마치 도수장(屠獸場)으로 끌려가는 어린 양과 털 깎는 자 앞에 잠잠한 양같이 그 입을 열지 아니하였도다 그가 곤욕(困辱)과 심문(審問)을 당하고 끌려갔으니 그 세대(世代) 중에 누가 생각하기를 그가 산 자의 땅에서 끊어짐은 마땅히 형벌 받을 내 백성의 허물을 인함이라 하였으리요"(사 53:7~8).

이러한 예수께서 전파(傳播)되지 않으면 안되는 것이 하나님의 뜻이니 믿음은 들음에서 나기 때문이다. **전도는 오직 예수 그리스도를 전하는 사역(使役)이다.** 하나님은 예수를 통하여 하나님의 뜻을 세상에 알게 하시고 하나님의 사랑을 알게 하시고 영원한 나라를 보여 주셨다. 예수만이 천국에 들어갈 수 있는 길이요, 하나님을 알 수 있는 진리(眞理)요, 영생하는 생명이기에(요14:6), 예수를 초월(超越)한 전도는 아무런 의미(意味)가 없다. 전도는 바로 예수를 세상에 알려 주는 일이다. 예수를 세상에 알려 주는 일은 곧 하나님의 뜻을 세상에 알려 주는 것이다. 니느웨(Nineveh) 성은 요나의 전도를 받고 즉시 회개(悔改)하여 구원(救援)을 얻게 되었다. 요나의 전도 내용은 니느웨 성에 대한 하나님의 계획이었다. 이러한 하나님의 뜻을 전해 들은 니느웨 성은 왕으로부터 가축(家畜)에 이르기까지 모두 베옷을 입고 재에 앉았으니, 전도의 모범(模範)이다. 그러나 오늘날의 전도는 그 보다 크고 중요하니 일개 성(城)에 대한 하나님의 뜻을 넘어 인류(人類) 전체에 미치는 하나님의 뜻이다.

"요나가 그 성에 들어가며 곧 하룻길을 행하며 외쳐 가로되 사십일이 지나면 니느웨가 무너지리라 하였더니 니느웨 백성이 하나님을 믿고 금식을 선포하고 무론 대소하고 굵은베를 입은지라 그 소문이 니느웨 왕에게 들리매 왕이 보좌에서 일어나 조복(朝服)을 벗고 굵은베를 입고 재에 앉으니라 왕이 그 대신으로 더불어 조서(詔書)를 내려 니느웨에 선포하여 가로되 사람이나 짐승이나 소 떼나 양 떼나 아무것도 입에 대지 말지니 곧 먹지도 말 것이요 물도 마시지 말 것이며 사람이든지 짐승이든지 다 굵은베를 입을 것이요 힘써 여호와께 부르짖을 것이며 각기 악한 길과 손으로 행한 강포에서 떠날 것이라"(욘 3:4~8).

전도 없이는 믿음이 생길 수 없다. 오늘날 '지역 복음화', 또는 '민족 복음화'를 위한 특별(特別) 성회(聖會)와 같은 계획이 많이 대두(擡頭)된다. 그런데 여기에 전도라는 목적을 상실(喪失)한 채, 다만 복음화라는 명목 아래 붐을 조성(造成)하는 것으로서 끝내려는 것은 결국 한 순간의 꿈이 되고 말 뿐이다. 전도에 대한 구체적(具體的)인 계획이 없이 꿈만으로 그 뜻을 이루기란 매우 어렵다. 다만 전도란 예수 그리스도의 생애(生涯)를 전해 주는 것이어야 한다. 예수 그리스도의 생애(生涯)를 전하는 것이 곧 하나님의 뜻이기 때문이다.

▶ 하나님의 뜻을 짧게 나타내면

• 하나님이 세상을 이처럼 사랑하사 독생자(獨生子)를 세상에 보내 주셨다.

▶ 하나님의 뜻을 좀 더 길게 나타내면

• 예수님은 하나님의 독생자로서 이 세상에 오셔서 인류의 죄를 지시고 십자가 위에서 죽으시고, 3일 만에 부활(復活)하셔서 40일 만에 하늘에 오르사 하나님 우편에 앉으시고, 10일 만에 예수님이 아버지께 성령(聖靈)을 받아서 최초로 이 땅에 성령을 보내 주셨으니(행2:33), 지금 우리가 보고 들은 이것이 그의 능력이라. 이러한 전도에는 분명한 능력이 따라야 한다.

▶ 하나님의 뜻을 보다 알기 쉽게 길게 나타내면

• 전도설교(傳道說教)를 하는 것이다.

▶ 베드로가 고넬료의 집에서 설교(說教)한 내용(内容).

"만유의 주 되신 예수 그리스도로 말미암아 화평의 복음을 전하사 이스라엘 자손들에게 보내신 말씀 곧 요한이 그 세례를 반포한 후에 갈릴리에서 시작되어 온 유대에 두루 전파된 그것을 너희도 알거니와 하나님이 나사렛 예수에게 성령과 능력을 기름 붓듯 하셨으매 저가 두루 다니시며 착한 일을 행하시고 마귀에게 눌린 모든 자를 고치셨으니 이는 하나님이 함께 하셨음이라 우리는 유대인의 땅과 예루살렘에서 그의 행하신 모든 일에 증인이라 그를 저희가 나무에 달아 죽였으나 하나님이 사흘 만에 다시 살리사 나타내시되 모든 백성에게 하신 것이 아니요 오직 미리 택하신 증인 곧 죽은 자 가운데서 일어나신 후 모시고 음식을 먹은 우리에게 하신 것이라 우리를 명하사 백성에게 전도하되 하나님이 산 자와 죽은 자의 재판장으로 정하신 자가 곧 이 사람인 것을 증거하게 하셨고 저에 대하여 모든 선지자도 증거하되 저를 믿는 사람들이 다 그 이름을 힘입어 죄 사함을 받는다 하였느니라"(행 10:36~43).

이와 같이 **전도의 내용에는 예수 그리스도께서 하신 일이 온전(穩全)히 들어 있어야 한다.** 이러한 전도를 하나님은 기뻐하신다. 하나님은 인류의 사정을 가장 잘 아시고 그것에 맞게 증거(證據)하신다. 전도는 바삐 이루어져야 할 중대한 직무(職務)이기에 성령(聖靈)의 도움을 힘입어야 한다. 교회는 날마다 전투(戰鬪)하는 교회가 되어야 하는데, 전도가 곧 전투하는 교회의 모습이다.

전도가 없는 교회는 교회라고 말할 수 없다. 왜냐하면 하나님은 전도를 오직 교회에만 맡기셨기 때문이다. 천사(天使)들은 인간보다 유리(有利)한 속성(屬性)을 지니고 있어도 교회에게 주어진 전도의 영광을 받지 못했다.

전도는 **하나님이 그의 아들에게 부탁(付託)하신 사역(使役)이요, 또한 예수께서도 그의 몸된 교회에 부탁하신 것이 전도이다.** 전도가 곧 신앙 생활이요 충성해야 할 직분(職分)이라는 것을 우리는 깊이 깨달아 알아야 한다. 교회는 오직 전도라는 속성(屬性)을 가지고 있기 때문이다. 이것을 즐겨 계속 행하고 밤낮없이 진행시킨다면 하나님의 나라는 이 땅위에 속히 이루어질 것이다. 예수님은 12제자를 택하시고 전도를 그의 전적(全的)인 사명(使命)으로 주셨다.

> **"또 산에 오르사 자기의 원하는 자들을 부르시니 나아온지라 이에 열둘을 세우셨으니 이는 자기와 함께 있게 하시고 또 보내사 전도도 하며 귀신을 내어 쫓는 권세도 있게 하려 하심이니라"**(막 3:13~15).

온 천하에 다니며 만민에게 복음을 전파하는 것은 분명한 제자된 도리이다.

> **"또 가라사대 너희는 온 천하에 다니며 만민에게 복음을 전파하라 믿고 세례(洗禮)를 받는 사람은 구원을 얻을 것이요 믿지 않는 사람은 정죄를 받으리라"**(막 16:15~16).

교회는 **전도에 대한 시명(使命)과 동시에 영감(靈感)이 있어야 한다.** 그리고 신자들을 강하게 훈련해야 한다. 전도라는 신비스러운 역사가 날마다 활발하게 일어날 때 이 세상에서 죄악의 물결이 날로 세상에서 사라지게 될 것이다.

1. 종교적 의미(意味)

전도(傳道)가 종교적(宗教的) 의미(意味)를 지녔다는 것은 상식적인 것이다. 전도는 종교적 의미를 지닌 용어(用語)로서 확대(擴大)와 지속(持續)의 의미를 수반(隨伴)한다. 종교가 인간에게 끼치는 영향은 지대(至大)하기에 인간은 종교(宗教) 없이 살 수 없다는 사실이 점점 확실(確實)하게 드러나고 있다. 그러나 종교를 크게 위협(威脅)하고 있는 것이 있으니 그것이 곧 문명이다. 문명(文明)은 인간의 삶을 편리하게 해 주는 반면에, 편리한 조건(條件)에만 치우쳐 인간의 정신을 착취(搾取)해 버리는 경향(傾向)이 짙어져 가고 있다.

만일 인간에게서 정신적 가치(價値)를 제해 버린다면 동물과 다를 바가 없다. 인간이 짐승보다 나은 것은 정신적 차원을 가지고 있으므로 문화(文化)를 누릴 수 있다는 점이다. 그러나 매사를 편리 위주(爲主)로 기울게 한 문명의 해택은 인간을 육체에 치우치게 하고 있다. 결국 이것은 육체의 말초신경(末梢神經)만 자극하여 인간을 엉뚱한 방향으로 쓰러져 가게 하고 있는 것이다.

인간은 교육 과정을 통해 육체 속에 정신이 있다는 것을 알게 된다. 육체만 배불리고 편리하게 이끄는 것은 동물적인 삶밖에는 더 얻을 것이 없다. 교육은 인간의 가치 기준을 향상시켜 주고 참된 지도력과 의지를 발휘(發揮)하게 해준다. 인간은 대개 정신적이고 철학적인 차원(次元)에서 즐기려고 하고 있다. 저차원의 삶을 사는 이는 말초신경(末梢神經)의 자극(刺戟)만을 꾸준히 열망(熱望)하나, 좀 더 고차원의 삶을 추구(追求)하는 이들은 정신 쪽에 더 기울어져 있다. 이는 보이는 감각(感覺) 세계보다 보이지 않는 철학 세계를 더 가치 있는 것으로 믿기 때문이다. 철학은 신앙도 철학적으로 해석하려고 한다.

그러나 철학은 신이 존재하지 않아도 그 가치를 가지지만, 신앙은 신이 없이는 그 가치를 잃게 된다. 이런 면에서 종교가 철학적이냐 신앙적이냐에 따라 종교를 찾는 인간들의 신앙심의 깊고 얕음을 결정한다. 기독교는 인간이 접해있는 자연으로부터 탈출하여 더 높은 수준으로 가려고 노력하는 문명과, 또한 그 속에서 탈출해 보려는 종교적 행위로부터 완전한 데로 안내한다.

자연과 함께 더불어 살아가는 인간(人間)을 혹자(或者)는 흙의 일부로 본다. 물론 이것은 태초(太初)에 하나님께서 창조(創造)하신 원리(原理)에 의한 것이다. 그래서 인간은 마침내 호흡(呼吸)이 끊어지면 흙으로 돌아가는 것이다.

> **"여호와 하나님이 흙으로 사람을 지으시고 생기(生氣)를 그 코에 불어 넣으시니 사람이 생령(生靈)이 된지라"(창 2:7).**
> **"네가 얼굴에 땀이 흘러야 식물을 먹고 필경(畢竟)은 흙으로 돌아가리니 그 속에서 네가 취함을 입었음이라 너는 흙이니 흙으로 돌아갈 것이니라"(창 3:19).**

그러나 인간은 여기서 끝나지 않는다. 흙은 흙으로 돌아갈지라도 영혼(靈魂)은 어디로 돌아가는가? 인간은 자신에게 영혼이 있다는 것에 부단히 저항하고 있다. 인간에게 영혼이 있을 수 없다는 완강한 고집은, 인간을 유물론적(唯物論的) 사고주의(思考主義)에 빠뜨려 버리고 만다. 결국은 자신을 아무런 가치 없는 먼지로 보고 후손에게 남겨 놓을 것이란 사회의 행적(行蹟)뿐이라며 극단적(極端的)인 사회주의(社會主義)로 빠져 버리고 마는 것이다. 그러나 자연은 인간을 온전히 영접할 수 없다. 다만 이슬처럼 있다가 금방 사라져 가는 육체를 흙(먼지) 속으로 끼어들게 할 뿐이다. 그러면 육체와 평생을 함께 해 온 정신을 어디에 묻을 것인가? 어차피 잠시 있다가 금방 사라져 버릴 인생에게 아무리 훌륭한 편이(便易) 시설을 제공한다 해도 이것 역시 육체의 현실만을 위하는 것일 뿐이다. 그리고 문명 역시 인간의 죽음을 완전히 해결하지를 못한다. 어떤 면에서 문명은 자연보다 더 잔인(殘忍)한 존재이다. 자연은 인간이 흙으로 돌아올 때까지 기다려 주는 시간적인 여유를 주지만, 문명은 인간의 시간들을 도리어 앞당겨 버릴 수 있는 괴물(怪物)이다. 날마다 급증하는 교통 수단으로 인해 인간들이 수없이 죽어 가는 것은 놀라운 소식이 되지 않고 있다. 문명의 발달로 인한 원자폭탄 같은 무기의 발명은 인간 대량 살상(殺傷)의 증표(證標)를 가져다 주고 있다. 그래서 결국 문명은 인간을 온전히 영접하지 못하고 있는 것이다. 인간을 위한 좋은 시설은 날로 발달해 가지만 현실은 분명히 문명으로부터 속박을 받고 있는 것이다. 세계는 장차 이웃 나라로부터 위협을 막기 위해 온갖 무기들로 무장하고 있어 마치 화약의 저장고와 같다. 어느 나라든지 감정의 대립이 심해지면 세계 도처의 화약고는 어느 순간에 연쇄적으로 폭발해 버리고 마는, 전 세계는 위기일발(危機一髮)에 처해 있다.

경제 역시 영혼(靈魂)의 안식처(安息處)는 아니다. 경제의 발달로 잠시 인간의 육체를 유혹(誘惑)할 수는 있어도 인간의 정신을 안정시킬 수는 없다.

오늘날 경제적 발전에 비례(比例)하여 범죄는 급증(急增)하고 있는 실정이다. 마치 지옥(地獄)을 방불(彷佛)케 하고 있다. 가정은 여지없이 파탄(破綻)에 이르고 윤리(倫理)와 도덕은 찾아볼 수 없는 지경이 되었다. 그래서 경제도 인간을 온전히 영접하지를 못하고 있다. 잘 먹고 잘 입고 큰 집에서 잘 살아도 날마다 두려움에 휩싸여 살아가는 인간들은 어쩔 수 없다. 문명(文明)은 하룻밤을 쉬고 가는 여관이다. 온종일 여행에 시달린 몸을 잠시 잠간 쉬었다가, 일어나고 싶지 않는 잠자리를 뿌리치고 또 다른 여정(旅程)을 향해 떠나야 하는 정처 없는 나그네의 여관(旅館)에 불과하다.

철학(哲學)의 발전은 인류에게 큰 공헌(貢獻)을 하고 있다. 자신이 빠져나가 자연을 앞지르고 문명을 앞지르고 시대를 앞지르며 살아가게 한다. 철학으로 사는 것은 시대를 엄청나게 앞지른 첨단의 삶을 사는 것이지만, 이것도 꿈속을 사는 허무한 것이다. 이것도 영혼이라는 실존(實存)을 온전히 영접(迎接)하지 못한다. 그러면 무신론(無神論)과 유신론(有神論)을 모두 수용(收容)하고 있는 종교가 인간을 온전히 영접할 수 있는가? 철학 없는 종교는 불가능하다. 고행이 없는 것은 종교의 의미를 이미 상실한 것이다. 스스로를 훈련하는 노력이 없이는 종교의 지극히 황홀(恍惚)한 그 경지에 도달할 수가 없다. 그러나 계속가고 또 가야만 하는 고행의 길을 영원히 벗어날 수 없는 것이 종교이며 한도 끝도 없는 나그네 여행길이다.

그러나 **기독교(基督教)는 정처 없는 여행자들에게 영원한 안식처를 제공해 준다.** 종교는 행위로서 의(義)를 희망하나, 인간의 행위로는 영원히 불가능한 의(義)를 우리 주 예수께서 이루어 주셨기 때문이다. 예수에 대한 요한의 세례(洗禮)는 하나님의 의를 이루었다. 이로서 그리스도의 공생애(公生涯)가 시작되고 그의 생애는 인류의 모든 고초(苦楚)를 친히 한 몸에 담당하셨다.

> **"예수께서 대답하여 가라사대 이제 허락하라 우리가 이와 같이 하여 모든 의를 이루는 것이 합당하니라 하신데 이에 요한이 허락하는지라"**(마 3:15).
> **"이는 선지자 이사야로 하신 말씀에 우리 연약(軟弱)한 것을 친히 담당하시고 병을 짊어 지셨도다 함을 이루려 하심이더라"**(마 8:17).
> **"이튿날 요한이 예수께서 자기에게 나아오심을 보고 가로되 보라 세상 죄를 지고 가는 하나님의 어린 양이로다"**(요 1:29).

주님은 마침내 십자가 위에서 "다 이루었다(τετέλεσται)"고 선언하셨다.

> **"예수께서 신포도주를 받으신 후 가라사대 다 이루었다 하시고 머리를 숙이고 영혼(靈魂)이 돌아가시니라"**(요 19:30).

이 같은 선언(宣言)은 창세(創世) 전부터 그리스도 안에서 계획(計劃)하셨던 하나님의 뜻을 이루고 동시(同時)에 하나님께 영광(榮光)을 돌리신 것이다.

예수는 길이다. 인간이 끝없이 걸어도 걸어도 지나갈 수 없는 그 길고도 먼 길에 예수께서 친히 길이 되어 주시고, 진리(眞理)가 되어 주시고, 생명(生命)이 되어 주셨으니 이제 인간들은 믿음만으로 아버지께로 갈 수 있게 되었다.

"예수께서 가라사대 내가 곧 길이요 진리요 생명이니 나로 말미암지 않고는 아버지께로 올 자가 없느니라"(요 14:6).

이러므로 인간(人間)들은 이제 다시 쉴 곳을 찾아 고행(苦行)을 하면서 먼 곳으로 여행(旅行)을 할 필요(必要)가 없게 되었다.

"수고하고 무거운 짐 진 자들아 다 내게로 오라 내가 너희를 쉬게 하리라 나는 마음이 온유(溫柔)하고 겸손(謙遜)하니 나의 멍에를 메고 내게 배우라 그리하면 너희 마음이 쉼을 얻으리니 이는 내 멍에는 쉽고 내 짐은 가벼움이라 하시니라"(마 11:28~30).

죽어서 어디로 가야 할지도 모르는 불안한 인간이 예수 안에서는 영육(靈肉)이 모두 쉼을 얻는다. 자연으로부터 배척(排斥)을 받은 정신과, 문명으로부터 시달린 심령(心靈)과, 종교로부터 기만(欺瞞)과 조롱(嘲弄)을 당한 영혼(靈魂)을 능히 편안하게 쉬게 한다. 이로서 인간의 고행(苦行)도 끝났고, 서러움과 소외감(疎外感)도 끝났다. 예수께서 하나님의 이름을 기업으로 받으심으로써 하나님의 아들로서 영광스러운 보좌(寶座)에 앉으심(히 1:3)같이, 우리 또한 그의 이름을 믿고 영접(迎接)함으로써 하나님의 자녀가 되게 하셨다(요 1:12).

"이는 하나님의 영광의 광채(光彩)시요 그 본채의 형상(形象)이시라 그의 능력의 말씀으로 만물을 붙드시며 죄를 정결(淨潔)케 하는 일을 하시고 높은 곳에 계신 위엄(威嚴)의 우편에 앉으셨느니라"(히 1:3).

"영접(迎接)하는 자 곧 그 이름을 믿는 자들에게는 하나님의 자녀가 되는 권세(權勢)를 주셨으니"(요 1:12).

비록 죄가 많은 이 세상에서는 버림을 당한다 할지라도 하나님의 자녀로서 그 궁전(宮殿)에 들어가며 그의 높고 높은 영광(榮光)의 보좌(寶座) 앞에 이른다. 예수는 인생에게 필요한 모든 것을 완성(完成)하셨고 지금 온전히 영접(迎接)하신다. 하나님은 예수에게 인류의 모든 문제를 해결할 것을 부탁(付託)하셨으니, **예수는 인간과 하나님 사이를 연결(連結)해 주는 중보자(中保者)이시다.** 부단(不斷)히 쉼을 찾는 인간에게 완전한 쉼을 제공(提供)하는 이가 바로 그리스도이시다. 전도는 여기에서 시작된다. 하나님은 전지전능(全知全能)하신 하나님의 지혜(智慧)로서 인간을 아시고 인간에게 필요한 요소(要素)들를 완전히 해결할 수 있게 하셨으니, 그 일을 맡으신 예수는 인간에게 영원한 안내자(案內者)와 위로자(慰勞者)가 되시며 인간을 가장 잘 아시고 이해(理解)하신다.

사람은 사람을 이해하지 못한다. "열 길 물 속은 알아도 한 길 사람 속은 모른다"는 옛 속담(俗談)과도 같이 인간은 인간을 이해하지 못한다. 실로 자신이 자신을 더욱 이해하지 못하는 것이 인간이다. 그러기에 일찍이 소크라테스는 "네 자신을 알라"고 했다. 그러므로 인간은 스스로의 문제를 해결할 수도 없다. 그러나 우리는 인간의 문제를 완전히 해결할 수 있는 길이요 진리(眞理)요 생명되시는 '예수(Jesus)'라는 시원하고 완전한 해답을 가지고 있는 것이다. 전도(傳道)! 이는 무조건(無條件) 할 수 있는 성질(性質)의 것이 아니다. 또한 전도는 가장 완전(完全)한 것이며 결코 의심(疑心)스러운 것이 아니다. 이렇게 알고 하는 전도는 사람을 구원(救援)할 수 있다. 이 세상은 영원한 쉼을 찾아 헤매이는 이들로 몹시 붐비고 있으니 전도의 대상은 얼마든지 있다.

2. 사회적 의미(意味)

전도(傳道)는 전도자가 세상을 어떻게 보느냐에 따라 열심과 결과가 달라진다. 전도자의 눈은 세상을 향해 크게 뜨고 있어야 한다. 세상은 마치 졸음을 이기지 못하는 택시 기사가 운전하는 택시처럼 아슬아슬하게 질주(疾走)하고 있다. 언제 어디서 어떻게 어떠한 사고(事故)를 일으킬지 아무도 모르는 불안(不安)과 위험(危險) 속에서 비탈길을 내리 달리고 있는 것이다. 세상은 급속(急速)히 변하고 있다. 이런 와중(渦中)에 태어난 사람은 더 좋은 세상을 서둘러 요구(要求)함으로써 더욱 불안한 사회를 만들고 있다. 세상은 옳고 그름을 판단(判斷)해 볼 여지(餘地)가 없이 이념(理念)의 소용돌이 속에 휘말리고 있다. 가난한 사람들은 당장 해결해야 할 식생활의 위협(威脅)에서 벗어나려고 몸부림을 치고 있고, 여유(餘

裕)가 있는 자들은 현실이 불만스러워 더 나은 것을 찾느라고 인간다움을 잃어버리고 있다. 정치하는 이들은 권력(權力)을 잡기 위해 기만(欺瞞)과 술책(術策) 등으로 국민의 마음을 혼미(昏迷)케 하고 있다.

이 나라는 저 나라를 의식(意識)하고 이 민족(民族)은 저 민족을 견재(牽制)하는 가운데 공동 체제(體制)를 이루지 아니하면 살아날 수 없음을 알고 왕래하고 있지만, 자기 나라의 이익을 위해서라면 전쟁도 불사(不辭)하는 당장이라도 터질것만 같은 분쟁의 불씨를 안고 불안하게 살아가고 있다. 사회는 법이라는 질서로 인해 안정을 유지한다. 그리고 질서 속에 사회를 안정시키려면 법은 더 세분화(細分化)되고 더 강화(强化)되어야 할 것이다. 실로 잘된 사회는 제멋대로 자유를 누리는 사회가 아니라, 실은 자신을 스스로 절제(節制)하며 만족을 누리고 사는 사회를 말한다. 무질서한 사회는 자신을 억제(抑制)시키지 못하고 풀어버린 방종(放縱)한 사회를 의미한다. 그래서 사회와 법은 절대적인 관계를 가지고 있다. 소수의 사람들로 공동체를 이루었다 할지라도 법을 만들어 행동을 지시(指示)하거나 제한을 함으로써 공동체를 존속(存續)시켜 나간다. 인간은 생각하는 존재이기에 생각은 모든 순리(順理)를 뛰어 넘어 남의 권리를 무차별 침해하기도 한다. 생각은 인간의 행동을 조정하기도 하므로, 잘못된 큰 일까지도 서슴없이 저질러 버릴 수가 있다. 그러나 생각의 자유까지 제한할 수는 없다. 그러므로 진정으로 자유화된 사회는 말은 자유롭게 하게 하나 행동은 제한하는 제도(制度)를 갖고 있다. 표현의 자유가 제한된 사회는 곧 독재 사회이고 스스로를 보호하는 사회는 자유 사회이다. 스스로를 보호하는 자유에 적응(適應)하지 못할 때에는 타락(墮落)하여 그 사회로부터 추방될 수밖에 없다. 대체로 이런 행동들을 **범죄**(犯罪)라고 할 수 있다.

사람이라면 누구나 태어날 때부터 생각하는 자유와 행동하는 능력을 가지고 있다. 그러므로 이를 길들이기 위해 수양과 교육을 받는다. **수양은 자기를 억제(抑制)할 수 있는 능력을 기르고, 교육은 잠재(潛在)되어 있는 능력을 개발한다.** 그리하여 무한한 상상을 할 수 있는 능력을 개발하고 또 표현할 수 있게 한다. 이렇게 되어 사회는 보다 질서 있게 유지되어 가고 있는 것이다.

어느 사회는 생각을 아편(阿片)처럼 취급하고 생각을 보존시키는 종교적 행위마저 말살(抹殺)시켜 버렸다. 상상력(想像力)이 금지된 사회에서의 인간은 먹기나 하는 짐승이요 노동이나 하는 기계에 불과하다. 기계는 생각하지도 못하고 상상하지도 못한다. 한 인간이 한 세상을 지나는 동안 이렇게 가치 없이 있다가 자취도 없이 가버린다면 이보다 더 큰 비극이 어디 있겠는가? 사회는 개인을 앞세울 수 없다. 게인 앞에 사회가 우선하고 사회를 위해 개인은 희생을 당한다. 결국 법 앞에서 개인의 자유에 대한 개념(槪念)은 사회적 개념으로 바뀌어야 한다. 곧 개인은 법을 초월할 자유를 가지는 것이 아니라, 각각 법을 지킬 자유를 가진다. 이것이 사회인이다. 사회는 여러 계층으로 나뉘워져 있다. 가난한 자가 있고, 부자가 있고, 눌린 자가 있고, 지배하는 자가 있다.

모든 이가 각각 자유하지만 인간 됨을 후회할 만큼 답답하고 괴로운 삶 속에 눌려 있다. 그러기에 지배(支配)하는 자가 되기 위해 경쟁(競爭)을 한다. 이러므로써 사회는 경쟁(競爭) 사회로 접어든다. 경쟁에는 인정 사정이 없다. 오직 성공만을 향한 승부만이 있을 뿐이기에 목숨을 걸고 모험(冒險)을 한다. 또 치열(熾熱)한 경쟁 속에서 늙어 쇠약해진 육체는 사회로부터 은퇴(隱退)와 퇴직(退職)이라는 우울(憂鬱)한 선고(宣告)를 받게 된다. 결국 가치와 힘없는 존재로 밀려나는 것이다. 이제 늙은이들은 진정한 삶이란 것이 무엇인가 하고 지난 날들을 더듬어 보지만, 자기와의 싸움, 사회와의 싸움, 질고(疾苦)와의 싸움, 찢겨진 명예(名譽), 이로 말미암아 상처받은 심령(心靈) 등으로 인생의 무상(無常)함을 절감(切感)한다. 또한 사회는 얻는 것보다 빼앗기는 것을 경험하며 사는 곳이다. 진실로 사회는 두려움과 불안으로 병(病)들어 있다기보다는 날마다 죽어 가고 있는 것이다. 여기 저기서 일어나는 끔직한 사건들이 TV뉴스를 통해 안방으로 끊임없이 들어오고 있다. 문단속으로도 불안하여 무기를 준비하고 있어야 할만큼 불안하다. 더욱이 자녀를 둔 부모들의 두려움은 어느 때보다 더 심해지고 있다. 물질이야 있다가도 없어지기도 하고 또 다시 얻게 되기도 하지만, 단 한 번밖에 기회(機會)가 없는 것이 사람의 목숨이다. 이러한 사람의 목숨을 파리 목숨처럼 취급(取扱)하고 있는 것이 오늘날 현실을 살아가는 급박(急迫)한 세상이다. 세상이 무엇이 부족해서 그런지 교회(敎會)만은 알고 있다. 교회는 하나님의 눈처럼 세상을 살펴 세상이 돌아가는 형편을 세심(細心)하게 관찰(觀察)하고 주시(注視)해야 한다. 이 사회는 응급 환자처럼 즉시 치료를 받아야 할 만큼 위험하다. 누군가가 빨리 행동해 주지 않으면 도저히 생명을 구해 낼 수 없는, 급한 지경(地境)에 놓여 있다. 복음이 없어 멸망(滅亡)해 가고 있는 이 사회에 누가 복음을 전해 주겠는가? 이제는 교회가 이 사회의 등대(燈臺)가 되어 이 사회를 축복(祝福)의 길로 인도해 나가야 한다. 그리고 교회의 신학적 의미(意味)는 "전투하는 교회" 이다. 전투에는 오직 승리만이 있을 뿐이다. 그러므로 교회는 전투에서 반드시 승리해야만 한다.

> **"...내가 네게 이르노니 너는 베드로라 내가 이 반석 위에 내 교회를 세우리니 음부(陰府)의 권세(權勢)가 이기지 못하리라"**(마 16:18).

그렇다고 무장 없이 적진으로 돌격하면 바로 포로가 되든지 전멸하고 말 것이다. 적을 소멸하고 내 백성을 구해 낼 수 있는 강력한 무기로 무장하지 않고는 무모(無謀)한 행위로 끝날 뿐이다. 교회는 작전 사령관(예수 그리스도)의 지휘를 받으며 전력을 다하여 전투에 임해야 할 것이다. 그러므로 이에 따르는 훈련과 목적 의식(意識), 인내(忍耐), 강력한 화력, 구급 대책이 필요하다.

이 세상은 매우 위태하여 구원군(救援軍)이 오기를 애타게 기다리고 있다. 교회는 세상의 구원군으로 급히 출동해야 한다. 두려워 떨고 있는 저들에게 복음을 가지고 나가 해방시켜야 한다. 혼란한 사회 속에서 질식(窒息)해 가는 백성들을 급히 구조해야 한다. 그들은 교회만을 바라보며 구원을 요청하고 있다. 기진 맥진하여 쓰러져 있는 이들을 세상 신들이 설립한 이방 종교들이 포로(捕虜)

로 잡아가고 있다. 그들은 자유를 주지도 못하면서 자유를 줄 것처럼 속임수를 써서 백성을 끌어가고 있다. 교회는 어떻게 하든지 저들을 구원(救援)해야만 한다. 고로 교회는 철저히 기도로 무장하고 열심히 전도해야 한다.

"종말로 너희가 주안에서와 그 힘의 능력으로 강건하여지고 마귀의 궤계(詭計)를 능히 대적하기 위하여 하나님의 전신갑주(全身甲冑)를 입으라 우리의 씨름은 혈과 육에 대한 것이 아니요 정사(政事)와 권세와 이 어둠의 세상 주관자들과 하늘에 있는 악의 영들에게 대함이라 그러므로 하나님의 전신갑주를 취하라 이는 악한 날에 너희가 능히 대적하고 모든 일을 행한 후에 서기 위함이라 그런즉 서서 진리로 너희 허리띠를 띠고 의의 흉배(胸背)를 붙이고 평안의 복음에 예비한 것으로 신을 신고 모든 것 위에 믿음의 방패를 가지고 이로써 능히 악한 자의 모든 화전(火箭)을 소멸하고 구원의 투구와 성령의 검 곧 하나님의 말씀을 가지라 모든 기도와 간구로 하되 무시로 성령 안에서 기도하고 이를 위하여 깨어 구하기를 항상 힘쓰며 여러 성도를 위하여 구하고 나를 위하여 구할 것은 내게 말씀을 주사 나로 입을 벌려 복음의 비밀을 담대히 알리게 하옵소서 할 것이니 이 일을 위하여 내가 쇠사슬에 매인 사신(使臣)이 된 것은 나로 이 일에 당연히 할말을 담대히 하게 하려 하심이니라"(엡 6:10~20).

3. 신약교회적 의미(意味)

교회의 주무(主務)는 전도(傳道)이어야 하고, 전도에 의한 프로그(Program)에 총력을 기울려야 한다. 총력 전도나 전교인 전도 운동은 새 신자들을 교인의 몇 배로 부흥시킬 수 있다. 전도는 하기만 하면 되는 것이다. 전도는 인간이 바랄 수 있는 최고의 기쁜 소식을 담고 있으므로, 자신 있게 마음껏 전해야 한다. 초대교회의 전도는 특별한 프로그램에 의하여 진행된 것이 아니다. 오직 성령(聖靈)이 충만(充滿)한 제자들이 불타는 가슴을 안고 거리로 달려 나갔으며 전도할 수 있을 만한 곳이라면 어느 곳이든지 가서 목이 터져라고 외쳤다. 그런데 초대교회 당시에는 성령으로 전도하는 이들의 말을 듣고 세례(洗禮)를 받으러 나온 자들이 무려 삼천 명이나 되었다고 했다(행 2:41).

오늘날 교회의 숫자와 목회자(牧會者)의 수와 목회 지망생의 수에 비례(比例)하여 볼 때, 목이 터져라 전도하려는 열성자(熱誠者)들은 심히도 적다. 전도에 너무나 게으르다. 초대교회 모습은 신약교회의 모범(模範)이다. 상황(狀況)에 따라 약간 변한 점도 있지만 변할 수 없는 것이 있으니, 곧 성령(聖靈)의 충만(充滿)함과 전도(傳道)의 역사(役事)이다. 하늘의 음성을 듣지 못하여 멸망(滅亡)해 가는 사람들에게 목숨을 걸고 복음(福音)을 전하는 모습은 시대가 달라진다 할지라도 결코 중단될 수 없는 것은 성령(聖靈)의 역사(役事)이다. 초대교회 시대에 예루살렘에 모인 성도들이 제자들의 전하는 말에 충격을 받은 것이 있다. 곧 죽은 자가 살아난다는 것과 성령이 임하셨다는 것이다. 이런 소식(消息)은 세상에 태어나 처음 듣는 말이요 천지(天地)의 개벽(開闢) 시에나 있을 수 있는 말이었다. 그러므로 이 말을 듣는 수많은 사람들은 당장에 모든 것을 뿌리치고 예수 그리스도(Jesus Christ)를 믿으려고 몰려 나왔다.

> "이스라엘 사람들아 이 말을 들으라 너희도 아는 바에 하나님께서 나사렛 예수로 큰 권능과 기사와 표적을 너희 가운데 베푸사 너희 앞에서 그를 증거하셨느니라 그 하나님의 정하신 뜻과 미리 아신 대로 내어 준 바 되었거늘 너희가 법 없는 자들의 손을 빌어 못 박아 죽였으나 하나님께서 사망의 고통을 풀어 살리셨으니 이는 그가 사망에 매어 있을 수 없었음이라 다윗이 저를 가리켜 가로되 내가 항상 내 앞에 계신 주를 뵈었음이여 나로 요동치 않게 하기 위하여 그가 내 우편에 계시도다 그러므로 내 마음이 기뻐하였고 내 입술도 즐거워하였으며 육체는 희망에 거하리니 이는 내 영혼을 음부(陰府)에 버리지 아니하시며 주의 거룩한 자로 썩음을 당치 않게 하실 것임이로다 주께서 생명의 길로 내게 보이셨으니 주의 앞에서 나로 기쁨이 충만하게 하시리로다 형제들아 내가 조상 다윗에 대하여 담대히 말할 수 있노니 다윗이 죽어 장사(葬事)되어 그 묘가 오늘까지 우리 중에 있도다 그는 선지자라 하나님이 이미 맹세하사 그 자손 중에서 한 사람을 그 위에 앉게 하리라 하심을 알고 미리 보는 고로 그리스도의 부활하심을 말하되 저가 음부에 버림이 되지 않고 육신이 썩음을 당하지 아니하시리라 하더니 이 예수를 하나님이 살리신지라 우리가 다 이 일에 증인이로다 하나님이 오른 손으로 예수를 높이시매 그가 약속하신 성령을 아버지께 받아서 너희 보고 듣는 이것을 부어 주셨느니라 다윗은 하늘에 올라가지 못하였으나 친히 말하여 가로되 주께서 내 주에게 말씀하시기를 내가 네 원수로 네 발등상 되게 하기까지 너는 네 우편에 앉았으라 하셨도다 하였으니 그런즉 이스라엘 온 집이

정녕 알지니 너희가 십자가에 못박은 이 예수를 하나님이 주와 그리스도가 되게 하셨느니라"(행2:22~36).

베드로의 설교를 들은 이들은 모두가 마음에 찔려 "우리가 어찌 할꼬?" 하며 제자들 앞에 나오니 그 날에 구원을 받은 자의 수가 무려 삼천이나 되었다.

"저희가 이 말을 듣고 마음에 찔려 베드로와 다른 사도들에게 물어 가로되 형제들아 우리가 어찌할꼬 하거늘 베드로가 가로되 너희가 회개하여 각각 예수 그리스도의 이름으로 세례를 받고 죄사함을 얻으라 그리하면 성령을 선물로 받으리니 이 약속은 너희와 너희 자녀와 모든 먼 데 사람 곧 주 우리 하나님이 얼마든지 부르시는 자들에게 하신 것이라 하고 여러 말로 확증하며 권하여 가로되 너희가 이 패역(悖逆)한 세대에서 구원을 받으라 하니 그 말을 받는 사람들은 세례를 받으매 이날에 제자의 수가 삼천이나 더하더라"(행 2:37~41).

신약교회의 전도(傳道)가 무엇인가? 구약교회의 전도와는 달리 구원(救援)에 대한 확신(確信)을 전하는 것이 아닌가? 이제라도 주 예수를 믿기만 하면 구원(救援)을 받는다는 확신(確信)을 얻게 하는 것이 아닌가? 이때 그들은 즉시 믿음을 얻고 하나님 앞에 나왔다. 이것이 신약교회의 전도이다. 구원(救援)에 대한 확신을 주어야 구원을 받는 사람들이 많이 나오게 되고 그러한 전도이어야 삽시간에 계속 사방으로 퍼져 나가게 된다. 죽은 자의 부활(復活)에 관한 전도는 인류에게 최고의 희망(希望)을 주는 복된 소식이다.

사람이면 어느 누구나 다 오래 살기를 원한다. 그런데 죽어도 살고 살아서 믿는 자는 영원히 산다는 확신을 준다면 믿지 않을 자가 누가 있겠는가? 전도에 실패하는 이유 중 하나는 확신(確信)을 주지 못하는데 있다. 그냥 "예수 믿으세요" 라는 식은 예수의 이름을 들려준다는 데서 그 의미(意味)를 찾을 수 있겠으나, 예수가 자신과 무슨 상관이 되며 왜 예수를 믿어야 하는지를 알지 못하면 자연적 전도에 대하여 무관심하게 된다. 신약교회의 의무(義務)가 무엇인가? 신약교회는 예수 그리스도로부터 완전한 약속을 받았기에 그 믿음이 허황(虛荒)되지 아니하고, 영적으로나 인격적으로 받은 체험(體驗)을 전하는 것이다. 뿐만아니라 자신이 받은 체험을 증거(證據)할 때에 성령(聖靈)이 함께 역사(役事)하심으로 유대교회와 전혀 상관이 없었던 이방인(異邦人)들도 그 증거(證據)를 함께 받게 했다. 그러므로 초대교회의 전도(傳道)는 그 효과(效果)가 대단했다.

"베드로가 이 말 할 때에 성령이 말씀 듣는 모든 사람에게 내려오시니 베드로와 함께 온 할례(割禮)받은 신자들이 이방인들에게도 성령 부어 주심을 인하여 놀라니 이는 방언을 말하며 하나님 높임을 들음이러라 이에 베드로가 가로되 이 사람들이 우리와 같이 성령을 받았으니 누가 능히 세례 줌을 금하리오 하고 명하여 예수 그리스도의 믿음으로 세례를 주라 하니라 저희가 베드로에게 수일 더 유하기를 청하니라"(행 10:44-48).

전도하려는 자는 이미 예수께서 말씀하신 것같이 먼저 성령을 받

아야 한다.

현대교회가 "오직 성령(聖靈)이 너희에게 임하시면 너희가 권능(權能)을 받고 예루살렘과 온 유대와 사마리아와 땅 끝까지 이르러 내 증인(證人)이 되리라"(행 1:8) 하신 분부(分付)를 무시하고 인위적(人爲的)인 수단 방법에만 의지(依支)하려 하기 때문에, 큰 효과를 거두지 못하고 있는 실정이다. 성령(聖靈)으로 하는 전도를 무시하고 비방(誹謗)하며 비협조적이고 반대하는 태도를 취하기 때문에 신약교회의 권능(權能)이 제한(制限)받고 있다. 어쨌던 신약교회의 전도에는 성령(聖靈)을 앞지르지 말라는 분부(分付)가 계셨다. 성령(聖靈)을 초월(超越)한 전도는 이방인(異邦人)이라도 그들의 종교(宗敎)를 나타내기 위하여 할 수 있는 것들이다. 그러나 신약교회의 전도는 전혀 그렇지 않다. 오직 전도(傳道)는 오직 성령(聖靈)의 능력(能力)으로만 할 수 있는 것이다.

> **"내가 아버지께로서 너희에게 보낸 보혜사(保惠師) 곧 아버지께로서 나오는 진리의 성령(聖靈)이 오실 때에 그가 나를 증거(證據)하실 것이요 너희도 처음부터 나와 함께 있었으므로 증거하느니라"**(요 15:26-27).

예수께서 이미 이렇게 말씀하셨으니 이런 영적인 수단을 누가 부인(否認)할 수 있겠는가? 어느 누가 감히 그의 명령을 거역(拒逆)할 수 있겠으며 거역하려 들겠는가? 신약교회의 모범인 성령을 무시한 전도는 그 결과가 불을 보듯이 뻔하다. 초대교회는 성령으로 전도하였기에 어떤 훼방군(毁謗軍)들도 이들을 감당해 내지 못했다. 신약교회에는 성령의 은사(恩賜)가 있었고 더욱 풍성히 부어 주시는 성령의 역사하심이 있었다. 그래서 늘 기쁨이 충만하고 은혜(恩惠)가 충만했던 것이다. 신약교회 시대는 현재 지금도 계속되고 있다. 신약교회 시대는 성령(聖靈)으로 전도되는 시대이다. 특별한 전도자가 따로 없이 성령에 이끌리면 평신도라도 곧 바로 예수의 복음을 전하는 자가 되는 것이다. 전도의 능력은 하나님으로부터 나온다. 성령으로부터 나온다. 학문과 지식은 가히 상상할 수도 없는 믿음이 오직 성령(聖靈)의 충만함으로부터 나온다.

"스데반이 은혜와 권능이 충만하여 큰 기사와 표적을 민간에게 행하니"(행 6:8).

"저희가 이 말을 듣고 마음에 찔려 저를 향하여 이를 갈거늘 스데반이 성령이 충만하여 하늘을 우러러 주목하여 하나님의 영광과 및 예수께서 하나님 우편에 서신 것을 보고 말하되 보라 하늘이 열리고 인자가 하나님 우편에 서신 것을 보노라 한대"(행 7:54~56).

"그 흩어진 사람들이 두루 다니며 복음의 말씀을 전할새 빌립이 사마리아 성에 내려가 그리스도를 백성에게 전파하니 무리가 빌립의 말도 듣고 행하는 표적도 보고 일심으로 그의 말하는 것을 좇더라 많은 사람에게 붙었던 더러운 귀신들이 크게 소리를 지르며 나가고 또 많은 중풍병자와 앉은뱅이가 나으니 그 성에 기쁨이 있더라"(행 8:4~8).

"믿는 자들에게는 이런 표적이 따르리니 곧 저희가 내 이름으로 귀신을 쫓아내며 새 방언을 말하며 뱀을 집으며 무슨 독을 마실지라도 해를 받지 아니하며 병든 사람에게 손을 얹은즉 나으리라 하시더라 주 예수께서 말씀을 마치신 후에 하늘로 올리우사 하나님 우편에 앉으시니라 제자들이 나가 두루 전파할새 주께서 함께

역사하사 그 따르는 표적으로 말씀을 확실히 증거하시니라"(막 16:17~20).

▶ 그럼 이제 신약교회의 전도의 모범을 살펴보자.

(1) 그들에게는 구원(救援)의 확신(確信)이 있었다.

그들은 자신들이 어떻게 예수를 믿었으며 어떻게 예수를 알게 됐는가를 증거했다. 그들은 자신들이 구원을 받은 거룩한 증인들이라는 점을 강조했다.

(2) 성령(聖靈)으로 전도(傳道)했다.

누구를 막론하고 성령(聖靈)으로 전도했으며 성령의 능력으로 역사(役事)하였다. 이것이 신약교회의 특징이다. 전도는 사람의 계획으로 되지 아니하고 성령으로 되었으니, 성령은 그리스도의 보혜사(保惠師)로 세상에 임하신 분이시기 때문이다. 그러므로 성령(聖靈)으로 하지 않는 전도에는 모순(矛盾)이 있다. 예수의 일을 전하는 일은 영적(靈的)인 것이기에 더욱 영적으로 증거(證據)되어야만 한다. 초대교회 교인들은 이를 위하여 더욱 열심히 기도했다.

"자희가 듣고 일심으로 하나님께 소리를 높여 가로되 대주재여 천지와 바다와 그 가운데 만유를 지은 이시요 또 주의 종 우리 조상 다윗의 입을 의탁하사 성령으로 말씀하시기를 어찌하여 열방이 분노하며 족속들이 허사를 경영하였는고 세상의 군왕들이 나서며 관원들이 함께 모여 주와 그 그리스도를 대적하도다 하신이로소이다 과연 헤롯과 본디오 빌라도는 이방인과 이스라엘 백성과 함께하여 하나님의 기름 부으신 거룩한 종 예수를 거스려 하나님의 권능과 뜻대로 이루려고 예정하신 그것을 행하려고 이 성에 모였나이다 주여 이제도 저희의 위협함을 하감(下瞰)하옵시고 또 종들로 하여금 담대히 하나님의 말씀을 전하게 하여 주옵시며 손을 내밀어 병을 낫게 하옵시며 표적과 기사(奇事)가 거룩한 종 예수의 이름으로 이루어지게 하옵소서 하더라 빌기를 다하매 모인 곳이 진동하더니 무리가 다 성령이 충만하여 담대히 하나님의 말씀을 전하니라"(행 4:24~31).

(3) 표적(表蹟)을 행함으로 전도에 대한 확증(確證)을 주었다.

오늘날 이적(異蹟)과 표적(表蹟)을 비방(誹謗)하는 사람들이 간혹 있다. 왜 이렇게 타락(墮落)했는지 한심스러운 노릇이다. 이적(異蹟)을 내신 이가 누구신가? 천지와 만물을 창조(創造)하신 하나님과 십자가 위에서 죽으셨다가 3일 만에 다시 부활(復活)하신 예수 그리스도의 역사(役事)가 아닌가? 또한 성령(聖靈)이 행하시는 표적(表蹟)이 아닌가? 이로 인하여 믿음이 더하여지고 전도가 확증(確證)되며 살아 계신 주님의 이름의 영광이 드러나지 않는가?

"너희가 거룩하고 의로운 자를 부인하고 도리어 살인한 사람을 놓아 주기를 구하여 생명의 주를 죽였도다 그러나 하나님이 죽은 자 가운데서 살리셨으니 우리가 이일에 증인이로라 그 이름을 믿음으로 그 이름이 너희 보고 아는 이 사람을 성하게 하였나니 예수로 말미암아 난 믿음이 너희 모든 사람 앞에서 이같이 완전히 낫게 하였느니라 형제들아 너희가 알지 못하여서 그리하였으며 너회 관원들도 그러한 줄 아노라 그러나 하나님이 모든 선지자의 입을 의탁하사 자기의 그리스도의 해 받으실 일을 미리 알게 하신 것을 이와 같이 이루셨느니라 그러므로 너희가 회개하고 돌이켜 너희 죄 없이함을 받으라 이같이 하면 유쾌(愉快)하게 되는 날이 주 앞으로부터 이를 것이요 또 주께서 너희를 위하여 예정하신 그리스도 곧 예수를 보내시리니 하나님이 영원 전부터 거룩한 선지자의 입을 의탁하여 말씀하신 바 만유(萬有)를 회복하실 때까지는 하늘이 마땅히 그를 받아 두리라"(행 3:14~21).

(4) 그들은 전도(傳道)하다가 죽기로 작정(作定)했다.

그들은 인간의 생명이 귀하다는 점을 깨닫고 어차피 한번 갈 목숨을 전도에 바쳤다. 그리하여 어떤 위협(威脅) 앞에서도 전혀 두려움 없이 담대하였다. 그래서 늘 그러한 기도를 드렸고 주님은 그렇게 역사(役事)하셨다. 예수님은 전도를 위한 사도(使徒)로 보내심을 받은 하나님의 아들이 아니신가?

"그러므로 함께 하늘의 부르심을 입은 거룩한 형제들아 우리의 믿는 도리(道理)의 사도(使徒)시며 대제사장(大祭司長)이신 예수를 깊이 생각하라"(히 3:1).

그가 시작하신 전도(傳道)가 온 세계를 구원(救援)하였으며 생명이 되었다.

"이 때로부터 예수께서 비로소 전파(傳播)하여 가라사대 회개하라 천국이 가까 왔느니라 하시더라"(마 4:17).

"그들을 불러 경계(警戒)하여 도무지 예수의 이름으로 말하지도 말고 가르치지도 말라 하니 베드로와 요한이 대답하여 가로되 하나님 앞에서 너희 말 듣는 것이 하나님 말씀을 듣는 것보다 옳은가 판단하라 우리는 보고 들은 것을 말하지 아니할 수 없다 하니 관원들이 백성을 인하여 저희를 어떻게 벌할 도리를 찾지 못하고 다시 위협하여 놓아 주었으니 이는 모든 사람이 그 된 일을 보고 하나님께 영광을 돌림이러라"(행 4:18~21).

"저희가 이 말을 듣고 마음에 찔려 저를 향하여 이를 갈거늘 스데반이 성령이 충만하여 하늘을 우러러 주목하여 하나님의 영광과 및 예수께서 하나님 우편에 서신 것을 보고 말하되 보라 하늘이 열리고 인자가 하나님 우편에 서신 것을 보노라 한데 저희가 큰 소리를 지르며 귀를 막고 일심으로 그에게 달려들어 성(城) 밖에 내치고 돌로 칠새 증인이 옷을 벗어 사울이라 하는 청년의 발 앞에 두니라 저희가 돌로 스데반을 치니 스데반이 부르짖어 가로되 주 예수여 내 영혼을 받으시옵소서 하고 무릎을 꿇고 크게 불러 가로되 주여 이 죄를 저희에게 돌리지 마옵소서 이 말을 하고 자니라"(행 7:54~60).

"오직 성령이 각 성에서 내게 증거하여 결박(結縛)과 환란(患亂)이 나를 기다린다 하시나 나의 달려갈 길과 주 예수께 받은 사명(使命) 곧 하나님의 은혜의 복음 증거하는 일을 마치려 함에는 나의 생명을 조금도 귀한 것으로 여기지 아니하노라"(행 20:23~24).

(5) 그들의 전도(傳道)의 내용(內容)은 예수의 부활(復活)이었다.

이는 세상 사람들로서는 처음 듣는 소식이다. 분명히 그리스도는 죽은 자 가운데서 3일 만에 다시 살아나셨고 바로 그것이 우리의 신앙(信仰)이 되었다. 만일 우리에게 부활(復活)이 없다면 우리의 믿음도 헛되고 전도(傳道)도 헛되고 그리스도를 위하여 순교(殉教)한 것도 헛된 것이라고 바울은 가르쳤다.

"그리스도께서 죽은 자 가운데서 다시 살아나셨다 전파되었거늘 너희 중에서 어떤 이들은 어찌하여 죽은 자 가운데서 부활(復活)이 없다 하느냐 만일 죽은 자의 부활이 없으면 그리스도도 다시 살지 못하셨으리라 그리스도께서 만일 다시 살지 못하셨으면 우리의 전파하는 것도 헛것이요 또 너희 믿음도 헛것이며 또 우리가 하나님의 거짓 증인으로 발견되리니 우리가 하나님이 그리스도를 다시 살리셨다고 증거하였음이라 만일 죽은 자가 다시 사는 것이 없으면 하나님이 그리스도를 다시 살리시지 아니하셨으리라 만일 죽은 자가 다시 사는 것이 없으면 그리스도도 다시 사신 것이 없었을 터이요 그리스도께서 다시 사신 것이 없으면 너희의 믿음도 헛되고 너희가 여전히 죄 가운데 있을 것이요 또한 그리스도 안에서 잠자는 자도 망하였으리니 만일 그리스도 안에서 우리의 바라는 것이 다만 이생뿐이면 모든 사람 가운데 우리가 더욱 불쌍한 자리라"(고전 15:12~19).

예수는 부활(復活)이시다. 예수를 안다 하고 부활을 모르면 예수를 모르는 것이요, 예수를 안다 하였으면 부활이 전도의 핵심이 됨을 믿어야 할 것이다.

"항상 우리와 함께 다니든 사람 중에 하나를 세워 우리를 더불어 예수의 부활 하심을 증거할 사람이 되어야 하리라…"(행 1:22).
"이 예수를 하나님이 살리신지라 우리가 다 이 일에 증인이로다"(행 2:32).
"너희가 거룩하고 의로운 자를 부인하고 도리어 살인한 사람을 놓아 주기를 구하여 생명의 주를 죽였도다 그러나 하나님이 죽은 자 가운데서 살리셨으니 우리가 이 일에 증인이로다"(행 3:14~15).
"너희와 모든 이스라엘 백성들은 알라 너희가 십자가에 못박고 하나님이 죽은 자 가운데서 살리신 나사렛 예수 그리스도의 이름으로 이 사람이 건강하게 되어 너희 앞에 섰느니라"(행 4:10).
"너희가 나무에 달아 죽인 예수를 우리 조상 하나님이 살리시고 이스라엘로 회개케 하사 죄사함을 얻게 하시려고 그를 오른손으로 높이사 임금과 주를 삼으셨느니라 우리는 이 일에 증인이요 하나님이 자기를 순종하는 사람들에게 주신 성령도 그러하니라" (행 5:30~32).

(6) 전도(傳道)받은 사람들에게 즉시 세례(洗禮)를 주었다.

기독교의 **세례(洗禮)**는 **'예수 그리스도'** (Jesus Christ ➡ Ιησοῦς Χριστός)를 **'주'** (Lord ➡ Κύριος)**로 시인(是認)하고 그의 죽으심과 부활(復活)에 연합(聯合)하려는 신앙(信仰)을 가진 자가 고백(告白)하는 의식(儀式)이다. 비록 물속에서 행하여지는 일이지만 이는 절대적(絕對的)인 의식이다.** 주께서 그렇게 행하라 가르치셨으니, 우리는 마땅히 그렇게 행하여야 한다. 구원(救援)받은 사람은 그렇게 하여 자신의 믿음과 신분을 확증(確證)함이 옳다. 이는 믿음의 분량(分量)에 대한 증표가 아니요, 바로 구원(救援)에 대한 증표(證標)이다.

"물은 예수 그리스도의 부활(復活)하심으로 말미암아 이제 너희를 구원(救援)하는 표니 곧 세례(洗禮)라 육체의 더러운 것을 제(除)하여 버림이 아니요 오직 선한 양심이 하나님을 향하여 찾아가는 것이라"(벧전 3:21).
"또 여러 말로 확증(確證)하여 권하여 가로되 너희가 이 패역(悖逆)한 세대에서 구원(救援)을 받으라 하니 그 말을 받는 사람들은 세례(洗禮)를 받으매 이 날에 제자의 수가 삼천이나 더하더라"(행 2:40~41).

"빌립이 입을 열어 이 글에서 시작하여 예수를 가르쳐 복음을 전하니 길 가다가 물 있는 곳에 이르러 내시가 말하되 보라 물이 있으니 내가 세례를 받으매 무슨 거리낌이 있느뇨 이에 명하여 병거를 머물고 빌립과 내시가 둘 다 물에 내려가 빌립이 세례를 주고 둘이 물에서 올라갈새 주의 영이 빌립을 이끌어 간지라 내시는 흔연(欣然)히 길을 가므로 그를 다시 보지 못하니라"(행 8:35~39).

"이는 방언을 말하며 하나님 높임을 들음이러라 이에 베드로가 가로되 이 사람이 우리와 같이 성령을 받았으니 누가 능히 세례(洗禮) 줌을 금하리요 하고 명하여 예수 그리스도의 이름으로 세례를 주라 하니라 저희가 베드로에게 수일 더 유(留)하기를 청하니라"(행 10:46~48).

(7) 구원(救援)받은 사람들은 즉시 교회에 가서 봉사(奉仕)하기 시작하였다.

구원(救援)받은 사람은 교회 생활에 충실(充實)해야 한다. 멸망(滅亡)할 수밖에 없는 죄인이 구원(救援)을 받았다면 그 은혜(恩惠)를 어떻게 보답(報答)해야 하겠는가? 초대교회 교인들은 자신이 받은 구원(救援)이 귀한 것임을 알았기 때문에 즉시(卽時) 자기의 소유(所有)를 팔아서 구원(救援)을 받은 믿음을 나타냈고 하나님 앞에서 세상 것을 아까와 하지 않았다. 누가 그리하라 해서가 아니요 자신들이 기쁨으로 감사(感謝)하면서 그 같은 일을 솔선(率先)해서 행하였다. 이는 전도에서 비롯된 것이다. 신약교회의 전도는 이와 같이 위대(偉大)했다. 전도받은 자들은 자기들의 믿음을 무엇과도 바꾸지 아니했다. 전도는 그만큼 확신(確信)을 주었고 증거(證據)를 주었고 생명(生命)을 준 것이다. 전도받은 이들은 그들의 생애

(生涯)에 가장 필요한 것을 얻게 된 것이다.

> "사람마다 두려워하는데 사도들로 인하여 기사(奇事)와 표적(表蹟)이 많이 나타나니 믿는 사람이 다 함께 있어 모든 물건을 서로 통용(通用)하고 또 재산과 소유를 팔아 각 사람의 필요를 따라 나누어 주고 날마다 마음을 같이 하여 성전에 모이기를 힘쓰고 집에서 떡을 떼며 기쁨과 순전한 마음으로 음식을 먹고 하나님을 찬미(讚美)하며 또 온 백성에게 칭송(稱頌)을 받으니 주께서 구원받는 사람을 날마다 더하게 하시니라"(행 2:43~47).
> "믿는 무리가 한 마음과 한 뜻이 되어 모든 물건을 서로 통용(通用)하고 제 재물을 조금이라도 제 것이라 하는 이가 하나도 없더라 사도들이 큰 권능으로 주 예수의 부활(復活)을 증거하니 무리가 큰 은혜(恩惠)를 얻어 그 중에 핍절(乏絕)한 사람이 없으니 이는 밭과 집 있는 자는 팔아 그 판 것의 값을 가져다가 사도들의 발 앞에 두매 저희가 각 사람의 필요에 따라 나눠 줌이러라"(행 4:32~35).

오늘날도 **전도(傳道)에 대한 새로운 것을 꼭 개발(開發)해야만 되는 것은 결코 아니다. 이미 초대교회에서 사용한 것을 진정(眞情)으로 사모(思慕)하고 그 같이 또 열심히 잘 사용한다면 오늘날에도 초대교회와 같은 역사(役事)가 얼마든지 일어날 것이다. 이것이 오늘날 현대교회에 꼭 있어야 할 전도(傳道)의 사역(使役)이다.** 바로 현대교회의 문제는 전도를 한다고 하기는 하는데 사람의 수단과 방법으로 할려고 하는데 있다. 지도자나 평신도나 어디를 보아도 전도에 대한 불타는 사명감(使命感)이 없이, 전도의 대상(對象)이 되는 이 세상을 사랑하기 보다는 도리어 두려워하고 있는 실정

(實情)에 있다.

진실(眞實)로 전도의 모든 방법(方法)을 주님은 이미 신약교회의 초대교회를 통해서 모범적(模範的)으로 분명(分明)하게 보여 주었다. 이제 우리는 이것을 믿음으로 받아들여서 열심히 모여서 합심(合心)으로 기도(祈禱)하고 성령(聖靈)의 능력(能力)으로 전도(傳道)하여 하나님의 원하시는 기쁘신 뜻를 이루어 드리고 믿음으로 끝까지 승리(勝利)해야 할 것이다. -아멘-

제 3 장

전도의 목적(目的)

제 3 장

전도의 목적(目的)

전도(傳道)의 목적(目的)은 오직 구령(救靈)에 있다. 인간(人間)에게는 육체(肉體)와 영혼(靈魂)이 있다. 육체는 흙에서 나서 흙으로 돌아가나 영혼은 영원한 존재로서 육체가 있는 동안만 육체와 함께 있다. 육체에서 영혼이 떠나면 육체는 흙으로 돌아가고 영혼은 반드시 하나님 앞으로 돌아가게 되는 것이다. 그 때에는 "네가 먹는 날에는 정녕(丁寧) 죽으리라"(창 2:17) 하신 하나님의 명령을 거역(拒逆)한 아담(Adam)의 불순종으로 인하여 죄 값을 받게 되는 것이다. 인간의 육체는 한평생이라는 짧은 기간(70~80년) 동안 세상을 살면서 하나님의 계명(誡命)을 알고 그 계명을 지키며 살아가게 되어 있다.

"우리의 년수가 칠십이요 강건(强健)하면 팔십이라도 그 년수의 자랑은 수고와 슬픔뿐이요 신속히 가니 우리가 날아가나이다"(시 90:10).

그러나 **인간이 그 계명(誡命)을 어김으로 인하여 하나님 앞에 죄인이 되었다. 이렇게 육체가 행동으로 지은 죄에 대한 모든 책임을 영혼(靈魂)이 져야 하는 것이다.** 사람이 사는 동안 도덕적(道德的)으로나 윤리적(倫理的)으로 타락(墮落)한 행위(行爲)에 대하여 죄값을 영혼이 치루어야 하는 것이다. **죄는 육신(肉身)이 짓지만 그 형벌(刑罰)을 영혼이 감당(堪當)해야 한다.** 이러한 형벌 기준은 하나님이 정하셨다. 인간은 어디까지나 피조물(被造物)로서 하나님이 만들어 주신 대로만 활동(活動)할 수 있는 제한(制限)을 받는 존재(存在)이다. 이를 무시(無視)하는 자는 하나님의 뜻을 거역(拒逆)한 것이므로 그 죄는 반드시 하나님 앞에서 심판(審判)을 받게 된다. 반대(反對)로 하나님의 뜻에 순종(順從)한다면 역시 하나님 앞에 순종한 것이므로 그 의(義) 또한 하나님 앞에 상급(賞給)을 받게 된다.

> **"내가 주께 범죄하여 주의 목전(目前)에 악을 행하였아오니"**(시 51:4).

이처럼 하나님 앞에 육신이 범죄한 것을 영혼(靈魂)이 영원히 책임져야 한다.

> **"내가 죄악 중에 출생하였음이여 모친이 죄 중에 나를 출생하였나이다"** (시 51:5).

이와 같이 사람의 행위는 하나님 앞과 자신 앞에 있으며 하나님께서 말씀하시기를 "정녕(丁寧) 죽으리라" 하심에 따라 인간은 죽음을 피할 수 없게 되었다.

> **"선악을 알게 하는 나무의 실과는 먹지 말라 네가 먹는 날에는 정녕 죽으리라 하시니라"(창 2:17).**
> **"한 번 죽는 것은 사람에게 정하신 것이요 그 후에는 심판이 있으리니"(히 9:27).**

인간은 생령(生靈)이므로 육체의 삶과 영의 삶이 병행(竝行)을 이루어야 한다.

육체는 식물(食物)을 먹어야 살고, 영은 하나님의 말씀을 먹어야 산다.

> **"하나님이 가라사대 내가 온 지면의 씨 맺는 모든 채소와 씨 가진 열매 맺는 모든 나무를 너희에게 주노니 너희 식물(食物)이 되리라"(창 1:29).**
> **"예수께서 대답하여 가라사대 기록되었으되 사람이 떡으로만 살 것이 아니요 하나님의 입으로 나오는 모든 말씀으로 살 것이라 하였느니라 하시니"(마 4:4).**

하나님의 명령을 거역한 첫 사람 **아담**은 자녀들을 낳고 930세를 살고 죽었다.

"아담이 일백삼십 세에 자기 모양 곧 자기 형상(形象)과 같은 아들을 낳아 이름을 셋이라 하였고 아담이 셋을 낳은 후 팔백 년을 지내며 자녀를 낳았으며 그가 구백삼십 세를 향수(享壽)하고 죽었더라"(창 5:3~5).

아담(Adam)이 하나님을 거역(拒逆)한 죄가 그의 육체의 생활에는 별 지장을 주지 않았다고 볼 수 있지만, 아담(Adam)의 타락(墮落) 후 죄악은 후손들에게 유전(遺傳)되고 있음을 알 수 있다. **아담이 첫 아들 가인(Cain)을 낳고 하나님께 감사했고, 그 아들(가인)은 동생 아벨(Abel)을 쳐죽이고 살인자가 되었다.**

"아담이 그 아내 하와와 동침(同寢)하매 하와가 잉태(孕胎)하여 가인을 낳고 이르되 내가 여호와로 말미암아 득남하였다 하니라"(창 4:1).
"가인이 그 아우 아벨에게 고하니라 그후 그들이 들에 있을 때에 가인이 그 아우 아벨을 쳐죽이니라"(창 4:8).

그 후 인류(人類)가 온 땅에 충만(充滿)할 때에 죄악(罪惡)도 온 땅에 넘쳐 흘렀다. 마침내 홍수(洪水)로 인류(人類)의 멸망(滅亡)이 있었고, 겨우 남은 노아(Noah)의 여덟 식구(食口) 가운데에도 죄악(罪惡)은 들어와 있었다.

"곧 그 날에 노아와 그의 아들 셈, 함, 야벳과 노아의 처와 세 자부(子婦)가 다 방주(方舟)로 들어갔고"(창 7:13).

"가나안의 아비 함이 그 아비의 하체를 보고 밖으로 나가서 두 형제에게 고하매"(창 9:22).

이렇게 한 사람 아담(Adam)의 범죄(犯罪)로 죄가 세상(世上)에 들어와 결국(結局) 온 땅에 퍼짐으로 세상은 부득이 멸망(滅亡)할 수밖에 없었던 것이다.

"이러므로 한 사람으로 말미암아 죄가 세상에 들어오고 죄로 말미암아 사망이 왔나니 이와 같이 모든 사람이 죄를 지었으므로 사망이 모든 사람에게 이르렀느니라"(롬 5:12).

죄(罪)의 모양(模樣)은 실지(實地)로 눈에 보이지 않아도 그 결과(結果)는 무섭게 나타나고 있다. 이제 막 태어난 갓난 아이들이라도 그들 속에서 원죄(原罪)가 있어 그 죄가 계속 성장하고 마침내 그것이 밖으로 나타나게 되는 것이다.

"그러면 어떠하뇨 우리는 나으뇨 결코 아니라 유대인이나 헬라인이나 다 죄 아래 있다고 우리가 이미 선언하였느니라 기록된 바 의인은 없나니 하나도 없으며 깨닫는 자도 없고 하나님을 찾는 자도 없고 다 치우쳐 한가지로 무익하게 되고 선을 행하는 자는 없나니 하나도 없도다 저희 목구멍은 열린 무덤이요 그 혀로는 속임을 베풀며 그 입술에는 독사의 독이 있고 그 입에는 저주와 악독이 가득하고 그 발은 피 흘리는데 빠른지라 파멸과 고생이 그 길에 있어 평강의 길을 알지 못하였고 저희 눈앞에 하나님을 두려워함이 없느니라 함과 같으니라"(롬 3:9~18).

"그러므로 내가 한 법을 깨달았노니 곧 선을 행하기 원하는 나에게 악이 함께 있는 것이로다 내 속사람으로는 하나님의 법을 즐거워하되 내 지체 속에 한 다른 법이 내 마음의 법과 싸워 내 지체 속에 있는 죄의 법 아래로 나를 사로잡아 오는 것을 보는도다"(롬 7:21~23).

첫 아담(Adam)의 육신(肉身)은 자연과 함께 있으면서 자녀를 낳고 930세로 장수(長壽)하였으니(창 5:3~5), "정녕(丁寧) 죽으리라" 고 하신 말씀은 어떻게 이루어졌는가? 하나님이 지으신 것들 중에 사람은 유일한 생령(生靈)이다. 그러므로 육체는 식물을 먹으며 생육(生育)할 수 있게 되었고, 영으로 하나님의 말씀을 지키며 살게 되었다. 사람의 영은 하나님으로 더불어 교통(交通)하는 존재(存在)이므로 사람만은 식물을 먹으면서 하나님과 교제(交際)하며 살게 된 것이다.

"사람의 영혼은 여호와의 등불이라 사람의 깊은 속을 살피느니라"(잠 20:27).

영(靈)은 항구적(恒久的)인 존재(存在)인지라 육신(肉身)이 죽었다 하여 영원히 없어지는 것이 아니다. 하나님께서 상대(相對)해 주시지 않는 그것이 곧 죽음이다. 그런데 아담(Adam)이 하나님의 계명(誡命)을 거역(拒逆)하였으므로 하나님과 영적(靈的)으로 단절(斷絕)되고 말았다. 이렇게 되어 영은 죽었고(엡2:1), 하나님과 관계(關係)할 수 없게 되었다. 다만 동물적(動物的)인 육체(肉體)의 삶만 있을 뿐이다. 그 때로부터 인간은 사망의 권세(權勢)잡은 자 마귀(魔鬼)에게 속하여, 일생을 저주(詛呪)를 받으며 죽기를 무서워하여 그에게 복종(服從)하고 살았다. 그러한 상태에서 죄가 없으신 그리스도의 죽음으로 인간의 죄 값이 치루어지고, 죽었던 인간의 영이 살아났다. **영이 살았다 함은 영이 다시 회복(回復)되어 하나님을 뵙게 되고 그의 자녀가 될 수 있는 권한(權限)이 회복된 것을 말한다.**

> **"너희가 아들인고로 하나님이 그 아들의 영을 우리 마음 가운데 보내사 아바 아버지라 부르게 하셨느니라"**(갈 4:6).
> **"너희의 허물과 죄로 죽었던 너희를 살리셨도다 그때에 너희가 그 가운데서 행하여 이 세상 풍속을 좇고 공중의 권세 잡은 자를 따랐으니 곧 지금 불순종의 아들들 가운데서 역사하는 영이라 전에는 우리도 다 그 가운데서 우리 육체의 욕심을 따라 지내며 육체와 마음의 원하는 것을 하여 다른 이들과 같이 본질상(本質上) 진노(震怒)의 자녀이었더니 긍휼(矜恤)에 풍성한 하나님이 우리를 사랑하신 그 큰 사랑을 인하여 허물로 죽은 우리를 그리스도와 함께 살리셨고 (너희가 은혜로 구원을 얻은 것이라)"**(엡 2:1~5).

이러한 기회(機會)를 얻었음에도 불구하고, 하나님과 교통할 수 있는 중보(中保)로 주신 예수를 여전히 불신하고 하나님을 거역(拒逆)함으로 불순종을 일삼게 되면, 그는 반드시 영벌(永罰)에 처한다. 이는 첫 아담(Adam)이 범한 죄로 인해 죽는 죽음이 아니라, 예수를 믿지 않는 불신앙으로 인해 그대로 죽는 것이다. 믿지 아니하는 자기의 고집(固執)으로 인해 결국 멸망(滅亡)하게 되는 것이다.

"죄에 대하여라 함은 저희가 나를 믿지 아니함이요"(요 16:9).
"다만 네 고집과 회개치 아니하는 마음을 따라 진노(震怒)의 날 곧 하나님의 의로우신 판단이 나타나는 그날에 임할 진노를 쌓는도다"(롬 2:5).

결국(結局) 첫 아담(Adam)의 죄로 인해 죽은 상태(狀態)로부터 그리스도의 은혜(恩惠)로 인해 다시 살아날 수 있는 기회(機會)를 자기의 고집(固執)스러운 불신앙(不信仰)으로 인하여 영영(永永) 기회(機會)를 잃고 마는 것이다.

"저를 믿는 자는 심판을 받지 아니하는 것이요 믿지 아니하는 자는 하나님의 독생자의 이름을 믿지 아니하므로 벌써 심판을 받은 것이니라"(요 3:18).

구원(救援)받지 못한 영혼(靈魂)의 결말(結末)은 보지 않아도 뻔하지 않는가? 그러나 아직도 기회(機會)는 있다. 오직 육체(肉體)의 날 동안만이라는 회개(悔改)의 기회가 남았으니, 육체가 있는 동안 돌이키고 회개하면 구원을 얻는다.

영이 육체를 떠나면 다시는 회개(悔改)와 구원(救援)의 기회(機會)가 없다. 육신이 살아 있을 때가 바로 회개 할 기회요, 거듭날 기회요, 영적 생활을 위한 기회이다. 부자(富者)와 나사로의 교훈에서 보여 주심같이 부자는 육체가 있는 동안 연락(宴樂)하고 편안하였으나, 육체를 떠난 다음에는 영혼(靈魂)을 위한 기회를 얻지 못했다. 그래서 음부(陰府)에서 가장 처절(悽絕)한 탄식(歎息)과 간구(懇求)로 몸부림쳤으나, 그 부자는 영원히 구원의 기회를 부여(附與)받지 못했다.

> **"이에 그 거지가 죽어 천사들에게 받들려 아브라함의 품에 들어가고 부자도 죽어 장사(葬事)되매 저가 음부(陰府)에서 고통 중에 눈을 들어 멀리 아브라함과 그의 품에 있는 나사로를 보고 불러 가로되 아버지 아브라함이여 나를 긍휼(矜恤)히 여기사 나사로를 보내어 그 손가락 끝에 물을 찍어 내 혀를 서늘하게 하소서 내가 이 불꽃 가운데서 고민하나이다 아브라함이 가로되 얘 너는 살았을 때에 네 좋은 것을 받았고 나사로는 고난을 받았으니 이것을 기억하라 이제 저는 여기서 위로를 받고 너는 고민(苦悶)을 받느니라 이뿐 아니라 너희와 우리 사이에 큰 구렁이 끼어 있어 여기서 너희에게 건너가고자 하되 할 수 없고 여기서 우리에게 건너올 수도 없게 하였느니라"**(눅 16:22~26).

그러므로 **살아 있는 육체(肉體)는 전도를 받을 수 있는 마지막 기회(機會)이다.** 육체가 살아 있는 동안에는 영혼(靈魂)의 유익(有益)을 도모(圖謀)할 수 있어도, 육체(肉體)가 죽은 다음에는 그 영혼이 하나님의 심판(審判)에 따르게 되어 있다. 마지막날의 심판(審判) 때에 믿음으로 의롭다함을 받은 이들은 영생(永生)의 부활(復活)을 받고 믿지 않는 이들은 심판(審判)의 부활(復活)을 받을 것이다.

> **"이를 기이히 여기지 말라 무덤 속에 있는 자가 다 그 음성을 들을 때가 오나니 선한 일을 행한 자는 생명의 부활로 악한 일을 행한 자는 심판의 부활로 나오리라"**(요 5:28~29).

그날 심판(審判)의 부활(復活)로 나오는 자들은 마귀(魔鬼)와 함께 형벌(刑罰)을 받게 될 것이다. 그러므로 전도(傳道)가 가장 시급(時急)하고 귀한 것이다. 그러므로 전도(傳道)가 없으면 세상은 이러한 사실도 모르고 망할 것이니, 알고도 믿지 않는 자와 몰라서 믿지 못하는 자가 다 한가지로 망할 것이다.

> **"무릇 율법 없이 범죄한 자는 또한 율법 없이 망하고 무릇 율법이 있고 범죄한 자는 율법으로 말미암아 심판을 받으리라"**(롬 2:12).
> **"내가 복음을 전할지라도 자랑할 것이 없음은 내가 부득불(**不得不**) 할 일임이라 만일 복음을 전하지 아니하면 내게 화가 있을 것임이로다"**(고전 9:16).

그러면 이런 사실을 알고도 전하지 않는 자는 어찌 될 것인가? 그것 역시 그것에 대해 심판(審判)을 받을 것이니, 우리에게는 전하지 않는 죄가 있음을 알아야 할 것이다. 전도(傳道)하지 않았다고 하여 지옥(地獄) 불에 들어가는 것은 아니지만, 그에게는 상급(賞給)이 없다(턱거리 구원). 그러니까 장차(將次) 천국에 가서 하나님의 상급과 칭찬을 받을려면 열심히 기도하고 전도해야 할 것이다.

전도(傳道)는 죽은 영혼(靈魂)을 살려주신 예수의 일을 전하여 사람의 영혼을 살리려는데 그 목적(目的)이 있다. 영혼(靈魂)을 사랑하지 아니하고 단순한 명예(名譽)만을 위하는 이들은 무지(無知)와 교만(驕慢)으로 다른 이의 영혼을 구원(救援)할 수 없을 뿐 아니라, 자신들도 불행한 처지(處地)를 자초(自招)하고 만다.

그러므로 **구령(救靈)하려는 자는 겸손(謙遜)히 배우며 열심히 노력하며 최선을 다 해서 기도하고 전도해야 한다.** 전도는 구령이다. 사람을 종교인(宗敎人)으로 만들려고 함이 아니다. 구령(救靈)을 목적(目的)으로 하는 것이 전도의 시초(始初)이자 목적이다. 만일 전도하는 이들이 구령을 목적으로 하여 영혼(靈魂)을 불쌍히 여기고 사랑하는 마음으로 열심히 기도하고 전도 한다면 더 많은 영혼을 구원(救援)할 수 있을 것이요, 전도의 아름다운 열매가 더 많이 맺힐 것이다.

1. 구령(救靈)

영혼(靈魂)은 구원(救援)을 받아야 한다. 그렇지 않으면 죄 값으로 멸망(滅亡)하고 만다. 교회에는 전도도 있고 말씀도 있고 예배(禮拜)도 있다. 그런데 이 모두가 영혼(靈魂)을 위하는 일들이다. 하나님만큼 사람의 영혼을 사랑하는 이가 또 어디 있겠는가? 인간은 모두 이기주의(利己主義)에 빠져 배타적(排他的)이고 지나친 욕심에 이끌려 여전히 멸망(滅亡)으로 가고 있다. 세상의 새로운 현장(現場)들은 사람의 영혼을 멸망시키기에 적당한 곳들이 대부분이요, 문화 공간이라는 곳들 역시 영혼을 쉬게 하지 못하는 곳들로 주류(主流)를 이룬다. 그래서 사람들끼리 만나면 남을 비방(誹謗)하고 중상(中傷)하고 미워하고 거부(拒否)한다.

세상 어디에도 사람의 영혼을 쉬게 할 만한 곳은 찾아볼 수 없다. 그러기에 하나님께서 세상을 이처럼 사랑하사 독생자(獨生子)

를 죄가 많은 이 땅에 보내주셨고, 저로 말미암아 교회를 세우셨으니, **예수는 영혼(靈魂)을 구원(救援)하시는 구세주(救世主)이시요, 교회는 영혼을 편히 쉬게 하는 곳이다.** 성경 말씀은 인간의 영혼을 때로는 책망(責望)도 하고 위로(慰勞)도 하신다. 동시에 성경 말씀은 믿음도 주고 약속도 준다. 그러므로 신자들은 오직 성경 말씀으로 생명의 양식(糧食)을 삼는다. 교회의 행사는 어떤 행사이든 영혼을 살리는 것이어야 한다. 만일 교회가 구제나 기타 온갖 육신을 위하여 돕는 일에 빠져 버린다면, 정작 구원(救援)받고 위로받아야 할 영혼을 위해서는 기회(機會)를 잃고 만다. 영혼을 구원하는 일은 돈으로도 할 수 없고 힘으로도 온전히 할 수 없다. 오직 그리스도의 피의 공로(功勞)와 말씀으로만 할 수 있는 일이다. 우리는 우리의 전도 대상(對象)이 죄에서 죽어 가는 영혼(靈魂)들이라는 점을 먼저 이해해야 한다. 해산(解産)할 여인이 산부인과를 찾아가고 치통(齒痛) 환자가 치과를 찾아가듯이, 세상 사람들이 전도를 받아야 하는 이유를 전도자만은 잘 알고 있어야 한다. 그리고 전도자는 전도 대상의 입장(立場)을 먼저 이해하고 있어야 하는 것이다. 병든 사람이 병원으로 몰려가듯이, 모든 사람들이 자기의 영혼(靈魂)을 구원(救援)받으려고 한다면 당연(當然)히 교회로 몰려와야 할 것이다. 그런데 이것조차 모르고 있는 이들의 영혼 문제를 어떻게 방관(傍觀)하기만 하겠는가? 전도자는 먼저 그들에게 자기의 죄 값으로 영혼이 영원토록 형벌(刑罰)을 받는다는 것을 원칙적(原則)的)으로 이해시킬 필요가 있다. 또한 영혼이 구원을 받지 못하면 현실의 삶에도 그 영향(影響)이 막대(莫大)함을 이해시킬 필요(必要)가 있다. 이 세상에서 어느 누구나 한 번은 죽는다. 그러나 그 후에는 반드시 하나님의 심판(審判)이 있다.

> **"한 번 죽는 것은 사람에게 정하신 것이요 그 후에는 심판이 있으리니"**(히 9:27).

이 세상에서 사람들이 죽는 것은 정한 것이나 그 방법은 천태만상(千態萬象)이다. 예수의 십자가 양쪽인 우측과 좌측에 행악자(行惡者)와 함께 달려 있었다. 그런데 의인(義人)이신 예수는 먼저 운명(殞命)하시고 행악자들도 뒤에 다 죽었다. 이와 같이 사람의 죽음이란 반드시 죄로 인하여 육신은 사형장(死刑場)의 이슬처럼 사라지고 만다. 죽음은 누구에게나 한 번은 있어야 하는, 의인이든 죄인이든 반드시 받아야 할 일이다. 육신을 가지고 있는 자는, 죽고 싶은 자도 죽고 죽기 싫은 자도 죽는다. 수명(壽命)이 다하여 죽기도 하고, 자신의 부주의(不注意) 때문에 죽기도 한다. 타의(他意)에 의해 죽기도 하고, 병으로 죽기도 하고, 하나님의 형벌(刑罰)로 죽기도 한다. **육신(肉身)이 죽는다 해서 영혼(靈魂)이 책임(責任)져야 할 죄과(罪過)가 도말(塗抹)되는 것은 아니다.** 영혼의 죄악(罪惡)을 육신(肉身)에게 전가(轉嫁)시킬 수는 없다. 그것은 영혼이 책임져야 할 죄악(罪惡)이므로 육신에게 미쳤다 해도 영혼의 죄가 탕감(蕩減)되는 것은 아니다. 죄인(罪人)의 육신이 받는 저주(詛呪)는 모든 사람들에게 경고(警告)가 되는 표적(表蹟)이다.

"베드로가 가로되 너희가 어찌 함께 꾀하여 주의 영을 시험하려 하느냐 보라 네 남편을 장사하고 오는 그 사람들의 발이 문앞에 이르렀으니 또 너를 메어 나가리라 한데 곧 베드로의 발 앞에 엎드러져 혼이 떠나는지라 젊은 사람들이 들어와 죽은 것을 보고 메어다가 그 남편 곁에 장사하니 온 교회와 그 일을 듣는 사람들이 다 크게 두려워하니라"(행 5:9~11).

구령(救靈)을 위한 전도는 죄에 대하여 알고 그 결과에 대하여 잘 알 때에 잘 할 수 있다. 그렇게 아니하고는 전도자로서 사명(使命)을 다 했다고 할 수 없다. 구령(救靈)은 인간의 정(情)만으로는 되는 것이 아니요, 인간의 긍휼(矜恤)만으로 되는 것도 아니다. 전도는 하나님의 방법으로만 되는 것이요, 이미 하나님이 정하신 뜻대로만 되는 것이다. 믿음이 없는 사람은 절대로 구원(救援)을 받을 수 없다. 성령(聖靈)이 전도의 말씀을 전도자들의 입을 통해 주실 때, 그때 듣지 못하면 별도의 기회를 얻지 못할 수도 있다. 그러므로 전도자들이 가지 않는 곳에는 구원이 없다. 그래서 "너희는 온 천하에 다니며 만민에게 복음을 전파하라"(막 16:15)고 하는 것이니, 이 귀한 직분은 천사들에게는 맡기지 않으신 사역이다. 오직 전도는 그의 성도들에게만 부탁하신 성도의 가장 귀한 직무(職務)이다.

"사람이 마음으로 믿어 의에 이르고 입으로 시인하여 구원에 이르느니라 성경에 이르되 누구든지 저를 믿는 자는 부끄러움을 당하지 아니하리라 하니 유대인이나 헬라인이나 차별이 없음이라 한

> 주께서 모든 사람의 주가 되사 저를 부리는 모든 사람에게 부요하시도다 누구든지 주의 이름을 부르는 자는 구원을 얻으리라 그런즉 저희가 믿지 아니하는 이를 어찌 부르리요 듣지도 못한 이들을 어찌 믿으리요 전파하는 자가 없이 어찌 들으리요 보내심을 받지 아니하였으면 어찌 전파하리요 기록된 바 아름답도다 좋은 소식을 전하는 자들의 발이여 함과 같으니라"(롬 10:10~15).

사람의 영혼(靈魂)은 매우 급한 전도를 받고 있다. 언제 마감될지도 모르는 육체를 너무 신뢰(信賴)함으로 자신의 영혼을 매우 위태롭게 한다. 질그릇 같아서 갑자기 깨어지기도 쉽고, 한번 깨진 것은 다시 사용하기에 불가능한 것이 육체다. **사람에게 있어 세상이란 육체(肉體)라는 질그릇 속에 그 영혼이 담겼을 그 당시(當時)뿐이다.** 몸이 부서지면 세상과 영원히 작별(作別)하는 것이다. 그러기에 영혼이 질그릇 속에 들어 있을 때에 구원(救援)을 얻게 해야 하며, 또한 육체가 살든지 죽든지 책임을 면치 못할 영혼(靈魂)을 죄악(罪惡)에서 빨리 구령(救靈)해야 한다. 율법(律法)은 사망(死亡)의 법이다. 그래서 율법은 사람을 구원하지 못한다. 율법은 더하면 더할수록 사람을 형벌로 밀어 붙이며 죄를 더하게 할 뿐이다. 그러므로 율법의 용무는 정죄(定罪)뿐이다. 율법에는 은혜(恩惠)가 없다.

그러므로 누구든지 율법(律法)에서 빨리 벗어나지 않으면, 율법은 죄 값을 영혼(靈魂)에게 지운다. 그것이 율법의 용무(用務)이다. 이렇게 다급한 사실 앞에 어찌 우물쭈물 하겠는가? 성경은 전반에 걸쳐 "네 영혼을 하나님께 맡기라"고 하신다. 그리하면 하나님은 우리의 영혼을 영원히 맡아 주시고 영원히 거룩하게 해주신다. 예수께서 그 영혼을 하나님께 부탁(付託)하셨고, 초대교회 믿음과 성령(聖靈)이 충만(充滿)한 스데반 집사(執事)도 자기 영혼을 하나님께 부탁하였다.

> **"예수께서 큰 소리로 불러 가라사대 아버지여 네 영혼을 아버지 손에 부탁하나이다 하고 이 말씀을 하신 후 운명(殞命)하시다"**(눅 23:46).
> **"저희가 돌로 스데반을 치니 스데반이 부르짖어 가로되 주 예수여 내 영혼을 받으시옵소서"**(행 7:59).

구령(救靈)은 영혼(靈魂)을 세상과 죄악(罪惡), 그리고 율법으로부터 하나님께로 옮기는 일이다. 전도자가 전도자의 원리(原理)를 모르고 전도하기 때문에 구원받는 이가 적다. 혹 전도를 받아들이는 이가 있다 할지라도 그들 자신의 이론(理論)이나 철학(哲學), 전통(傳統)이나 습관(習慣) 등을 능히 타파(打破)할 힘을 얻지 못하므로, 담대(膽大)히 이를 박차고 나오지 못하고 있다. 전도는 영혼을 하나님 편에 서게 하고 이제까지 지배(支配)하는 것들에 단호(斷乎)히 대항(對抗)하게 하는 능력(能力)이 있어야 한다. 현대인들은 전도의 방식에 대하여 너무나 무지하다. 구령(救靈)이란 당연히 영적인 역사(役事)이다. 그러므로 영적인 역사가 아니고는 불가능한 것이 전도이다. 예수께서도 일찍이 전도는 사람의 힘만으로는 아니 되는 것임을 말씀하셨다. 전도는 성령(聖靈)의 힘과 깊은 영감(靈感)을 힘입어야 한다. 그리고 전도받은 이들을 성령으로 재무장

(再武裝)시켜야 한다.

> **"우리가 육체에 있어 행하나 육체대로 싸우지 아니하노니 우리의 싸우는 병기는 육체에 속한 것이 아니요 오직 하나님 앞에서 견고한 진을 파하는 강력(强力)이라 모든 이론을 파하며 하나님 아는 것을 대적하여 높아진 것을 다 파하고 모든 생각을 사로잡아 그리스도에게 복종케 하니"**(고후 10:3~5).

회중(會衆)을 확대(擴大)한 것이 교회가 아니다. 구령(救靈)하여 그리스도 안에 있게 한 것이 교회다. 구령에 대한 적극적인 의지(意志)가 없이는 교회의 부흥을 기대할 수 없으니, 겸손(謙遜)한 마음으로 전적으로 기도와 전도에 임해야 한다. 교회는 전도(傳道)가 확신(確信) 있는 구령(救靈)의 역사(役事)임을 분명하게 알아야 하며 교회는 자신들의 영혼(靈魂)을 하나님께 온전(穩全)히 맡겨야 한다.

① 예배(禮拜)나 기타 집회 등 모든 행사가 구령(救靈)을 목적으로 해야 한다.
이렇게 하여 온 교회(敎會)가 구령(救靈)을 향해 달려가게 해야 한다.

② 구원(救援)을 받아야 하는 이유(理由)를 설명(說明)할 수 있도록 해야 한다.

③ 육체의 죄는 영혼(靈魂)이 책임지되, 영원히 짊어진다는 것을 알게 해야 한다.

④ 구령(救靈)이란 자기 영혼을 하나님께 맡기는 일이라는 것을

알게 해야 한다.

2. 복음 전파(傳播)

전도(傳道)는 예수 그리스도의 복음(福音)을 전파(傳播)하는 것이다. 구약시대의 예언자(豫言者)들은 이스라엘에게 소망(所望)을 주었다. 신약교회의 전도자들은 이 세상 모든 사람에게 소망을 준다. 전도(傳道)와 복음(福音)은 각각 다르다.

전도는 전파(傳播)의 수단(手段)이고 복음은 전파의 내용(內容)이다. 그러므로 전도의 열심과 행위(行爲)가 아무리 훌륭할지라도 복음이 전파되지 않으면 아무런 소용이 없다. 대개 교회에서 특별 행사를 열고 전단지를 만들고 포스터(Poster)를 붙이는데, 전단지나 포스터나 전도지는 안내서(案內書)에 불과하다. 이것들은 전도를 위한 행위에 속한다. 전도는 반드시 내용을 가지고 있어야 하는데, 그 내용은 '예수의 복음' 이다. 죄로 인해 영(靈)이 죽었던 인류에게 하나님은 독생자(獨生子)를 세상에 보내 주셨고, 독생자는 십자가 위에서 죽으시고 다시 부활(復活)하셨다. **그리스도의 십자가 위에서 죽으심과 부활(復活)이 마귀(魔鬼)에게는 영원한 승리(勝利)가 되었고, 전 인류에게는 은혜(恩惠)와 소망이 되었다.**

인류에게 필요한 것은 은혜(恩惠)와 구원(救援)이다. 하나님께 죄를 범한 인간은 하나님의 은혜 없이는 살아갈 수 없다. 하나님은 행한 대로 갚으신다. 의(義)를 행한 자에게는 '의' 에 대한 보상(補償)을, 선(善)을 행한 자에게는 선에 대한 보상(補償)을 주시나, 죄를 행한 자에게는 심판(審判)을 내리신다. 그러므로 본래부터 죄인인 인간이 하나님의 심판을 면하는 길은 오직 구원(救援)의 은혜(恩惠)를 받는 길이다. 그러나 하나님께서 은혜를 베푸신다 해도 인간의 죄악을 무시할 수가 없으시니, 죄에 대한 값을 치르지 않으면 속죄(贖罪)가 있을 수 없다. 그러므로 죄 없으신 예수 그리스도로 하여금 십자가 위에서 인간의 죄를 대속(代贖)하심으로 인류에게 큰 은혜(恩惠)를 직접 베풀어 주셨다. 이는 하나님이 세상을 이처럼 사랑하심이라 하셨으니, 그의 사랑과 은혜는 인류를 죄에서 구원(救援)하셨다. 또한 구원의 표시로 하나님의 자녀가 될 수 있는 권세(權勢)를 주셨다.

그러나 하나님의 은혜로 살고자 하는 이가 아니고는 복음을 받아들일 수 없다. 그러므로 구원(救援)을 받아 은혜(恩惠)로 살 수 있는 길을 알려 줄 필요가 있다. 이러한 하나님의 뜻을 전파(傳播)하는 것이 전도의 임무(任務)요 핵심 내용(內容)이다. 교회에 나오면 만사형통(萬事亨通)한다고 전파(傳播)하는 것은 참된 복음(福音)이 아니다. 하나님은 공평(公平)하셔서 의인(義人)에게도 해를 주시고 악인(惡人)에게도 해를 주시며 의인에게도 비를 주시고 악인에게도 비를 주신다.

> **"…하나님이 그 해를 악인과 선인에게 비취게 하시며 비를 의로운 자와 불의한 자에게 내리우심이니라"**(마 5:45).

그러기에 세상에서는 악인(惡人)도 얼마든지 형통(亨通)함을 볼 수 있다. 이러한 내용(內容)도 전도에 사용될 수 있겠지만, 전도(傳道)는 어디까지나 신약교회(新約敎會)로서의 모범적(模範的)인 전도가 계속(繼續)해서 이루어져야 한다.

✻ 예수 그리스도의 복음 전파.

(1) 가난한 자들에게 복음(福音)이 된다.

"우리 주 예수 그리스도의 은혜를 너희가 알거니와 부요(富饒)하신 자로서 너희를 위하여 가난하게 되심은 그의 가난함을 인하여 너희로 부요케 하려 하심이니라"(고후 8:9).

(2) 병든 자들에게 복음(福音)이 된다.

"친히 나무에 달려 그 몸으로 우리 죄를 담당하셨으니 이는 우리로 죄에 대하여 죽고 의에 대하여 살게 하려 하심이라 그가 채찍에 맞음으로 너희는 나음을 얻었나니"(벧전 2:24).

(3) 멸망(滅亡)할 세상 죄인들에게 복음(福音)이 된다.

"하나님이 세상을 이처럼 사랑하사 독생자(獨生子)를 주셨으니 이는 저를 믿는 자 마다 멸망치 않고 영생을 얻게 하려 하심이니라"(요 3:16).

하나님은 자기의 아들의 공로(功勞)를 값없이 세상에 베푸셨으니, 이를 믿는 자는 그의 은혜(恩惠)로 구원(救援)을 얻는다는 것

이 바로 복음(福音)이다. 사람이 할 수 있는 일을 하게 하여 보상(補償)을 받게 하는 것도 전도에 포함(包含)될 수 있겠지만, 신약교회의 전도는 먼저 사람이 받을 수 없는 일을 은혜(恩惠)로 받는 약속을 전파(傳播)하는 것이다. 전도자는 전도 방법에 대한 훈련(訓練)이나 지시(指示)에 앞서 전도의 내용(內容)을 깊이 깨닫고 은혜(恩惠)로 인한 체험(體驗)을 가지고 나가야 할 것이다. 전도는 할 수 있어도 전도의 내용인 복음을 가지고 있지 않다면, 나팔이 소리를 내지만 그 나팔이 가락을 내지 못하는 것과 같으니, 누가 그 소리를 듣고 움직이겠는가? 전도의 열심만으로는 결실(結實)을 보기가 어렵다. 사람은 육신(肉身)의 요구(要求)에 대해서는 민감(敏感)한데 영의 요구(要求)에 대해서는 상당(相當)히 둔하다. 사람의 육신(肉身)이 배가 고프고 춥고 아픈 것은 잘 알면서도, 영이 옷을 입고(롬 13:14), 먹어야 하고(요 6:51), 마셔야 하고(요 6:55), 영생(永生)을 얻어야 하는 것(요 3:16)은 알지 못하고 있다.

"오직 주 예수 그리스도로 옷 입고 정욕(情慾)을 위하여 육신의 일을 도모(圖謀)하지 말라"(롬 13:14).
"나는 하늘로서 내려온 산 떡이니 사람이 이 떡을 먹으면 영생하리라 나의 줄 떡은 곧 세상의 생명을 위한 내 살이로라 하시니라"(요 6:51).
"내 살은 참된 양식(糧食)이요 내 피는 참된 음료(飮料)로다"(요 6:55).
"하나님이 세상을 이처럼 사랑하사 독생자(獨生子)를 주셨으니 이는 저를 믿는 자마다 멸망치 않고 영생을 얻게 하려 하심이니라"(요 3:16).

그래서 가난한 자에게 복음(福音)이 전파(傳播)된다고 하셨다.

> "소경이 보며 앉은뱅이가 걸으며 문둥이가 깨끗함을 받으며 귀머거리가 들으며 죽은 자가 살아나며 가난한 자에게 복음이 전파된다 하라"(마 11:5).

가난한 자는 모든 면에 어렵고 빈곤(貧困)하여 아쉬움으로 가득하다. 그들은 38년 된 중풍병자(中風病者)가 베데스다 못 가에서 병을 낫게 해 줄 자를 기다리듯이 구원자(救援者)를 기다린다. 자신의 문제에 대하여 불타는 듯한 열망(熱望)을 가지고 해결을 구하여도 얻지 못하는 자에게 갑자기 찾아 온 해결사(解決士)는 구세주(救世主)이시다. 주 예수가 바로 그분이시라는 확신(確信)을 주는 소식이 복음(福音)이요, 이 소식을 믿음으로 전하는 것이 바로 전도(傳道)이다. 사람들은 자기의 지식과 용기(勇氣)로 열심히 전도의 일을 하겠다고 자원(自願)할 수 있다. 그러나 무엇을 전할 것이냐에 대한 구체적(具體的)인 준비(準備) 없이는 전도의 책임(責任)을 다할 수 없고, 준비 없는 복음은 하나님의 뜻을 이룰 수 없다.

복음은 주린 자의 영원한 양식(糧食)이요, 죽은 자가 듣고 살아나는 말씀이요, 영원한 형벌(刑罰)을 피하지 못할 죄인에게 구원(救援)을 선언(宣言)하는 기쁜 소식(消息)이요, 천국에서 주시는 권세(權勢)가 곧 복음(福音)이다. 이 복음을 누가 거역(拒逆)할 수 있으며 부인(否認)할 수 있겠는가? 하나님 앞에서 밤낮 참소(讒訴)하던 마귀(魔鬼)도 복음이 전파(傳播)됨으로써 그 자리를 떠났다.

"내가 또 들으니 하늘에 큰 음성이 있어 가로되 이제 우리 하나님의 구원과 능력과 나라와 또 그의 그리스도의 권세가 이루었으니 우리 형제들을 참소(讒訴)하던 자 곧 우리 하나님 앞에서 밤낮 참소하던 자가 쫓겨났고 또 여러 형제가 어린 양의 피와 자기의 증거하는 말을 인하여 저를 이기었으니 그들은 죽기까지 자기의 생명을 아끼지 아니하였도다"(계 12:10~11).

불의(不義)로 인하여 영원(永遠)히 죽게 된 인간(人間)을 정죄(定罪)하던 사망(死亡)의 법, 곧 율법(律法)도 그 권능(權能)을 잃었다.

"사망아 너희 이기는 것이 어디 있느냐 사망아 너희 쏘는 것이 어디에 있느냐 사망의 쏘는 것은 죄요 죄의 권능은 율법이라"(고전 15:55~56).

복음의 위력(偉力)이 이와 같이 크고 완전하지만, 복음에 대한 무지(無知)는 전도를 약하게 하였다. 또 전도를 위해 사용되는 많은 인력도 물질도 그만한 효과를 온전히 발휘하지 못하고 말았다. 복음에는 지금도 살아 계신 주님께서 함께 역사(役事)하시는 능력(能力)이 있어서 전도자와 늘 함께 역사(役事)해 주신다.

"제자들이 나가 두루 전파할새 주께서 함께 역사(役事)하사 그 따르는 표적으로 말씀을 확실히 증거하시니라"(막 16:20).

전도(傳道)의 방법은 다양(多樣)하다. 그러나 영생(永生)의 복음(福音)은 단 한 가지뿐이니 곧 예수와 그의 하신 일과 그를 보내 주신 하나님을 아는 것이다.

> **"영생은 곧 유일하신 하나님과 그의 보내신 자 예수 그리스도를 아는 것이니이다"**(요 17:3).

전도의 방법은 어떤 형태이든 가능하지만, 그 내용은 변할 수 없는 것이다.

교회는 전도와 복음을 각각 이해하여야 한다. 다시 말해 복음은 주인이요 전도는 그를 안내하는 것이다. 주인이 없다면 안내하는 자가 무슨 소용이 있는가? 안내자는 많아도 주인은 한 분뿐이요, 안내하는 방법은 다양 할지라도 안내를 받고 오는 자들을 맞이하는 이는 한 분뿐이시다. 그러므로 먼저는 주인이 있고 그 다음으로 주인을 모시는 자가 있을 것이다. 이와 같이 먼저 복음을 잘 알고 그 다음에 전도를 해야 할 것이다. 전도는 복음을 아는 것으로 하는 것이다. 초대교회의 사도들과 전도자들은 전도에 있어 완전한 자들이었으니, 곧 복음을 알고 전도하였다. 그들은 복음을 알기에 복음을 전하는 일에 목숨을 걸었다. 이러므로써 전도에 큰 효과를 가져오게 되었다. 그렇게 해야 전도의 사명을 다할 수 있다.

교회는 전도대를 결성하기 전에 복음을 가르쳐 주어야 한다. 예수님은 자기에 대하여 확실히 알기 전에는 아무에게도 자기가 그리스도임을 전하지 않도록 경계(警戒)하셨다. 아는 것을 말하는 자와 알지 못하는 것을 말하는 자는 담력(膽力)에 있어 큰 차이가 있다. 아는 일을 위해서는 목숨을 버릴 자가 나와도, 알지 못하는 일을 위해서는 목숨을 버릴 자가 나오기를 기대할 수 없다.

* 능력 있는 전도는 은혜의 복음에 대한 전파가 되어야 한다.

(1) 예수 이름의 전파(傳播)

복음(福音)은 주 예수의 이름으로 하는 것이기에 그의 명예(名譽)가 늘 함께한다. 그러므로 그의 이름이 전파(傳播)되는 곳에는 구원(救援)을 얻는 자들이 주의 이름으로 즉시(卽時) 세례(洗禮)를 받았으며 그의 이름으로 병든 자들도 고침을 받았고 또 성령(聖靈)의 충만(充滿)한 역사(役事)가 있었다.

"그러므로 너희는 가서 모든 족속(族屬)으로 제자를 삼아 아버지와 아들과 성령의 이름으로 세례를 주고 내가 너희에게 분부한 모든 것을 가르쳐 지키게 하라 내가 세상 끝날까지 너희와 항상 함께 있으리라 하시니라"(마 28:19~20).
"오직 성령이 너희에게 임하시면 너희가 권능을 받고 예루살렘과 온 유대와 사마리아와 땅 끝까지 이르러 내 증인이 되리라 하시니라"(행 1:8).

전도(傳道)가 복음 전도의 특성을 가지고 있지 않으면 안되기 때문에, 전도의 사명에 대한 투철(透徹)한 의식이 확실하게 요구된다. 복음 전도를 목적으로 한 대형 집회라든가 연합 활동에 있어서도 조직의 화려함이 오히려 복음 전도에 먹구름을 불러일으키곤 한다. 교파별로 분배된 조직이나 실행에서 노출되는 현상이겠지만, 예수 이름을 뒤로 젖혀 두고 있는 것은 참을 수 없는 현실이다. 오직 살아 계신 주님의 말씀을 강조할 수 있는 계획이 세워져서 삶에 그대로 실천이 되어 진다면 많은 사람들이 구원(救援)을 받게 되며 열매를 많이 맺게 될 것이다.

(2) 복음 전도의 긴박성(緊迫性)

요나(Jonah)가 3일 길이나 되는 큰 니느웨(Nineveh) 성(城)을 단 하루 길로 전도했으니, 니느웨 성 전체는 회개(悔改)의 소용돌이 속에 휘말렸다. 회개(悔改)에 대한 외침이 얼마나 간절하고 갈급(渴急)한 것인가를 단적으로 말해 준다.

> **"요나가 여호와의 말씀대로 일어나서 니느웨로 가니라 니느웨는 극히 큰 성읍이므로 삼일 길이라 요나가 그 성읍에 들어가며 곧 하룻길을 행하며 외쳐 가로되 사십 일이 지나면 니느웨가 무너지리라 하였더니"(욘 3:3~4).**

복음 전도는 매우 귀중하고도 급한 내용을 담대(膽大)하게 생명을 걸고 전달하는 임무(任務)요 책임(責任)이다. 눈으로 하나님을 볼 수 없는 인간에게 하나님의 뜻을 전해 듣게 하는 전도는, 마치 응급 환자에게 응급 치료를 하는 것과 같다. 하나님을 격노(激怒)시키는 죄악이 관영(貫盈)할 때, 그 죄악을 진멸(殄滅)하시려는 하나님의 뜻이 정해졌을 때에도, 하나님은 그 사실을 인간에게 경고(警告)로써 알려 주신다. 아무리 악할지라도 그 악한 길에서 돌이켜 구원(救援)을 받을 수 있는 최후의 기회(機會)를 베풀어 주시는 것이다. 자비(慈悲)와 사랑으로 그 절호(絕好)의 기회를 잃지 말라고 선포(宣布)하는 것이다. 이것이 곧 전도이다.

세상에 전도가 있는 동안은 은혜(恩惠)가 있어도, 전도가 마감되는 그날이 오면 은혜의 단비는 끝나고 만다. 전도자는 인간의 죄에 대한 하나님의 격노(激怒)하심이 절정(絕頂)에 달했다는 사실을 알고 간절한 마음으로 열심을 다해 기도(祈禱)하고 담대히 전도(傳道)해야 할 것이다.

> **"오늘날 너희가 그의 음성을 듣거든 노하심을 격동(激動)할 때와 같이 너희 마음을 강퍅(剛愎)케 하지 말라"**(히 3:15).

전도(傳道)는 마지막 처방(處方)이다. 전도자는 다시는 다른 전도의 기회가 없으리니 오늘이라는 최후의 날에 전도의 도전(挑戰)을 받아야 한다. 전도자가 오늘이라는 긴박(緊迫)한 사실을 이해하지 못하면 힘 있는 전도, 확신을 주는 전도가 불가능하다. 전도는 신사적인 의미에서, 전도를 받아야 하는 자들에게 선택할 기회를 주는 것이지만, 또 한편으로는 의식이 없는 급한 환자를 응급실로 옮기는 것과 같다. 그래서 이 세상에서 제일 급한 일이 무엇이냐고 묻는 다면 그것은 두말 할 것도 없이 전도라고 대답할 것이다. 주님은 도적(盜賊)같이 오신다고 하셨기 때문이다. 오늘 밤에 오실지, 내일 오실지, 언제 오실지 모르기 때문이다.

주 예수 오시는 그날, 전도는 중단되고 구령(救靈)도 중단되고 모든 것이 끝난다. 이제껏 힘쓰며 애쓰며 노력하던 교회의 모든 봉사

는 이제 끝난다. 장기(長期) 계획이 무효로 돌아가고 교회당을 크게 지으려든 모든 일이 영원히 중단되고 아직 하지 못한 일들을 그대로 남긴 채 영원히 손을 떼어야 한다. 그때부터는 회개(悔改)가 불가능하다. 그제서야 자기를 사랑하는 친척을 구원할 생각을 가진다면 때는 이미 늦었다. 그러므로 지금 당장 그들을 구원시키지 않으면 안된다.

인간은 아무도 그 시기(時期)를 알지 못한다. 이 얼마나 아슬아슬한 순간이며 도전을 받고 있는 시기인가? 전도자는 그것을 알고 급히 달리지 않으면 안될 것이다. 몇 초밖에 남지 않는 최후의 순간을 맞고 있는 것이 전도자의 심정(心情)이다. 파선(破船)하여 바다에 빠져 버린 사람을 구조하는 자가 숨돌릴 사이 없이 움직이는 것과 같다. 살기 위하여 최후의 안간힘을 다하는 물에 빠진 자, 또 이를 구원(救援)하려고 최선을 다하는 구조원(救助員)의 긴급한 행동(行動)과 같은 것이 전도자의 일이다. 그러므로 전도자는 소리치고 민첩(敏捷)하게 움직이며 도전적(挑戰的)으로 행동하지 않으면 안된다. 불속에 들어 있는 사람에게 소리쳐 구원의 길을 알리는 소리, 또 이를 위하여 어찌할 바 모르고 이를 구조하기 위하여 위험(危險)을 무릅쓰고 불길 속으로 뛰어드는 과감(果敢)한 행동이 전도자가 취할 태도이다. 이런 태도나 의지(意志)가 없는 전도자는 이미 전도자가 아니다.

참된 전도자는 이미 미친 사람으로 취급 당 할 수도 있다. 이 세상에서 이미 내놓은 사람으로 취급(取扱)받을 수도 있다. 여하튼 전도는 매우 시급한 일이다. 미쳤다 해도 전도요 자신이 온전(穩

全)하다 해도 전도는 늘 있어야 한다. 전도(傳道) 없이는 결코 이 복음(福音)을 들을 자가 없고 복음을 듣지 않고는 믿음이 생기지 않고 믿음이 없이는 구원(救援)받을 사람이 없다.

(3) 복음 전도의 시작

온 세계가 다 구원(救援)받아야 하지만 전도는 먼 곳 보다 우선(于先) 가까운 곳부터 시작되어야 한다. 새찬송가 505장(통일 268장) 3절에 보면 "먼 곳에 나가서 전하지 못해도 나 어느 곳에 있든지 늘 기도 힘쓰리" 라고 찬송(讚頌)하고 있다. 감리교(監理敎)의 창시자(創始者) '요한 웨슬러' 는 "세계가 우리의 교구(敎區)다" 라고 말했다. 자기를 구원(救援)했으면 자기 집을 구원해야 하고 그 다음으로 이를 확산(擴散)시킬 수 있어야 한다. 물론 특별한 경우도 있지만 대개 일반적으로 볼 때에 이는 순리(順理)이고 주님이 가르쳐 준 도리(道理)이다.

자기 가족도 구원하지 못하고, 이웃 사람도 구원하지 못하고, 무조건 먼 곳만을 생각하고 큰 것만을 꿈꾸는 이들도 있다. 가까운 자기 마을도 전도할 능력이 없는 이가 머나먼 해외(海外) 선교(宣敎)를 꿈꾸기도 한다. 오늘날 해외 선교에 대한 꿈을 키우는 이들 중의 어떤 이들은 해외 선교를 마치 해외 나들이나 하는 것처럼 외국 관광으로 가겹게 생각하는 이들도 있다.

해외 선교는 마치 양(羊)이 도살장(屠殺場)에 들어가는 것과 같고 맨 주먹으로 사자(獅子) 굴(窟)에 들어가는 목동(牧童)과 같은 것이 선교(宣敎)이다. 가자마자 풍토병(風土病)에 죽는 것은 보통이었고, 식인종(食人種)들에게 잡아먹힌 자들도 있었고 원주민(原住民)들에게 살해(殺害)된 자도 있었다. 이런 것을 알고도 자원(自願)하여 선교를 위해 가는 자들이야말로 진정한 선교사(宣教師)이다.

이렇게 해외 선교를 향한 꿈도 귀중하지만 가장 가까운 데 있는 자들부터 전도할 마음이 있어야 한다. 가까운 데 일을 적극적(積極的)으로 해 나갈 수 있어야 먼 데 일도 적극적으로 해 나갈 수 있다. 주님은 이렇게 말씀하셨다.

> **"이르시되 우리가 다른 가까운 마을들로 가자 거기서 전도하리니 내가 이를 위하여 왔노라 하시고"**(막 1:38).

그리고 예수님은 친히 제자(弟子)들에게는 먼 곳보다 차라리 이스라엘의 잃어버린 양(羊)에게로 가라고 분부(分付)하셨다.

> **"예수께서 이 열둘을 내어 보내시며 명하여 가라사대 이방인의 길로도 가지말고 사마리아인의 고을에도 들어가지 말고 차라리 이스라엘 집의 잃어버린 양에게로 가라"**(마 10:5~6).

다시 예수님은 성령(聖靈)이 너희에게 임하시면 예수의 증인(證人)이 되라 하시고 가까운 곳부터 행하라고 분부(分付)하셨다.

> **"오직 성령이 너희에게 임하시면 너희가 권능을 받고 예루살렘과 온 유대와 사마리아와 땅 끝까지 이르러 내 증인이 되리라 하시니라"**(행 1:8).

▶ **예수님은** 첫째, 먼저 예루살렘에 전도(傳道)하라 하셨고,
둘째, 그 다음은 유대에 전도(傳道)하라 하셨고,
셋째, 그 다음은 사마리아에 전도(傳道)하라 하셨고,
넷째, 마지막으로 땅 끝까지 전도(傳道)하라 하셨다.

이것이 예수의 단계적(段階的)인 전도(傳道)의 계획(計劃)이다. 선교(宣敎)를 하지 않으면 안되지만 더 급한 것은 현재 자기가 살고 있는 집으로부터 시작하는 것이다. 지금 자신이 사는 마을을 살리기 위해 더욱 철저(徹底)하고 열심 있게 전도해야 한다. 그러므로써 그 지역에 있는 교회에 부흥(復興)이 오고 이로 더불어 먼 곳에 선교(宣敎)를 위한 지원(支援)이 가능하게 된다. 복음은 홀로 독점(獨占)할 수 없는 것이다. 복음은 받았다 하면 즉시 전해야 할 사명(使命)을 부여(附與)받는다. 바울은 **"복음을 전하지 않으면 내게 화(禍)가 있다"**고 했다.

> **"내가 복음을 전할지라도 자랑할 것이 없음은 내가 부득불(不得不) 할 일임이라 만일 복음을 전하지 아니하면 내게 화가 있을 것임이라"**(고전 9:16).

그러나 복음(福音) 전도(傳道)는 꼭 화를 면하기 위해서만 하는 것이 아니다. 복음을 받고 은혜(恩惠)를 받으면, 구령(救靈)에 대한 뜨거운 사랑은 솟아나게 되어 있다. 그리스도의 뜨거운 심정이 나타나게 되어 있다. 만일 복음 전도자가 자기의 집안 식구를 먼저 전도하여 구원(救援)하지 못하면, 오히려 핍박(逼迫)하는 세력(勢

力)을 가정에 키우는 셈이 되고 만다. 그래서 예수께서는 "네 집안 식구가 네 원수(怨讐)니라"(마 10:36)고 말씀하셨다. 작은 곳으로부터 시작해서 점점 큰 곳으로 확대시키는 전도 계획을 세우면 아주 큰 효과를 얻게 될 것이다.

사실상 전도자의 변화는 가족이 가장 잘 알 수 있다. 전도자가 가정 생활 가운데 신앙을 통한 변화를 보여 준다면 그것은 살아 있는 증거(證據)가 될 것이다.

3. 하나님 나라 건설

전도(傳道)는 목적이 분명하다. 세례 요한은 "회개(悔改)하라, 천국이 가까왔느니라"(마 3:2)하며 전도했고, 예수 역시 "회개하라, 천국이 가까왔느니라"(마 4:17)하며 전도하셨다. 하나님의 나라는 이스라엘의 신앙(信仰)에 깊은 뿌리가 내려져 있는 영원한 소망(所望)이었다. 이 소망은 하나님께서 약속으로 주신 예수로 인하여 임박(臨迫)해 오고 있었다. 그러나 막상 하나님의 나라를 영접(迎接)할 수 있는 그 백성은 무엇보다도 불의(不義)를 떠난 의롭고 거룩한 백성 이어야 했다. 이것은 회개(悔改)밖에 이룰 수 없으니, 회개는 인간이 취할 수 있는 최고의 태도(態度)이다. 회개를 초월(超越)한 누구도 결코 하나님의 나라를 볼 수 없으며, 또한 그렇게 허락된 바도 없다. **회개는 인간이 하나님을 향해 가장 올바른 판단(判斷)으로서 마음을 열고 하나님을 뵙는 신앙(信仰)이다.** 회개의 신앙이 있을 때 하나님의 뜻을 받아들이게 되는 것이다. 하나님은 하늘 문을 여시고 독생자(獨生子)를 세상에 보내셨다. 그를 아는 지혜(智慧)와 영접(迎接)할 수 있는 자격(資格)은 회개(悔改)뿐이니, 인간의 회개와 하나님의 독생자(獨生子)와의 만남이 하나님과 인간 사이의 영원한 목적을 성취(成就)한다. 그것이 곧 하나님의 나라이다.

"저희가 이 말을 듣고 마음에 찔려 베드로와 다른 사도들에게 물어 가로되 형제들아 우리가 어찌할고 하거늘 베드로가 가로되 너희가 회개하여 각각 예수 그리스도의 이름으로 세례를 받고 죄사함을 얻으라 그리하면 성령을 선물로 받으리니"(행 2:37~38).

그러므로 하나님의 나라의 전도(傳道)는 필수적(必須的)으로 회개(悔改)를 알려야 한다. 사람은 하나님이 보내신 예수 그리스도를 영접(迎接)하려면 먼저 죄 없이함을 받아야 한다. 죄인은 결코 하나님 나라에 들어갈 수 없고 죄인에게는 하나님의 나라가 임할 수 없기 때문이다. 먼저 하나님의 나라가 우리 안에 있어야 우리도 그 나라에 들어갈 수 있다. "너희가 내 안에 내가 너희 안에"(요 15:7)라는 이 약속이야말로 구원(救援)을 얻을 하나님의 나라 백성들에게 중요한 믿음이다. 오늘날 신약교회(新約敎會)가 굳게 가져야 할 소망(所望)과 믿음이 이것이다.

우리는 구약교회가 체험(體驗)할 수 없었던 "하나님의 나라는 너희 안에 있느니라" 하신 주의 말씀을 체험(體驗)해야 한다. 신약교회는 교회의 본질(本質)이다.

"그러므로 너희가 회개하고 돌이켜 너희 죄 없이 함을 받으라 이같이 하면 유쾌하게 되는 날이 주 앞으로부터 이를 것이요 또 주께서 너희를 위하여 예정하신 그리스도 곧 예수를 보내시리니 하나님이 영원 전부터 거룩한 선지자의 입을 의탁하여 말씀하신 바 만유를 회복하실 때까지는 하늘이 마땅히 그를 받아두리라 모세가 말하되 주 하나님이 너희를 위하여 너희 형제 가운데서 나같은 선지자 하나를 세울 것이니 너희가 무엇이든지 그 모든 말씀을 들을 것이라 누구든지 그 선지자의 말을 듣지 아니하는 자는 백성 중에서 멸망받으리라 하였고 또한 사무엘 때부터 옴으로 말한 모든 선지자도 이 때를 가리켜 말하였느니라 너희는 선지자들의 자손이요 또 하나님이 너희 조상으로 더불어 세우신 언약의 자손이라 아브라함에게 이르시기를 땅 위의 모든 족속이 너의 씨를 인하여 복을 받으리라 하셨으니 하나님이 그 종을 세워 복 주시려고 너희에게 먼저 보내사 너희로 하여금 돌이켜 각각 그 악함을 버리게 하셨느니라"(행 3:19~26).

신약교회의 전도는 회개(悔改)가 전파(傳播)되는 것이다. 이는 하나님의 나라를 향한 전도이다. 그리스도로 말미암아 성취(成就)된 구약성경의 예언(豫言)들이 신약교회의 믿음에 대한 확신(確信)을 더해 주었고 이로써 신약교회는 하나님의 나라를 맞이하였다. 회개(悔改)를 가르치는 것은 당연(當然)히 복음적(福音的)이다.

하나님의 나라의 임재(臨在)를 성령(聖靈)으로 확신(確信)하는 것은 신약성경(新約聖經)이다. 신약교회는 구약교회처럼 하나님의 나라의 도래(到來)를 막연(漠然)히 기다리게 하지 않는다. 이미 우리의 마음 속 깊이 임한 하나님의 나라는 우리를 주님의 영원(永遠)한 나라로 영접(迎接)할 준비(準備)를 시키고 있다.

신약교회는 복음적인 전도가 무엇인가를 알아야 한다. 이러한 전도야 말로 하나님의 나라를 건설(建設)하기 때문이다. 회개(悔改)가 없는 전도는 하나님의 나라를 건설(建設)하기에는 너무 빈약(貧弱)하다. 그야말로 모래위에 집짓기이다. 그러나 회개(悔改)를 수반(隨伴)하는 전도는 하나님의 나라의 승리를 가져온다. 회개(悔改)는 그리스도의 피를 무시할 수 없는 근원적(根源的)인 신앙(信仰)이다.

율법(律法)이 회개(悔改)를 온전(穩全)히 받을 수 없었던 여러 가지 이유 중 하나를 들자면, 짐승의 피는 사람의 죄를 능히 없이할 수 없다는 것이다.

> **"율법은 장차 오는 좋은 일의 그림자요 참형상이 아니므로 해마다 늘 드리는 바 같은 제사로는 나아오는 자들을 언제든지 온전케 할 수 없느니라 그렇지 아니하면 섬기는 자들이 단번에 정결케 되어 다시 죄를 깨닫는 일이 없으리니 어찌 드리는 일을 그치지 아니하였으리요 그러나 이 제사들은 해마다 죄를 생각하게 하는 것이 있나니 이는 황소와 염소의 피가 능히 죄를 없이하지 못함이라"**(히 10:1~4).

예수 그리스도께서 십자가(十字架) 위에서 "다 이루었다(τετέλεσται)"고 선언(宣言)하신 말씀은, 하나님 나라의 승리(勝利)를 선언(宣言)하신 것이다. 그가 흘리신 보혈(寶血)은 전 인류(人類)를 하나님의 나라로 들어가게 하였다.

"그러므로 형제들아 우리가 예수의 피를 힘입어 성소(聖所)에 들어갈 담력을 얻었나니 그 길은 우리를 위하여 휘장(揮帳) 가운데로 열어 놓으신 새롭고 산 길이요 휘장은 곧 저의 육체니라 또 하나님의 집 다스리는 큰 제사장이 계시매 우리가 마음에 뿌림을 받아 양심의 악을 깨닫고 몸을 맑은 물로 씻었으니 참마음과 온전한 믿음으로 하나님께 나아가자"(히 10:19~22).

그가 선언(宣言)하신 그때부터 하나님의 나라는 회개(悔改)를 받았으며 그 증표(證標)로 보혈(寶血)을 기념(紀念)하게 하셨다. **신약교회의 성찬(聖餐)은 승리자(勝利者)만이 가질 수 있는 신약교회의 믿음이요, 생명 있는 의식(儀式)이다.**

하나님의 나라에는 그 나라만이 가지는 특권(特權)이 있다. 약속받은 중생(重生), 성결(聖潔), 부활(復活), 재림(再臨) 등 이 세상에서는 도무지 상상할 수 없는 그 나라만의 권능(權能)이 충만(充滿)하다. 특히 거듭나지 않고는 그 나라에 들어갈 수 없다. 이러한 약속(約束)이 전도를 통해서 세상에 알려진다. 하나님의 나라는 거룩하다. 그러므로 거룩함이 없이는 결단코 그 나라에 들어갈 수 없다.

"저가 한 제물로 거룩하게 된 자들을 영원히 온전케 하셨느니라"(히 12:14).

하나님이 세상을 가르친 바 하나님 나라의 특권(特權)은 거룩함이기에 "너는 거룩하라" 하신 것이다. 우리의 회개(悔改)도 거룩함을 위한 것이요 믿음도 거룩함을 위한 것이다. 이스라엘이 하나님 나라를 보기 전에 하나님은 시내산 가시떨기 나무 가운데서 모세를 부르시고 "이제부터 거룩한 땅을 밟으리라"고 하셨다.

> **"하나님이 가라사대 이리로 가까이 하지 말라 너의 선 곳은 거룩한 땅이니 네 발에서 신을 벗으라"**(출 3:5).

거룩한 백성(百姓)은 무엇보다 세상(世上)과 구별(區別)된다. 세상은 세상 신들에게 유혹(誘惑)되어 더러운 우상(偶像)을 섬기며 양심(良心)을 타락(墮落)시켰고 육체(肉體)를 더럽혔다. 하나님은 거룩한 백성을 성별(聖別)하기 위하여 율법(律法)에 따라 십계명(十誡命)을 내리셨으니, 이는 거룩한 백성을 얻으시려는 하나님의 의지(意志)이다. 구약교회의 전도는 이렇게 시작되었다.

> **"너희는 나 외에는 다른 신들을 내게 있게 말지니라 너를 위하여 새긴 우상을 만들지 말고 또 위로 하늘에 있는 것이나 아래로 땅에 있는 것이나 땅 아래 물 속에 있는 것의 아무 형상(形象)이든지 만들지 말며 그것들에게 절하지 말며 그것들을 섬기지 말라 나 여호와 너희 하나님은 질투(嫉妬)하는 하나님인즉 나를 미워하는 자의 죄를 갚되 아버지로부터 아들에게로 삼사 대까지 이르게 하거니와 나를 사랑하고 내 계명을 지키는 자에게는 천 대까지 은혜를 베푸느니라"**(출 20:3~6).

세상 신(神)들로부터 구별(區別)된 자들이야말로 하나님의 백성이다. 그들은 하나님의 이름을 섬기며 모든 율법(律法)을 시인(是認)

한다. 즉 “내가 거룩하니 너희도 거룩하라” 하신 계명(誡命)을 따라 하나님의 백성으로 성별(聖別)되고 하나님은 그들 중에 계신다.

신약교회는 구약교회의 율례(律例)와 신앙(信仰) 양심(良心)을 기초(基礎)로 하여 세워진다. 율법교회와 복음교회의 차이점은 간단하다. 곧 율법교회는 “너희는 거룩하라 그러면 내 백성이 되리라” 하신 것이고, 복음교회는 “내가 너희를 거룩하게 하였으니 너희는 나의 자녀라 그러므로 거룩하라”고 하신 것이다.

율법교회도 먼저 거룩해야 할 것이다. 그러므로 이스라엘은 거룩해지려고 부단(不斷)히 노력했으나 거룩하게 하는 모양(模樣)만 나왔을 뿐 실질적(實質的)인 거룩함은 없었다. 그래서 외모(外貌)로 취하지 아니하시는 자의 눈앞에서 벌거벗은 속 모습을 드러내지 않을 수 없었다. 그리하여 주 예수께서 “너희가 이 성전(聖殿)을 헐라 내가 사흘 동안에 일으키리라”(요 2:19)고 하시고, 십자가 위에서 모든 인간의 죄를 한 몸에 짊어지시고 죽으심과, 삼일 만에 부활(復活)하심으로써 죄인들을 거룩하게 하신 것이다. 이제는 거룩한 자만이 그의 자녀들이다.

“너희는 믿지 않는 자와 멍에를 같이하지 말라 의와 불법이 어찌 함께하며 빛과 어두움이 어찌 사귀며 그리스도와 벨리알[1]이 어찌 조화되며 믿는 자와 믿지 않는 자가 어찌 상관하며 하나님의 성전과 우상이 어찌 일치가 되리요 우리는 살아계신 하나님의 성전이라 이와 같이 하나님께서 가라사대 내가 저희 가운데 거하며 두루

1) 벨리알(בליעל벨리야알) : 불법과 어두움의 대표적 표현(사악함,무가치함). 악마의 왕으로 사단과 동의어로 사용됨.

행하여 나는 저희 하나님이 되고 저희 백성이 되리라 하셨느니라 그러므로 주께서 말씀하시기를 너희는 저희 중에서 나와서 따로 있고 부정한 것을 만지지 말라 내가 너희를 영접하여 너희에게 아버지가 되고 너희는 내게 자녀가 되리라 전능하신 주의 말씀이니라 하셨느니라"(고후 6:14~18).

전도(傳道)는 하나님 나라의 건설(建設)이다. 전도는 거룩함을 가지고 거룩하라고 외친다.아무리 좋은 전도라 하여도 거룩하게 아니한 전도는 하나님과 무관(無關)하거나 하나님의 원수(怨讐)로 남게 될 뿐이다. 전도는 '하나님 나라의 건설'이라는 입장(立場)에서 책임(責任)과 소망(所望)을 가지고 전해야 한다. 거룩하라고 외치는 전도자가 사방에서 일제히 일어난다면 하나님 나라의 소식은 모든 사람들 속에 삽시간에 퍼져 들어갈 것이다. 성별(聖別)의 역사(役事)가 이루어질 것이다. 누구든지 거룩함이 없이는 하나님의 나라에 참여(參與)할 수 없다.

전도(傳道)는 구원받기 위한 최후(最後) 선택(選擇)의 기회(機會)를 주는 것이다. 세상의 우상(偶像)이나 세상 신들로부터 떠나 자신을 거룩하게 아니하고는 자신을 거룩하신 이의 자녀라고 할 수 없다. 그러므로 전도는 그 사명(使命)이 눈물겹도록 큰 것이다. 전도(傳道)는 선지자적(先知者的) 사명(使命)을 가지고 하나님 나라의 임재(臨在)를 분명(分明)하게 준비(準備)하는 평생(平生)의 일이라는 것을 깊이 인식(認識)해야 하고, 천국문(天國門)에 들어가는 그날까지 끊임없이 최선을 다 해서 기도하고 담대(膽大)히 복음을 전해야 할 것이다. – 아멘 –

제 4 장

전도의 근거(根據)

제4장

전도의 근거(根據)

하나님은 창세(創世) 전에 이미 모든 것이 예수 안에서 통일되도록 작정(酌定)하셨다. 하나님이 모든 것을 부분적(部分的)으로 보여 주셨거나 혹은 사람이 완전하게 알지 못한다 하더라도, 영원한 계약(契約) 속에서 이루어져 가는 하나님의 역사(役事)는 모두 조화(調和)를 이루고 있다. 이는 결국 시작과 끝이 합하여지는 원리(原理)로 서로가 하나로 통일되게 하려는 것이다.

> "우리가 그리스도 안에서 그의 은혜의 풍성함을 따라 그의 피로 말미암아 구속(救贖) 곧 죄사함을 받았으니 이는 그가 모든 지혜와 총명으로 우리에게 넘치게 하사 그 뜻의 비밀을 우리에게 알게 하셨으니 곧 그 기쁘심을 따라 그리스도 안에서 때가 찬 경륜(經綸)을 위하여 예정(豫定)하신 것이니 하늘에 있는 것이나 땅에 있는 것이 다 그리스도 안에서 통일되게 하려 하심이라"(엡 1:7~10).

전도(傳道)는 사람의 뜻에서 나온 것이 아니다. 전도는 태초(太

初)부터 작정(酌定)하신 하나님의 뜻으로서, 말세에 하나님의 비밀(秘密)인 복음을 전파하기 위하여 이용되는 수단(手段)이다. 전도는 시대마다 그 사명(使命)을 조금씩은 달리 했어도, 하나님의 계시(啓示)를 미리 알고 전달하는 수단으로서 모든 시대가 같게 사용하였다. 만일 전도가 없었더라면 인간은 하나님의 뜻을 알 수 없었고, 그러므로써 하나님을 향한 마음과 순종(順從) 또한 없었을 것이다.

그러나 전도의 사역(使役)을 통해 하나님의 비밀(秘密)이 세상에 알려졌고, 그 비밀을 아는 자들은 하나님을 의지하게 되었다. 하나님은 창세(創世) 전에 비밀을 숨기고 계셨다. 즉 부분적으로 알게 하셨다가 그의 아들로 말미암아 전부를 알게 하신 것이다. 이는 하나님의 비밀이 아들 안에서 만큼은 숨기워질 것이 아니기 때문이다. 전도는 세상 일을 전하는 것이 아니요, 사람의 말을 전하는 것도 아니다. 전도는 하나님의 비밀을 전달하는 역할(役割)을 맡는다. 하늘나라의 비밀(秘密)이 없는 것은 이미 그것은 전도가 아니다.

니느웨 성 사람들은 요나의 전도를 받은 그 순간 하나님의 비밀을 알게 되었다. 그러자 몹시 두려워하며 왕으로부터 가축(家畜)에 이르기까지 모두 회개(悔改)의 자세를 취하고 마침내 하나님의 긍휼(矜恤)을 입게 되었다. 요나 그는 3일 길이나 되는 큰 성을 단 하룻길로 전도했으니, 그 전도의 열심이야말로 니느웨 성을 능히 회개(悔改)시키고도 남음이 있었다. 이런 것을 볼 때 요즈음의 전도는 너무나 추상적(抽象的)이고 허구적(虛構的)이라고 아니할 수 없다. 전도는 멸망할 자들에게 하나님의 비밀을 속히 전파하여 하나님의 진노(震怒)로부터 구원을 받게 하는 일이므로 다급한 심정을 가지고 전해야 한다. 전도에 대한 무성의는 이웃의 영혼(靈魂)이 전도를 받지도 못하고 죽어 가게 함으로써, 전도 없이 영영 멸망하는 이들을 생기게 하고 만다. 하나님은 온 인류가 구원받기를 원하시되, 악인들일지라도 결코 멸망하지 않기를 바라신다.

"너희는 범한 모든 죄악을 버리고 마음과 영을 새롭게 할지어다 이스라엘 족속아 너희가 어찌하여 죽고자 하느냐 나 주 여호와가 말하노라 죽는 자의 죽는 것은 내가 기뻐하지 아니하노니 너희는 스스로 돌이키고 살지니라"(겔 18:31~32).
"주 여호와의 말씀에 나의 삶을 두고 맹세하노니 나는 악인의 죽는 것을 기뻐하지 아니하고 악인이 그 길에서 돌이켜 떠나서 사는 것을 기뻐하노라 이스라엘 족속(族屬)아 돌이키고 돌이키라 너희 악한 길에서 떠나라 어찌 죽고자 하느냐하셨다 하라"(겔 33:11).

그럼에도 불구하고 전도의 열심히 없다면 매 순간마다 땅바닥에 떨어지는 늦가을 낙엽처럼 죽음을 향해 떨어져 나가는 영혼(靈魂)들이 매 순간마다 수천, 수만이 될 것이다. 이 얼마나 안타깝고도 불쌍한 일인가! 전도는 멸망(滅亡)할 자들에게 피할 길을 알려 주는 의무(義務)를 지닌 것이므로 얼마나 다급한 일인지 말로 표현하기조차 어렵다.

하나님은 창세(創世) 전에 하나님의 목적하신 것을 위하여 천지(天地)를 지으셨고, 우주(宇宙)를 창조(創造)하셨다. 그리고 그 안에 있는 만물(萬物)을 창조하셨다. 그리하여 하나님의 뜻과 목적대로 진행되는 중에 필요한 일들과 필요한 것들이 때에 맞추어 나타나게 하셨다. 그것들은 하나님의 영광을 위해 질서(秩序)와 조화(調和)를 이루며 진행되었다. 그러던 중 그리스도의 승리(勝利)로 하나님의 일이 모두 성취(成就)되었고, 이로써 예수는 그의 동역자(同域者)들을 살피시고 그들을 위해 처소(處所)를 예비(豫備)하는 중에 있다. 즉 예수를 위하여 일하였던 인류는 그리스도의 피로 구속(救贖)함을 얻어 예비(豫備)된 처소(處所)로 들어가게 된다.

"너희는 마음에 근심하지 말라 하나님을 믿으니 또 나를 믿으라 내 아버지 집에 거할 곳이 많도다 그렇지 않으면 너희에게 일렀으리라 내가 너희를 위하여 처소를 예비하러 가노니 가서 너희를 위하여 처소를 예비하면 내가 다시 와서 너희를 내게로 영접하여 나 있는 곳에 너희도 있게 하리라"(요 14:1~3).

이때로부터 전도는 인류에게 큰 효력을 발하게 되었는데, 주를 위한 것이 아니고 인류를 위한 것이다. **예언(豫言)은 예수를 위한 것이며, 전도는 인류를 위한 것이다.** 예언이 없이는 단 한 가지도 된 것이 없으니, 예언은 예수의 첩경(捷徑)이다. 예수는 결코 예언을 초월(超越)할 수 없다. 이는 하나님의 정하신 뜻이기 때문이다. 전도는 인류에게 기쁜 소식을 가져다 주는 배달부로서, 전도 없이는 인류를 구원하실 수도 없다. 그러므로 누구든지 전도는 구원을 얻는 믿음을 갖게 하셨고, 이러므로써 복음이 인류에게 퍼져 나가게 되었다.

이와 같이 **전도의 첫째 근거(根據)는 하나님의 예정(豫定)이며, 그 다음은 예수 그리스도의 은혜(恩惠)이다.** 하나님은 인류를 예수의 첩경으로 사용하셨고, 그리고 모두를 아들에게 주셨다. 그로 인해 아들은 인류를 심판할 권세와 구원할 권세를 아버지로부터 받았고, 인류는 아들의 손에 있게 되었다.

> **"아버지께서 아무도 심판하지 아니하시고 심판을 다 아들에게 맡기셨으니 이는 모든 사람으로 아버지를 공경하는 것같이 아들을 공경하게 하려하심이라 아들을 공경치 아니하는 자는 그를 보내신 아버지를 공경치 아니하느니라 내가 진실로 진실로 너희에게 이르노니 내 말을 듣고 또 나 보내신 이를 믿는 자는 영생을 얻었고 심판에 이르지 아니하나니 사망에서 생명으로 옮겼느니라 진실로 진실로 너희에게 이르노니 죽은 자들이 하나님의 음성을 들을 때가 오나니 곧 이때라 듣는 자는 살아나리라 아버지께서 자기 속에 생명이 있음같이 아들에게도 생명을 주어 그 속에 있게 하셨고 또 인자 됨을 인하여 심판하는 권세를 주셨느니라"**(요 5:22~27).

예수께서 십자가(十字架) 위에서 영혼(靈魂)이 떠나 가시기 직전 "다 이루었다(τετέλεσται)"고 선언(宣言)하신 다음, 그의 일은 마침내 완성(完成)되었다.

> **"예수께서 신 포도주를 받으신 후 가라사대 다 이루었다 하시고 머리를 숙이시고 영혼(靈魂)이 돌아가시니라"**(요 19:30).

주께서 강림(降臨)하심은 세상의 종말(終末)이요, 전도의 날이 끝나는 날이다. 주님은 게으른 일꾼을 위하여 한없이 기다리지 않을 것이니, 게으른 농부(農夫)에게 계절(季節)이 기다려 주지 아니함과 같다. 때가 차고 경륜(經綸)이 이르면 주 예수의 강림(降臨)이 있을 것이니, 그때는 더 이상 기다려 주지도 않을 것이며, 의인(義人)이 다시 태어나기를 기다리실 필요도 없으실 것이다.

하나님이 소돔 성에 의인(義人)이 채워지기까지 기다려 주지 않으셨던 것처럼, 그때는 더 이상 기다림이 없을 것이다. 하나님의 경륜(經綸)의 때는 급히 달려오고 있음을 우리는 알고 있어야 한다. 우리는 그때까지 전도(傳道)를 위하여 주신 절호(絕好)의 기회(機會)를 놓치지 말아야 할 것이다.

1. 일반적인 근거(根據)

(1) 하나님의 사랑

인류(人類)의 전도(傳道)는 인류를 향한 하나님의 사랑에 근거(根據)한다.

하나님이 세상을 이처럼 사랑하신 하나님의 최대 목적은 그의 아들을 영광의 후사(後嗣)로 세우는 것이다. 그러기에 그를 위하여 모든 것을 지으셨으니, 아들이 없이는 또한 아들을 위하지 않고는 한 가지도 세우신 일이 없다.

> **"이는 하나님의 영광의 광채시요 그 본채의 형상(形象)이시라. 그의 능력의 말씀으로 만물을 붙으시며 죄를 정결케 하는 일을 하시고 높은 곳에 계신 위엄(威嚴)의 우편에 앉으셨느니라"**(히 1:3).

그러므로 심판(審判)할 권세(權勢)를 아들에게 주셨고, 그로 말미암아 모든 악한 것을 제어(制御)하시고 의로우신 왕의 보좌(寶座)에 앉게 하신 것이다. 인류는 그의 일에 꼭 필요했던 그의 피조물(被造物)이다. 그러므로 인류에게 특혜(特惠)를 주어 구원(救援)을 받게 하셨으니, 하나님의 뜻을 위하여 역사(役事)하는 아들의 일에 동역한 자들에게 베푸신 것이다. 주를 훼방(毁謗)하거나 불신하거나 무시하는 자들에게는 결코 은혜(恩惠)가 주어지지 아니하였다. 다시 강조하거니와 이러한 모든 일은 태초(太初)에 예정(豫定)하신 것이다. 영광의 하늘에 아들을 위한 보좌(寶座)를 두시고, 아들을 그 자리에 앉게 하셔서, 그로 인하여 하나님의 이름이 거룩하게 되고 하나님의 영광이 영원하게 될 때를 위하여 태초에 예정하셨던 것이다. 그러므로 아들의 이름을 무시하는 자는 하나님의 영광의 목적을 반대하는 자로 당연히 심판(審判)을 받게 된다.

"저를 믿는 자는 심판을 받지 아니하는 것이요 믿지 아니하는 자는 하나님의 독생자의 이름을 믿지 아니하므로 벌써 심판을 받은 것이니라"(요 3:18).

전도(傳道)는 은혜로 주신 것이다. 전도가 전적인 목적이라면 전 인류를 구원 하셔야 했을 것이나, 그렇지 않는 것은 전도는 은혜로 주신 것이기 때문이다. 그러므로 전도를 받고 그의 뜻대로 나아오는 자만이 구원(救援)을 얻는다.

(2) 예수 그리스도의 은혜(恩惠)

전도(傳道)는 예수 그리스도의 은혜(恩惠)에 근거(根據)한다. 인류는 각각 죄를 짓고 있다. 이것은 아담(Adam) 한 사람으로 인하여 죄가 세상에 들어오고 이로 말미암아 인류는 본질상(本質上) 진노(震怒)의 자식이 되었기 때문이다. 그러던 것이 이제는 그리스도로 말미암아 원죄(原罪)로부터 구원(救援)을 받게 되었다. 이제는 주 예수를 믿지 아니하는 죄로 인하여 멸망(滅亡)하게 되는 것이다. 믿지 아니하는 죄는 각 개인의 성품(性品)과 행위로 말미암는다.

> **"죄에 대하여라 함은 저희가 나를 믿지 아니함이요 의에 대하여라 함은 내가 아버지께로 가니 너희가 다시 나를 보지 못함이요 심판에 대하여라 함은 이 세상 임금이 심판을 받았음이니라"(요 16:9~11).**

하나님은 하나님 앞에서 이미 정죄(定罪)받은 인간을 그의 아들에게 주셨다. 아들은 인류를 당장 심판(審判)하지 아니하시고, 먼저 은혜(恩惠)를 주셨다. 즉 심판을 보류(保留)하신 것이다. 그러나 심판(審判)은 반드시 이르게 된다. 그러므로 "한 번 죽는 것은 사람에게 정하신 것이요 그 후에는 심판이 있으리니"(히 9:27) 라고 주께서 엄히 경고(警告)하신 말씀을 분명히 기억해야 한다.

성경은 심판 이전에 은혜(恩惠)를 받아야 할 것을 말씀하고 있다. "보라 지금은 은혜 받을 만한 때요 보라 지금은 구원의 날이로다"(고후 6:2) 라고 하신 말씀을 깊이 기억(記憶)해야 하며 은혜(恩

惠)주실 때 열심히 받아야 한다.

은혜(恩惠)의 시대(時代)는 무한정한 것이 아니고 기한이 있다. 주님의 날이 이르기 직전까지이다. 은혜(恩惠)의 문이 닫히는 날, 울고 불고 아우성치는, 유사(有史) 이래(以來) 최대의 곡성(哭聲)이 범람(氾濫)할지라도, 한번 닫힌 그 문은 다시 열리지 않을 것이다. 그때가 임박(臨迫)해 왔다는 것을 부인(否認)할 사람은 아무도 없을 것이다. **은혜의 시대는 온 인류에게 내려 주신 자수(自首) 기간이다.** 이때 자수하지 않으면 다시는 기회(機會)를 얻지 못한다.

> **"영생은 곧 유일하신 참하나님과 그의 보내신 자 예수 그리스도를 아는 것이니이다"**(요 17:3).

구원(救援)은 반드시 하나님을 알아야 한다. 은혜(恩惠)는 하나님과 그가 보내신 예수를 아는 자들에게 주시는 복이다. 은혜(恩惠)는 예수를 통해서만 주시는 것으로 인류(人類)의 구원(救援)은 아들의 권한(權限) 안에 있다.

> **"이에 비유로 말씀하시되 한 사람이 포도원에 무화과 나무를 심은 것이 있더니 와서 그 열매를 구하였으나 얻지 못한지라 과원지기에게 이르되 내가 삼년을 와서 이 무화과에 실과를 구하되 얻지 못하니 찍어 버리라 어찌 땅만 버리느냐 대답하여 가로되 주인이여 금년에도 그대로 두소서 내가 두루 파고 거름을 주리니 이후에 만일 실과가 열면이어니와 그렇지 않으면 찍어 버리소서 하였다 하시니라"**(눅 13:6~9).

하나님의 아들이 오래 참으시고 긍휼(矜恤)히 여겨 주심으로써 인류에게 아직 기회가 남아 있다. 그는 십자가 위에서 피 흘리시고 죽으셨으니, 그의 죽음은 죄 없는 의인의 죽음이요, 인류의 죽은 영혼(靈魂)을 대신할 화목(和睦) 제물(祭物)로서의 죽음이다. 그러므로 아들을 믿는 자에게만 은혜(恩惠)가 베풀어진다. 구원(救援)을 받아야 할 자가 예수의 은혜(恩惠)를 받아야 하는 것은, 예수의 죽음이 곧 죄 값을 대신(代身)할 값이 되었기 때문이다. 이로써 예수를 시인(是認)하고 아들 안에 들어와 있는 자는 구원을 받아도, 그 은혜(恩惠)를 저버리고 여전히 교만(驕慢)한 자들은 영원히 구원에 이르지 못한다.

전도(傳道)는 예수의 은혜(恩惠)를 전파(傳播)하는 것이다. 이 은혜를 모르므로 기회를 얻지 못하는 자들에게 급한 말로 전하는 것이 전도이다. 예수께서 십자가 위에서 죽으시고 흘리신 보혈(寶血)이 은혜로 주어진 것임을 전파하는 일이 전도이다. 전도자가 전도의 근거(根據)를 확인하지 않고서는 전도할 수 없다. 세상의 모든 곳보다 교회가 좋다는 식의 전도는 불쾌하기 짝이 없는 말이다. 세상 어디에도 생명이 없으므로 구원이 없는 것은 사실이나, 전도는 오직 예수의 피를 은혜로 받아야만 구원받는다는 사실을 전해야 할 것이다.

구원(救援)은 은혜(恩惠)로서 이루어진다. 조그마한 강제성도 없이 모두 각각의 믿음으로 선택해야 할 것이다. 하나님의 의(義)로 인해 당장 멸망(滅亡)받기로 작정(酌定)된 자라도, 그를 심판(審判)할 권리(權利)는 아들에게 주신 것이므로, 아들의 음성을 듣는 자는 아들의 권한(權限)에 의하여 구원을 받는다. 이와 같이 아들의 권세(權勢)로 말미암아 주어지는 것이 은혜(恩惠)이다.

(3) 형제의 우애(友愛)

전도(傳道)는 형제 사랑에 근거(根據)한다. "이웃 사랑하기를 네 몸같이 하라" 하신 말씀에 따라 그리스도인이 해야 할 제일 큰 임무(任務)는 사랑의 실천(實踐)이다. 사랑이라는 단순한 용어(用語)는 그 폭이 너무나도 넓다. 어떻게 하는 것이 성경의 가르침을 좇는 사랑인가? 사랑과 신앙(信仰)은 어느 정도 조화(調和)가 되어야 하는가? 사랑 쪽에 치우치면 인본주의(人本主義) 경향에 빠지게 되고, 신앙 쪽에 치우치면 독선주의(獨善主義) 경향에 빠지게 된다.

신앙(信仰)에는 영적(靈的)인 고집(固執)이 생길 우려가 있는가 하면, 사랑에는 세속적(世俗的)인 흐름에 편승(便乘)하게 될 우려(憂慮)가 있다. 양면을 진정 조화(調和)시켜 준다면 더 바랄 것이 없다. 그러나 성경이 명령하시는 바 대로 소화(消化)시키지 못하고 있는 현실에 걱정하지 않을 수 없다. 소위(所謂) 기도를 많이 하며 영적인 면에 치우쳐 있는 이들은, 신앙(信仰)에 열심을 낸 나머지 "사랑하라" 하신 뜻에는 소홀(疎忽)히 하는 것같고, 그런가 하면 사랑하자고 열심을 내는 이들은 기도(祈禱)나 신령(神靈)한 영적 생활에 대해 지극(至極)히 무관심한 듯싶다. 전도자에게는 사랑에 대한 주님의 교훈(敎訓)에 분명한 이해가 필요하다. 사랑은 복음이 아니다. 사랑은 율법(律法)이 요구(要求)하는 바 인간이 나타내야 할 최고의 성품(性品)이며 뜻이며 노력이다.

"예수께서 이르시되 율법(律法)에 무엇이라 기록되었으며 네가 어떻게 읽느냐 대답하여 가로되 네 마음을 다하며 목숨을 다하며 힘을 다하며 뜻을 다하여 주 너의 하나님을 사랑하고 또한 네 이웃을 네 몸과 같이 사랑하라 하였나이다"(눅 10:26~27).

사랑에는 거짓이 없다. 사랑은 진실을 숨기지 아니하고 악한 성품(性品)을 달리 남겨두지 않는다. 사랑은 뜻을 다하고 목숨을 다하여야 할 만큼 정직(正直)해야 하는, 하나님께 대한 태도(態度)이며 이웃에 대한 태도이다. 사랑하지 않는 것은 큰 죄악(罪惡)이며 불신앙(不信仰)이며 불의(不義)이다. 사랑은 율법(律法)의 전체를 말한다. 혹이 내가 율법(律法)을 아노라 하면서 사랑하지 않으면 율법을 지키지 않는 것이며, 형제를 사랑하면 율법을 완성한 것이다.

율법은 사랑에 근거(根據)한 것이므로 율법과 사랑은 하나이다. 그러나 율법이 사랑이라는 그 법을 다 지킬 사람이 어디 있는가? 사랑은 필요하다면 목숨까지도 내어 주어야 한다. 그러나 인간은 이미 자기의 목숨이라고 할 만한 것이 없다. 모두 죄 아래 팔려버린 형편이다. 자기의 목숨을 가지고 내줄 수 있는 분은 죄 없으신 예수 한 분뿐이다. 그러므로 인간이 목숨을 불사르는데 내어 줄지라도 율법이 요구(要求)하는 바 사랑을 온전(穩全)히 이루기는 어렵다.

> **"내가 사람의 방언과 천사의 말을 할지라도 사랑이 없으면 소리나는 구리와 울리는 꽹과리가 되고 내가 예언하는 능이 있어 모든 비밀과 모든 지식을 알고 또 산을 옮길 만한 모든 믿음이 있을지라도 사랑이 없으면 내가 아무 것도 아니요 내가 내게 있는 모든 것으로 구제하고 또 내 몸을 불사르게 내어 줄지라도 사랑이 없으면 내게 아무 유익이 없느니라"**(고전 13:1~3).

율법(律法)은 반드시 지켜야만 살 수 있는 계명(誡命)이므로, 혹이 율법을 지키다가 그 중에 한 가지라도 지키지 못하면 그로 인하여 심판을 면치 못하게 된다. 사랑은 반드시 지켜야 할 법이다. 곧 행동하는 법이다. 구호(口號)가 절대로 아니다. 그러므로 사랑은 율법의 요구이다. 복음은 전적으로 은혜이다.

전도는 사랑을 전파하는 것이 아니고, 사랑으로 은혜(恩惠)의 복음(福音)을 전파(傳播)하는 것이다. 사랑의 힘, 사랑의 의무를 가지고 복음을 전할 사명(使命)을 가진다면 다행한 일이다. 그러나 혹자는 전도가 마치 사랑을 전하는 것같이 오해(誤解)를 하고 있다. 사랑에는 무엇보다도 형제 우애(友愛)가 더 중요하다. 사랑하노라 하면서 형제를 사랑치 않는 것은 살인과 같다고 했다.

> **"우리가 형제를 서로 사랑하므로 사망에서 옮겨 생명으로 들어간 줄을 알거니와 사랑치 아니하는 자는 사망에 거하느니라 그 형제를 미워하는 자마다 살인하는 자니 살인하는 자마다 영생이 그 속에 거하지 아니하는 것을 너희가 아는 바라"**(요일 3:14~15).

사랑은 행동하는 의지(意志)의 표현(表現)이다. 그러므로 표현의 자유를 스스로 제한하는 것이 죄악(罪惡)이라는 것을 성경(聖經)은 수차 말하고 있다. 누구든지 사랑해야 한다. 사랑하되 주어야 하는 것이 사랑이다. 마음을 주고 도움을 주고 정직한 심령(心靈)을 주고 필요한 것을 아낌없이 주어야 한다.

그러나 **우애(友愛)는 책임성(責任性)이 보다 강하다.** 사랑에는 주는 희생(犧牲)이 따라야 한다면, 우애에는 받아들여야 하는 책임이 따라야 한다. 사랑이 관계 없는 자와 관계를 가져 주어야 하는 일이라면, 우애는 관계 있는 자들을 책임져 주어야 하는 일이다. 전도는 사랑으로 해야 할 일이다. 그러나 그 보다 더 우애를 가지고 해야 할 일이다. 그렇기 때문에 예수님은 말씀하셨다.

> "예수께서 이 열둘을 내어 보내시며 명하여 가라사대 이방인의 길로도 가지 말고 사마리아인의 고을에도 들어가지 말고 차라리 이스라엘 집의 잃어버린 양에게로 가라"(마 10:5~6).

이는 전도(傳道)에는 내 동족(同族)에 대한 우애(友愛)가 필요(必要)함을 강조(强調)한 것이다. 바울도 자기(自己) 민족(民族)에게 전도(傳道)하여야 할 의무(義務)로 인한 고난(苦難)을 당연(當然)히 받아야 할 고난(苦難)처럼 여겼다.

> "내가 이제 너희를 위하여 받는 괴로움을 기뻐하고 그리스도의 남은 고난을 그의 몸된 교회를 위하여 내 육체에 채우노라"(골1:24).

하나님은 우리를 사랑하셨으니, 우리는 서로 우애(友愛)해야 한다.

"우리가 그를 전파하여 각 사람을 권하고 모든 지혜로 각 사람을 가르침은 각 사람을 그리스도 안에서 완전한 자로 세우려 함이니 이를 위하여 나도 내 속에서 능력으로 역사하시는 이의 역사를 따라 힘을 다하여 수고 하노라"(골 1:28~29).

전도(傳道)는 우애(友愛) 없이는 될 수 없다. 우애가 없는 것은 하나님의 사랑에 대한 배신(背信)이다. 교회는 우애를 갖고 전도의 일을 해야 할 것이다.

2. 구약성경적 근거(根據)

하나님은 모세(Moses)를 불러 그를 거룩한 자로 쓰실 것을 말씀하셨다. 모세의 가슴에 맺혀 있는 한(恨)은 애굽에서 고난(苦難)을 당하고 있는 히브리 족속(族屬)을 구해 줄 자가 없다는 것이었다. 모세는 바로의 딸의 아들이 되어 애굽의 영광(榮光)과 권능(權能)을 누리고 있었지만, 자기(自己)의 권능(權能)이 히브리인들에게는 위로(慰勞)가 되지 못한다는 것을 깨달았다.

"모세가 장성한 후에 한번은 자기 형제들에게 나가서 그 고역(苦役)함을 보더니 어떤 애굽 사람이 어떤 히브리 사람 곧 자기 형제

를 치는 것을 본지라 좌우로 살펴 사람이 없음을 보고 그 애굽 사람을 쳐죽여 모래에 감추니라 이튿날 다시 나가니 두 히브리 사람이 서로 싸우는지라 그 그른 자에게 이르되 네가 어찌하여 동포를 치느냐 하매 그가 가로되 누가 너로 우리의 주재와 법관을 삼았느냐 네가 애굽 사람을 죽임같이 나도 죽이려느냐 모세가 두려워하여 가로되 일이 탄로되었도다 바로가 이 일을 듣고 모세를 죽이고자 하여 찾은지라 모세가 바로의 낯을 피하여 미디안 땅에 머물러 하루는 우물 곁에 앉았더라"(출 2:11~15).

모세(Moses)가 동족(同族)에 대하여 관심을 갖게 될 무렵, 자기의 한계를 통탄(痛歎)하고 있을 무렵, 히브리인들에게는 절대 위로자(慰勞者)가 필요했다. 히브리인들에 대한 바로의 횡포(橫暴)와 학대(虐待)가 날로 심하여져 히브리인들은 날로 절망(絕望)에 빠져가고 있었다. 동족에 대한 끓어오르는 피가 있을지라도 어쩔 수 없음을 알게 된 모세는 광야의 양 치는 자에게로 피신했다.

광야 생활 40년이 되고 나이 80세가 되는 어느날, 하나님은 그를 가시떨기 나무 가운데로 부르셨다. 그리고 모세에게 처신(處身)할 방법을 명령하셨다.

"하나님이 가라사대 이리로 가까이하지 말라 너의 선 곳은 거룩한 땅이니 네 발에서 신을 벗으라"(출 3:5).

이윽고 모세(Moses)에게 말씀하시는 이가 누구이며 왜 모세를 부르셨는지 그 이유(理由)에 대하여 말씀하셨다.

> "…나는 네 조상의 하나님이니 아브라함의 하나님 이삭의 하나님 야곱의 하나님이니라 모세가 하나님 뵈옵기를 두려워하여 얼굴을 가리우매 여호와께서 가라사대 내가 애굽에 있는 내 백성의 고통을 정녕히 보고 그들이 그 간역자(看役者)로 인하여 부르짖음을 듣고 그 우고(憂苦)를 알고 내가 내려와서 그들을 애굽인의 손에서 건져내고 그들을 그 땅에서 인도하여 아름답고 광대한 땅, 젖과 꿀이 흐르는 땅 곧 가나안 족속, 헷 족속, 아모리 족속, 브리스 족속, 히위 족속, 여부스 족속의 지방에 이르려 하노라"(출 3:6~8).

▶ 이 말씀 속에는 하나님의 계획(計劃)이 선명(鮮明)하게 나타난다.
또 이것을 이스라엘에게 큰 복(福)이 될 것을 가르치신다.

① 하나님은,

"나는 네 조상(祖上)의 하나님이니 아브라함의 하나님, 이삭의 하나님, 야곱의 하나님이니라" 하심으로 이스라엘의 하나님이 건재(健在)하심을 확신(確信)시켜 주었다. 이는 이스라엘에게 있어서 최대(最大)의 복음(福音)이었다. 그들의 하나님은 건재(健在)하시고, 마침내 그들을 찾아 주셨다.

② 하나님은,

"애굽에 있는 내 백성"이라 하셨다. 즉 히브리 족속이 애굽 왕의 종이 아니라 하나님의 백성임을 선언하신 것이다. "내 백성"이란 영광을 받은 백성을 뜻한다. 이때로부터 히브리인들은 애굽의 바로와 아무런 관계가 없게 된 것이다. 이방(異邦)의 객이 되어 서러움과 저주를 받으면서, 말로 다 형용할 수 없는 고통을 당하는 히브리인들에게, 그들이 당당한 민족이요 하나님의 백성임을 말씀하셨으니, 이때로부터 하나님은 히브리인들에게 큰 위로자가 되셨다.

③ 하나님은,

"내 백성의 고통을 정녕히 보고 그들이 간역자(看役者)로 인하여 부르짖음을 듣고"라고 하셨으니, 하나님은 자기 백성의 형편을 사랑으로 깊이 관찰하고 계신 것이다. 이와 같이 임금이란 모름지기 자기 백성에 대하여 깊은 관찰력을 잃지 아니하고 위로자가 되어야 한다. 비록 하나님이 이스라엘의 고통(苦痛)을 친히 보셨을지라도, 이스라엘의 부르짖음이 없이는 아니될 것이었다.

히브리인들의 부르짖음과 하나님의 관심이 적절(適切)하게 조화(調和)되었다.

④ 하나님은,

"내가 내려와서 그들을 애굽인의 손에서 건져내고"라고 하심으로 하나님이 이스라엘에게 행하실 비밀한 일을 공개(公開)하셨다. 하나님은 이스라엘에게 구원자가 되신다. 이것이 하나님이 이스라엘에 향하신 사랑이요 큰 뜻이다.

⑤ 하나님은,

"아름답고 광대(廣大)한 땅 젖과 꿀이 흐르는 가나안 족속, 헷 족속, 아모리 족속, 브리스 족속, 히위 족속, 여부스 족속의 지방에 이르려 하노라"고 하셨다. 이는 하나님께서 이스라엘의 조상(祖上) 아브라함과 이삭과 야곱에게 주리라고 약속하신 약속의 땅이며 애굽 왕도 감히 상상할 수 없는 거대(巨大)하고 기름진 낙원(樂園)이다. 히브리 민족을 이러한 곳으로 옮기시겠다는 말씀은 히브리인들에게는 지옥(地獄)에서 천국(天國)으로 옮겨 놓으시겠다는 선언이다.

이렇게 다섯 가지를 모세 앞에 밝혀 두시고 그때부터 하나님은 진행하실 일을 모세에게 명령하셨다. 이전에 모세가 바로의 궁전에서 받은 권세로서는 히브리인, 즉 하나님의 약속 속에 든 단 한 사람도 구원할 수 없었다. 그런데 이제는 전혀 다른 광경이 벌어질 것을 알려 주셨으니, 모세는 감히 감당할 수 없는 것이었다. 그럼에도 하나님은 모세가 해야 할 일을 이렇게 명령하셨다.

> **"이제 내가 너를 바로에게 보내어 너로 내 백성 이스라엘 자손을 애굽에서 인도하여 내게 하리라"(출 3:10).**

이것이 전도(傳道)를 향한 하나님의 명령(命令)이다. 전도는 그 내용(內容)과 목적(目的)이 분명(分明)해야 한다. 흔히 전도 학교에서 훈련을 받은 내용인 즉, 나가서 어떻게 처신(處身)해야 한다는,

요령 위주(爲主)의 교육이 허다하다. 이것들은 전도자로 하여금 하나님의 심정(心情)에 이르게 하지 못한다.

▶ 하나님께서 모세에게 처음부터 말씀하신 것은 다음과 같다.

① 자신이 이스라엘의 하나님이시라는 것을 주지(周知)시켰다.
② 하나님 자신이 행동하시게 된 동기(動機)를 말씀해 주셨다.
③ 그러므로 이스라엘을 구원(救援)하실 것을 말씀하셨다.
④ 또한 이스라엘을 기름진 땅으로 옮겨 놓으시겠다는 뜻을 보이셨다.

전도자(傳道者)가 받아야 할 훈련 중 이런 교육이 없이는 결코 훌륭한 전도자가 될 수 없다. 훈련 부족인 군인은 전쟁을 잘 치를 수 없고 결코 승리로 이끌 수 없다. 전도자가 갖추어야 할 기본적인 지식과 의무 교육이 없이는 훌륭한 전도자의 탄생(誕生)을 기대할 수 없다. 전도자는 하나님을 알고 그의 뜻을 따르시는 예수를 알아 그의 심령(心靈)을 가져야만 한다. 포도나무 가지가 포도나무에 붙어 있어, 뿌리에서 올라오는 진액을 빨아들이듯이, 전도자가 그리스도의 마음을 가지지 아니하고는 그리스도의 일을 온전히 행할 수 없다.

"우리 주 예수 그리스도의 하나님 영광의 아버지께서 지혜(智慧)와 계시(啓示)의 정신을 너희에게 주사 하나님을 알게 하시고 너희 마음 눈을 밝히사 그의 부르심의 소망이 무엇이며 성도 안에서 그 기업의 영광의 풍성이 무엇이며 그의 힘의 강력으로 역사(役事)하심을 따라 믿는 우리에게 베푸신 능력의 지극히 크심이 어떤 것을 너희로 알게 하시기를 구하노라"(엡 1:17~19).
"너희 안에 이 마음을 품으라 곧 그리스도 예수의 마음이니 그는 근본 하나님의 본체시나 하나님과 동등(同等)됨을 취할 것으로 여기지 아니하시고 오히려 자기를 비어 종의 형체(形體)를 가져 사람들과 같이 되었고 사람의 모양으로 나타나셨으매 자기를 낮추시고 죽기까지 복종하셨으니 곧 십자가에 죽으심이라 이러므로 그를 하나님이 지극히 높여 모든 이름 위에 뛰어난 이름을 주사 하늘에 있는 자들과 땅에 있는 자들과 땅 아래 있는 자들로 모든 무릎을 예수의 이름에 꿇게 하시고 모든 입으로 예수 그리스도를 주라 시인하여 하나님 아버지께 영광을 돌리게 하셨느니라"(빌 2:5~11).

이와 같이 하나님의 사랑을 모르고는 하나님의 일을 할 수 없다. 누구든지 하나님을 아는 자가 하나님의 일꾼이요, 하나님을 알 때 비로소 하나님과 그의 일을 위하여 목숨을 다하게 되는 것이다. 예수님의 제자(弟子)들은 예수를 좇아 다니면서도 예수께서 하시는 일을 자신(自身)들도 모르고 있었다. 그러므로 당장(當場)에는 경쟁(競爭)하다시피 예수께 더욱 가까이 하려는 모습을 보였지만, 예수께서 잡히시게 될 때는 모두 예수를 떠나가고 도망(逃亡)가기에 바빴다. 그들은 예수께서 하시는 일을 알 수 없었기에, 자신(自身)들의 용기(勇氣)와 열심(熱心)만으로는 주를 좇기에는 역부족(力不足)이었다.

그렇기 때문에 예수께서는 제자(弟子)들에게 예루살렘을 떠나지 말고, 성령(聖靈)을 기다리라고 하셨다. 성령(聖靈)이 오실 때만이 예수의 일을 알게 되고, 비로소 목숨까지라도 바칠 능력(能力)과 믿음을 가지게 되기 때문이다.

> **"보혜사 곧 아버지께서 내 이름으로 보내실 성령 그가 너희에게 모든 것을 가르치시고 내가 너희에게 말한 모든 것을 생각나게 하시리라"**(요 14:26).
> **"그러하나 진리의 성령이 오시면 그가 너희를 모든 진리 가운데로 인도하시리니 그가 자의(自意)로 말하지 않고 오직 듣는 것을 말하시며 장래 일을 너희에게 알리시리라"**(요 16:13).

하나님을 모르는 자는 하나님을 위하여 목숨을 내놓지 아니할 것이요, 하나님의 기쁨을 같이 나눌 수 없을 것이다. 주 예수는 제자들에게 "너희 안에 내 기쁨이 충만(充滿)하게 하려 함이니라"(요 15:11)고 하셨으니, 이는 예수께서 하나님이 하시는 일을 알고 하나님의 기쁨이 무엇인지 아시기 때문이다.

> **"내가 이것을 너희에게 이름은 내 기쁨이 너희 안에 있어 너희 기쁨을 충만하게 하려 함이니라"**(요 15:11).
> **"오직 너희에게 이 말을 이른 것은 너희로 그 때를 당하면 내가 너희에게 이 말한 것을 기억나게 하려 함이요 처음부터 이 말을 하지 아니한 것은 내가 너희와 함께 있었음이니라"**(요 16:4).

구약성경에서 모세에게 가르치신 전도(傳道) 신학(神學)은 전도에 관한 올바른 길이 될 것이다. 만약 전도 훈련에 하나님의 뜻을 알게 하는 프로그램이, 또한 이를 강조하는 전도 신학이 있다면, 모든 전도자는 거의 다 주님의 심정(心情)으로 뜨겁게 전도 할 것이다. 그리고 전도를 위해 목숨을 바칠 것이다.

하나님께서 모세를 광야로 부르시고 40년 동안 훈련하시고 교육하시고 애굽왕과 이스라엘에게 보내신 일은 최초의 전도 훈련이라고 볼 수가 있다. 모세는 하나님으로부터 애굽으로 파송(派送)을 받아 애굽 왕 앞에 서게 되었다. 그때 모세는 하나님께서 주신 능력과 그 능력을 행할 지팡이를 가지고 갔다. 전도에 있어서 반드시 따라야 할 것이 있으니, 곧 그것은 하나님이 살아 계시다는 확실한 증거(證據)이다. 이제 하나님과 모세의 대화를 들어 보자.

▶ 모세(Moses)의 질문(質問)

> "모세가 하나님께 고하되 내가 이스라엘 자손에게 가서 이르기를 너희 조상의 하나님이 나를 너희에게 보내셨다 하면 그들이 내게 묻기를 그의 이름이 무엇이냐 하리니 무엇이라고 그들에게 말하리이까"(출 3:13).

▶ 하나님의 답변(答辯)

> "하나님이 모세에게 이르시되 나는 스스로 있는 자니라 또 이르시되 너는 이스라엘 자손에게 이같이 이르기를 스스로 있는 자가 나를 너희에게 보내셨다 하라 하나님이 또 모세에게 이르시되 너는

이스라엘 자손에게 이같이 이르기를 나를 너희에게 보내신 것은 너희 조상의 하나님 곧 아브라함의 하나님 이삭의 하나님 야곱의 하나님 여호와라 하라 이는 나의 영원한 이름이요 대대로 기억할 나의 표호(表號)니라"(출 3:14~15).

▶ 하나님의 계획(計劃)

(이스라엘 장로들에게 전할 말)

"너는 가서 이스라엘 장로들을 모으고 그들에게 이르기를 여호와 너희 조상의 하나님 곧 아브라함과 이삭과 야곱의 하나님이 내게 나타나 이르시되 내가 실로 너희를 권고(勸告)하여 너희가 애굽에서 당한 일을 보았노라 내가 말하였거니와 내가 너희를 애굽의 고난 중에서 인도하여 내어 젖과 꿀이 흐르는 땅 곧 가나안 족속, 헷 족속, 아모리 족속, 브리스 족속, 히위 족속, 여부스 족속의 땅으로 올라가게 하리라 하셨다 하면 그들이 내 말을 들으리니 너는 그들의 장로들과 함께 애굽 왕에게 이르기를 히브리 사람의 하나님 여호와께서 우리에게 임하셨은 즉 우리가 우리 하나님 여호와께 희생을 드리려 하오니 사흘 길쯤 광야로 가기를 허락하소서 하라"(출 3:16~18).

▶ 하나님의 능력(能力)과 표적(表蹟)

"내가 아노니 강한 손으로 치기 전에는 애굽 왕이 너희의 가기를 허락지 아니하다가 내가 내 손을 들어 애굽 중에 여러 가지 이적(異蹟)으로 그 나라를 친 후에야 그가 너희를 보내리라"(출 3:19~20).

"여호와께서 그에게 이르시되 네 손에 있는 것이 무엇이냐 그가 가로되 지팡이니이다"(출 4:2).
"너는 이 지팡이를 손에 잡고 이것으로 이적(異蹟)을 행할지니라"(출 4:17).

이같이 구약(舊約)의 전도(傳道)에도 능력(能力)과 표적(表蹟)이 따랐다.

능력은 전도에 있어서 필수적인 것이다. 전도에 능력을 동반하지 않는다면, 이는 대개 인위적(人爲的)이며 하나님이 함께하고 있는 전도라고 담대히 말할 수 없다. 갈멜산에서 증거(證據)하던 엘리야는 그의 믿음과 증인(證人)된 표로서 하늘에서 불이 내리게 했다. 이런 이적(異蹟)과 표적(表蹟)이 따르는 능력을 굳이 부인(否認)하고, 오히려 크게 잘못된 것인 양 몰아붙이는 현대판 바리세인들은 교회에서 소리없이 사라져야 할 것들 중의 하나이다.

하나님은 자기의 일을 위하여 자기의 계획대로 자기의 사람들에게 자기의 능력을 부어 주어 사용함으로 자기의 일을 이루어 가고 계신다. 모세가 행한 능력은 단순히 사람들에게 보이기 위함만이 결코 아니었다. 세상 신의 능력을 힘입은 바로의 술객(術客)들의 이적(異蹟)을 이스라엘을 저지(沮止)하려는 술책(術策)을 제어(制御)하는 데 큰 뜻이 있었다. 이 세상 신들의 능력도 어느 정도 역사하고 있으므로, 그들보다 더 큰 하나님의 능력으로 하나님의 영광을 보여 주는 것은 지극히 당연한 일이다.

전도에는 능력이 있어야 한다. 비록 신유(神癒)의 능력을 특별히 받지 아니했다 하더라도 성도에게는 기도할 능력이 있고 의무가 있지 아니한가? 그러므로 전심전력(全心全力)으로 기도한다면 기도의 응답으로서 이적은 당연히 얼마든지 일어나기 마련이다. 이는 바로 하나님이 살아 계시고 그의 능력 또한 과거나 현재나 미래에 영원토록 동일하게 역사하기 때문이다.

"이러므로 너희 죄를 서로 고하며 병 낫기를 위하여 서로 기도하라 의인의 간구는 역사하는 힘이 많으니라 엘리야는 우리와 성정(性情)이 같은 사람이로되 저가 비오지 않기를 간절히 기도한즉 삼 년 육 개월 동안 땅에 비가 아니 오고 다시 기도한즉 하늘이 비를 주고 땅이 열매를 내었느니라"(약 5:16~18).

그분의 계획(計劃)된 일을 위하여 그분이 무장(武裝)시켜 주시는 능력(能力)과 이적(異蹟)들을 이상하게 생각 할 이유가 무엇인가? 오히려 능력(能力)이 없는 경우(境遇)가 혹이 그분이 사용(使用)하지 않는 것일는지 다시 한번 냉철(冷徹)하게 생각해 보고 하나님의 뜻에 전적(全的)으로 따라야 한다.

"오직 성령이 너희에게 임하시면 너희가 권능(權能)을 받고 예루살렘과 온 유대와 사마리아와 땅 끝까지 이르러 내 증인이 되리라 하시니라"(행 1:8).

"이르시되 우리가 다른 가까운 마을로 가자 거기서도 전도하리니 내가 이를 위하여 왔노라 하시고 이에 온 갈릴리에 다니시며 저희 여러 회당(會堂)에서 전도하시고 또 귀신(鬼神)들을 내어 쫓으시더라"(막 1:38~39).

구약성경의 근거(根據)는 오늘날 전도에 큰 영향을 미친다. 복음 전파(傳播)는 마치 세상이라는 애굽으로부터 출애굽으로 유도(誘導)하고 인도하는 것과 같다. 하나님의 세상을 위한 사랑이 무엇이며 인류를 구원(救援)하시는 방법이 무엇인가는 뜨거운 전도를 통하여 복음이 속히 전파(傳播)되어야 하는 것이다.

유월절(踰越節) 양의 피의 소식은 절망 속에 있던 이스라엘에게 큰 희망이었고, 마침내 구세주(救世主)를 뵈올 수 있는 적절한 기회였다. 구원(救援)은 멸망(滅亡)할 자를 그 죄악(罪惡)에서 건지심이니, 분명 멸망할 자와 구원받을 자가 구별되어야 한다. 하나님의 손으로 인도받는 자들과 하나님의 손에 들어 있지 않는 자들이 구별됨으로써, 하나님의 구원 계획은 실효(實效)를 거둔다.

> **"내가 그 밤에 애굽 땅에 두루 다니며 사람과 짐승을 무론하고 애굽 나라 가운데 처음 난 것을 다 치고 애굽의 모든 신에게 벌을 내리리라 나는 여호와로라 내가 애굽땅을 칠 때에 그 피가 너희의 거하는 집에 있어서 너희를 위하여 표적(票的)이 될지라 내가 피를 볼 때에 너희를 넘어 가리니 재앙(災殃)이 너희에게 내려 멸하지 아니하리라"(출 12:12~13).**

이렇게 전도받은 자들은 다같이 순종(順從)하였으니, 집집마다 그 문설주에 양의 피를 발라 하나님의 음성을 들은 백성임을 성별(聖別)했다. 그러므로써 진노(震怒)하는 자가 그 피를 보고 넘어갔고, 이스라엘은 구원(救援)을 받았다. 과연 전도의 효과가 얼마나 컸던가? 그러나 전도를 들은 자들이 다 구원을 받는 것은 아니다.

전도를 받고 그 같이 행한 사람들만이 구원을 받았다.

전도(傳道)는 모든 사람들에게 복음을 알려 주어야 할 책임이 교회에 있지만 전도를 받고 그리스도에게 나오는 자라야 구원(救援)을 받을 수 있는 것이다. 구약에서도 하나님의 구원은 하나님이 개인에게 직접 전하신 것이 아니다. 처음에 모세에게 말씀하셨고, 모세를 보내사 이스라엘에게 전파(傳播)하게 하셨다. 그러자 모세는 장로(長老)들에게 전파했고 장로들은 다시 이스라엘 온 집에 전파했다. 전도는 어떤 위협과 또는 무관심 속에서도 그 효력을 발하고 있다. 이와 같은 전도의 유래(由來)는 구약성경 어디에서나 찾아볼 수 있다.

> **"그때에 너희가 불을 두려워하여 산에 오르지 못하므로 내가 여호와와 너희 중간에 서서 여호와의 말씀을 너희에게 전하였노라 여호와께서 가라사대 나는 너를 애굽 땅에서 종 되었던 집에서 인도하여 낸 너희 하나님 여호와로라"**(신 5:5~6).
> **"너로 내가 애굽에서 행한 일들 곧 내가 그 가운데서 행한 표징을 네 아들과 네 자손의 귀에 전하게 하려 함이라 너희가 나를 여호와인 줄 알리라"**(출 10:2).

하나님은 선지자(先知者)들을 통하여 이스라엘에게 전도(傳道)하게 하셨으니 이스라엘 선지자(先知者)들은 참신(斬新)한 전도자(傳道者)들이었다.

> **"너희는 열방 중에 광고하라 공포(公布)하라 기를 세우라 숨김이 없이 공포하여 이르라 바벨론이 함락되고 벨이 수치를 당하며 므**

로닥이 부스러지며 그 신상(神像)들은 수치를 당하며 우상(偶像)들은 부스러진다 하라"(렘 50:2).
"내가 여호와에게서부터 오는 소식을 들었노라 사자(使者)를 열방 중에 보내어 이르시되 너희는 모여 와서 그를 치며 일어나서 싸우라 하시도다"(렘 49:14).
"오라 우리가 여호와께로 돌아가자 여호와께서 우리를 찢으셨으나 도로 낫게 하실 것이요 우리를 치셨으니 싸매어 주실 것임이라 여호와께서 이틀 후에 우리를 살리시며 제삼일에 우리를 일으키시리니 우리가 그 앞에서 살리라 그러므로 우리가 여호와를 알자 힘써 여호와를 알자 그의 나오심은 새벽 빛같이 일정하니 비와 같이,땅을 적시는 늦은 비와 같이 우리에게 임하시리라 하리라"(호 6:1~3).

이 같은 선지자들의 외침과 선지자들에게 명령하신 내용들이 전도의 내용들이다. **전도(傳道)는 경고(警告)와 복음(福音)을 병행(竝行)한다.** 오늘날의 전도도 그 근본(根本)이 구약 시대의 것과 다를 바가 없다. 오히려 오늘날의 교회는 매우 무능(無能)하여 하나님의 대언자(代言者)로서 갖추어야 할 능력이 없다. 오히려 그들로 인하여 하나님을 의심(疑心)케 하는 일이 일어날 정도이다.

구약의 전도는 하나님께서 그 한마디 한마디를 확실하게 지시하셨고, 받는 그들은 분명히, 그리고 가감(加減) 없이 전파하였다. 이는 오늘날의 복음 전파 보다 강하게 하나님의 의지를 나타내는 것이었다. 전도가 주는 그 당시의 효과는 정말 대단했다. 이는 전도자 자신들이 하나님을 절대적으로 신뢰(信賴)했고, 그들이 하는 일 또한 확신 있는 증거(證據)가 되었기 때문이다. 하나님께서 그렇게 하리라 하신 말씀과 경고는 반드시 그렇게 될 줄 믿었기 때문이다.

전도(傳道)는 반드시 구원(救援)을 전제(前提)로 해야 한다. 경고(警告)만으로 두려움을 전파(傳播)하는 것이 아니라, 전도는 사람이 할 수 있는 하나님의 일 중 가장 큰 일이요, 또한 하나님의 일에 가장 가까운 사역(使役)이다.

3. 신약성경적 근거(根據)

구약(舊約)에서 유래(由來)된 전도가 신약성경에 사용되었고, 또한 본격화(本格化)되었다. 세례 요한이 요단강에서 "회개하라! 천국이 가까왔다!" 하고 외침으로써 신약의 전도가 시작되었다. 물론 세례 요한은 구약 선지자들의 맥락(脈絡)을 이어 최후의 선지자로서 등장했지만, 신약 전도의 포문(砲門)을 열어 준 자이다. 이전에는 전도의 대상이 이스라엘에게 국한(局限)되었지만, 이후 신약 시대의 전도의 대상은 이방인(異邦人) 즉 온 인류로 확산되었다.

이스라엘에게 전도가 있을 때에 이방인들에게는 전도가 막혀 있었고, 다시 이방인들에게 전도가 시작될 때에는 이스라엘의 더러는 완악(頑惡)하게 되었다. 이는 이방인을 향한 전도를 더욱 활성화(活性化)시키기 위함이었다.

신약 시대의 전도에는 구약 시대의 전도보다 불리한 점이 없지 않다. 이방인들은 영적인 기반이 전혀 없는 상태이므로 천국이나 영적인 영원한 약속들이 그들에게는 생소(生疎)하지 않을 수 없다. 그러나 적게나마 이방인들에게도 미신(迷信)에 대한 열심과 종교성(宗教性)과 영적인 갈구(渴求)가 있어, 영적 잠재력(潛在力)을 키워 왔다. 신약 시대에 들어서면서 이스라엘을 포함한 이방인에게 복음이 전파됨으로써 과거 이스라엘의 하나님은 온 인류의 하나님임을 보여 주셨다. 이스라엘은 하나님을 오직 이스라엘의 하나님으로만 알아 이방인(異邦人)을 돌아보지 아니하시고 이스라엘에게만 영원한 약속을 주시는 분인 줄 알고 있다. 그러므로 이방인에게도 복음이 전파(傳播)되고 믿음이 허락(許諾)되고 성령(聖靈)을 부어주심으로 인하여 놀라지 않을 수 없었다.

> **"베드로가 이 말 할 때에 성령이 말씀 듣는 모든 사람에게 내려오시니 베드로와 함께 온 할례(割禮)받은 신자들이 이방인들에게도 성령 부어 주심을 인하여 놀라니 이는 방언(方言)을 말하며 하나님 높임을 들음이러라"**(행 10:44~46).

바울은 이방인(異邦人)을 위하여 특별히 복음 전할 부탁을 받은 사람이다. 그는 고난과 더 큰 희생이라도 받게 되는 주님의 그릇으로 부름을 받았다.

> **"주께서 가라사대 가라 이 사람은 내 이름을 이방인과 임금들과 이스라엘 자손들 앞에 전하기 위하여 택한 나의 그릇이라 그가 내 이름을 위하여 해를 얼마나 받아야 할 것을 내가 그에게 보이리라 하시니"**(행 9:15~16).

이방(異邦)과 이스라엘의 전도를 위하여 전도자를 택하심은 본격적인 신약 시대의 출발이라는 의미를 가진다. 이렇게 신약 시대의 전도는 열방(列邦)이 하나님께 돌아올 기회를 마련해 주었고, 이방인들에게는 하나님을 아버지라 부르는 거듭남이 있었으니, 이는 전도 시대가 막바지에 이르고 있음을 말하는 것이다. 전도 사역(使役)이 무한정 계속될 수는 없다. 하나님이 이스라엘에게 보여주신 첫 언약(言約)의 전도 시대가 마침내 마감되었던 것처럼, 이방인의 전도 시대도 반드시 마감될 날이 있을 것이다. 오늘날 이스라엘의 전도는 그들의 완악(頑惡)한 심령(心靈)으로 인하여 매우 더디게 하시고, 대신 이방인에게는 화약(火藥)에 불이 붙는 것처럼 번져 나가게 하신 것이다. 분명히 전도 시대는 끝날을 맞이할 것이다. 수천 년 동안 계속된 전도에 주 예수의 강림(降臨)이 겸하여 전도되었는데, 그의 강림이 더딤으로 인해 믿음에 의심을 품는 이도 있다. 그러나 그의 강림은 실현(實現)된다는 사실을 잊어서는 안된다.

주의 강림(降臨)이 속히 이루어지지 않는 것은 이방인에게 은혜(恩惠)의 날을 더 주려 하심이라. 이스라엘의 수가 차기까지는 이방인의 전도가 더욱 있을 것이지만, 이스라엘의 확정(確定)된 수가 차면, 마침내 그날로 전도가 끝이 난다. 그래서 이방인에게 주신 은혜(恩惠)의 기회가 끝나는 날이 되는 것이다.

> **"이 천국 복음이 모든 민족에게 증거(證據)되기 위하여 온 세상에 전파(傳播)되리니 그제야 끝이 오리라"**(마 24:14).

그러므로 아직 이스라엘을 완악(頑惡)하게 하심으로 이스라엘의 전도를 더디게 하시고, 반면에 이방인(異邦人)들에게는 더 많은 기회를 부여(附與)하여 이방인의 충만(充滿)한 수가 다 차기까지 계속 전도(傳道)는 이어질 것이다.

> **"내가 원 돌감나무에서 찍힘을 받고 본성을 거스려 좋은 감람나무에 접붙힘을 얻었은즉 한 가지인 이 사람들이야 얼마나 더 자기 감람나무에 접붙이심을 얻으랴 형제들아 너희가 스스로 지혜 있다 함을 면키 위하여 이 비밀을 너희가 모르기를 내가 원치 아니하노니 이 비밀은 이방인의 충만한 수가 들어오기까지 이스라엘의 더러는 완악하게 된 것이라 그리하여 온 이스라엘이 구원을 얻으리라 기록된 바 구원자가 시온에서 오사 야곱에게서 경건치 않은 것을 돌이키시겠고 내가 저희 죄를 없이할 때에 저희에게 이루어질 내 언약이 이것이라 함과 같으니라 복음으로 하면 저희가 너희를 인하여 원수된 자요 택하심으로 하면 조상들을 인하여 사랑을 입은 자라 하나님의 은사(恩賜)와 부르심에는 후회하심이 없느니라 너희가 전에 하나님께 순종치 아니하더니 이스라엘에 순종치 아니 함으로 이제 긍휼(矜恤)을 입었는지라 이와 같이 이 사람들이 아니하니 이는 너희에게 베푸시는 긍휼로 이제 저희도 긍휼을 얻게 하려 하심이니라 하나님이 모든 사람을 순종치 아니하는 가운데 가두어 두심은 모든 사람에게 긍휼을 베풀려 하심이로다"**(롬 11:24~32).

신약 시대의 전도는 율법을 모르는 이방인에게도 주어진 은혜(恩惠)를 전파하는 것이다. 이로써 이방인도 이스라엘처럼 구원(救援)을 받게 하려하심이라.

그러나 예수 그리스도께서 부활(復活)하시기 전까지는 할 수 있으면 이스라엘에게 전도가 더 되기를 원하셨으니, 첫 언약(言約)

안에 들어 있는 이스라엘 역시 많이 구원(救援)을 받게 하려 하심이다. 첫 언약 안에 들어 있는 이스라엘로 새 언약의 은혜(恩惠)를 얻게 하시려고 그리스도의 이적(異蹟)과 능력으로써, 복음이 전파되었다. 이는 과거 첫 언약 안에 있는 이들에게도 기회를 주려 하심이었다. 그러나 성령(聖靈)이 임하시고 성령으로 복음이 전파되자, 온 인류에게 똑 같은 기회가 주어지게 되었다. 성령은 새 언약의 전도를 위하여 세상에 임하신 것이다(행 1:8).

대개 이스라엘은 죄의 분량을 따라 그 형벌에 차등이 있을 것이라는 관념적(觀念的) 사고에 젖어 있었다. 그리고 현실적으로 평안한 것은 곧 무죄를 의미한다고 생각하고 스스로 위로(慰勞)를 받으려 했지만, 이런 죄의 문제는 예수에 의해 더욱 중대한 문제로 취급되었다. 죄를 범치 않음으로써 무죄하다고 생각하는 이스라엘 사람들에게나 심한 교만(驕慢)에 빠져있는 예루살렘에 거하는 유대인들에게 예수는 말씀하셨다.

> **"그때 마침 두어 사람이 와서 빌라도가 어떤 갈릴리 사람들의 피를 저희 제물에 섞은 일로 예수께 고하니 대답하여 가라사대 너희는 이 갈릴리 사람들이 이같이 해(害)받음으로써 모든 갈릴리 사람보다 죄가 더 있는 줄 아느냐 너희에게 이르노니 아니라 너희도 만일 회개치 아니하면 다 이와 같이 망하리라 또 실로암에서 망대(望臺)가 무너져 치어 죽은 열여덟 사람이 예루살렘에 거한 모든 사람보다 죄가 더 있는 줄 아느냐 너희에게 이르노니 아니라 너희도 만일 회개치 아니하면 다 이와 같이 망하리라"**(눅 13:1~5).

이스라엘이나 유대인들을 막론(莫論)하고 누구든지 회개를 거치지 않으면 결단코 형벌에서 벗어날 수 없다는 하나님의 경고(警告)하심이다. 이는 첫 언약 안에 거하는 자들이 선민의식(選民意式)에만 집착되어, 이방인들은 모두 망하고 이스라엘에게만 구원이 있을 것이라는 오해(誤解)를 하고 있기에, 하나님은 이스라엘의 하나님만이 아니라 이방인에게도 아버지가 되신다는 새로운 사실을 알게 하셨다. 이로써 이스라엘의 교만(驕慢)한 마음을 꺽어 놓으신 것이다. 그러므로 첫 언약 안에 들어 있는 이스라엘은 '회개'의 전도를 받아야 했다. 그러나 새 언약 안에 들어 있는 이방인들에게는 천지의 주재(主宰)이신 하나님이 계신 것과 또한 그의 아들을 믿음으로 회개(悔改)를 이루게 하셨다.

신약 시대의 전도는 성령(聖靈)이 강림(降臨)하신 오순절(五旬節)부터 본격화(本格化)되었다. 초대교회 전도가 그 좋은 실례(實例)이다. 전도는 반드시 복음을 듣고 구원을 얻은 이로 하여금 전하게 하셨으니, 천사나 불신자들에게 전도의 이 큰 사명을 주신 일이 없다. 전도는 절대로 순조로운 것이 아니다. 핍박(逼迫)과 죽음이 수반(隨伴)되는 것이므로 생명을 건 사역이 아니면 안된다. 그러므로 복음을 듣고 예수 그리스도를 온전히 믿고 성령(聖靈)의 능력을 체험(體驗)하지 않고는 이런 장해(障害) 요소들을 쉽게 극복할 수 없다.

신약 시대 전도는 증거(證據)가 따르는 전도이므로 전도자는 먼저 증거를 받아야하고, 그런 증거를 가지고 전도에 임해야 한다. 구약 시대의 경우는 볼 수 없는 미래에 대한 희미한 소망을 가지고 전도했으나, 신약 시대의 전도는 이미 체험(體驗)한 증거(證據)를 가지고 전도한다. 그러므로 과거의 전도보다 확신(確信)이 있고, 확실한 사실을 체험한 증인(證人)으로서 전도하게 된다.

예수께서 신약 시대의 전도(傳道)의 기초(基礎)에 대해서 말씀하셨다.

"내가 아버지께로서 너희에게 보낼 보혜사(保惠師)[2] 곧 아버지께로서 나오시는 진리의 성령(聖靈)이 오실 때에 그가 나를 증거(證據)하실 것이요 너희도 처음부터 나와 함께 있었으므로 증거하느니라"(요 15:26~27).

"사도와 같이 모이사 저희에게 분부하여 가리시대 예루살렘을 떠나지 말고 내게들은 바 아버지의 약속하신 것을 기다리라 요한은 물로 세례를 베풀었으나 너희는 몇 날이 못 되어 성령으로 세례를 받으리라 하셨느니라"(행 1:4~5).

"그러하나 내가 너희에게 실상을 말하노니 내가 떠나가는 것이 너희에게 유익이라 내가 떠나가지 아니하면 보혜사(保惠師)가 너희에게로 오시지 아니할 것이요 가면 내가 그를 너희에게로 보내리니 그가 와서 죄에 대하여 의에 대하여 심판에 대하여 세상을 책망하시리라"(요 16:7~8).

신약 시대의 전도는 성령(聖靈)으로 해야 한다. 성령으로 하지 않는 전도는 그 효력을 나타낼 수 없다. 현대인에게 향한 전도는 더욱 그러하다. 현대인은 전도를 방해(妨害)하는 수많은 문명(文明)의 부산물(副産物)들로 인해 지나치게 핍박을 받고 있다. 이런 문명의 가시적(可視的) 조건들과 물리적(物理的) 훼방(毁謗)을 능히

2) 보혜사(παράχλητος-파라클레토스)-변호하는자, 격려,권고하는자, 탄원을 올리는 중개자, 보조, 원조하는자.

극복할 능력을 성령(聖靈)으로부터 받지 않으면 아니된다. 또한 하나님의 살아 계심을 증거(證據)할 능력이 있어야 한다.

이스라엘은 하나님의 살아 계심을 그들의 조상(祖上) 때 부터 믿어 왔기 때문에 하나님께 대한 의심이 없다. 그러나 이방인은 무신론적(無神論的) 불신앙으로 인해 이미 멸망 중에 있기 때문에 불신자에 대한 철저한 회개(悔改)가 절실하게 요청된다. 성령은 이런 이들에게 하나님의 살아 계심과 그의 아들에 관한 믿음을 전해 줄 증거(證據)를 능력으로 베푸신다. 신약 시대의 전도의 특성은 이와 같다. 성령의 능력으로 하는 전도가 곧 신약 시대의 전도이다. 예수님은 그의 제자를 택하실 때 꼭 전도를 위한 사명자(使命者)들을 부르셨다.

"또 산에 오르사 자기의 원하는 자들을 부르시니 나아온지라 이에 열둘을 세우셨으니 이는 자기와 함께 있게 하시고 또 보내사 전도도 하며 귀신을 내어 쫓는 권세도 있게 하려 하심이러라"(막 3:13~15).

가룟 유다를 대신할 자를 뽑았을 때에도 예수를 증거(證據)할 자로 일으켜 세웠다(행 1:22). 이렇게 **신약의 전도는 증거(證據) 중심의 전도였다.** 증거(證據)의 내용(內容)은 예수의 부활(復活)에 관한 것이었다. 이것이 신약 시대의 내용이다. 구약(舊約)의 전도(傳道) 곧 "회개(悔改)하라 천국(天國)이 가까왔다"고 말한 것과는 달리 훨신 더 깊이가 담겨있는 내용이다.

"항상 우리와 함께 다니던 사람 중에 하나를 세워 우리로 더불어 예수의 부활하심을 증거할 사람이 되게 하여야 하거늘"(행 1:22).

"이스라엘 사람들아 이 말을 들으라 너희도 아는 바에 하나님께서 나사렛 예수로 큰 권능(權能)과 기사(奇事)와 표적(表蹟)을 너희 가운데서 베푸사 너희 앞에서 그를 증거하셨느니라"(행 2:22).

"이 예수를 하나님이 살리신지라 우리가 다 이 일에 증인이로다 하나님이 오른손으로 예수를 높이시매 그가 약속하신 성령을 아버지께 받아서 너희 보고 듣는 이것을 부어 주셨느니라"(행 2:32~33).

"너희가 거룩하고 의로운 자를 부인(否認)하고 도리어 살인한 사람을 놓아 주기를 구하여 생명의 주를 죽였도다 그러나 하나님이 죽은 자 가운데서 살리셨으니 우리가 이 일에 증인이로다"(행 3:14~15).

"사도들이 큰 권능(權能)으로 주 예수의 부활(復活)을 증거하니 무리가 큰 은혜를 얻어"(행 4:33).

"너희가 나무에 달아 죽인 예수를 우리 조상의 하나님이 살리시고 이스라엘로 회개케 하사 죄사함을 얻게 하시려고 그를 오른 손으로 높이사 임금과 구주로 삼으셨느니라 우리가 이 일에 증인이요 하나님이 자기를 순종하는 사림들에게 주신 성령도 그러하니라 하더라"(행 5:30~32).

"우리는 유대인의 땅과 예루살렘에서 그의 행하신 모든 일에 증인이라 그를 저희가 나무에 달아 죽였으나 하나님이 사흘 만에 다시 살리사 나타내시되 모든백성에게 하신 것이 아니요 오직 미리 택하신 증인 곧 죽은 자 가운데서 일어나신 후 모시고 음식을 먹은 우리에게 하신 것이라"(행 10:39~41).

"하나님이 죽은 자 가운데서 저를 살리신지라"(행 13:30).

"그러므로 너희는 모든 족속으로 제자를 삼아 아버지와 아들과 성령의 이름으로 세례를 주고 내가 너희에게 분부한 모든 것을 가르쳐 지키게 하라 볼지어다 내가 세상 끝날까지 항상 너희와 함께 있으리라 하시니라"(마 18:19~20).

▶ 이와 같이 신약 시대의 전도는,

① 성령(聖靈)으로 전도하기를 시작했음으로 전도는 곧 증거(證據)가 되었다.

② 전도(傳道)의 내용(內容)은 예수의 부활(復活)에 대한 증거(證據)였다.

③ 전도(傳道)는 예수 그리스도의 지상명령(至上命令)에 근거(根據)하였다.

전도(傳道)의 근거(根據)는 이와 같이 확실하므로 오늘도 이전과 마찬가지로 증거(證據) 중심의 전도가 되어야 한다. 현대의 교회는 그리스도의 신유(神癒)와 거룩한 이적(異蹟)에 관한 부정적 관념(觀念) 때문에 성령(聖靈)의 역사(役事)를 크게 제한하고 있다. 이는 성령(聖靈) 훼방죄(毁謗罪)에 해당된다고 할 수 있다. 성령은 세상 끝날까지 믿는 자들과 함께 거하시며 예수를 증거하시려고 오신 하나님의 영이시다. 이것은 세계적으로 크게 부흥(復興)한 교회들이 성령을 힘입어 일어나고 있다는 사실에 비추어 보아도 잘 알 수 있다.

성령(聖靈)을 시인(是認)하고 의지(依支)하며, 성령(聖靈)으로 증거(證據)를 받으며, 그가 하려 하시는 이적(異蹟)과 권능(權能)들에 대하여 제한(制限)하지 아니하고 그대로 받아 순종(順從)하면, 큰 부흥(復興)을 가져오게 될 것이다.

신약 시대의 전도가 초대교회에서 보여 준 것처럼 오늘날도 성령의 역사하심은 계속되어야 하고, 초대교회가 보여준 증거 중심의 전도가 계속 그대로 이어져 나가야 한다. 이러한 증거가 바로 이적으로 이어진다. 이러한 이적의 시대가 끝이 났다고 하는 성경적 근거는 성경에 전혀 찾아 볼 수가 없다.

성령(聖靈)은 진실로 믿음과 헌신(獻身)하는 종들과 함께 큰 역사(役事)를 나타내 주시고 있다. 이러므로 신약 시대의 전도는 참으로 감격적이다. **전도에 별별 방법을 다 동원할지라도 성령으로 하는 전도를 어느 누구도 감히 따를 수도 없고 막을 수도 없다. 성령으로 하는 전도는 곧 하나님의 방법이다.**

> **"하나님의 지혜(智慧)에 있어서는 이 세상이 자기 지혜로 하나님을 알지 못하는 고로 하나님께서 전도의 미련한 것으로 믿는 자들을 구원(救援)하시기를 기뻐하셨도다"**(고전 1:21).

앞으로 성령(聖靈)의 전도(傳道)를 따르는 교회가 큰 부흥을 가져올 것이다.

이는 하나님의 요청(要請)이며, 또한 하나님은 반드시 그렇게 하시고야 말 것이다. 무능한 전도자들에게서는 허세(虛勢)가 만발(滿發)할 뿐이다. 적어도 성령으로 하는 유능한 전도자들에게서 하나님께서 함께하시는 역사가 실질적으로 나타날 것이다. 이로 인해 구령(救靈)에 대한 결과를 가져오게 될 것이다.

> **"내가 복음을 부끄러워하지 아니하노니 이 복음은 모든 믿는 자에게 구원을 주시는 하나님의 능력이 됨이라 첫째는 유대인에게요 또한 헬라인에게로다"**(롬 1:16).

4. 하나님의 사랑

전도(傳道)는 우선 영혼(靈魂)을 사랑해야 할 수 있는 것이다. 영혼(靈魂)을 구원(救援)하려는 사명(使命) 없이는 할 수 없는 것이 전도(傳道)이다. 그러나 그런 사명(使命)을 무엇보다도 하나님의 사랑에 근거(根據)해야 한다.

> **"하나님이 세상을 이처럼 사랑하사 독생자(獨生子)를 주셨으니 이는 저를 믿는 자마다 멸망치 않고 영생을 얻게 하려 하심이니라"**(요 3:16).

인간(人間)은 스스로 자기 영혼(靈魂)의 실재(實在)에 대해 영혼을 사랑할 능력(能力)이 없다. 우선 영혼이 눈에 보이지 않는 존재(存在)이기 때문에 영혼의 실재(實在)에 대한 의심(疑心)을 품고 있는 형편이므로 불가시적(不可視的) 존재에 대한 애착(愛着)이 있을 리가 만무(萬無)하다. 보이지 않는 존재를 사랑하기란, 좀더 여유 있게 평하자면, 억지로 사랑하는 체할 수밖에 없다고 할 수 있다. 이것은 잘 알지도 못하는 사람을 잘 아는 사람같이 대하는 것과 같아서 겉으로는 반기지만 실상(實狀)은 자기의 마음을 다 줄 수는 없는 것이다. 또 마음을 영혼(靈魂)으로 잘못 인식(認識)하여 마음을 편하게 하는 것을 영혼을 위로(慰勞)하는 것으로 판단하고 있기 때문에 큰 오해가 있다. 마음은 육체와 연관된 것으로서 육체의 위로는 그 마음에서 비롯되고 있음을 우리는 알아야 한다. 그러나 영에 관한 것은 오직 하나님이 알게 하셨고 하나님이 은혜로 베푸신 것이다. 육신을 위해서는 물질이 있어야 더 효과적이고 또 유익을 가져올 수 있다. 그러나 영을 위하여는 영적 요소가 있어야 영에게 은혜와 능력이 된다. 그러므로 영을 위하여는 오직 하나님이 은혜를 주셔야만 한다.

하나님께서 영혼에 대한 감정과 의미를 주셔야만 영혼에 대해 알 수가 있다. 영혼(靈魂)은 말씀을 통하여 깊이 깨달을 수 있고 성령(聖靈)을 통하여 진정으로 사랑할 줄 알게 된다. 사람의 말과 지혜(智慧)로는 영혼에 대한 이해가 부족하니 거의 불가능하다. 그러므로 하나님을 알아야 영혼을 알고 또 영혼을 알 때 비로소 하나님을 알 수 있다. 이러할 때에야 비로소 세상을 구원하시려는 그분의 사랑의 넓이와 길이와 높이와 깊이를 알 수 있을 것이다.

> **"능히 모든 성도와 함께 지식에 넘치는 그리스도의 사랑을 알아 그 넓이와 길이와 높이와 깊이가 어떠함을 깨달아 하나님의 모든 충만하신 것으로 너희에게 충만하게 하시기를 구하노라"**(엡 3:18~19).

"하나님이 세상을 이처럼 사랑하사 독생자를 주셨으니" 란 말씀에 대한 감동이 진실로 영원할 때, 그 같은 하나님의 말씀과 역사

(役事)를 진리(眞理)라고 고백하게 될 것이다. 오늘날 진리에 대한 고백이 상식적이고 의례적(依例的)인 것에 그치므로 안타깝다.

"이는 참으로 진리이다"라고 말할 수 있을 때는 인간의 영혼을 알 때 부터이다. **진리는 인간을 아는 최고의 지식(知識)이요, 지혜(智慧)요, 근원(根源)이요, 능력(能力)이다.** 전도가 진리를 전파할 때, 우리의 구원은 하나님의 확고한 사랑과 약속 위에서 이루어진 것임을 알 수 있다.

전도자가 전도의 근원을 알고 하는 것과, 알지 못하고 하는 것에는 큰 차이가 있다. 전혀 알지 못하는 것을 위하여는 목숨을 버릴 엄두조차 못 낸다. 아는 것을 위하여 하는 일은 스스로 너무나 즐겁고도 기쁨이 넘친다.

본래 성경의 모든 약속이 사랑에 근거된 것임을 아브라함이 백세에 얻은 아들을 제물(祭物)로 드린 것에서 찾아볼 수 있다. 그런데 하나님이 "네게 아들이 있으리라" 하실 때에 아브라함은 이를 사양했다가, 순종하고 믿었다.

"내가 그에게 복을 주어 그로 네게 아들을 낳아 주게 하며 내가 그에게 복을 주어 그로 열국의 어미가 되게 하리니 민족의 열왕이 그에게서 나리라 아브라함이 엎드리어 웃으며 심중에 이르되 백세 된 사람이 어찌 자식을 낳을까 사라는 구십 세니 어찌 생산하리요 하고 아브라함이 이에 하나님께 고하되 이스마엘이나 하나님 앞에 살기를 원하나이다 하나님이 가라사대 아니라 네 아내 사라가 정녕 네게 아들을 낳으리니 너는 그 이름을 이삭이라 하라 내가 그와 내 언약을 세우리니 그의 후손에게 영원한 언약이 되리라"(창 17:16~19).

백 세에 얻은 아들에 대한 아버지 아브라함의 사랑과 정이야말로, 이루 말로 표현할 수 없는 체험이다. 사랑과 정을 다 쏟은 아들, 말하자면 이스마엘이 자기의 살과 같은 존재라면 이삭은 자기의 영혼(靈魂)과 같은 존재인 아들을, 하나님이 지시하는 모리아 땅으로 가서 번제(燔祭)로 드리라는 명령을 받았다. 그 명령을 받았을 때의 아브라함의 심정(心情)을 감히 짐작조차 하기 어렵다. 자기 아내에게도 그 사실을 알리지 않는 이유를 이제 아브라함의 심정을 알수록 이해할 수 있게 된다. 또 하나님이 지시하신 그 곳에 이르렀을 때에 이삭이 "불과 나무는 여기 있거니와 번제할 양은 어디 있나이까?"라고 물었을 때, 아브라함은 "하나님이 예비하셨다"고 대답했다. 이 대답이야말로 하나님에 대한 사랑과 아브라함의 연단(鍊鍛)된 신앙(信仰)에서 우러나온 진정한 대답이었을 것이다. 그는 그 일이 오늘을 위한 '하나님의 준비'였을 것이라는 신앙으로 묵묵히 감사할 뿐이었을 것이다. 늙은 종에게 부탁하신 아들, 사람의 뜻으로 난 것도 아니요, 하나님께서 주셔서 받아 기른 약속의 자녀, 그가 결국 하나님의 뜻대로 번제(燔祭)의 제물(祭物)로 사라져 간다 해도 아브라함은 자신을 향한 하나님의 신실하심을 굳게 믿었다. 그는 하나님이 사랑하는 자를 예비하셨다가 받으신다는 사실을 항상 믿고 있었고, 이삭이 곧 하나님이 가장 기뻐하시는 하나님이 직접 예비하신 양이라고 굳게 믿었을 것이다. 그래서 제단(祭壇)을 쌓고 그 위에 나무를 놓고 이삭을 결박(結縛)하였을 것이다.

드디어 칼을 잡고 높이 들어 이제 막 내려칠려고 할 때에, 하나님이 깜짝 놀라서 "아브라함아 아브라함아" 하며 급히 거듭 부르시는 하나님의 음성을 들었고 "그 아이에게 손을 대지 말라" 하는 지시를 받았다. 이렇게 하나님을 당황(唐慌)하게 한 믿음의 사람은 일찍부터 성경에 없었으므로, 이 사건이 하나님을 사랑한 전무후무(前無後無)한 최고(最高)의 증거(證據)가 된 것이다.

"그 일 후에 하나님이 아브라함을 시험하시려고 그를 부르시되 아브라함아 하시니 그가 가로되 내가 여기 있나이다 여호와께서 가라사대 네 아들 네 사랑하는 독자 이삭을 데리고 모리아 땅으로 가서 내가 네게 지시하는 한 산 거기서 그를 번제로 드리라 아브라함이 아침에 일찌기 일어나 나귀에 안장을 지우고 두 사환과 그 아들 이삭을 데리고 번제에 쓸 나무를 쪼개어 가지고 떠나 하나님의 자기에게 지시하시는 곳으로 가더니 제삼일에 아브라함이 눈을 들어 그 곳을 멀리 바라본지라 이에 아브라함이 사환에게 이르되 너희는 나귀와 함께 여기서 기다리라 내가 아이와 함께 저기 가서 경배하고 너희에게로 돌아오리라 하고 아브라함이 이에 번제 나무를 취하여 그 아들 이삭에게 지우고 자기는 불과 칼을 손에 들고 두 사람이 동행하더니 이삭이 그 아비 아브라함에게 말하여 가로되 내 아버지여 하니 그가 가로되 내 아들아 내가 여기 있노라 이삭이 가로되 불과 나무는 있거니와 번제(燔祭)할 어린 양은 어디 있나이까 아브라함이 가로되 아들아 번제할 어린 양은 하나님이 자기를 위하여 친히 준비하시리라 하고 두 사람이 함께 나아가서 하나님이 그에게 지시하신 곳에 이른지라 이에 아브라함이 그곳에 단을 쌓고 나무를 벌여 놓고 그 아들 이삭을 결박하여 단 나무 위에 놓고 손을 내밀어 칼을 잡고 그 아들을 잡으려 하더니 여호와의 사자가 하늘에서부터 그를 불러 가라사대 아브라함아 아브라함아 하시는지라 아브라함이 가로되 내가 여기 있나이다 하매 사자가 가라사대 그 아이에게 네 손을 대지 말라 아무 일도 그에게 하지 말라 네가 네 아들 네 독자라도 내게 아끼지 아니하였으니 내가 이제야 네가 하나님을 경외(敬畏)하는 줄을 아노라 아브라함이 눈을 들어 살펴본즉 한 수양이 뒤에 있는데 뿔이 수풀에 걸렸는지라 아브라함이 가서 그 수양을 가져다가 아들을 대신하여 번제(燔祭)로 드렸더라"(창 22:1~13).

이렇게 이삭의 죽음을 대신(代身)하여 산양(山羊)이 희생(犧牲)된 것은, 하나님이 인류(人類)의 죽음을 대신(代身)할 양(羊)을 예비(豫備)하신 것을 예시(例示)하신 것이다. 이는 율법(律法)에도 적용(適用)되었다.

"너희는 이스라엘 회중에게 고하여 이르라 이 달 열흘에 너희 매인 이 어린 양을 취할지니 각 가족대로 그 식구를 위하여 어린 양을 취하되 그 어린 양에 대하여 식구가 너무 적으면 그 집의 이웃과 함께 인수를 따라서 하나를 취하며 각 사람의 식량을 따라서 너희 어린 양을 계산할 것이며 너희 어린 양은 흠 없고 일년된 수컷으로 하되 양이나 염소 중에서 취하고 이 달 십사 일까지 간직하였다가 해질 때에 이스라엘 회중이 그 양을 잡고 그 피로 양을 먹을 집 문 좌우 설주와 인방에 바르고 그 밤에 그 고기를 불에 구어 무교병과 쓴 나물과 아울러 먹되 날로나 물에 삶아서나 먹지 말고 그 머리와 정강이와 내장을 다 불에 구워먹고 아침까지 남겨두지 말며 아침까지 남은 것은 곧 소화하라 너희는 그것을 이렇게 먹을 지니 허리에 띠를 띠고 발에 신을 신고 손에 지팡이를 잡고 급히 먹으라 이것이 여호와의 유월절이니라 내가 그 밤에 애굽 땅에 두루 다니며 사람과 짐승을 무론하고 애굽 나라 가운데 처음 난 것을 다 치고 애굽의 모든 신에게 벌을 내리리라 나는 여호와

로라 내가 애굽 땅을 칠 때에 그 피가 너희의 거하는 집에 있어서 너희를 위하여 표적이 될지라 내가 피를 볼 때에 너희를 넘어 가리니 재앙(災殃)이 너희에게 내려 멸하지 아니 하리라 너희는 이 날을 기념하여 여호와의 절기를 삼아 영원한 규례(規例)로 대대에 지킬지니라"(출 12:3~14).

어린 양(羊)이란 귀하고 아름다운 양(羊)이란 뜻이 아니요 하나님의 약속(約束)을 위한 희생(犧牲)당할 양(羊)이란 뜻이다.

"예수의 다니심을 보고 말하되 보라 하나님의 어린 양이로다" (요 1:36).

모세의 율법(律法)에는 예언적인 언약이 있으니 곧 어린 양의 희생이다. 예수는 창세 전에 준비해 두신 하나님의 어린 양으로서, 그의 희생은 하나님과 인간 사이에 원수(怨讐)된 담을 헐고 하나님과의 사귐을 가져다 주었다.

"너희가 알거니와 너희 조상의 유전(遺傳)한 망령(妄靈)된 행실에서 구속(救贖)된 것은 은이나 금같이 없어질 것으로 한 것이 아니요 오직 흠 없고 점 없는 어린 양 같은 그리스도의 보배로운 피로 한 것이니라 그는 창세 전부터 미리 알리신 바 된 자나 이 말세에 너희를 위하여 나타내신 바 되었으니 너희는 저를 죽은 자 가운데서 살리시고 영광을 주신 하나님을 그리스도로 말미암아 믿는 자니 너희 믿음과 소망이 하나님께 있게 하셨느니라"(벧전 1:18~21).

하나님은 아담(Adam)에게 "네가 먹는 날에는 정녕(丁寧) 죽으리라" 하신 말씀대로 창세(創世) 전에 예비(豫備)해 두신 하나님의 어린 양의 죽음으로 인류의 죄를 대신(代身)하실 것을 말씀하셨다. 이같이 큰 하나님의 사랑으로 인해 인류는 구원(救援)을 얻었다. "하나님의 어린 양"이라는 약속(約束)을 성취(成就)하신 인류 구원(救援)의 역사(役事)가 오늘날 우리의 전도(傳道)가 되었다. 세상이 이해할 수 없는 진리(眞理)가 영원한 생명(生命)을 가져다 준 것이다.

"십자가의 도(道)가 멸망(滅亡)하는 자들에게는 미련한 것이요 구원(救援)을 얻는 우리에게는 하나님의 능력이라"(고전 1:18).

영혼(靈魂)에 대한 이해가 없는 자는 결코 하나님의 사랑에 대하여 믿음과 감사를 가질 수 없다. 사람들은 인간의 육체를 위해 필요한 물질이 제공될 때 감사하지만, 인간의 영혼을 위해 사랑의 제물(祭物)이 되신 하나님의 어린 양에 대한 감사는 부족하다. 이는 영혼에 대한 인식이 매우 부족하기 때문이다.

혹자(或者)는 영혼에 대한 설교나 교회 활동에 매우 불만을 품고 있다. 교회가 구제와 사회 운동 등으로 세상을 향해 일하지 않고 내세(來世)에만 치우친다 하여 불평을 한다. 그러나 **하나님의 사랑은, 썩어질 세상을 위해서는 해를 주시고 비를 주셨지만, 영혼을 위해서는 그의 독생자(예수)를 주셨다.**

> "…하나님이 그 해를 악인과 선인에게 비취게 하시며 비를 의로운 자와 불의한 자에게 내리우심이니라"(마 5:45).
> "하나님이 세상을 이처럼 사랑하사 독생자(獨生子)를 주셨으니 이는 저를 믿는 자마다 멸망치 않고 영생을 얻게 하려 하심이니라 하나님이 그 아들을 세상에 보내신 것은 세상을 심판하려 하심이 아니요 저로 말미암아 세상이 구원을 받게 하려 하심이라 저를 믿는 자는 심판을 받지 아니하는 것이요 믿지 아니하는 자는 하나님의 독생자의 이름을 믿지 아니하므로 벌써 심판을 받은 것이니라"(요 3:16~18).

재차(再次) 강조(强調)하거니와 **교회(敎會)의 사명(使命)은 오직 전도(傳道)이다. 전도(傳道)하지 않는 교회는 세속적(世俗的)이고 타락(墮落)하고 불순종(不順從)하고 있다고 보아야 마땅하다.**

전도(傳道)는 하나님의 사역(使役)의 역사(役事), 곧 지금까지 말한 하나님의 어린 양에 대한 증거(證據)가 되어야 한다.

> "하나님이 그 아들을 세상에 보내신 것은 세상을 심판하려 하심이 아니요 저로 말미암아 세상이 구원을 받게 하려 하심이라 저를 믿는 자는 심판을 받지 아니 하는 것이요 믿지 아니하는 자는 하나님의 독생자의 이름을 믿지 아니하므로 벌써 심판을 받은 것이니라"(요 3:17~18).

사랑은 말을 조용하게 하고 온유(溫柔)하게 보이는 것을 뜻하지 않는다. 그것보다도 실질적(實質的)이고 희생적(犧牲的)이고 행동(行動)하는 것이 사랑이다. 흔이들 조용한 사람을 사랑 많은 사람인 양 말하고, 그것이 사랑의 본질(本質)인 양 착각(錯覺)하고 있다. 사랑은 사랑의 하나님이 그의 아들을 내어 주심같이 절대(絕代) 희생적(犧牲的)이어야 한다.

> **"사람이 친구를 위하여 자기 목숨을 버리면 이에서 더 큰 사랑이 없나니 너희가 나의 명하는 대로 행하면 곧 나의 친구라"**(요 15:13~14).

이는 온유(溫柔)한 성품(性品)을 부정(否定)하는 것이 아니다. 사랑의 본질(本質)을 말하자는 것이다. 예수는 자기(自己)의 계명(誡命)을 지키는 것이 하나님의 사랑을 아는 것이라 하셨다.

> **"아버지께서 나를 사랑하신 것같이 나도 너희를 사랑하였으니 나의 사랑 안에 거하라 내가 아버지의 계명(誡命)을 지켜 그의 사랑 안에 거하는 것같이 너희도 내 계명을 지키면 내 사랑 안에 거하리라"**(요 15:9~10).

전도(傳道)가 사랑에 근거(根據)한다면 전도의 효과는 크게 달라질 것이다.

> **"내가 사람의 방언(方言)과 천사의 말을 할지라도 사랑이 없으면 소리나는 구리와 울리는 꽹과리가 되고 내가 예언하는 능이 있어 모든 비밀과 모든 지식을 알고 또 산을 옮길 만한 모든 믿음이 있을지라도 사랑이 없으면 내가 아무 것도 아니요 내가 내게 있는 모든 것으로 구제하고 또 내 몸을 불사르게 내어 줄지라도 사랑이 없으면 내게 아무 유익이 없느니라 사랑은 오래 참고 사랑은 온유**

(溫柔)하며 투기(妬忌)하는 자가 되지 아니하며 사랑은 자랑하지 아니하며 교만하지 아니하며 무례(無禮)히 행치 아니하며 자기의 유익을 구치 아니하며 성내지 아니하며 악한 것을 생각지 아니하며 불의를 기뻐하지 아니하며 진리와 함께 기뻐하고 모든 것을 참으며 모든 것을 믿으며 모든 것을 바라며 모든 것을 견디느니라" (고전 13:1~7).

▶오직 진정한 사랑이란?

① 사랑은 주는 것이다.

사랑은 자기의 모든 것을 다 주기도 하며 또 상대방의 요구를 들어주는 것이기도 하지만 오직 전도는 자기의 목숨을 내어 주면서 표현해야 하는 능동적(能動的)인 것이다. 사랑이라는 철학적(哲學的) 기반 위에 능동성(能動性)이 더해질 때, 그 사랑은 분명히 감동적(感動的)이고 희생적(犧牲的)일 것이다.

② 사랑은 담당(擔當)하는 것이다.

남의 고통(苦痛)과 남의 허물을 담당(擔當)하시는 그리스도의 자세가 곧 사랑의 근본(根本)이다. 나의 고통(苦痛)과 허물을 내가 담당(擔當)하기도 어려운데, 남의 고통과 허물을 내가 대신 담당하기는 가장 힘들고 어려운 일이다.

"내가 내게 있는 모든 것으로 구제하고 또 내 몸을 불사르게 내어 줄지라도 사랑이 없으면 내게 아무 유익이 없느니라"(고전 13:3).

③ 사랑의 실천(實踐)이 곧 전도(傳道)이다.

이런 생활은 인간으로서 최고(最高)의 일을 한 것이다. 그리스도께서 인류의 허물을 담당(擔當)하심같이, 그리고 모든 연약(軟弱)한 것까지 담당하심같이, 남의 약점(弱點)과 부족(不足)함을 대신 담당하는 것이 곧 사랑의 능력이다.

"이는 선지자 이사야로 하신 말씀에 우리 연약(軟弱)한 것을 친히 담당하시고 병을 짊어 지셨도다 함을 이루려 하심이더라"(마 8:17).

바울은 이런 전도(傳道)를 하였으니, 교회를 위한 모든 고통(苦痛)을 짊어지기로 한 것이다. 이 때문에 육체의 가시와 많은 시련(試鍊)과 고통(苦痛)과 환난(患難)이 자신을 더욱 겸손(謙遜)하게 했고, 내 능력(能力)이 약한 데서 오히려 온전(穩全)하게 되고 나아가 더 강하게 되었다고 고백(告白)하고 있다.

"여러 계시를 받은 것이 지극히 크므로 너무 자고(自高)하지 않게 하시려고 내 육체에 가시 곧 사단의 사자를 주셨으니 이는 나를 쳐서 너무 자고하지 않게 하려 하심이니라 이것이 내게서 떠나기 위하여 내가 세 번 주께 간구하였더니 내게 이르시기를 내 은혜가 네게 족하도다 이는 내 능력이 약한 데서 온전하여짐이라 하신지라 이러므로 도리어 크게 기뻐함으로 나의 여러 약한 것들에 대하여 자랑하리니 이는 그리스도의 능력으로 내게 머물게 하려 함이라 그러므로 내가 그리스도를 위하여 약한 것들과 능욕(凌辱)과 궁핍(窮乏)과 핍박(逼迫)과 곤란(困難)을 기뻐하노니 이는 내가

약할 그때에 곧 강함이니라"(고후 12:7~10).

과연 사랑 없이 전도(傳道)가 가능하겠는가? 식인종(食人種)들에게 나아가는 선교사(宣敎師)가 살아 돌아오겠다고 상상이나 하겠는가? 생각할 수 없다. 그러므로 한 목숨을 바쳐 복음의 씨가 뿌려진다면 더 이상 바랄 것이 없다는 사명감(使命感)을 가지고 가는 것이 곧 진정한 선교사이다.

전도(傳道)를 땅에 떨어진 한 알의 밀이라는 의미로 본다면, 그렇게 목숨을 다 하고자 하는 사랑의 실천이 나올 것이다. 물질로서 하는 것도 큰 일이지만, 자신의 영육(靈肉)을 다하여 하는 것은 가장 크고 위대(偉大)한 일이라 할 것이다. – 아멘 –

제 5 장

전도의 사역(使役)

제 5 장

전도의 사역(使役)

전도(傳道)는 그리스도인이라면 누구나 해야 할 고귀(高貴)한 사역(使役)이다. 전도가 인간적인 방법에 치우친다면 영적으로 해야 할 부분을 무시하거나 초월(超越)해 버릴 염려가 있다. 만일 영적인 역사(役事)를 초월하면 그것은 하나님과의 협동(協同)을 거절(拒絕)하는 일이 되고, 그 결과 하나님의 간섭(干涉)에서 벗어나게 되고 인간의 수단에 의한 세상적인 말이 되고 말 것이다. 세상에도 사람을 불러 모으는 방법이 허다하게 많고, 또한 그와 같은 방법을 통해 사업상의 선전 목적을 달성하는 방법이 범람(氾濫)하고 있다.

전도 사역(使役)은 구령(救靈)을 목적으로 하고 있기 때문에 처음부터 영적이어야 한다. 구령을 위한 전도의 사역에 있어서 먼저 하나님의 계획을 이해하여야 한다. 예수 그리스도께서 자신의 모습을 세상에 나타내시기 이전의 모든 사람, 곧 인류와 그 안에서 택함 받은 이스라엘, 또 그 중에서 나온 유다, 그리고 다윗의 왕가(王

家)에 이르기까지 모두가 인류를 위한 역군(役軍)들이 아니고, 오직 예수 그리스도를 위한 역군들이라는 점을 알아야 한다. 인류의 존재 가치에 대하여 깊이 생각하지 아니하고, 무작정 인류가 존재하기 때문에 예수의 희생(犧牲)이 있어야 했고, 또 인류의 존재 자체가 하나님의 영광을 위한 것이라는 막연한 주장만으로서는 계속 의문을 유발(誘發)시킬 수밖에 없다.

▶ 인류는 하나님의 큰 역사(役事)를 위하여 지음을 받았다.

하나님이 태초(太初)에 천지(天地)를 지으셨으니, 혼돈하고 공허한 흑암의 세계였다. 이 **흑암이란 빛의 반대 개념(槪念)인 어두움이 아니라, 빛이 창조(創造)되기 이전의 아무것도 없는 텅 빈 상태를 의미한다.** 그러므로 생명도 없고, 길도 없고, 진리(眞理)도 없고, 영광(榮光)도 없는 우주(宇宙)를 말한다.

> **"태초에 하나님이 천지를 창조하시니라 땅이 혼돈(混沌)하고 공허(空虛)하며 흑암(黑暗)이 깊음 위에 있고 하나님의 신은 수면에 운행하시니라"(창 1:1~2).**

사탄(Satan)은 그곳에서 삼킬 자를 찾아 두루 다니며 활동하고 있으니, 마침내 하나님의 작정(酌定)하신 때가 차서 하나님이 세상을 이처럼 사랑하사 길이요 진리요 생명되시는 독생자(獨生子) 예수를 이 세상에 보내셨으니, 이는 인간(人間)을 구원(救援)시키고 마귀(魔鬼)의 일을 멸(滅)하려 하심이었다.

"죄를 짓는 자는 마귀(魔鬼)에게 속하나니 마귀는 처음부터 범죄함이니라 하나님의 아들이 나타나신 것은 마귀의 일을 멸하려 하심이니라"(요일 3:8).

전도(傳道)는 하나님 아버지께서 세상으로 하여금 아들을 알게 하심으로 아들의 뜻대로 인류를 구원(救援)하려고 베푸신 은혜(恩惠)의 기회(機會)이다. 하나님은 인류(人類)를 아들에게 맡기셨고 아들은 그의 인자(仁慈)하심과 긍휼(矜恤)로서 인류에게 은혜(恩惠)를 베푸신 것이다. 이것을 이해하여야 전도 계획을 올바로 세울 수 있고 전도의 역사(役事)를 근본적으로 이해하게 된다.

전도(傳道)의 사역(使役)은 하나님이 아들에게 맡기신 하늘의 일이 이루어진 다음, 그리스도를 위하여 함께 역사(役事)한 인류에게 기회를 주려 하심이니, 전도(傳道)의 사역(使役)은 인류에게 향하신 그리스도의 은혜(恩惠)와 하나님의 크신 사랑이다. 그러므로 전도는 하나님의 사랑에 근거(根據)하지 않으면 아니되며, 그리스도의 은혜로부터 나타나지 않으면 아니된다. 전도 사역은 길거리에 그냥 서서 "예수 믿으면 천당(天堂), 예수 믿지 않으면 지옥(地獄)!" 하는 식으로 가볍게 전파(傳播)하기만 하면 되는 것이 아니다. 전도자라면 모름지기 하나님을 알고 그가 보내신 예수 그리스도를 알고, 또한 성도(聖徒) 안에서 역사(役事)하시는 성령(聖靈)의 역사를 알아야 한다. 전도자가 자신이 하고 있는 일에 대하여 알고 역사하는 것과, 전혀 모르고 역사하는 것의 결과는 엄청나게 차이가 있다. 설교자도 자신이 하고 있는 일에 대해 구체적(具體的)으로 알고 하는 것과, 무지(無知)함으로 다만 설교를 위한 행위(行爲)만 하는 것의 결과는 전혀 다르다. 주 예수께서 여러 해 동안 제자들과 함께 있었지만 그들은 주께서 하시는 일을 모르고 있었기에 때로는 주님을 원망(怨望)스럽게 여기기도 했다. 그러므로 주를 인간적인 감정과 같은 것으로 위로(慰勞)하는 것은, 오히려 주를 시험(試驗)하는 사단(魔鬼)적인 행위가 될 뿐이었다.

"베드로가 예수를 붙들고 간하여 가로되 주여 그리 마옵소서 이 일이 결코 주에게 미치지 아니하리이다 예수께서 돌이키시며 베드로에게 이르시되 사단아 내 뒤로 물러가라 너는 나를 넘어지게 하는 자로다 네가 하나님의 일을 생각지 아니하고 도리어 사람의 일을 생각하는도다 하시고"(마 16:22~23).

이와 같이 주의 뜻을 알고 전도(傳道)하는 것과, 전혀 모르고 전도하는 것은 전혀 다르므로, 전도의 사역(使役)은 소홀히 할 수 없는 것임을 다시 한번 강조(强調)한다. 현대교회들이 전도에 대한 많은 계획을 가지고 있으며 또한 그에 따라 열심히 펼쳐 나가고 있다. 그러나 전도의 사역에 대한 깊은 이해가 없으므로 인해 다만 구호(口號)에 그치고 마는 형편임을 부인할 수 없다.

1. 전도자를 택함

전도를 위한 책임자를 선택하는 것은 주님의 사역(使役) 가운데 중요한 일이다. 주님 자신이 전도를 위해 높은 보좌(寶座)를 버리시고 낮고 천한 세상에 오셨고, 그 일을 하시기 위하여 기도와 능력을 나타냈고 전도를 하셨다.

> **"우리가 다른 가까운 마을들로 가자 거기서도 전도하리니 내가 이를 위하여 왔노라 하시고 이에 온 갈릴리에 다니시며 저희 여러 회당(會堂)에서 전도하시고 또 귀신(鬼神)들을 내어 쫓으시더라"**(막 1:38~39).

주님이 함께 일하실 제자들을 택하셨으니 그들의 임무는 전도의 일이었다.

전도(傳道)는 하나님의 은총(恩寵)을 세상에 알림으로써 세상으로 하여금 하나님의 은총을 받아서 하나님께서 하늘에서 정하신 뜻을 이 땅에서 이루게 하신 것이다. 주 예수께서 하나님과 인간의 중보(中保)가 되심같이, 전도는 하나님의 은총(恩寵)을 세상에 알리는 중보적 역할을 감당하는 것이라 할 수 있다.

예수 그리스도가 아니면 인간은 결코 하나님께 나갈 수 없음같이, 전도가 아니면 결코 하나님의 은총을 세상에 알릴 수 없다. 이처럼 전도는 영적인 일이요, 이 세상에 하나님이 사랑하는 성도들에게 부탁하신 일이다. 그러기에 전도의 일은 큰 직분을 맡은 것이다. 심령(心靈)을 양육하는 직분도 있으나 전도의 직분도 영적인 직분이다. 오직 전도는 영감(靈感) 위에 하나님의 능력을 받아서 그 능력으로 하나님의 뜻을 세상에 전파(傳播)하는 것이다. 이러한 직분은 소홀히 취급될 수 없는 연고(緣故)로 하나님의 선택이 앞서게 된다.

구약에서 하나님이 이스라엘을 위한 지도자로 모세를 부르심같이, 또 니느웨 성을 전도하기 위하여 요나를 선택하심같이, 선지자들은 모두 선택받은 전도자들이었다. 선택받은 그들은 심령(心靈)으로 주를 사모(思慕)하고 하나님의 뜻을 따르며 하나님의 계시(啓示)와 지혜(智慧)를 받아서 자기 백성들에게 전도할 사명을 가졌다. 전도는 하나님의 영원불변(永遠不變)하신 작정(酌定)을 기어코 세상에 알리려는 행위이다. 그러나 전도는 선택의 여지(餘地)를 가지고 있다. 시인(是認)할 것이냐, 부인(否認)할 것이냐 하는 문제가 그것이다. 이 두 가지의 선택의 자유를 허락하지 않고는 결코 전도의 효력을 발생할 수 없다. 일단 전도를 받으면 선택(選擇)할 기회가 주어진다. 세상에 있을 동안에 하나님이 계획하신 뜻에 따를 것인가, 이를 전적으로 무시할 것인가를 결정해야 한다. 그것은 스스로가 스스로를 결판(決判)하는 심판(審判)과 같은 것이다. 전도받은 다음 세상은 각자 선택의 자유를 통해 영원한 길을 가게 된다.

"하나님이 그 아들을 세상에 보내신 것은 세상을 심판하려 하심이 아니요 저로 말미암아 세상이 구원을 받게 하려 하심이라 저를 믿는 자는 심판을 받지 아니하는 것이요 믿지 아니하는 자는 하나님의 독생자(獨生子)의 이름을 믿지 아니하므로 벌써 심판을 받은 것이니라"(요 3:17~18).

그러므로 전도자는 마치 심판(審判)하는 일과 같이 최후의 충고(忠告)와 같은 역할을 해야 된다. 니느웨 성의 멸망(滅亡)을 알리는 전도를 받아들임으로 왕으로부터 짐승에 이르기까지 재에 앉아 회개(悔改)함으로써 전도를 받아들여 니느웨 성(城)이 살았다. 니느웨 성이 당시에 멸망하지 않았던 것은 요나의 전도를 받고 회개하였기 때문이다. 만일 니느웨 성이 요나의 전도를 받고도 만약 회개하지 않았더라면 니느웨 성은 반드시 멸망하고 말았을 것이다.

전도의 효과가 얼마나 큰 것인가? 그러나 하나님은 망하기 전에 선택(選擇)할 기회를 주시려고 전도자를 택하여 보내셨으니, 전도자를 통해서 니느웨 성을 구원(救援)하셨다. 전도자의 사명(使命)이 이같이 크기에 최선을 다 해야 하는 직분이다. 전도자에게는 자기가 전하는 바가 하나님의 뜻이라는 것과 하나님의 뜻은 반드시 이루어진다는 사실을 굳게 믿어야 하는 것이다. 전도자에게 그와 같은 믿음이 없이는 전도의 효력을 발휘(發揮)할 수 없다.

혹자(或者)는 과거에 전도자로서 그 사명을 다 하였으나 후에는 세상의 유혹(誘惑)을 받아 전도의 일을 완전히 벗어버리고 그 일을 팽개쳐 버렸다. 그와 같은 일이 곧 타락이 아닌가? 지금 전도의 일을 위해 무턱대고 자원하는 이는 많아도 그 사명을 확실하게 알고 있는 이는 그렇게 많지 않은 실정이다.

① 하나님이 요나를 선택(選擇)하심을 보라

> **"여호와의 말씀이 아밋대의 아들 요나에게 임하니라 이르시되 너는 일어나 저 큰 성읍 니느웨로 가서 그것을 쳐서 외치라 그 악독(惡毒)이 내 앞에 상달(上達)하였음이니라 하시니라"**(욘 1:1~2).

그러나 요나는 하나님의 낯을 피하여 다시스로 가려 했으니, 요나는 니느웨로 가서 전도(傳道)하는 것보다 차라리 죽는 것을 낫게 여겼다. 그러므로 배 밑창에 들어가 누워 억지로 잠을 청하였으나 하나님은 그를 끌어 내시려고 광풍(狂風)을 바다에 몰아치셨다. 다른 뱃사람들에 의하여 갑판(甲板) 위로 끌려 나온 요나는 마침내 자원(自願)하여 바닷물 속으로 들어가게 되었다.

> **"그가 대답하되 나를 들어 바다에 던지라 바다가 너희를 위하여 잔잔하리라 너희가 이 큰 폭풍을 만난 것이 나의 연고인 줄을 내가 아노라 하니라"**(욘 1:12).

그러나 하나님은 큰 물고기를 준비하셨다가 요나가 물에 빠지자마자 그를 삼키게 하셨으니, 이는 하나님께서 요나를 니느웨의 전도자로 이미 선택하신 것이다. 요나는 하나님의 정하신 뜻을 완전히 믿고 조금도 의심하지 않았다.

> **"요나가 심히 싫어하고 노하여 여호와께 기도하여 가로되 여호와여 내가 고국에 있을 때에 이러하겠다고 말씀하지 아니하였나이까 그러므로 내가 빨리 다시스로 도망하였사오니 주께서는 은혜로우시며 자비(慈悲)로우시며 노하기를 더디하시며 인애(仁愛)가 크시사 뜻을 돌이켜 재앙(災殃)을 내리지 아니하시는 하나님이신 줄을 내가 알았음이니이다"**(욘 4:1~2).

요나는 니느웨 성이 반드시 망해야 한다고 생각하고 있었다. 니느웨가 회개(悔改)하여 돌이키는 것을 조금도 원하지 아니하였던 것이다. 니느웨에 죄악(罪惡)이 심하게 관영(貫盈)했으므로, 그러한 죄악에서 돌이킨들 하나님께 무슨 의로움이 되겠는가라는 판단에서 차라리 니느웨는 망해야 한다고 생각했던 것이다. 그러므로 자신이 니느웨로 올라가 전도하지 아니하면 니느웨는 망할 수밖에 없다는 극단적(極端的)인 결심(決心)에까지 이르게 된 것이다.

요나는 니느웨가 망할 것을 알고 있었으며 또 그렇게 확신(確信)하고 있었다. 그럴뿐만 아니라 만일 니느웨가 전도를 받아 회개하게 되면 하나님은 그 회개를 받으시고 이미 확정된 니느웨의 멸망은 취소될 수도 있다는 것을 요나는 알고 있었으며 또 그같이 확신하고 있었다. 요나는 멸망을 받아야 마땅한 니느웨가 하나님의 자비(慈悲)와 긍휼(矜恤)과 은총(恩寵)을 입은 것에 대하여 반대하는 입장에 서 있었기 때문에, 자신의 고집을 계속 버리지 못한 것이다.

> **"여호와여 원컨대 이제 내 생명을 취하소서 사는 것보다 죽는 것이 내게 나음이니이다"**(욘 4:3).

② 요나가 전도자(傳道者)로 택함 받은 것을 보라

> **"하나님이 요나에게 이르시되 내가 이 박넝쿨로 인하여 성냄이 어찌 합당하냐 그가 대답하되 내가 성내어 죽기까지 할지라도 합당하니이다 여호와께서 가라사대 내가 수고도 아니하였고 배양(培養)도 아니하였고 하룻밤에 났다가 하룻 밤에 망한 이 박넝쿨을 네가 아꼈거든 하물며 이 큰 성읍 니느웨에는 좌우를 분변치 못하는 자가 십이만여 명이요 육축(六畜)도 많이 있나니 내가 아끼는 것이 어찌 합당하지 아니하냐"**(욘 4:9~11).

요나는 죄악을 심히 미워하고 있었다. 솔직히 말해서 그는 니느웨가 망하기를 바라고 있었다. 이는 하나님은 죄악을 미워하시는 분이심을 믿었기 때문이요, 또한 회개(悔改)를 받아들이시는 이심을 믿었기 때문이다. 그리고 하나님의 심판을 믿었기 때문이요, 하나님의 긍휼(矜恤)을 믿었기 때문이다. 전도자는 이와 같은 사실을 꼭 믿어야 하고 또한 하나님의 뜻을 받아들여야 한다.

▶ 전도자(傳道者)는

① 죄악(罪惡)을 미워하는 사람이어야 한다.
② 죄에 대한 하나님의 심판(審判)이 있을 것을 믿어야 한다.
③ 회개(悔改)에 대한 하나님의 용서(容恕)하심을 믿어야 한다.
④ 하나님의 긍휼(矜恤)하심을 믿어야 한다.
⑤ 신분(身分)이 심판(審判)을 전하는 자임을 믿어야 한다.
⑥ 구원(救援)을 얻게 하는 기회(機會)를 준다는 사실을 믿어야 한다.

하나님이 굳이 요나를 니느웨 성에 보내게 하심도 위와 같은 이유 때문이었을 것이다. 하나님은 요나를 기어코 니느웨로 보내시려고 물고기 뱃속에서 3일 동안 머물게 하셨고, 또 다시 그를 물속에서 꺼내어 니느웨로 보내셨다. 전도라는 것은 이런 사명을 가진 사역이기 때문에, 막연한 전파자는 전도자가 아니다. 구령자(救靈者)요 심판자(審判者)와 같은 책임을 지고 사역(使役)하는 자가 전도자다. 하나님께서 모세를 보내심도 마찬가지이다. 그의 형 아론이 있었지만 아론을 모세의 대언자(代言者)로 삼으실지언정, 기어코 모세를 택하심을 기억하자. 아론을 직접 보내지 아니하심을 알아야 한다. 또 **이방(異邦) 세계를 전도하기 위하여 바울을 전도자로 택하여 보내심을 알아야 한다.**

> **"주께서 가라사대 가라 이 사람은 내 이름을 이방인(異邦人)과 임금들과 이스라엘 자손들 앞에 전하기 위하여 택한 나의 그릇이라"**(행 9:15)

주님이 제자(弟子)들을 전도자(傳道者)로 택하여 세우심도 전도(傳道)를 위함인 것같이 하나님은 전도자(傳道者)를 택하시고 계신다.

> **"또 산에 오르사 자기의 원하는 자들을 부르시니 나아온지라 이에 열둘을 세우셨으니 이는 자기와 함께 있게 하시고 또 보내사 전도도 하며 귀신을 내어 쫓는 권세도 있게 하려 하심이러라"**(막 3:13~15)

전도자(傳道者)는 전도자가 된 것이 자신의 자원함에 있는 것이 아니라 먼저 하나님의 택하심에 있다는 것을 명심해야 한다. 그러므로 성령이 인도(引導)하시기까지 예루살렘을 떠나지 말아야 한다는 것을 깨달아 알아야 한다. 전도자는 성령(聖靈)에 의하여 택함 받는다. 지금 사람들은 세상에 널려 있는 문명의 소산(所産)들과 환경에 의하여 영적인 문제를 도외시(度外視)하고 있다. 겹겹이 쌓인 문명(文明)과 물질(物質)과 문화(文化)의 장벽(障壁)들을 능히 헤치고 그 사람의 영혼(靈魂)의 긴급(緊急)함을 알려 줄 수 있는 전도자가 되려면 성령(聖靈)의 인도하심이 있어야 한다. 이는 주님의 부탁이다.

전도자는 많은 기도와 믿음에 의해서 전도가 자신의 직분임을 인정받을 수 있도록 최선을 다 해야 한다. 일반적으로 현대교회에서 가장 훈련되지 않는 부분이 전도이다. 흔히 강단에서 모두에게 "여러분 전도합시다!" 라고 하지만 이는 전도에 대한 사명을 분명하게 깨우쳐 주지 못한다. 뿐만 아니라 전도자로서 택함을 받아야 한다는 의무를 초월(超越)하게 하는 것이기 때문에, 오늘은 전도자 같았으나 내일은 곧 변하여 전도에 대한 무관심한 자가 되고 만다.

수십 년 교회 생활을 할지라도 남들에게 전도 한마디 하지 못하고 일생을 보내는 이들이 생각보다 많다. 그 아까운 자원(資源)을 어떻게 잘 활용(活用)할 수 있을까? 전도에 대한 훈련 없이, 전도의 사명(使命)에 대한 체험(體驗)과 인도함이 없이 전도자가 될 수 없다. 전도자는 전도의 중요성을 자신의 생명과 같이 생각해야 한다. 참된 전도자는 하나님이 자신을 전도자로 선택하셨다고 믿는다. 그래서 성령(聖靈)은 전도에 대한 사명을 알게 하시고 전도할 수 있는 능력(能力)과 지혜(智慧)와 부지런함을 베풀어 주셔서 오직 전도를 위해 목숨을 다하게 하신다. 현대교회가 전도에 대한 새로운 인식(認識)을 가지게 되고 전도 사역(使役)에 대한 사명(使命)을 가지도록 열심히 훈련(訓練)을 한다면 큰 역사(役事)가 일어날 것이다. 여태껏 전도에 대한 확실한 계획이 없고 역사(役事)하심이 없음으로 교회는 하나님의 뜻대로 부흥(復興)할 수가 없었다. 주님은 신약교회의 신자(信者)들 모두가 전도자가 되기를 원하신다.

2. 전도와 이적(異蹟)

하나님께서 전도자에게 보여 주신 것은 하나님이 전능자(全能者)요 절대자(絕對者)가 되심이다. 그러므로 전도자는 막연(漠然)한 지혜(智慧)나 교훈을 쓸데없이 전파(傳播)하는 자가 아니요, 전도자는 하나님의 살아 계심과 그의 능력으로 천지를 다스리시며 주관(主觀)하심을 분명하게 알게 하는 자다.

① 구약교회(舊約教會)에서의 표적(表蹟)

하나님은 율법(律法) 아래 있던 이스라엘에게 말씀에 따르는 표적(表蹟)을 주셨고, 신약교회(新約教會) 안에도 말씀에 따르는 표적(表蹟)을 주셨다. 특별히 구약교회에 보여주신 것은 율법이 하나님께로 나온 것임을 알게 하는 표적(表蹟)으로서, 불법자에게 내린 보응(報應)이다. 그리고 신약교회에 보여 주신 것은 복음(福音)이 하나님께로 나온 것임을 알게 하는 표적(表蹟)으로서 말씀에 순종(順從)하는 자에게 주신 능력(能力), 기사(奇事), 이적(異蹟)들이다.

> **"천사들로 하신 말씀이 견고하게 되어 모든 범죄함과 순종치 아니함이 공변된 보응(報應)을 받았거든 우리가 이같이 큰 구원을 등한(等閑)히 여기면 어찌 피하리요 이 구원은 처음에 주로 말씀하**

신 바요 들은 자들이 우리에게 확증한 바니 하나님도 표적들과 기사(奇事)들과 여러 가지 능력과 및 자기 뜻을 따라 성령의 나눠 주신 것으로써 저희와 함께 증거하셨느니라"(히 2:2~4).

세상은 하나님의 존재를 의심하고 있다. 따라서 대개는 하나님께서 보내신 말씀이라든가 하나님이 보내신 사람을 무시하고 있다. 그러므로 구약교회(舊約敎會)에서는 율법(律法) 아래 있는 자들에게 무서운 보응(報應)을 내려 하나님이 생존하심을 깨닫게 하셨다. 인간은 영적인 존재이지만 아담(Adam)의 타락(墮落) 이후로 영적 활동이 정지된 상태이므로 성경은 이를 죽은 상태로 표현하고 있다. 그러므로 하나님을 알아볼 수 없고 하나님의 말씀을 두려움이나 경건(敬虔)함을 갖고 대할 수도 없다. 이러한 사람들에게 "하나님의 말씀이니 무조건 순종(順從)하라" 한다면 과연 듣는 이가 몇이나 되겠는가? 과연 그 말씀을 하나님의 말씀으로 인정하고 순종하겠는가? 타락(墮落)한 이후 인간은 죽기를 무서워함으로 일생 동안 두려움에 매여 있다. 다시 말해서 인간에게는 두려워하는 것이 본성(本性)처럼 되었기에 두려움의 표적(表蹟)만이 마음을 열게 할 수 있으며 깨닫게 할 수 있다. 그러므로 불신자들에게는 두려움의 표적(表蹟)이 필요하다. 그래서 율법은 하나님께 불순종하는 자들에게 두려움의 표적(表蹟)을 보여 주는 것을 하나님을 알게 하는 방편(方便)으로 삼았다.

그 한 예로서, 모세의 지팡이를 통해 강퍅(剛愎)한 바로 왕에게 내린 표적들을 볼 수 있다. 바로왕도 처음에는 하나님을 두려워하지도 않았고, 믿으려 하지도 않았다. 그러나 애굽의 장자(長子)들의 몰살(沒殺)로 인해서 비로소 그 마음에 두려움을 가졌고, 그리하여 겨우 이스라엘의 출애굽을 허락(許諾)하였다. 그런 뒤에도 바로의 강퍅(剛愎)한 마음은 이스라엘의 뒤를 추격(追擊)하게 했고 마침내 홍해에서 수많은 애굽 군대를 몰살(沒殺)당하게 하고 말았다.

> **"여호와께서 모세에게 이르시되 네 손을 바다 위로 내어 밀어 물이 애굽 사람들과 그 병거(兵車)들과 마병(馬兵)들 위에 다시 흐르게 하라 하시니 모세가 곧 손을 바다 위로 내어 밀매 새벽에 미쳐 바다의 그 세력이 회복된지라 애굽 사람들이 물을 거스려 도망하나 여호와께서 애굽 사람들을 바다 가운데 엎으시니 물이 다시 흘러 병거들과 기병(騎兵)들을 덮되 그들의 뒤를 좇아 바다에 들어간 바로의 군대를 다 덮고 하나도 남기지 아니하였더라"**(출 14:26~28).

이는 애굽 왕을 놀라게 함과 동시(同時)에 이스라엘의 하나님이 애굽 왕을 상대(相對)하여 싸워 주셨음을 알리는 표적(表蹟)이 되었다.

> **"모세가 백성에게 이르되 너희는 두려워말고 가만히 서서 여호와께서 오늘날 너희를 위하여 행하시는 구원(救援)을 보라 너희가 오늘 본 애굽 사람을 또 다시는 영원히 보지 못하리라 여호와께서 너희를 위하여 싸우시리니 너희는 가만히 있을지어다"**(출 14:13~14).

이것은 이스라엘로 그들의 하나님을 진정(眞情)으로 믿게 하려 하심이었다.

"이스라엘이 여호와께서 애굽 사람들에게 베푸신 큰 일을 보았으므로 백성이 여호와를 경외(敬畏)하며 여호와와 그 종 모세를 믿었더라"(출 14:31).

② 신약교회(新約敎會)에서의 표적(表蹟)

표적(表蹟)은 믿음을 주는 것으로서 율법(律法)의 표적(表蹟)이 형벌(刑罰)을 보여 주는 것이라면, 복음(福音)의 표적(表蹟)은 은혜(恩惠)를 보여 주는 것이라 할 수 있다. 인간은 두려움에 매여 있는 연고(然故)로 두려움의 표적들에 대하여는 어느 정도 인정(認定)하려 하지만, 은혜(恩惠)로운 표적(表蹟)에 대하여는 대부분 우연(偶然)한 것으로 돌리려 하고 도무지 믿으려 하지 않는다.

"네가 먹어서 배불리고 아름다운 집을 짓고 거하게 되며 또 네 우양이 번성하며 네 은금이 증식되며 네 소유가 다 풍부하게 될 때에 두렵건대 네 마음이 교만하여 네 하나님 여호와를 잊어버릴까 하노라 여호와는 너를 애굽 땅 종 되었던 집에서 이끌어 내시고 너를 인도하여 그 광대하고 위험한 광야 곧 불뱀과 전갈이 있고 물이 없는 건조한 땅을 지나게 하셨으며 또 너를 위하여 물을 굳은 반석에서 내셨으며 네 열조도 알지 못하던 먹이를 광야에서 네게 먹이셨나니 이는 다 너를 낮추시며 너를 시험하사 마침내 네게 복을 주려 하심이었느니라 또 두렵건대 네가 마음에 이르기를 내

능과 내 손의 힘으로 내가 이 재물을 얻었다 할까 하노라 네 하나님 여호와를 기억하라 그가 네게 재물 얻을 능(能)을 주셨음이라 이같이 하심은 네 열조(烈祖)에게 맹세하신 언약을 오늘과 같이 이루려 하심이니라"(신8:12-18).

보통 사람들은 두려움을 주는 말이나 이적(異蹟)을 통해 하나님을 믿게 할 수 있는 방법이 없을까 하고 생각한다. 하나님의 일이라는 것을 증명(證明)할 수 있는 몸서리칠 만한 표적(表蹟)을 보여 주셨으면 하고 은근(慇懃)히 바라고들 있다. 오늘날 교회를 핍박(逼迫)하며 그리스도인들을 훼방(毁謗)하는 사례(事例)가 적지 않다. 이때 교인들은 인내(忍耐)를 하지만 때로는 인내심을 잃고 하나님께서 어떤 재앙(災殃)이라도 내려 핍박(逼迫)하는 자들에게 두려움이 되어 주시기를 은근히 바라기도 한다. 저주(詛呪)라든가 어떤 불행(不幸) 따위가 자주 있어 주었으면 한다. 이런 이적(異蹟)은 일생동안 두려워하며 사는 인간들에게 있어서는 더 없는 표적(表蹟)이 되기 때문이다.

구약교회에서는 두려움의 표적이 자주 나타나, 이스라엘의 다수의 신앙(信仰)보다 소수라 할지라도 진정한 신앙을 소유(所有)하도록 권장(勸奬)하였다. 그렇게 함으로써 하나님께서 전도자의 입을 의탁(依託)하여 선포(宣布)하시는 하나님의 말씀을 믿게 하였고 이것은 전도의 놀라운 효과(效果)를 가져왔던 것이다. 이런 일들이 신약교회들에게도 교훈(教訓)이 되었다.

▶ **첫째는 아나니아와 그 아내 삽비라의 일이다.**

"아나니아라 하는 사람이 그 아내 삽비라로 더불어 소유를 팔아 그 값에서 얼마를 감추매 그 아내도 알더라 얼마를 가져다가 사도들의 발 앞에 두니 베드로가 가로되 아나니아야 어찌하여 사단이 네 마음에 가득하여 네가 성령을 속이고 땅 값 얼마를 감추었느냐 땅이 그대로 있을 때에는 네 땅이 아니며 판 후에도 네 임의로 할 수가 없더냐 어찌하여 이 일을 네 마음에 두었느냐 사람에게 거짓말 한 것이 아니요 하나님께로다 아나니아가 이 말을 듣고 엎드러져 혼이 떠나니 이 일을 듣는 사람이 다 크게 두려워 하더라 젊은 사람들이 일어나 시신을 싸서 메고 나가 장사하니라 세시간쯤 지나 그 아내가 그 생긴 일을 알지 못하고 들어오니 베드로가 가로되 그 땅 판 값이 이것 뿐이냐 내게 말하라 하니 가로되 예 이뿐이로라 베드로가 가로되 너희가 어찌 함께 꾀하여 주의 일을 시험하려 하느냐 보라 네 남편을 장사하고 오는 사람들의 발이 문 앞에 이르렀으니 또 너를 메어 내가리라 한대 곧 베드로의 발 앞에 엎드러져 혼이 떠나는 지라 젊은 사람들이 들어와 죽은 것을 보고 메어다가 그 남편 곁에 장사하니 온 교회와 이 일을 듣는 사람들이 다 크게 두려워하니라"(행 5:1~11).

▶ **둘째는 사마리아에 사는 시몬이라는 마술사(魔術師)를 저주한 일이다.**

"베드로가 가로되 네가 하나님의 선물을 돈 주고 살 줄로 생각하였으니 네 은과 네가 함께 망할찌어다 하나님 앞에서 네 마음이 바르지 못하니 이 도에는 네가 관계도 없고 분깃될 것도 없느니라 그러므로 너희 이 악함을 회개하고 주께 기도하라 혹 마음에 품은 것을 사하여 주시리라 내가 보니 너는 악독(惡毒)이 가득하고 불의에 매인 바 되었도다"(행 8:20~23).

구약교회에 나타난 두려움의 이적(異蹟)들은 신약교회에서도 큰 교훈(敎訓)이 되었으므로 바울은 그것을 일례(一例)로 증거(證據)하였다.

> **"그러나 저희의 다수를 하나님이 기뻐하지 아니하신 고로 저희가 광야에서 멸망을 받았느니라 그런 일은 우리의 거울이 되어 우리로 하여금 저희가 악을 즐겨한 것같이 즐겨 하는 자가 되지 않게 하려 함이니 저희 중에 어떤 이들과 같이 너희는 우상 숭배하는 자가 되지 말라 기록된 바 백성이 앉아서 먹고 마시며 일어나서 뛰논다 함과 같으니라 저희 중에 어떤 이들이 간음하다가 하루에 이만 삼천 명이 죽었나니 우리는 저희와 같이 간음하지 말자 저희 중에 어떤 이들이 주를 시험하다가 뱀에게 멸망하였나니 우리는 저희와 같이 시험하지 말자 저희 중에 어떤 이들이 원망하다가 멸망시키는 자에게 멸망하였나니 너희는 저희와 같이 원망하지 말라 저희에게 당한 이런 일이 거울이 되고 말세를 만난 우리의 경계(警戒)로 기록하였느니라"**(고전 10:5~11).

신약교회(新約敎會)에서는 오직 은혜(恩惠)만을 전파(傳播)하는 전도가 주류(主流)를 이루었기에, 은혜의 복음이 전파되는 곳마다 큰 기적(奇績)들이 일어났다. 그 표적들은 은혜를 더하게 하는 것으로서 구약교회에 보여 주시던 이적들과 같지 아니하고 개개인에게 큰 구원(救援)을 확신(確信)시켜 주었다.

> **"사도들의 손으로 민간에 표적과 기사가 많이 되매 믿는 사람이 다 마음을 같이하여 솔로몬 행각(行閣)에 모이고 그 나머지는 감히 그들과 상종(相從)하는 사람이 없으나 백성이 칭송(稱頌)하더**

라 믿고 주께로 나오는 자가 더 많으니 남녀의 큰 무리더라 심지어 병든 사람을 메고 거리에 나가 침대와 요 위에 뉘이고 베드로가 지날 때에 혹 그림자라도 뉘게 덮일까 바라고 예루살렘 근읍(近邑) 허다한 사람들도 모여 병든 사림과 더러운 귀신에게 괴로움받는 사람을 데리고 와서 다 나음을 얻으니라"(행 5:12~16).

집사(執事)들도 나아가 각 성(城)에 전도하며 큰 이적(異蹟)을 베풀었는데, 그것을 보는 자들이 다 믿음을 얻고 나왔다. 그 무리는 날로 커 가고 있었다.

"그 흩어진 사람들이 두루 다니며 복음의 말씀을 전할 새 빌립이 사마리아 성에 내려가 그리스도를 백성에게 전파하니 무리가 빌립의 말도 듣고 행하는 표적도 보고 일심으로 그의 말하는 것을 좇더라 많은 사람에게 있었던 더러운 귀신들이 크게 소리를 지르며 나가고 또 많은 중풍병자와 앉은뱅이가 나으니 그 성에 큰 기쁨이 있더라"(행 8:4~8).

"또 여러 말로 확증하며 권하여 가로되 너희가 이 패역(悖逆)한 세대에서 구원을 받으라 하니 그 말을 받는 사람들은 세례를 받으매 이날에 제자의 수가 삼천이나 더하더라"(행 2:40~41).

"말씀을 들은 사람 중에 믿는 자가 많으니 남자의 수가 약 오천이나 되었더라"(행 4:4).

신약교회(新約敎會)가 구하는 표적(表蹟)은 저주(詛呪)와 형벌(刑罰)보다는 은혜(恩惠)를 더하게 할 이적(異蹟)들이었으니, 신약교회에 베푸시는 능력(能力)은 전도(傳道)에 적합(適合)한 이적(異蹟)이었다. 이는 그리스도께서 약속(約束)하신 것이요 또 그리하라 분부(分付)하신 일이다.

> "믿는 자들에게는 이런 표적이 따르리니 곧 저희가 내 이름으로 귀신을 쫓아내며 새 방언을 말하며 뱀을 집으며 무슨 독을 마실지라도 해를 받지 아니하며 병든 사람에게 손을 얹은즉 나으리라 하시더라"(막 16:17~20).
> "주여 이제도 저희의 위협(威脅)함을 하감(下鑑)하옵시고 또 종들로 하여금 담대히 하나님의 말씀을 전하게 하여 주옵시며 손을 내밀어 병을 낫게 하옵시고 표적과 기사가 거룩한 주의 종 예수의 이름으로 이루어지게 하옵소서 하더라 빌기를 다하매 모인 곳이 진동하더니 무리가 다 성령이 충만하여 담대히 하나님의 말씀을 전하니라"(행 4:29~31).

이적(異蹟)이 전도자들에게 따르는 표적(表蹟)임을 누가 감히 부인하겠는가? 혹이 옛날에는 있었으나 오늘날에는 없다 하지만, 그런 주장은 타락(墮落)한 그 사람의 주장일뿐이다. 예수 그리스도는 어제나 오늘이나 영원토록 동일하신 분이시다(히13:8). 하나님은 그의 계획에 따라 과거와 마찬가지로 오늘날도 그의 능력(能力)의 말씀으로 전도를 원하시는데, 굳이 이를 부인(否認)하고자 한다면 그에게는 실로 하나님을 대적(對敵)하려는 의도(意圖)가 있는 것이 분명하게 느껴진다. 오늘날 기도의 응답(應答)을 믿지도 않으며 반드시 바라지도 않으면서 "주여 능력을 주옵소서" 하고 기도를 하는 이들이 그리스도의 이적(異蹟)에 크게 반발(反撥)하고 있다. 그러므로 큰 이적(異蹟)을 보여주는 전도자들은 이 시대에 별로 환영(歡迎)을 받지 못하고 있다. 오히려 심한 핍박(逼迫)을 받으며 멸시

(蔑視)와 학대(虐待)까지도 받고 있다. 그러나 성경은 여전(如前)히 과거나 현재나 변함 없으신 그리스도의 능력(能力)을 믿고 있다.

③ 오늘날의 표적(表蹟)

오늘날 이방(異邦) 종교(宗敎)가 기승(氣勝)을 부리고 있다. 물론 그들 종교가 기독교(基督敎) 보다 더 오래 전에 정착(定着)되었다 할지라도 그 동안 별로 그 힘을 나타내지 못하던 종교들이 기승을 부리고 있다. 이는 무엇을 뜻하는가? 오늘날 기독교가 본분을 잃고 무능한 처신을 하고 있기 때문이 아닌가? 스스로 반성해야 할 일이다. 만일 초대교회처럼 이적(異蹟)과 능력들이 전도와 함께 나타난다면 전도받는 무리는 교회로 몰려들 것이다. 그러나 이런 능력을 지지(支持)하는 이들과 부인(否認)하는 이들이 교계(敎界)를 이루고 있으므로 교회는 서로 비방(誹謗)하며 반대하는 의사 표시를 크게 노출하고 있다. 이로써 이방인(異邦人)들에게 좋지 않는 인상을 끼쳤고 기독교계(基督敎界)는 여전히 전도의 어려움을 자취(自取)하고 있는 것이다.

전도에 이적(異蹟)이 따른다면 전도는 흥왕(興旺)할 것이다. 이적을 나타내는 자들에 대하여 혹독(酷毒)한 비판을 가함으로써 손해를 보는 쪽은 전도 사역(使役)이요 더 나아가서는 그리스도의 나라이다. 신약교회는 이적(異蹟)과 기사(奇事)가 풍성한 교회이다. 시대가 다르고 지식이 다르다 할지라도 하나님의 능력은 부인(否認)할 수 없는 것이다. 어떤 과학 문명 시대라 할지라도 하나님의 능력을 부인할 수 있는 인간의 힘은 없다. 하나님의 능력은 그분이 약속하신 것이기 때문에 언제 어디서든지 보여진다. 그분의 약속에 대한 신뢰를 가지고 전적으로 의지하고 구한다면 그런 이적은 반드시 있을 것이다.

전도에 대한 많은 수단들을 동원하는 것보다 하나님이 계획하신 능력으로써 전도를 해야 한다. 이는 현대교회가 꼭 갖추어야 할 중책(重責)이다. 물질로써 살 수 있는 것도 아니요, 다른 지식으로써 받을 수 있는 것도 아니요, 다만 주님의 약속을 믿는 자들에게, 얼마든지 부르시는 자들에게 거저 주시는 약속이니, 교회는 이를 감사하는 마음으로 받아야 한다.

신자(信者)는 누구든지 세상에 머무는 동안 전도의 일을 하지 않으면 안된다. 그리스도께서 십자가 위에서 구속(救贖)의 일을 다하시고 하늘에 오르실 때, 세상을 닫고 모든 것을 끝맺을 수도 있었겠지만, 세상을 여태껏 연장(延長)하심은 한사람이라도 더 구원(救援)을 얻게 하려 하심이라.

"사랑하는 자들아 주께는 하루가 천 년 같고 천 년이 하루 같은 이 한 가지를 잊지 말라 주의 약속은 어떤이의 더디다고 생각하는 것 같이 더딘 것이 아니라 오직 너희를 대하여 오래 참으사 아무도 멸망치 않고 다 회개하기에 이르기를 원하시느니라"(벧후 3:8~9).

만일 오늘날에도 예수 그리스도께서 직접 전도하신다면 그분은 많은 능력과 표적(表蹟)들을 행하시고 하늘의 복음을 전하셨을 것이다. 그러기에 그 분은 하늘에 오르신 다음 그의 제자들에게 성령

(聖靈)의 충만을 주시고 그 일을 하게 하셨으니, 그의 제자가 된 신약교회라면 그리스도께서 부탁하신 전도를 더욱 활발하게 하고 빛내기 위해서라도 큰 이적(異蹟)과 능력을 전도와 함께 역사(役事)해야 할 것이다. 이렇게 하는 것은 오직 그리스도께 순종함이다.

"주 예수께서 말씀을 마치신 후에 하늘로 올리우사 하나님 우편에 앉으시니라. 제자들이 나가 두루 전파할새 주께서 함께 역사(役事)하사 그 따르는 표적으로 말씀을 확실히 증거하시니라"(막 16:19~20).

하나님은 이렇게 전도하는 자를 택하신다. 젊은이나 또는 학문이 많지 아니하는 자라 할지라도 하나님께 기도하면 하나님은 더 많은 성령(聖靈)의 능력(能力)으로 부름을 받은 자들과 함께 일하신다는 것을 다시 강조(强調)하고 싶다. 전도자(傳道者)는 반드시 무능한 출발보다 하나님이 역사(役事)하시는 큰 성령(聖靈)의 능력(能力)으로 일할 마음을 가지고 능력을 구해야 한다.

"또 산에 오르사 자기의 원하는 자들을 부르시니 나아온지라 이에 열둘을 세우셨으니 이는 자기와 함께 있게 하시고 또 보내사 전도도 하며 귀신을 내어 쫓는 권세(權勢)도 있게 하려 하심이라"(막 3:13~15).

이상의 성경 말씀은 우리의 주장을 무리(無理) 없게 뒷받침 하여준다. 현대교회가 전도의 사명(使命)을 가지고 있는 것만큼은 빠뜨릴 수 없는 중대한 사실이다. 오늘날은 선교(宣敎)를 지망하는 자들도 많고 신학에 등록하여 신학을 전공하는 자들도 많다. 그러나 무엇보다도 능력을 힘입지 아니하면 다른 무능한 사람들처럼 별 수 없는 존재일뿐이다. 주님은 자기의 일을 해줄 자를 찾고 계신다. 능력 자체가 사람으로부터 나온 것이 아니고 하나님으로부터 온 것이요 예수께서 주시는 것이므로, 성령(聖靈)을 힘입어 역사(役事)할 각오(覺悟)와 큰 뜻을 품는다면 주님은 그들을 진정으로 환영(歡迎)하실 것이다.

한 가지 주지(周知)해야 할 사실은, 전도는 표적(表蹟)을 전파(傳播)하는 것이 아니고, 표적이 전도를 증명(證明)할 수 있는 이적(異蹟)이라는 것이다. 만일 전도의 의미를 상실하고 표적(表蹟)만 증거(證據)한다면 주님이 기뻐하시는 전도가 될 수 없다. 표적은 전도가 하나님으로부터 온 것임을 보증(保證)하려는 것이다. 전도는 복음을 전달하는 것이다. 그 복음을 받아 믿음으로써 주를 그리스도라 시인(是認)하게 될 때에, 전도가 이루어지게 되는 것이다. 그러므로 전도 사역(使役)에 충분한 영력이 얼마든지 허락되었음을 믿고, 부정적인 면만 보고 표적(表蹟)을 반대하지 말고 긍정적인 면을 이해하려고 해야 할 것이다. 어쨌던 전도의 원리(原理)를 소홀히 해서는 아니되고, 전도의 깊이와 무게를 잘 이해해야 한다. 그러면 전도에 큰 효과를 가져오게 될 것이다.

3. 평안의 복음

전도(傳道)는 세상에 도덕적(道德的) 행실(行實)을 전하는 것이 아니다. 전도는 하나님이 사랑하는 자 안에 있을 인류(人類)에게 예수의 복음을 전하는 것으로서, 하나님께로부터 받은 바 은혜(恩惠)를 홀로 독점(獨占)할 수 없기 때문에 하는 것이기도 하다. 우리의 믿음은 홀로 가질 수 없고 나누어 주어야 할 것이요, 받은 바 복음도 독점하지 못하고 나누어 가져야 할 것이요, 우리에게 주어진 바 예수의 이름도 홀로 독점하지 못하고 이웃과 함께 가져야 할 것이요, 우리의 받은 바 구원(救援)도 홀로 챙기지 아니하고 이웃과 더불어 누려야 할 것이다. 이는 하나님의 뜻이요 하나님의 계획(計劃)이다.

복음(福音)은 홀로 가지지 못하고 이웃에게 나누어 주어야 하는 진리이기에 반드시 전도를 이용하게 된다. 고로 **전도는 내가 가진 은혜(恩惠)와 구원(救援)을 이웃과 함께 나누려는 사랑의 실천이다.** 이웃을 내 영혼(靈魂)처럼 사랑하지 아니하고는 전도에 대한 불타는 사명(使命)을 가질 수 없다. 인간에게 부족한 것들이 실로 많지만 하나님이 보시기에 가장 절박(切迫)한 문제가 있으니, 그것은 인간에게 평안(平安)이 없다는 것이다. 하나님의 평안이란 인간이 생각하듯 감상적인 것이 아니라, 보다 더 깊고 넓은 근본적인 것이다.

인간의 평안함은 물질에서만 오지는 않는다. 속담(俗談)에 "말을 보면 타고 싶고, 타면 안장을 놓고 싶다"라는 말은 반드시 욕심에 관한 것만은 아니다. 인간은 어떤 평안을 누리려고 갈급(渴

急)해 하고 있다. 그러나 참된 평안이 있을 때에 비로소 인간의 욕심(慾心)도 끝나고 더 이상 바랄 것이 없게 된다. 그러나 아직 참된 평안(平安)이 없을 때는 욕심(慾心)이 끝없이 일어난다. 욕심(慾心)은 불안으로부터 나오는 것이다. 그러기에 인간이라면 어느 누구나 무엇보다도 참된 평안이 주어지지 않으면 아니 될 위기(危機)를 맞고 있다.

예수께서 세상에 전하려는 것은 평안의 복음이다. 그러므로 전도자가 병든 세상을 처방(處方)하려는 사명감을 가지고 일하려면 전도에 불타는 열심이 없이는 안된다. 굶주린 자에게 양식이 필요하고, 다친 자에게 치료가 필요하고, 헐벗은 자에게 입을 옷이 필요하듯이, 전도자는 반드시 전도를 받아야 할 세상을 향하여 무엇을 가지고 가야 할 것인가를 사전에 알고 있어야 할 것이다. 하나님께서 나사렛 예수에게 성령(聖靈)과 능력(能力)으로 기름 부으심을 믿음으로, 우리는 그가 그리스도이심을 시인(是認)한다. 그리스도는 하나님께서 세상에 보내실 사랑과 은혜(恩惠)의 주가 되시는 분이시다. 하나님은 예수에게만 세상을 심판(審判)하실 권세(權勢)와 구속(救贖)하실 권세(權勢)를 주셨다. 또 세상을 불쌍히 여기실 긍휼(矜恤)과 은혜(恩惠)를 베푸셨다. 그러므로 누구든지 예수 그리스도를 초월(超越)하고는 하나님께서 인류에게 베푸시려고 창세(創世) 전(前)에 정하신 어떤 은총(恩寵)도 받을 수 없다. 그러나 그리스도로 말미암는 자는 그 어떤 하나님의 은총도 다 받을 수 있다. 이는 그리스도만이 이 땅에서 하나님이 하시는 일을 하실 수 있고 그만이 하나님의 믿음을 말씀하실 수 있고 그만이 하나님의 나라로 인간을 인도 하실 수 있기 때문이다. 그리스도는 그 같은 권세와 의무를 부여(附與)받으신 분이시다.

그리스도는 인류(人類) 역사상(歷史上) 오직 한 분이시고 그분 외에는 천하(天下) 인간에게 구원(救援)을 얻을 만한 다른 이름을 주신 일이 없으시다.

> **"다른 이로서는 구원(救援)을 얻을 수 없나니 천하 인간에 구원을 얻을 만한 다른 이름을 우리에게 주신 일이 없음이니라 하였더라"**(행4:12).

예수님이 세상(世上)에 주시는 것은 참된 평안(平安)이다.

> **"평안을 너희에게 끼치노니 곧 나의 평안을 너희에게 주노라 내가 너희에게 주는 것은 세상이 주는 것 같지 아니하니라 너희는 마음에 근심도 말고 두려워하지도 말라"**(요 14:27).

이것이 전도의 내용이다. 전도하겠다는 사람들이 부족한 것이 아니라 전도의 원리(原理)를 모르고 하기 때문에 실패자가 더욱 많아지고, 그러므로 전도에 의욕(意慾)을 잃은 자들이 더욱 많다. 예수께서 십자가 위에서 죽으시고 부활(復活)하신 후 성령(聖靈)을 세상에 보내셨으니 성령은 신약교회에 역사(役事)하시고 그리스도께서 아버지께로부터 받은 평안을 세상에 주려고 하시는 그 일을 또한 이루신다. 성령(聖靈)의 역사(役事)는 평안의 복음을 세상에 전하는 일이다. 그러므로 그리스도인은 성령(聖靈)으로 하늘의 평안(平安)을 얻어야 한다. 그런 다음에 전도(傳道)의 사역(使役)에 임하여야 한다. 전도가 평안(平安)을 알려 주지 못하면 내용(內容)을 상실(喪失)한 전도(傳道)일뿐이다.

> **"이날 곧 안식 후 첫날 저녁 때에 제자들이 유대인들을 두려워하여 모인 곳에 문들을 닫았더니 예수께서 오사 가운데 서서 가라사대 너희에게 평안이 있을지어다 이 말씀을 하시고 손과 옆구리를 보이시니 제자들이 주를 보고 기뻐하더라 예수께서 또 가라사대 너희에게 평강이 있을지어다 아버지께서 나를 보내신 것같이 나도 너희를 보내노라 이 말씀을 하시고 저희를 향하사 숨을 내쉬며 가라사대 성령(聖靈)을 받으라 너희가 뉘 죄든지 사하면 사하여질 것이요 뉘 죄든지 그대로 두면 그대로 있으리라 하시니라"** (요 20:19~23).

예수의 복음 자체(自體)가 평안(平安)의 복음(福音)이다. 인간에게는 평안이 없고 두려움만이 있을뿐이다. 그러나 그리스도에게는 하나님의 평안이 충만하여, 그 평안을 세상에 주려 하시고 그래서 전도자를 파송(派送)하신다. 전도자의 마음은 늘 하나님의 평안으로 충만하여 기쁨으로 전도가 되도록 해야 한다. 참된 기쁨이 없는 어떤 전도자는 전도하다가 오히려 설득(說得)을 당해 타락(墮落)한 예도 있다. 평안의 복음이란 무조건 안심만을 주라는 것은 아니다. "하나님은 평강(平康)의 하나님이시요 그리스도도 평강의 왕이시니, 하나님께 있는 그것으로 평강을 주라"는 것이다. 성찬식(聖餐式)에도 증거(證據)가 되듯이, 예수의 살과 피를 나누어 주듯 그리스도의 평강을 나누어 주려는 것이 전도이다. **예수의 공생애(公生涯)는 핍박(逼迫)과 고난(苦難)의 연속이었으나, 그 안에 참된 평안**

이 있었으니, 곧 그 평안을 세상에 주려고 하셨다.

> **"이것을 너희에게 이름은 너희로 내 안에서 평안을 누리게 하려 함이라 세상에서는 너희가 환난을 당하나 담대하라 내가 세상을 이기었노라 하시니라"**(요 16:33).
> **"내가 아버지 안에 있고 아버지께서 내 안에 계심을 믿으라 그렇지 못하겠거든 행하는 그 일을 인하여 나를 믿으라"**(요 14:11).

많은 자료(資料)를 통해서 나타난 사실이지만 전도자가 참으로 기뻐하는 마음으로 개인을 전도할 때와, 참으로 기뻐함이 없이 오직 의무감(義務感)만으로써 개인을 전도할 때의 나타나는 결과가 너무나 다른 것은 분명한 사실이다.

전도자(傳道者)의 마음속에 가지고 있는 참된 기쁨이 전도(傳道)의 능력(能力)이 되고 있다는 사실을 발견할 수 있는 것이다. 혹 전도자가 십자가(十字架) 위에 달리신 예수를 전하는데 매우 우울(憂鬱)하고 슬픈 기색(氣色)을 띠고 전도(傳道)한다면 그는 실패(失敗)할 것이 뻔하다. 십자가 위에 달린 사실만 있다면 매우 우울(憂鬱)한 일이지만, 그렇게 함으로써 그리스도의 부활(復活)과 승천(昇天)과 승리(勝利)와 하나님의 나라의 영광(榮光)을 보여 주시고 있다는 더 높은 능력(能力)을 가지고 있다면, 십자가 위에서 고난(苦難)받으신 그리스도의 사건(事件)이 곧 우리에게 구원(救援)과 능력(能力)이 됨을 알았을 것이고, 그것을 알고 전한다면 그 효과(效果)는 매우 크게 나타날 것이다.

"십자가의 도(道)가 멸망하는 자들에게는 미련한 것이요 구원(救援)을 얻는 우리에게는 하나님의 능력이라"(고전 1:18).

전도자(傳道者)가 그리스도와 함께 받는 고난(苦難)을 마치 피치 못할 숙명(宿命)으로 알아 억지로 목소리를 가다듬어 슬픈 소리를 내며 외쳐댄다면, 이는 전도를 듣는 사람들의 심령(心靈)에 구령(救靈)을 호소(呼訴)하는 전도가 아니다. 이는 그들의 감정(感情)에 호소(呼訴)하는 일에 그치고 말 것이다. 사람에게는 참된 평안(平安)이 없으므로 그 평안(平安)을 매우 갈망(渴望)하고 있다. 이런 심령(心靈)이 곧 전도(傳道)를 받을 수 있는 가난한 심령이다.

하나님의 전도 방법은 이미 진단(診斷)하시고 이미 아시는 대로 정하신 것이기에, 하나님의 방법을 좇아 전도함은 곧 하나님의 뜻대로 하는 일로서, 그 영광을 하나님께 돌릴 수 있다. 하나님의 복음에는 승리와 기쁨으로 충만한 영광만이 가득 차 있다. 병든 자에게 치료가 되는 소식이며(마 4:24~25), 죽은 자에게 생명을 주는 소식이며(요 11:25~26), 가난한 자들에게 복된 말씀이 전해지고 있다(눅 4:18~19). 그의 복음에는 단 한 가지도 부족한 것이 없다.

"그의 소문이 온 수리아에 퍼진지라 사람들이 모든 앓는 자, 곧 각색 병과 고통에 걸린 자, 귀신 들린 자, 간질(癎疾)하는 자, 중풍병자들을 데려오니 저희를 고치시더라 갈릴리와 데가볼리와 예루살렘과 온 유대와 요단강 건너편에서 허다한 무리가 좇으니라"(마 4:24~25).

"예수께서 가라사대 나는 부활(復活)이요 생명이니 나를 믿는 자

는 죽어도 살겠고 무릇 살아서 나를 믿는 자는 영원히 죽지 아니하리니 이것을 네가 믿느냐"(요 11:25~26).
"주의 성령(聖靈)이 내게 임하셨으니 이는 가난한 자에게 복음을 전하게 하시려고 내게 기름을 부으시고 나를 보내사 포로(捕虜)된 자에게 자유를, 눈먼 자에게 다시 보게 함을 전파하며 눌린 자를 자유케 하고 주의 은혜의 해를 전파하게 하려 하심이라 하였더라"(눅 4:18~19).

전도자(傳道者)가 그 이유(理由)를 알고 말하지 않으면 아니된다. 그리스도께서 세상에 오신 것도 이러한 복음(福音)을 세상에 전하기 위한 일이었으니, 전도자(傳道者)는 그 이유(理由)를 확실(確實)하게 알아야 한다.

교회 안에서 교인들의 즐거워하는 기쁜 소리들이 곧 그 교회의 부흥(復興)에 직접적인 영향을 가져 오지만, 기쁜 소리가 없는 교회에는 부흥이 있을 수 없다. 많은 교회들이 수 년 동안 전도가 지속(持續)될지라도 부흥하지 않는 것을 볼 수 있다. 대개 그런 교회들은 참된 기쁨의 맛을 잃고 있으며, 교회 안에 영적(靈的)으로 기뻐하는 그리스도의 진정한 기쁨이 없는 것이 일반적이다.

물론 어떤 이는 자기의 기쁨을 가지고 있다. 그러나 그런 개인의 기쁨으로는 온 교회를 기쁘게 할 수 없다. 그러므로 예수께서 말씀하신 뜻을 알아야 할 것이다. 교회의 기쁨은 개인의 성공(成功) 사례(事例)로 인한 기쁨 따위를 말함이 아니다. 그리스도의 기쁨으로 충만(充滿)할 때에 교회 전체에 기쁨이 있다. 대개 교회마다 큰 부흥회(復興會)를 마치면 부흥이 일어난다. 그것은 온 교회에 기쁨이 가득하기 때문에 그 기쁨이 전도의 효과를 일으키는 것이다.

사람들은 기쁨을 가장 원하고 있다. 그러나 세상은 사람들이 기뻐할 만한 참된 기쁨을 주지 못하기 때문에 몹시 타락하고 있다. 그들의 기쁨은 희극 배우들로 하여금 바보짓을 연기하게 함으로써 억지로 웃는 형편에 처해 있다. 웃는 것과 기뻐하는 것은 다르다. 웃는 것은 기가 막혀도 웃고, 이치에 맞지 않아도 어이가 없어 웃는다. 또 웃기기에 웃는다. 이것은 순간적이고 계속될 수 없는 생리(生理) 현상(現象)이다. 그러나 기쁨이란 웃지 않아도 지속적(持續的)이며, 마음 속에 그리고 정신 가운데 분명(分明)히 소유(所有)한 것이다. 예수께서 "내가 주는 것은 세상이 주는 것과 같지 아니하고"라고 하셨으니 이는 사람들로부터 오는 것이 아니라 하늘에서 온 것이기 때문이다.

바울은 편지 중에서 "평강(平康)이 있을지어다"라며 말문을 열었다. 예수께서 그의 제자(弟子)들을 모든 마을로 보내시면서 평안(平安)을 빌라 하셨다.

> **"또 그 집에 들어가면서 평안(平安)하기를 빌라 그 집이 이에 합당하면 너희 빈 평안이 거기 임할 것이요 만일 합당치 아니하면 그 평안이 너희에게 돌아 올 것이니라"**(마 10:12~13).

이것이 바로 전도(傳道)이다. 전도는 전도를 받는 자에게 매우 피곤한 요소가 되어서는 아니된다. 전도가 어떤 확실한 기쁜 소식을 전하여 줄 수 있을 때에 전도는 더 널리 소문을 내며 퍼져 나갈 것이다. 과거 예수님 당시의 전도는 예수의 소문(所聞)이 온 땅에 퍼져 나감으로써 이루어졌다. 예수의 소문은 소문을 낳고 계속 퍼져 나감으로써 전도는 확산(擴散)되었다. 예수의 소문(所聞)을 들은 이들은 몰려 나와 예수를 직접 뵙고 모두 기뻐하였다. 이것이 곧 전도의 효과(効果)요 보람이다.

그러나 오늘날은 예수의 소문이 없다. 교회에는 예수의 소문(所聞)을 내는 사역(使役)이 필요하건만 예수의 소문이 나지 않고 있다. 사람들이 이방(異邦) 종교(宗敎)에 몰리고 미신(迷信)을 따르는 이유는, 그것들에게서 어떤 희망(希望)을 얻는다고 믿기 때문이다. 그러나 교회가 그것들보다 더 큰 능력(能力)과 확실(確實)한 사실을 가지고 전도 사역(使役)에 임한다면 이방(異邦) 종교(宗敎)나 미신(迷信) 등으로 마구 몰려가는 그들의 발길을 진리(眞理)의 길로, 생명(生命)의 길로, 구원(救援)의 길로 정녕(丁寧) 돌이키게 할 수 있을 것이다. 무능(無能)한 전도가 과연 교회의 부흥을 가져 오겠는가? 예를 들어 한 가정에 병든 자가 그리스도의 신유(神癒)로써 치료(治療)됨을 온 가족이 확신(確信)하였다면 그들의 발거름은 모두 교회로 향하게 될 것이다. 전도에 대한 확실한 증거(證據)와 체험(體驗)을 얻으면 이를 부인(否認)할 사람은 없을 것이다. 평안(平安)의 복음(福音)이 어떤 것이며 평안이 무엇을 의미하고 있는지를 확실(確實)하게 깨닫고 체험(體驗)함으로써, 평안의 복음이 이 세상 땅 끝까지 전하여 지도록 근신(謹愼)하여 깨어 간절히 기도하며 최선을 다해 끝까지 전도해야 할 것이다. – 아멘 –

제 6 장

전도의 보상(補償)

제 6 장

전도의 보상(補償)

전도자(傳道者)에게 보상(補償)에 대한 기대(期待)와 소망(所望)이 없다면 계속적(繼續的)인 역사(役事)가 불가능(不可能)하다. 하나님이 그리스도를 위하여 우편(右便) 보좌(寶座)를 준비(準備)하셨다가 그에게 주심같이 그와 함께한 전도자(傳道者)들에게도 그와 함께 앉을 영광(榮光)의 약속(約束)이 있다.

> **"인자가 자기 영광으로 모든 천사와 함께 올 때에 자기 영광의 보좌(寶座)에 앉으리니 모든 민족을 그 앞에 모으고 각각 분별하기를 목자와 양과 염소를 분별하는 것같이 하여 양은 그 오른편에 염소는 왼편에 두리라"**(마 25:31~33).

인간(人間)의 존재(存在) 가치(價値)는 그리스도께서 십자가(十字架) 위에서 죽으실 그때를 위한 것이었다. 전도(傳道)는 그리스도께서 그때로부터 세상(世上)에 대한 보상(補償)으로 준 은혜(恩惠)이다. 그러므로 전도(傳道)를 받는 것은 인간으로 태어난데 대한 보상(補償)이요 하나님의 은혜(恩惠)이다. 이를 선포(宣布)하는 전도자에게 전도(傳道)에 대한 보상(補償)이 각각 있는데, 그런 보상(補償)을 필요로 하지 않을지라도 전도받은 자라면 누구나 반드시 해야만 할 의무(義務)가 바로 전도(傳道)이다. 그리스도께서 하늘에 오르신 다음, 형벌(刑罰)로 다스려야 할 세상에 은혜(恩惠)를 베푸시사 그리스도의 보혈(寶血)에 대한 은혜(恩惠)의 소식(消息)을 알게 하셨으니, 이 뜻과 함께 역사(役事)하는 일은 먼저 믿는 자들이 마땅히 행해야 할 의무(義務)이며 책임(責任)이다.

어떤 이는 '평생 죄를 짓다가 마지막 죽을 때쯤에 주 예수를 믿을 수 있었으면 좋겠다'고 한다. 그러나 그것처럼 어리석은 생각은 없다. 먼저 믿는 것은 허송(虛送) 세월(歲月)을 보내는 것이 아니다. 전도의 일을 함으로써 성도(聖徒)로서의 의무(義務)를 다하는 것이고 이와 더불어 그것에 대한 보상(補償)을 받게 되는 것이다. 비록 피전도자가 전도를 받아들이지 않는다 할지라도, 전도자의 수고에 대한 보상(補償)은 반드시 있다. 그리고 전도(傳道)받는 자가 결신(結信)했을 때는 그것은 바로 상급(賞給)과 면류관(冕旒冠)이 된다.

"내가 복음을 전할지라도 자랑할 것이 없음은 내가 부득불(不得不) 할 일임이라. 만일 복음을 전하지 아니하면 내게 화가 있을 것임이로라. 내가 내 임의(任意)로 이것을 행하면 상을 얻으려니와 임의로 아니한다 할지라도 나는 직분을 맡았노라. 그런즉 내 상이 무엇이냐 내가 복음을 전할 때에 값없이 전하고 복음으로 인하여 내게 있는 권을 다 쓰지 아니하는 이것이로라"(고전 9:16~18).

성경(聖經)에는 상(賞)을 주리라고 약속(約束)하신 말씀들이 허다하다. 일하지 않은 자들에게 무슨 상이 있겠는가? 경주(競走)하는 자가 상을 바라봄이 없이 어찌 최선을 다해서 달릴 수 있겠는가? 운동장에 뛰는 이가 아무리 많다고 해도 결국(結局) 상을 받는 이는 하나이다. 경주하는 자가 마지막 골인 지점에 와서 선두(先頭)를 빼앗겨 버리면 상까지도 함께 빼앗겨 버리고 만다.

사람들에게는 하나님께서 창조(創造)해 주신, 상을 명예(名譽)롭게 여기는 심성(心性)이 있다. 그래서 상을 기대하는 자는 자기의 일에 대해 보다 더 노력할 뿐만 아니라 인격적(人格的)으로도 존경을 받는다. 전도의 일에 상이 있으며 또 그와 같은 일을 위하여 수고한 이들에게 주실 상이 있다. 하나님은 상주시는 이시다. 이러한 소망이 없는 믿음은 맥빠진 행동이 되고 말 것이다.

"믿음이 없이는 기쁘시게 못하나니 하나님께 나아가는 자는 반드시 그가 계신 것과 또한 그가 자기를 찾는 자들에게 상주시는 이심을 믿어야 할지니라"(히 11:6).

성경(聖經)이 말씀하듯 믿음은 구원(救援)을 얻게 한다. 그리고 구원을 얻은 사람은 상을 바라며 살 수 있다. 율법(律法) 아래 있던 자들도 하나님의 일에 충성스럽게 순종(順從)함으로써 상을 받았거늘, 하물며 영혼(靈魂)이 거룩하여지고 의롭다하심을 얻은 성도들이 주님의 일에 동참(同參)하여 죽도록 충성(忠誠)한 것에 대한 상을 기대(期待)함은 더욱 당연(當然)한 일이 아니겠는가?

가령 상을 기대하지 않는 자가 있다 하자, 그럴지라도 전도하지 않으면 그에게 화가 미칠 것이다(고전 9:16). 이것 저것도 아닌 중간은 없다. 주님은 더웁든지 차든지 하라 하시면서 미지근한 것은 내뱉겠다고 하셨다(계 3:16). 하나님은 상주시는 분이심을 믿어야 한다는 것이 성경이 가르치는 교훈이다.

> **"네가 이같이 미지근하여 더웁지도 아니하고 차지도 아니하니 내 입에서 너를 토하여 내치리라"**(계 3:16).
> **"보라 내가 속히 오리니 내가 줄 상이 내게 있어 각 사람에게 그의 일한 대로 갚아 주리라"**(계 22:12).

상의 종류가 여러 가지지만, 성도(聖徒)가 가장 바라는 상은 무엇인가? 성도의 머리 위에 올려 놓을 면류관(冕旒冠)이 아닌가? 면류관에 대한 꿈과 소망(所望)이 없는 자는 일하지 아니한다. 일하지 않는 것은 결국 믿음이 없음을 뜻한다. 사람은 세상에 태어나서 착하게 살거나 혹은 악하게 살다가 죽는다. 그리고 그 결과를 하나님 앞에 가서 그의 영혼(靈魂)이 책임져야 한다.

착한 영혼(靈魂)이 받는 대우(待遇)와 악한 영혼이 받는 대우가 다르고, 순종(順從)한 영혼이 받는 상과 불순종한 영혼이 받을 보응(報應)이 따로 있다. 신약교회는 상에 대한 약속을 확실하게 가지고 있다. 신약교회 성도들이 교회에서 충성을 보일 수 있는 일 중 가장 큰 것은 이웃을 그리스도에게로 인도하는 일, 곧 전도하는 일이다. 교회 조직의 궁극적(窮極的)인 목표는 구령(救靈)이다. 구령에 대한 인간의 모든 노력을 하나님은 가만히 두고 보시지 않는다. 교회가 스스로 교회 부흥(復興)을 가져오려고 노력(努力)해야 하는 것은, 교회의 부흥은 곧 구령(救靈)의 결집(結集)이라는 증거(證據)이기 때문이다.

그리고 신자(信者) 개인(個人)이 이웃을 구원(救援)하려는 노력(努力)은 이 땅에 머물고 있는데 대한 직무(職務)라는 것을 알아야 한다. 누구든지 이 땅에서는 오래 살지 못한다. 물론 주님이 오실 날에 대해서는 아무도 모른다.

"그러나 그 날과 그 때는 아무도 모르나니 하늘의 천사들도, 아들도 모르고 오직 아버지만 아시느니라"(마 24:36).

사람의 육신(肉身)은 제한성(制限性) 때문에 일평생(一平生)이라 해 보아도 대개(大概) 70-80세밖에 되지 않으니, 이런 나이는 속히 흘러가고 만다.

"우리의 연수가 칠십이요 강건(强健)하면 팔십이라도 그 연수의 자랑은 수고와 슬픔뿐이요 신속히 가니 우리가 날아가나이다"(시 90:10).

이 땅은 영적(靈的) 존재(存在)인 인간들이 머물 장소가 아니다. 영적 존재들인 인간이 갈 하늘이 따로 있으니 그리스도께서 구원(救援)받은 성도(聖徒)들을 이 땅에 더 머물게 하심은 자기 이웃들을 한 사람이라도 더 전도하여 함께 가게 하려 하심이다. 우리는 모두 아브라함의 심정(心情)으로써 자기의 친척(親戚)들과 이웃들을 보아야 한다. 소돔과 고모라의 멸망(滅亡)을 앞두고 의인 몇 사람으로써 그 도시들을 건져 보려고 몸부림친 그의 사랑을 신앙인(信仰人)의 양심(良心)으로 받아들여야 한다. 믿음이 있는 자라면 누구든지 하나님께 나아가는 자가 받을 상을 믿어야 한다. 신앙(信仰) 양심(良心)은 상을 받는 행실(行實)로 나타날 수 있고, 또 사랑으로 나타날 수 있다. 상을 고대(苦待)하는 것이 유치(幼稚)하거나 비인격적(非人格的)이고 비사명자적(非使命者的)이라고 매도(罵倒)될 수 없다. 상은 하나님의 의도(意圖)요 그의 계획 중에 있는 하나님의 영원한 작정(酌定)이다. 그리스도인이라면 하나님의 영원한 작정에 동참(同參)하는 것이 옳은 것이요, 이것이 곧 믿음의 행위(行爲)이다.

구원(救援)에 이르는 믿음의 결단(決斷)은 한 번뿐이다. 그리고 이를 계속 유지해야 한다. 그러나 상을 받는 믿음은 계속 행해져야 한다. 가능하면 어린아이들에게도 하나님이 주실 상급(賞給)에 대한 소망적인 교육을 많이 가르쳐야 한다. 만약 어린아이들이 이러한 소망 없이 신앙 생활을 계속하게 된다면 장차 순전(純全)한 충성심이 없는 주의 일에 무관심한 자들이 장래의 교회 생활을 하게 될 것이 분명하다. 그러면 역시 불충성한 일꾼들의 수만 늘어날 뿐이다. 상급(賞給)에 관한 교훈을 믿음으로 배우게 하여, 어릴 때부터 열심으로 소망하게 한다면, 상을 향한 신앙 성장은 놀랄 만큼 드러날 것이다.

상은 노력의 댓가이다. **구원은 하나님의 은혜로 받으나 상은 인간의 노력 없이는 결코 받을 수 없다.** 그러기에 이미 하나님의 자녀들이라 할지라도 부활(復活) 때에 받을 영광을 각각 다르게 말하고 있으니, 이는 그들이 세상에서 노력한 일에 대한 댓가로서 혹은 면류관을, 혹은 칭찬을, 혹은 해의 영광을, 혹은 달의 영광을, 혹은 별의 영광 같은 각 층의 영광을 얻게 될 것이다.

"하늘에 속한 형체도 있고 땅에 속한 형체도 있으나 하늘에 속한 자의 영광이 따로 있고 땅에 속한 자의 영광이 따로 있으니 해의 영광도 다르며 달의 영광도 다르며 별의 영광도 다른데 별과 별의 영광이 다르도다"(고전 15:40~41).
"두 사람이 한 사람보다 나음은 저희가 수고함으로 좋은 상을 얻을 것임이라"(전 4:9).

전도(傳道)는 사람이 사람을 그리스도에게로 인도하는 일로써, 주님은 그런 착한 일을 한 자에게 반드시 보상(補償)하신다. 그것이 주님의 기뻐하시는 일이기 때문이다. 하나님은 사람을 구원(救援)하는 일을 주의 일로 정하시고 상을 베푸신다. 선지자(先知者)들의 노력이 무엇이었는가? 이스라엘의 구원(救援)과 회개(悔改)에 이르게 하는 노력(努力)이 그들의 얻을 상이 아닌가?

"기뻐하고 즐거워하라 하늘에서 너희의 상이 큼이라. 너희 전에 있던 선지자들을 이같이 핍박(逼迫)하였느니라"(마 5:12).

주께서는 성도들에게도 이러한 타당(妥當)한 행위(行爲)가 참된 기쁨으로 이루어져야 할 것을 말씀하신다. 전도가 구령(救靈)을 위한 일일진대 자기의 친척(親戚)에게만 전도하고 그밖의 영혼(靈魂)

들에 대해서는 무관심해서야 되겠는가? 전도(傳道)는 첫째는 가장 가까운 자기 가족(家族)이요, 다음에는 자기 친척들이지만, 그 다음에는 이웃에게로 점차(漸次) 확대(擴大)되어야 한다.

친척(親戚)이 구원(救援)받은 것으로 자기들의 임무가 끝난 것으로 오해(誤解)해서는 안 된다. 전도는 계속해서 사방으로 확산(擴散)되어 나가야 한다.

"오직 성령(聖靈)이 너희에게 임하시면 너희가 권능(權能)을 받고 예루살렘과 온 유대와 사마리아와 땅 끝까지 이르러 내 증인이 되리라 하시니라"(행 1:8).
"너희가 너희를 사랑하는 자를 사랑하면 무슨 상이 있으리요. 세리(稅吏)도 이같이 아니하느냐"(마 5:46).

사도(使徒) 바울(Paul)은 확실히 상에 대한 꿈이 큰 사람이었다. 그는 세상에서 받는 어떠한 고난(苦難)도 하늘에서 받을 영광(榮光)과 능히 비교(比較)할 수 없음을 알고 이를 피하지 않았다. 이를 위해서 부지런히 몸부림쳤으므로 그의 교훈(教訓) 중에 그와 같은 충고(忠告)가 많은 것은 당연(當然)하다. 다시 말하거니와 성도(聖徒)의 간절(懇切)한 기대(期待)는 상주심을 바라봄이다.

"그리스도를 위하여 받는 능욕(凌辱)을 애굽의 모든 보화(寶貨)보다 더 큰 재물로 여겼으니 이는 상 주심을 바라봄이라"(히 11:26).
"심는 이와 물주는 이가 일반이나 각각 자기의 일하는 대로 자기의 상을 받으리라"(고전 3:8).

"푯대를 향하여 그리스도 예수 안에서 하나님이 위에서 부르신 부름의 상을 위하여 좇아가노라"(빌 3:14).
"너희는 너희를 삼가 우리의 일한 것을 잃지 말고 오직 온전(穩全)**한 상을 얻으라"**(요이 1:8).

1. 전도자의 영광(榮光)

전도(傳道)가 곧 영광스러운 직분(職分)임을 알았으면 그 영광을 어찌 소홀히 할 수 있겠는가? 그러나 대부분의 교인들이 전도의 영광을 외면(外面)하고 있지 않은가? 전도의 영광을 안다면 온 교회는 전도할 것이다. 그리고 전도의 희열(喜悅)과 감격(感激)은 실로 교회 안에 넘처날 것이다.

신자(信者)들은 대개 조용히 교회 출석이나 하는 정도를 건전(健全)한 신앙 생활이라고 생각하고 신사적(紳士的)인 행위(行爲)라고 믿고 있다. 그러기에 남들에게 피곤(疲困)을 일으킨다는 명목(名目) 하에 권유(勸諭)를 피하고 신자 된 신분을 알리기조차 꺼려하고 또한 가정의 풍습(風習)으로 돌리려는 경향(傾向)까지 있어 전도의 위력(威力)을 상실하고 있다.

그리스도인들은 주일이 되면 주로 모태(母胎) 신앙(信仰)인 가정은 가족이 다 함께 교회에 출석한다. 그러나 그것을 가정의 풍습(風習)으로 돌리고 있기 때문에 남들에게 부득불(不得不) 전하지 않으면 안될 필요성을 느끼지 못한다. 예수 믿는 것을 가정의 화목(和睦)한 모습으로만 나타내려 하고 있기 때문에, 그것이 퍽 아름답게 보일 수는 있어도 이웃에게 믿음을 전파(傳播)할 능력(能力)은 없다. 지금 이런 가정들이 너무나 많다. 이러한 부주의가 비록 예수 믿는 집안이라 할지라도 이웃을 구원(救援)해 내지 못하고 심지어는 자기 가족을 세상 악마(惡魔)에게 빼앗겨 버리거나 이방(異邦) 종교(宗敎)에 빼앗겨 버린다. 이러한 예는 우리 주위에 허다하게 많이 볼 수 있다. 그리스도인은 아직 구원(救援)받지 못한 이웃 사람을 발견하면, 그들이 곧 전도 대상자라는 것을 잊어서는 안된다. 남에게 예수를 믿는 믿음을 권하지 않고 조용히 자기만 교회에 출석하는 것은 결코 신사적인 품행(品行)이 아니다.

신자(信者)의 가슴은 전도를 향해 늘 뛰고 있어야 한다. 항상 은혜(恩惠)로 기뻐하고 구령(救靈)의 열심으로 흥분(興奮)되어 있어야 한다. '과연 어떻게 하면 내 이웃이 모두 예수를 믿게 할 수 있을까?' 하고 항상 골몰(汨沒)해야 한다. 혹 거절(拒絕)을 당할지라도 '열 번 찍어 안 넘어가는 나무 없다' 라는 속담을 생각하고 그를 만나는 시간 시간을 주님이 전도의 기회로 마련해 주신 것이라 믿고 전도하고 또 전도해야 한다. 그리스도인은 항상 입을 열어 모든 사람에게 전도자가 되어야 한다. 이렇게 중요한 전도 앞에서 입을 다무는 것은 역시 교육 부족이고 훈련 부족이며 전도의 영광을 모르고 있기 때문이다. 상품(商品)을 소개(紹介)하며 파는 상인(商人)이 고객을 보고도 우두커니 섰거나 보든지 말든지 하고 있다면 그는 자기의 본분을 이미 망각(忘却)한 사람이다. 그런 상인에게서는 상품이 소개되지도 않거니와 팔리지도 않을 것이다.

무디(Moody)[3]의 전도의 힘은 구두 장사를 통해 발견되었다. 구두 상으로 있으면서 구두를 찾는 이에게 상품을 열심히 소개한 것이 복음 전도의 이치를 깨닫게 한 것이다. 상품에 전혀 관심이 없던 자일지라도 상인의 성의(誠意)있는 설명에 귀를 기울이고 마침내는 설득(說得)되어 그 물건을 사는 것을 보고 세계 최대의 복음(福音) 전도자(傳道者)로 활동하기 시작한 것이다.

오늘날 전 세계적으로 성공하는 직종은 보험회사의 외무사원들이다. 그들은 보험 가입을 위해서 설득하는데 기어코 보험에 들게 하고 만다. 그러므로써 자기 스스로의 수익(收益)을 크게 늘리는 기쁨을 얻는다. 전도(傳道)는 외무사원처럼 열심을 다하여 행동하는 영광스러운 직분이다. 왜 예수를 믿어야 하는지 설득(說得)시킬 능력만 있으면 전도는 가능해진다. 그것에는 끊임없는 훈련이 필요하고 훈련된 요원들에게 성령(聖靈)이 임하시면 가능하다. 우리는 복음을 값없이 사 가도록 파는 상인이 되어야 한다. 복음 장사꾼이 되어야 한다. 복음을 전하고 이로 인해 내게 돌아오는 상급이 어떠한 것임을 알면 전도에 최선을 다할 것이요 전도를 천하의 어떤 것보다 영광스럽게 생각할 것이다. 혹자(或者)는 자기가 하는 일이 무척 힘들고 또 남들을 유쾌(愉快)하게 하는 일이 아니라 할지라도 수익이 많다고 생각하여 아주 기쁜 마음으로 일하고 있다. 그는 자신에게 돌아올 상급을 영광처럼 바라보고 있기 때문이다. 이와 같이 전도한 결실에 대한 영원한 보상(補償)이 있음을 믿는다

---

3) 무디(1803~1885) : 마사추세츠주 노스필드 출생. 전도의 대부흥사(1860년까지 보스톤과 시카고에서 신발 장사 함).

면 즐거움으로 그 일을 하게 될 것이다. 전도의 영광은 달리 얻지 못한다. 오직 간절한 기도와 끈질긴 전도로서만이 얻을 수 있다.

어떤 이는 한 사람을 전도하기 위하여 끈질기게 30번 이상을 찾아갔다고 한다. 마침내 그가 구원(救援)을 받았고 그에게 딸린 많은 사람도 함께 구원을 받았다. 그로 인해 1년 동안 50여 명이 줄줄이 구원을 받았다는 것이다. 비록 자신은 한 사람밖에 전도할 능력이 없어 더 이상 하지 못했지만 그 한 사람에 의하여 수십 명이 구원을 얻게 된 것이다. 이 조그마한 역사가 얼마나 엄청난 일을 가져왔는가? 이와 같은 역사가 전도의 역사요, 보람이요, 또한 영광이다.

목회자는 대개 개인 전도를 하지 못하지만 훌륭한 믿음의 메시지(Message)를 전달함으로써 교인들의 활동을 더욱 활발하게 하고 마침내는 큰 교회로 부흥시킬 수 있다. 교인을 벙어리로 만드는 것, 이는 주님의 뜻에 반대하는 것과 같다. 강단에서 아무리 '전도합시다!' 라고 외쳐댈지라도 일시적인 반응(反應)은 이후의 효과적인 반응을 기대할 수 없다. 전교인을 행동하게 할 수 없다. 전도의 영광을 가르치고 그들에게 성령(聖靈)이 함께하신다는 사실을 알게 하고 믿게 하고 체험(體驗)하도록 함께 기도하고 노력하면 큰 역사(役事)가 일어날 것이다. **전도는 혼자 하는 일이 아니라 하나님이 함께하시는 일이라는 사실을 믿게 되면, 주님의 영광이 전도자에게 함께 있음을 믿게 될 것이다.**

"모세가 가로되 원컨대 주의 영광(榮光)을 내게 보이소서"(출 33:18).

"주의 행사(行事)를 주의 종들에게 나타내시며 주의 영광(榮光)을 저희 자손에게 나타내소서"(시 90:16).

전도(傳道)가 하나님의 귀한 일에 쓰임을 받고 성령(聖靈)의 능력(能力)으로 인도(引導)를 받는 것임을 전도자가 확실(確實)하게 안다면, 그것을 결코 힘든 일로 생각지 아니할 것이다. 오히려 큰 영광(榮光)으로 여길 것이다.

"오직 너희가 그리스도의 고난에 참예(參預)하는 것으로 즐거워하라 이는 그의 영광을 나타내실 때에 너희로 즐거워하고 기뻐하게 하려 함이라"(벧전 4:13).

하나님의 능력(能力)이 전도자(傳道者)와 함께 있고 전도자의 행함과 함께 있으며 큰 이적(異蹟)과 기사(奇事)가 그 위에 임한다 하자, 그리하면 그 전도자의 영광(榮光)이 어떠하겠는가? 하나님의 손에 이끌리고 그의 거룩한 일꾼으로 인정(認定)될 때의 받는 기쁨을 생각해 보면 짐작(斟酌)할 수 있을 것이다. 전도(傳道)는 직접 실천을 할 때 비로소 주께서 함께 역사(役事)하심으로, 행함이 없으면 주의 능력(能力)이 전도자와 함께하심을 깨닫지 못할 것이다.

"제자들이 나가 두루 전파(傳播)할새 주께서 함께 역사(役事)하사 그 따르는 표적(表蹟)으로 말씀을 확실히 증거(證據)하시니라"(막 16:20).

만일 어떤 교회에 전도(傳道)의 영광을 알고 전도자로 나서는 자가 몇 명이라도 있다면 그 교회는 당장(當場) 부흥(復興)을 가져오기 시작할 것이다. 그러나 안타깝게도 전도의 영광을 전혀 생각하지 못하고 있기 때문에 부흥(復興)에 도움을 주지 못하고 있다. 그러므로 **전도자 훈련시에는 하나님의 영광이 함께 따르고 있음을 기억(記憶)시켜야 한다.** 그렇게 될 때 전도보다 더 큰 영광을 찾지 못하게 될 것이다. 전도자는 이미 영광을 받은 자이다. 비록 세상에서는 고난(苦難)을 받을지라도 하늘의 영광을 받은 자요, 비록 멸시(蔑視)와 박해(迫害)를 받을지라도 영광을 받은 자이다. 그러므로 새로 전도받은 자들을 자기의 면류관(冕旒冠)에 박힌 빛나는 보석(寶石)처럼 생각하여야 한다. 지금 자기의 면류관(冕旒冠)에 박힌 보석(寶石)이 몇 개인가? 이러한 기쁨은 전도자에게서나 볼 수 있는 일이다. 그래서 사도 바울은 자기가 전도하여 양육(養育)한 이들을 자신의 상급(賞給)이며 자신의 면류관(冕旒冠)이라고 했다.

> **"우리의 소망이나 기쁨이나 자랑의 면류관이 무엇이냐 그의 강림하실 때 우리 주 예수 앞에 너희가 아니냐 너희는 우리의 영광이요 기쁨이니라"**(살전 2:19~20).

죽어 가는 영혼(靈魂)들을 자기 손으로 구원(救援)하고 그리스도에게로 인도하는 것이 자신의 면류관(冕旒冠)이요, 전도하면서 받는 괴로움이 곧 영광이라고 생각한다면 어떤 역경(逆境)도 이길 수 있을 것이요, 오히려 전도로 인한 고난(苦難)에 감사(感謝)할 것이다. 과거에는 면류관에 대한 설교가 많이 있었기 때문에 신앙 생활의 목표가 면류관을 쓰려는 것이었으나, 근래에는 그런 설교를 듣지 못해 아쉽다. 이는 참으로 이상한 일이다. 현대의 교회 성도들이 자기의 면류관이 무엇이며 자기의 영광(榮光)이 무엇인지 모르고 있는 것 같다. 어쨌든 전도의 영광을 가르치고 그런 훈련이 계속될 때 교회는 부흥한다.

본래 인간은 명예(名譽)에 굶주려 있는 존재이다. 하나님은 인간에게 명예욕(名譽慾)을 주셨는데 이는 인간만이 부여(附與)받은 특성(特性)이다. 이성(理性) 없는 짐승에게는 명예욕이 없다. 그러나 인간에게는 그러한 욕망(慾望)이 넘쳐흐르니 이는 하나님이 주신 것이다. 그러기에 인간은 먹기 위하여 살려는 것보다 명예(名譽)를 얻기 위해 살려는 뜻이 더욱 강하다. 전도는 자기의 면류관(冕旒冠)이다. 전도자가 하늘에서 받을 영광을 생각해 보자. 그리고 교회에만 이런 영광이 있음을 알게 될 때 교회는 활발히 전도에 임할 것이다.

"그러므로 내가 택하신 자를 위하여 모든 것을 참음은 저희로도 그리스도 예수 안에 있는 구원을 영원한 영광과 함께 얻게 하려 함이로라"(딤후 2:10).
"이를 위하여 우리 복음으로 너희를 부르사 우리 주 예수 그리스도의 영광을 얻게 하려 하심이니라"(살후 2:14).

2. 영적인 보상(補償)

성도(聖徒)의 간절한 꿈은 이 세상에 계속 머무는 것이 아니고 영원한 나라(천국)에서 영생하는 것과 또 하나님 앞에서 큰 상급(賞給)과 칭찬(稱讚)을 받는 그것이다. 신자들의 마음에 그러한 소망(所望)이 없다면 이는 이미 죽은 신앙(信仰)이요 불신앙이다. 인간은 지음을 받을 때부터 영적 존재로 태어났다. 세상 만물이 물질로 창조(創造)되었으나 유일하게 하늘에서 살 수 있는 영적 존재로 지음을 받은 인간은 이 땅에 영원한 소망을 둘 필요가 없게 되었다. 천사(天使)들만이 창조주(創造主)가 계신 하늘에서 사는 것이 아니라 사람도 천사들처럼 하늘에서 살 수 있는 권리(權利)를 부여(附與)받았으니, 곧 영생(永生)을 얻은 것이다. 그리스도인은 구원(救援)을 받은 자요, 이 세상으로부터 하늘로 옮기운 확고부동(確固不動)한 신분(身分)에 선 자이다.

그러나 구원(救援)은 동일하되 그곳에서 어떠한 대우(待遇)를 받느냐는 것은 우리의 믿음 속에 있다. 이는 주님의 약속 가운데 있는 절대(絕對) 진리(眞理)이다. 현재의 영적 생활은 영생에 들어가면서 나타날 영광(榮光)을 믿음으로 미리 경험(經驗)하는 생활이다. 이 세상 사람들은 미래에 있을 영원한 영적 세계에 대한 불신과 반대로 완고(頑固)하다 할지라도, 신자들만은 그리스도께서 언약(言約)하신 영원한 하늘나라에 대한 기대(期待)와 꿈을 저버릴 수 없다. 이러한 꿈은 이 세상을 억지로 극복(克服)하기 위해 피해 가려는 망상(妄想)이 아니다. 이는 우리의 믿음의 표적(表蹟)들과 신앙(信仰)의 체험(體驗)들을 통해서 결코 부인(否認)할 수 없는 사실들을 전적으로 의지하고 있는 것이다.

우리는 세상에서 경주자(競走者)가 받는 보상(補償)처럼 영적(靈的)인 수고에 따르는 영원한 나라에서의 보상(補償)을 받을 줄로 믿는다. 혹이 이를 미련하게 여길지라도 그 미련하게 보는 십자가(十字架)의 도(道)가 우리에게는 하나님이 주신 약속(約束)과 능력(能力)임을 분명히 알고 확신(確信)해야 한다.

"십자가의 도(道)가 멸망하는 자들에게는 미련한 것이요 구원(救援)을 얻는 우리에게는 하나님의 능력(能力)이라"(고전 1:18).

사람은 긍정(肯定)과 부정(否定) 그리고 희망(希望)과 좌절(挫折) 등 한없는 갈등(葛藤) 속에서, 흘러가는 물처럼 제자리를 떠나 바다로 나가듯이 매일 마다 저 하늘로 나아가고 있다. 이 세상이 마귀(魔鬼)를 형벌(刑罰)하기 위하여 지음을 받은 곳이라는 점을 이해하고 있다면(유 1:6), 세상에 머물러 있으려고 할 필요가 없다. 우리가 잠시 세상에 머물러 있으면서 해야 할 일을 다 마친 다음에는 황급(遑急)히 미련 없이 세상을 떠나야 한다. 인간이 세상에 머물러 있는 것은 마치 직장에 나와 있는 것과 같다. 해가 저물기 전에 집으로 돌아가야 하는 것처럼 언젠가는 본향(本鄕)으로 돌아간다.

사람은 한 인간으로 세상에 태어나기 위하여 아버지의 육신(肉身) 속으로부터 모태(母胎)로 옮겨 온다. 그때로부터 10개월 동안 자란 다음 다시 세상으로 태어난다. 이때가 되어야 비로소 아버지와 어머니의 얼굴을 보게 되고 알게 된다. 그리고 이 세상에서 70~80년을 지낸 다음 영원한 나라로 옮겨짐으로써 자신을 창조(創造)해 주신 창조주(創造主) 하나님의 나라에서 영생하든지 영벌을 받게 된다. 이는 모든 인간에게 해당되는 이치(理致)로서 어느 누구도 피할 수 없는 그 하나님의 창조(創造) 원리(原理)와 원칙(原則)대로 계속 진행(進行)되고 있는 것이다. 한 알의 씨앗이 농부(農夫)의 손으로부터 땅에 떨어져 묻히며 싹을 내고 줄기를 내고 무성(茂盛)한 잎들을 내며 꽃을 피워 마침내 때가 차면 익은 곡식을 얻게 된다. 농부의 손에 있었을 때의 씨앗의 모양으로 다시 되돌아가는 데까지는 많은 변화의 과정을 거치게 된다. 이러한 만물(萬物)의 이치가 영원한 나라에 대한 믿음을 가진 자들에게 분명한 비유(比喩)가 되고 하나님을 알 만한 신성(神聖)으로 받아들여질 수 있다.

비록 인간 세상이 때를 따라 급변(急變)하며 화려(華麗)하게 발전하고 있다 할지라도 이는 지나가는 과정(過程)에 불과할 뿐이다. 강물을 따라 가다 보면 물줄기에 의하여 모래더미가 쌓이고 또 자갈더미가 쌓이며, 또 산이 파이고 골이 깊숙해진다. 이것을 자연의 이치라고 말한다. 이런 것들처럼 세상의 변화는 자갈더미나 모래더미와 같은 변화의 한 단면이다.

이 세상은 영원하지 않다. 옛 마을이 없어지고 새 마을이 생기고 옛 산은 어디론가 사라지고 들판이 들어서고 길이 변하여 골짜기가 된다. 그러나 영원(永遠)한 하나님의 나라는 변하지 않는 곳이다. 우리는 변하지 않는 저 높은 곳을 향하여 날마다 나아가고 있다. 그곳에 이르러 영원한 복(福)을 받으며 영생한다. 그것이 우리 믿음의 실상(實像)이요 본질(本質)이다.

주님은 자신의 부활(復活)을 통하여 믿음이 산 것이라는 사실과 또 하나님의 약속(約束)이 영원불변(永遠不變)한 진리(眞理)라는 사실(事實)을 보여 주셨다. 그의 주장대로라면 그는 부활(復活)하시기 전까지 세상에 거하는 사람으로서 말할 수 없는 고통과 모험(冒險)을 하신 분이었다. 그러나 그는 사탄(Satan)의 말을 듣고 성전(聖殿) 꼭대기에서 그 아래로 뛰어내리는 어리석은 과시(誇示) 따위는 전혀 하지 않았다. 그의 부활(復活)은 세상 사람들이 보는 관점(觀點)에서 가장 어리석게 죽은 것과 같았던 것을 완전히 뒤엎고 영광의 승리를 보여 주며 진리를 확고(確固)히 증거(證據)했다.

다시 말하거니와 진리(眞理)는 확고(確固)하다. 영원히 변치 않으며 의심(疑心)할 여지(餘地)를 주지 않는 절대적인 법칙(法則)이다. 진리는 하나님의 계획(計劃)이고 그가 하실 영원한 작정(酌定)이며 하나님의 길이다. 세상은 변해 가고 있으나 진리는 영원히 변함이 없으며 하나님은 그 길로 계속 운행(運行)하고 계신다. 우리는 진리에 속해 있으므로 하나님이 작정(酌定)하신 대로 결국 영생으로 들어간다. 우리는 이러한 영원한 보상(補償)에 대한 믿음으로 오늘을 담대(膽大)한 믿음으로 전도하며 살아가야 한다.

농사짓는 이가 가을에 추수할 것을 기대하지 않으면 기쁨으로 일할 수 없다. 농부의 수고가 훗날 가을 추수 때의 소망 중에 있는 것처럼, 오늘의 신앙 생활은 영원한 보상(補償)으로 받을 영적 생활이므로 이를 등한시(等閑視)할 수 없다. 그러므로 신령(神靈)한 복

(福)으로 복 주시려고 성령(聖靈)을 주시지 않았는가! 성령이 임하시면 권능(權能)을 받으리라 하셨으니(행 1:8) 이는 진리이다. 엘리야의 능력을 갈망(渴望)하기보다는 성령을 받으면 권능(權能)을 받으리라는 주님의 약속에 더 큰 믿음을 가지고 성령을 간절히 사모(思慕)해야 한다. 성령충만(聖靈充滿)함은 곧 영적으로 받을 수 있는 약속(約束)이며 이에 따르는 능력(能力) 또한 영적(靈的)인 보상(補償)으로서 하늘에 살고 있다는 체험(體驗)을 주는 것임을 부인(否認)하지 말아야 한다. 전도자가 받는 이 큰 보상(補償)을 아직도 등한시 여길 수 있겠는가? 예수께서 분명히 우리가 자기와 함께 영원한 나라에 있을 것임을 약속하셨다.

"너희는 마음에 근심하지 말라 하나님을 믿으니 또 나를 믿으라 내 아버지 집에 거할 곳이 많도다 그렇지 않으면 너희에게 일렀으리라 내가 너희를 위하여 처소를 예비하러 가노니 가서 너희를 위하여 처소를 예비하면 내가 다시 와서 너희를 내게로 영접하여 나 있는 곳에 너희도 있게 하리라"(요 14:1~3).

그러므로 초대교회 교인들은 그들의 육체에 하나님의 능력과 이적(異蹟)들이 충만하기를 기도했다. 이런 체험들은 곧 영적인 보상(補償) 중의 하나이다.

"하나님이 가라사대 말세에 내가 내 영으로 모든 육체에게 부어주리니 너희의 자녀들은 예언할 것이요 너희의 젊은이들은 환상(幻像)을 보고 너희의 늙은이들은 꿈을 꾸리라"(행 2:17).

신자는 마땅히 육체에 있을 때 이러한 영광을 부인(否認)하지 아니하고 더 크고 거룩한 것들을 사모(思慕)함으로써 영원한 나라의 영광을 얻어야 한다.

> **"또 가라사대 진실로 진실로 너희에게 이르노니 하늘이 열리고 하나님의 사자(使者)들이 인자 위에 오르락 내리락 하는 것을 보리라 하시니라"(요 1:51).**

신자(信者)는 마땅히 이 땅에서 하늘의 영으로 살고, 하늘의 일을 하고, 하늘에 있는 능력(能力)들로 일할 수 있어야 한다. 전도(傳道)는 영(靈)으로 사는 사람들이 영적(靈的)인 보상(補償)을 받을 수 있는 최고(最高)의 사명(使命)임을 알아야 한다. 이러한 사명을 소홀(疎忽)히 여기면 영광(榮光) 대신(代身) 영적으로 영원(永遠)한 저주(詛呪)를 받을 것임을 명심(銘心)해야 할 것이다.

> **"한번 비췸을 얻고 하늘의 은사(恩賜)를 맛보고 성령에 참예(參預)한 바 되고 하나님의 선한 말씀과 내세의 능력을 맛보고 타락(墮落)한 자들은 다시 새롭게 하여 회개케 할 수 없나니 이는 자기가 하나님의 아들을 다시 십자가에 못박아 현저(顯著)히 욕을 보임이라"(히 6:4~6).**

성령(聖靈)을 주시고 성령으로 일하게 하심이 영적(靈的)인 보상책(補償策)의 하나로서 이 땅에서 하나님의 일을 하는 이들에게 큰 보증이 되고 있다.

우리는 옛 선지자(先知者)들의 체험(體驗)보다 더 큰 체험을 하고 있다는 것을 알자. 선지자들을 직접 인도하던 이들은 대개 천사(天使)들이었으나 신약교회의 성도(聖徒)들은 그들보다 더 거룩하신 성령(聖靈)이 직접 인도(引導)하신다. 그러므로 성령(聖靈)의 능력(能力)과 은사(恩賜)들을 몸에 가지게 된다. 이 얼마나 영광스러운 체험(體驗)인가? 전도자(傳道者)가 받을 영적(靈的) 보상(補償)을 이 땅에서부터 체험으로 받아 누리기 시작(始作)해야 한다.

3. 현실(現實)의 보상(補償)

전도(傳道)는 전문적(專門的)이면서도 우리의 호흡(呼吸)처럼 습관적(習慣的)이면서 생활화(生活化)되어야 하는 것이다. 전문적이어야 한다는 의미는 그리스도인들의 적극성(積極性)을 강조(强調)하는 것인데 그러면서도 생활화되어야 하는 것이 전도(傳道)의 특징(特徵)이다. 포도원(葡萄園)의 포도나무는 포도(葡萄)를 맺어야 한다. 포도를 맺지 않으면 그 나무는 밭만 버릴 뿐이다. 이와같이 신자(信者)에게 전도(傳道)가 없는 것은 마치 포도가 맺히지 않는 포도나무와 같다. 전도 없이 세상(世上)에 머물고 있는 것은 밭을 버리고 있는 나무와 같다고 생각할 수 있다. 이미 앞에서 말했듯이 **성도(聖徒)가 세상에 머물고 있는 것은 우리의 이웃을 구원(救援)시키기 위한 하나님의 전략(戰略)이다.** 우리는 하나님이 우리의 이웃을 우리에게 맡기신 점을 이해(理解)해야 한다. 이로써 세상을 떠나는 그 순간까지 전도자의 의무(義務)를 실행(實行)해야 한다.

성도가 건강(健康)하게 호흡(呼吸)할 수 있고 장수(長壽)할 수 있는 것은 전도의 책임(責任)과 함께 하나님이 보상(補償)으로서 주신 것이라는 사실을 알아야 한다. 그러한 복(福) 자체가 현실에서 받는 보상(補償) 중의 하나이다.

혹자(或者)는 건강 때문에 그가 하고자 하는 거룩한 일에 매우 제한을 받는다. 몸이 연약(軟弱)한 것은 주의 일에 적지 않은 지장을 준다. 어떤 이는 강건(强健)하여 새벽부터 밤까지 쉬임없이 전도한다. 그런데 이러한 일로 인하여 가정 문제가 일어나는 사례(事例)도 있다. 밤낮도 없이 전도에 몰두(沒頭)함으로 가정을 잘 도와 줄 수 없는 일이라든지, 부모들을 향한 자녀로서의 의무를 다하지 못하고 있다는 부정적인 비평(批評)을 받게 되기도 한다.

물론 온종일 모든 일을 다 팽개치고 전도에만 나설 수는 없다. 꼭 그렇게 해야만 한다면 전문적인 전도자로 나서야 할 것이지만, 그렇게 하지 않고서도 얼마든지 우리의 일상 생활 중 언어와 행실로써 주변에 있는 이들에게 그리스도인이 됨을 나타냄으로써 그리스도인들 안에서 역사(役事)하시는 이의 능력(能力)을 얼마든지 보여줄 수 있다.

어떤 이는 과거에 매우 견디기 괴로운 병(病)에 걸려 있었다. 그러나 그가 전도하기 시작할 때부터 병은 떠나기 시작했다. 그가 전도하기 위하여 움직이자 몸은 갈수록 더 건강해졌다. 그의 말에 의하면 전도하지 않으면 그는 다시 건강을 잃게 되었고, 전도하면 건강을 유지(維持)하게 되었다는 것이다. 이런 자의 건강(健康)은 전도자로서 받는 현실(現實)의 보상((補償)이다.

어떤 이는 병상(病床)에 누워 있는 것보다 전도하기 위해 활동하는 것이 더 낫다고 믿는다. 이런 예는 너무나 많다. 그러므로 건강을 가지고 있다는 것 자체가 현실의 삶 속에서 받는 보상(補償)이다. 언제인가 육체는 날이 갈수록 점점 노화(老化)되고 낡아진다. 그리고는 마침내 세상에서 영원히 없어진다. 세상에 머무는 기회(機會)란 사실 굉장히 짧다(70~80년). 이 기회를 어떻게 이용하느냐에 따라 하늘에서 보상(補償)을 받기 전에 땅에서도 보상을 받는다. 목회자(牧會者)가 충실히 노력(努力)하는 것은 당연(當然)하지만 그가 노력하는 것만큼 받을 현실(現實)에서의 보상(補償)들이 얼마든지 있다.

"누가 자비량(自備糧)하고 병정(兵丁)을 다니겠느냐 누가 포도를 심고 그 실과를 먹지 않겠느냐 누가 양떼를 기르고 그 양떼의 젖을 먹지 않겠느냐 내가 사람의 예대로 이것을 말하느냐 율법도 이것을 말하지 아니하느냐 모세 율법에 곡식을 밟아 떠는 소에게 망을 씌우지 말라 기록하였으니 하나님께서 어찌 소들을 위하여 염려하심이냐 전혀 우리를 위하여 말씀하심이 아니냐 과연 우리를 위하여 기록된 것이니 밭 가는 자는 소망을 가지고 갈며 곡식 떠는 자는 함께 얻을 소망을 가지고 떠는 것이라 우리가 너희에게 신령한 것을 뿌렸은즉 너희 육신의 것을 거두기로 과하다 하겠느냐"(고전 9:7-11).

① 물질에 대한 보상(補償)

전문적(專門的)인 전도자(傳道者)는 다른 직업(職業)을 가질 여유(餘裕)가 없다. 전문적인 전도자는 오직 전도에만 전무(專務)해야 하는 사역자(使役者)이다(행 6:4). 그렇다고 먹지 아니할 수는 없다. 그러므로 그리스도께서 전도자들을 위한 연보(捐補)를 마련하셨고 그것으로 전도자의 생활을 지원(支援)해 주신 것이다. 만일 그것이 아름다워 보인다면 누구나 전문적인 전도자로 나설 수 있다. 전도를 위해 전력(全力)하는 전도자로 나서는 자를 위해 주님은 이미 대책(對策)을 허락(許諾)하셨다. 그것은 지극(至極)히 자연스러운 일이다.

"우리는 기도하는 것과 말씀 전하는 것을 전무(專務)하리라 하니"(행 6:4).
"우리가 먹고 마시는 권이 없겠느냐 우리가 다른 사도들과 주의 형제들과 게바와 같은 자매된 아내를 데리고 다닐 권이 없겠느냐 어찌 나와 바나바만 일하지 아니할 권이 없겠느냐"(고전 9:4~6).

전도자(傳道者)들에게는 전도자의 처자식(妻子息)까지라도 성도들이 낸 헌금(獻金)으로 생활할 수 있는 권한이 부여(附與)되었다. 신기(神奇)하게도 하나님은 이 땅에 두신 인간들로 하여금 몇 가지 단순한 직업에만 종사(從事)하도록 하시지 않고 다양(多樣)한 직종(職種)에 종사(從事)하게 하셨으니, 농사하는 자가 바다 물고기를 먹고 싶으면 그 곡식으로 물고기를 사 먹어야 한다. 또 바닷가에 사는 이가 바닷가에서는 얻을 수 없는 곡식을 얻으려면 물고기를 먹고 싶어하는 이에게 고기를 팔아 곡식과 바꾸어 먹어야 한다. 그런가 하면 또 서로의 시간적인 단축(短縮)을 위한 중간 상인(商人)

이 있어야 상호간(相互間)의 유통(流通)이 원활(圓滑)해진다.

이런 저런 관계로써 사회가 이루어지고 사회는 서로 보완적(補完的)인 관계를 유지(維持)함으로써 인간의 삶을 보다 편리하게 한다. 이런 것을 통해서도 볼 수 있듯이 사람은 반드시 한 가지만 가지고는 살아갈 수 없다.

한국의 경우 농민은 300만도 못되는 실정이다. 전인구의 10퍼센트(%)도 되지 않는 그들이지만 전혀 농사하지 아니하는 이들이 농사를 짓는 자들과의 관계를 무시할 수 없는 보완(補完) 관계에 놓여 있으니 참으로 신기하다. 이렇듯 사람은 영혼(靈魂)을 가진 영적(靈的)인 존재(存在)로 물질만 가지고는 살 수 없기에 영적인 문제 또한 해결하며 살아야 한다.

그러기에 영혼(靈魂)을 인도하는 목회자(牧會者)가 있고 영혼을 하나님께 안전하게 인도해 가는 전도자들의 수고가 필요한 것이다. 이러므로써 상업(商業)이라든가 기타의 직업에서 손을 뗀 전도자들이 물질을 대신 얻을 수 있는 것도 하나님께서 상호보완적(相互補完的) 조치(措置)로서 보상(補償)해 주신 것이다. 전도자가 부지런히 일하여 썩어질 육체를 위한 물질을 얻음이 부끄럽지 아니하니 이로 인해 누구의 훼방(毁謗)도 받지 아니한다. 그러므로 사도 바울은 연보(捐補)에 대하여 밝히 말하기를 성도를 위한 연보라고 강조하였다.

"성도를 섬기는 일에 대하여 내가 너희에게 쓸 필요가 없나니 이는 내가 너희의 원함을 앎이라 내가 너희를 위하여 마게도냐인들

에게 아가야에서는 일년 전부터 예비하였다 자랑하였는데 과연 너희 열심히 퍽 많은 사람들을 격동(激動)시켰느니라"(고후9:1~2). "너희가 모든 일에 부요하여 너그럽게 연보(捐補)를 함은 저희로 우리로 말미암아 하나님께 감사하게 하는 것이라 이 봉사의 직무가 성도들의 부족한 것만 보충할 뿐 아니라 사람들의 하나님께 드리는 많은 감사를 인하여 넘쳤느니라 이 직무로 증거를 삼아 너희의 그리스도의 복음을 진실히 믿고 복종하는 것과 저희와 모든 사람을 섬기는 너희의 후한 연보를 인하여 하나님께 영광을 돌리고 또 저희가 너희를 위하여 간구하며 하나님의 너희에게 주신 지극한 은혜를 인하여 너희를 사모하느니라"(고후 9:11~14).

성도(聖徒)가 낸 연보(捐補)는 전도자들이 쓰기에 부끄럽지 아니하고 전도자들은 이런 일로 인하여 하나님의 일을 더 많이 할 수 있게 된다. 이것은 신자들에게 있어 그들의 영적 생활을 위하여도 유익하다. 하나님은 신자들의 수고에 대하여 마치 하나님 자신이 빚을 진 자같이 또 꾸는 자같이 여기신다.

전도자에게 물 한 그릇을 주는 것은 예수 그리스도께 하는 것이라 하시고 하나님은 그 상을 결코 잊지 않을 것이라 하셨다. 전도자를 위로하고 지원하는 것은 하나님의 뜻에 합당하며 하나님의 일을 위한 적극적인 행동인 것이다. 연보(捐補)하는 자들이 비록 가난한 처지에 있는 자라 할지라도 영원한 영적인 해결을 보았을 때 물질로 이에 보답하여 또 다른 이에게 그러한 영원한 진리가 전파되게 하고 영혼을 구원하도록 하는 것이 옳은 줄로 여겨야 한다.

"형제들아 하나님께서 마게도냐 교회들에게 주신 은혜를 우리가 너희에게 알게하노니 환난의 많은 시련 가운데서 저희 넘치는 기쁨과 극한 가난이 저희로 풍성한 연보(捐補)를 넘치도록 하게 하였느니라 내가 증거하노니 저희가 힘대로 할 뿐 아니라 힘에 지나도록 자원하여 이 은혜와 성도 섬기는 일에 참여함에 대하여 우리에게 간절히 구하니 우리의 바라던 것뿐 아니라 저희가 먼저 자신을 주께 드리고 또 하나님 뜻을 좇아 우리에게 주었도다"(고후 8:1~5).

예수께서 전도자들에게 어느 마을에나 어느 가정에 들어가든지 그 집이 전도자를 허락(許諾)하고 원한다면 계속 머물라고 하셨다. 이런 말씀은 전도자에게 위로(慰勞)와 권한(權限)을 부여(附與)하신 것이다. 그러므로 믿음으로 전도 여행(旅行)을 나갈 것을 명령하셨으니 두 벌 옷이나 돈이나 양식(糧食)이나 전대(纏帶)를 가지지 말도록 하셨다. 이는 주님께서 전도자들을 위하여 그 모든 것을 마련하신 것이요 또한 전도를 받는 자들에게는 마땅히 그들을 영접(迎接)하여 쉬게 하고 위로(慰勞)하여야 할 의무(義務)를 부여(附與)하신 것이다.

"너희 전대(纏帶)에 금이나 은이나 동이나 가지지 말고 여행을 위하여 주머니나 두 벌 옷이나 신이나 지팡이를 가지지 말라 이는 일군이 저 먹을 것 받는 것이 마땅함이니라 아무 성이나 촌에 들어가든지 그 중에 합당한 자를 찾아내어 너희 떠나기까지 거기서 머물라 또 그 집에 들어가면서 평안하기를 빌라 그 집이 이에 합당하면 너희 빈 평안이 거기 임할 것이요 만일 합당치 아니하면 그 평안이 너희에게 돌아올 것이니라 누구든지 너희를 영접도 아니하고 너희

> 말을 듣지도 아니하거든 그 집이나 성에서 나가 너희 발의 먼지를 떨어버리라 내가 진실로 너희에게 이르노니 심판 날에 소돔과 고모라 땅이 그 성보다 견디기 쉬우리라"(마 10:9~15).

전도자(傳道者)에 대한 무관심과 박절(迫切)은 곧 자기의 상을 잃는 결과를 가져올 것이다. 그러나 전도자는 이런 경우에도 결코 상을 잃지 않을 것임을 또한 약속하셨다. 이런 기쁨이 없이 어떻게 전도를 계속 행할 수 있겠는가?

> "의를 위하여 핍박(逼迫)을 받은 자는 복이 있나니 천국이 저희 것임이라 나를 인하여 너희를 욕하고 핍박하고 거짓으로 너희를 거스려 모든 악한 말을 할 때에는 너희에게 복이 있나니 기뻐하고 즐거워하라 하늘에서 너희의 상이 큼이라 너희 전에 있던 선지자들을 이같이 핍박하였느니라"(마 5:10~12).

② 전도자를 위한 자들이 받을 보상(補償)

전도자들을 위해 봉사(奉仕)하는 자들에게는 영원한 영적인 보상(補償)이 있다. 그들은 봉사에 대한 상을 결코 빼앗기지 않는다. 이는 주님의 약속이다.

> "양은 그 오른편에 염소는 왼편에 두리라 그때에 임금이 그 오른편에 있는 자들에게 이르시되 내 아버지께 복 받을 자들이여 나아와 창세로부터 너희를 위하여 예비된 나라를 상속하라 내가 주릴

때에 너희가 먹을 것을 주었고 목마를 때에 마시게 하였고 나그네 되었을 때에 영접하였고 벗었을 때에 옷을 입혔고 병들었을 때에 돌아보았고 옥에 갇혔을 때에 와서 보았느니라 이에 의인들이 대답하여 가로되 주여 우리가 어느 때에 주의 주리신 것을 보고 공궤(供饋)하였으며 목마르신 것을 보고 마시게 하였나이까 어느 때에 나그네 되신 것을 보고 영접(迎接)하였으며 벗으신 것을 보고 옷 입혔나이까 어느 때에 병드신 것이나 옥에 갇히신 것을 보고 가서 뵈었나이까 하리니 임금이 대답하여 가라사대 내가 진실로 너희에게 이르노니 너희가 여기 내 형제 중에 지극히 작은 자 하나에게 한 것이 곧 내게 한 것이니라…"(마 25:33-40).

그러나 지상(地上)에서도 분명(分明)한 보상(補償)이 있으니, 가나 혼인(婚姻)잔치에서 본 이적(異蹟)과 같은 이적들이 얼마든지 있을 것이다.

"사흘 되던 날에 갈릴리 가나에 혼인이 있어 예수의 어머니도 거기 계시고 예수와 그 제자들도 혼인에 청함을 받았더니 포도주가 모자란지라 예수의 어머니가 예수에게 이르되 저희에게 포도주가 없다 하니 예수께서 가라사대 여자여 나와 무슨 상관이 있나이까 내 때가 아직 이르지 못하였나이다 그 어머니가 하인들에게 이르되 너희에게 무슨 말씀을 하시든지 그대로 하라 하니라 거기 유대인의 결례[4]를 따라 두 세 통 드는 돌항아리 여섯이 놓였는지라 예수께서 저희에게 이르시되 항아리에 물을 채우라 하신즉 아구까지 채우니 이제는 떠서 연회장에게 갖다 주라 하시매 갖다 주었더니 연회장(宴會長)은 물로 된 포도주를 맛보고 어디서 났는지 알

4) 결례 : 유대인의 씻는 일(세정식). 외출시 돌아왔을 때나 식사 전후에(마 15:2) 손을 씻는 일(부정한 것 제거).

지 못하되 물 떠온 하인들은 알더라 연회장이 신랑을 불러 말하되 사람마다 먼저 좋은 포도주를 내고 취한 후에 낮은 것을 내거늘 그대는 지금까지 좋은 포도주를 두었도다 하니라"(요 2:1~10).

옛적 엘리야 선지자를 영접(迎接)하고 과부가 그에게 가루와 기름으로 대접한 결과 가루통에 가루가 끊이지 않았고 기름통에 기름이 끊이지 아니했고, 한 여인이 엘리사에게 부르짖을 때 그 소원을 넘치게 완전히 해결해 주었다.

"저가 일어나 사르밧으로 가서 성문에 이를 때에 한 과부가 그곳에서 나뭇가지를 줍는지라 이에 불러 가로되 청컨대 그릇에 물을 조금 가져다가 나로 마시게 하라 저가 가지러 갈 때에 엘리야가 저를 불러 가로되 청컨대 네 손에 떡 한조각을 내게로 가져오라 저가 가로되 당신의 하나님 여호와의 사심을 가리켜 맹세 하노니 나는 떡이 없고 다만 통에 가루 한 움큼과 병에 기름 조금뿐이라 내가 나뭇가지 두엇을 주어다가 나와 내 아들을 위하여 음식을 만들어 먹고 그후에는 죽으리라 엘리야가 저에게 으르되 두려워 말고 가서 네 말대로 하려니와 먼저 그것으로 나를 위하여 작은 떡 하나를 만들어 내게로 가져오고 그후에 너와 네 아들을 위하여 만들라 이스라엘 하나님 여호와의 말씀이 나 여호와가 비를 지면에 내리는 날까지 그 통의 가루는 다하지 아니하고 그 병의 기름은 없어지지 아니하리라 하셨느니라 저가 가서 엘리야의 말대로 하였더니 저와 엘리야와 식구가 여러 날 먹었으나 여호와께서 엘리야로 하신 말씀같이 통의 가루가 다하지 아니하고 병의 기름이 없어지지 아니하니라"(왕상 17:10~16).

"선지자의 생도의 아내 중에 한 여인이 엘리사에게 부르짖어 가로되 당신의 종 나의 남편이 이미 죽었는데 당신의 종이 여호와를 경외한 줄은 당신이 아시는 바니이다 이제 채주가 이르러 나의 두 아들을 취하여 그 종을 삼고자 하나이다 엘리사가 저에게 이르되 내가 너를 위하여 어떻게 하랴 네 집에 무엇이 있는지 고하라 저가 가로되 계집종의 집에 한 병 기름 외에는 아무것도 없나이다 가로되 너는 밖에 나가서 모든 이웃에게 그릇을 빌라 빈 그릇을 빌되 조금 빌지 말고 너는 네 두 아들과 함께 들어가서 문을 닫고 그 모든 그릇에 기름을 부어서 차는대로 옮겨 놓으라 여인이 물러가서 그 두 아들과 함께 문을 닫은 후에 저희는 그릇을 그에게로 가져오고 그는 부었더니 그릇에 다 찬지라 여인이 아들에게 이르되 또 그릇을 내게로 가져오라 아들이 가로되 다른 그릇이 없나이다 하니 곧 기름이 그쳤더라 그 여인이 하나님의 사람에게 나아가서 고한데 저가 가로되 너는 가서 기름을 팔아 빚을 갚고 남은 것으로 너와 네 두 아들이 생활하라 하였더라"(왕하 4:1~7).

이러한 일들은 오늘날에도 세계 도처에서 종종 일어나고 있다. 이런 엄연(儼然)한 현실을 부인(否認)하는 것은 성령을 훼방(毁謗)하는 일이요 또 무시하는 처사(處事)이다. 무엇이든 하실 수 있는 예수님의 능력은 예나 지금이나 마찬가지다(히13:8). 고넬료의 집은 전도자로 인하여 큰 변화를 가져왔다.

"예수 그리스도는 어제나 오늘이나 영원토록 동일하시니라"(히 13:8).

"베드로가 이 말 할 때에 성령이 말씀 듣는 모든 사람에게 내려오시니 베드로와 함께 온 할례받은 신자들이 이방인들에게도 성령 부어 주심을 인하여 놀라니 이는 방언을 말하며 하나님 높임을 들음 이러라 이에 베드로가 가로되 이 사람들이 우리와 같이 성령을 받았으니 누가 능히 물로 세례 줌을 금하리요 하고 명하여 예수 그리스도의 이름으로 세례를 주라 하니라 저희가 베드로에게 수일 더 유하기를 청하니라"(행 10:44~48).

이런 축복은 성령이 마련해 주신 것이니 고넬료가 평소에 하나님의 관심을 끌었음이다. 성령이 그에게 보여 주신 것은 전도자를 초청하라 하신 것이다.

"가이사랴에 고넬료라 하는 사람이 있으니 이달리야대라 하는 군대의 백부장이라 그가 경건(敬虔)하여 온 집으로 더불어 하나님을 경외(敬畏)하며 백성을 많이 구제하고 하나님께 항상 기도하더니 하루는 제구시쯤 되어 환상(幻像) 중에 밝히 보매 하나님의 사자가 들어와 가로되 고넬료야 하니 고넬료가 주목하여 보고 두려워 가로되 주여 무슨 일이니이까 천사가 가로되 네 기도와 구제가 하나님 앞에 상달하여 기억하신 바가 되었으니 네가 지금 사람들을 욥바에 보내어 베드로라 하는 시몬을 청하라"(행 10:1~5).

전도자를 초청(招請)함으로써 그 가정에 임하신 영육간(靈肉間)의 복을 어찌 말로 다 표현(表現)할 수 있겠는가? 이런 의미(意味)에서 전도자를 위한 수고는 반드시 보상(補償)이 되어 자기의 몫으로 돌아온다는 점을 알아야 한다.

"또 그 집에 들어가면서 평안하기를 빌라 그 집이 이에 합당하면 너희 빈 평안이 거기 임할 것이요 만일 합당치 아니하면 그 평안이 너희에게 돌아올 것이니라"(마 10:12~13).

③ 전도자를 위한 물질

이런 방법을 통해서도 전도(傳道)는 효과(效果) 있게 진행(進行)될 수 있다.
세상은 참으로 악(惡)하여 전도가 그리 쉽지 아니하니 목숨을 버려야 할 만큼 위협(威脅)에 직면(直面)한다. 세상은 물질로 더욱 기승(氣勝)을 부리기에 물질 없이는 막대한 지장을 면할 수 없다. 그러므로 각처에서의 전도자를 위한 지원이 불가피하다. 비록 그가 직접적으로 행동하지 못한다 할지라도 물질로 봉사하는 자는 전도자가 받는 상을 함께 나눌 수 있다는 약속이 되어 있다. 전도를 위하여 쓴 물질에 대하여 하나님의 보상(補償)이 예비(豫備)되어 있다.

> **"누구든지 너희를 그리스도에게 속한 자라 하여 물 한 그릇을 주면 내가 진실로 너희에게 이르노니 저가 결단코 상을 잃지 않으리라"**(막 9:41).
> **"우리 주 예수 그리스도의 은혜**(恩惠)**를 너희가 알거니와 부요**(富饒)**하신 자로서 너희를 위하여 가난하게 되심은 그의 가난함을 인하여 너희로 부요케 하려 하심이니라"**(고후 8:9).

그러므로 전도는 서로 유기적(有機的)인 관계를 가져야만 더욱 효과적이다. **전도자로 직접 나선 사람이 있는가 하면 그들을 위로(慰勞)하는 자가 있고 또 그들을 간접으로 지원하는 자가 있어서 서로 유익하게 하고 의지하게 하셨다.** 어떤 이는 전도자를 돕기 위한 물질 지원(支援)을 자기의 사명(使命)으로 믿고 있었을 때에 그가 하는 사업도 함께 성장했다고 간증(干證)한다. 이것을 기복신앙(祈福信仰)으로 몰아붙이겠는가? 결코 그럴 수 없다. 신자가 물질에 대해 막연히 욕심(慾心)을 내는 것을 기복신앙이라 일컫지, 전도자와 함께 받을 현실의 보상(補償)을 기복신앙(祈福信仰)이라 매도(罵倒)할 수는 없다.

그러므로 **전도자로부터 평신도에 이르기까지 전도(傳道)의 원리(原理)를 익혀 모두 전도에 열심을 다해야 할 것이다.** 전도해야 한다는 말만으로는 결코 하나님의 일인 전도를 올바로 할 수 없다. 오직 전도는 실행(實行)해야 한다.

④ 목회자와 전도자의 자녀들

세상(世上)은 마지막 때를 당하여 사탄(Satan)의 역사(役事)로 온갖 죄악(罪惡)으로 점점 휘몰아치고 있다. 인간(人間)으로서는 도저히 상상(想像)할 수 없는 눈뜨고는 도저히 볼 수 없는 일들이 현대인(現代人)을 당혹(當惑)스럽게 만들고 있다. 사랑과 예절(禮節)과 질서(秩序)는 땅에 떨어진지 벌써 오래되었고 음란(淫亂)과 거짓은 파도(波濤)처럼 휘몰아치고 자녀들의 말할 수 없는 탈선(脫線) 등으로 인한 고민(苦悶) 등이 그것들이다. 죄악(罪惡)의 뿌리를 깊이 내리고 있는 현실(現實)은 마치 소돔과 고모라를 방불(彷佛)케 한다. 그러므로 누구든지 자기 자손(子孫)들에 대한 고민(苦悶)을 하지 않는 자가 없다.

그러나 목회자(牧會者)들은 자기 자손들을 하나님의 성전(聖殿)

에서 양육(養育)하면서 세상과 어느 정도 격리(隔離)시킬 수 있고 어려서부터 신령(神靈)한 진리(眞理)로 양육(養育)함으로써, 그들 속에 진리(眞理)가 뿌리 내리도록 할 수 있어야 한다. 신앙(信仰)을 전파(傳播)하기가 이토록 어려운 시기(時期)에 어려서부터 신앙의 가정에서 성장함이 얼마나 다행(多幸)스러운 일인가?

이런 것도 현실(現實)에서 받는 보상(補償)임을 잊지 말아야 한다. 비록 세상 사람들과 같이 호화(豪華)롭지는 못한다 할지라도 여러가지 모든 것이 합력(合力)하여 선을 이루어 주심을 현실적(現實的)인 보상(補償)임을 진정(眞情)으로 감사(感謝)하며 이 생명(生命) 다 바쳐 이 세상 끝날까지 최선을 다하여 복음(福音)을 전파(傳播)하여야 할 것이다. – 아멘 –

제 7 장

전도의 의의(意義)

제 7 장

전도의 의의(意義)

전도(傳道)는 하나님과 사람 사이에 이루어질 일에 있어서 하나님의 중대(重大)한 결정(決定)을 세상에 알리는 작업(作業)이다. 물론 하나님은 그의 전능(全能)하신 능력(能力)으로 자신의 뜻을 세상 사람들에게 일방적(一方的)으로 능히 알려 주실 수 있는 충분한 분이시다. 하지만 하나님은 인간의 의지(意志)와 하나님에 대한 충성심과 인간 사이의 사랑을 최대한 활용(活用)하신다. 그래서 인간을 위한 하나님의 일에 인간이 직접 참여(參與)해 주기를 바라신다. 이것이 바로 우리가 말하는 전도(傳道)이다. 인간이 험산준령(險山峻嶺)을 넘을 때 심히도 힘들듯이 전도도 힘들고 어려운 사역(使役)이지만, 이런 힘든 사역을 다른 피조물(被造物)들에게 절대(絕對)로 맡기지 않으셨다. 오직 사람에게 이 사역(使役)이 맡겨졌으니, 이는 사람을 귀히 여기신 것만 아니라 사람을 지으신 목적(目的) 가운데 하나이기도 하다. 전도는 먼저 하나님의 일이요 그의 아들이신 예수의 직접적(直接的)인 일이다. 예수께서 자신을 세상에 나타내신 것도 전적(全的)으로 전도(傳道)를 위함이라고 하셨다.

"이르시되 우리가 다른 가까운 마을들로 가자 거기서도 전도하리니 내가 이를 위하여 왔노라 하시고 이에 온 갈릴리에 다니시며 저희 여러 회당(會堂)에서 전도하시고 또 귀신(鬼神)들을 내어 쫓으시더라"(막 1:38~39).

예수께서 제자들을 택하신 것도 전도의 의무(義務)를 맡기기 위함이었다(막 3:13~15). 그리고 주님은 하나님의 일을 위하여 열두 제자(弟子)를 세우셨다.

"또 산에 오르사 자기의 원하는 자들을 부르시니 나아온지라 이에 열둘을 세우셨으니 이는 자기와 함께 있게 하시고 또 보내사 전도도 하며 귀신을 내어 쫓는 권세도 있게 하려 하심이러라 이에 열둘을 세우셨으니 시몬에게는 베드로란 이름을 더하셨고 또 세베대의 아들 야고보와 야고보의 형제 요한이니 이 둘에게는 보아너게 곧 우뢰의 아들이란 이름을 더하셨으며 또 안드레와 빌립과 바돌로매와 마태와 도마와 알패오의 아들 야고보와 및 다대오와 가나안인 시몬이며 또 가룟 유다니 이는 예수를 판 자러라"(막 3:13~19).

그들은 하나님이 보내신 주님의 일을 위하여 마지막 순교(殉教)할 때까지 전심전력(全心全力)을 다했다. 하나님으로부터 전도의 권한(權限)을 부여(附與)받은 분이 바로 예수시다. 전도는 곧 예수의 일이다. 전도의 결국은 온 인류가 구원(救援)을 받는 데 있다. 인간은 어느 누구라도 스스로를 구원(救援)할 수 없고 전도의 결과를 가져다 줄 수 없다. 전도(傳道)의 계획(計劃)과 사역(使役)과 결과(結果)는 오직 하나님의 정하신 뜻에 달려 있다. 인간은 전도를 위해 부름 받아 그의 일을 하는 도구(道具)일뿐이다. 그러므로 전도를 통하여 이웃과 친척을 구원(救援)시키는 것도 중요하지만, 주님의 일을 이루어가고 있다는 것이 더 큰 의의(意義)를 지닌다고 할 수 있다. 주님의 일로 인해 인류(人類)에게 구원(救援)이 미쳤으니, 인류에게 큰 축복(祝福)이 아닐 수 없다. 그러나 궁극적(窮極的)으로 더욱 중요한 것은 전도가 하나님 우편에 앉아 계신(막 16:19) 아들 예수 그리스도의 일이라는 것이며, 예수 그리스도로 인하여 하나님 아버지의 뜻이 성취(成就)된다는 것이다. 즉 하나님은 예수 그리스도로 인해 성취(成就)되어진 자신의 뜻을 통해 영광(榮光)을 받으시는 것이다. 교회(敎會)는 전도(傳道)를 통하여 자기의 동족(同族)이나 기타 온 세상 사람들을 그리스도에게로 향하도록 돌려 놓으며, 또한 돌아온 그들은 그리스도의 은혜(恩惠)로 인해 구원(救援)을 받게 된다. 그러므로 전도자는 구원받는 이들로 인해 기쁨이 충만(充滿)해야 할 것이지만, 무엇보다도 인류를 구원하시려고 희생(犧牲)하신 주님의 뜻이 이루어졌다는 것을 더욱 기뻐해야 할 것이다. 사람들이 구원받는 것을 보고 기뻐하는 것 이상으로, 그들을 구원(救援)하시려고 피 흘리신 그리스도의 십자가(十字架)의 공로(功勞)가 지금 이루어졌다는 것을 더 기뻐해야 하는 것이다. 그리고 그리스도의 피 공로(功勞)로 영광을 받으실 하나님의 원하신 뜻이 이루어졌음을 또한 기뻐해야 한다.

그러므로 그리스도인들은 자신들에게만 유익(有益)이 되고 이기적(利己的)인 결과(結果)만을 보고 기뻐해서는 절대(絕對)로 안될 것이다. 전도자가 같은 동족(同族)을 구원(救援)하려고 힘쓸 때에, 자신이 홀로 스스로 하고 있는 것이 아니라 항상 주께서 함께 사역(使役)하신다는 사실을 깊이 알고 있어야 한다.

> **"주 예수께서 말씀을 마치신 후에 하늘로 올리우사 하나님 우편에 앉으시니라 제자들이 나가 두루 전파할새 주께서 함께 역사(役事)하사 그 따르는 표적으로 말씀을 확실히 증거(證據)하시니라"**(막 16:19~20).
> **"… 내가 세상 끝날까지 너희와 항상 함께 있으리라 하시니라"**(마 28:20).

이와 같은 그리스도의 사역(使役)은 그에게 주신 자를 하나라도 잃어버리지 않으시려는 의지(意志)이며 이는 또한 아버지의 뜻이기도 하다. 그러므로 전도는 주님이 자신의 피를 흘려 인류(人類)를 죄에서 구원(救援)하시려는 목적 그 위에 더 확실한 목적이 있으니, 곧 아버지의 뜻을 이루어 드리려는 것이다.

> **"내가 하늘로서 내려온 것은 내 뜻을 행하려 함이 아니요 나를 보내신 이의 뜻을 이루려 함이니라 나를 보내신 이의 뜻은 내게 주신 자 중에 내가 하나도 잃어 버리지 아니하고 마지막 날에 다시 살리는 이것이니라 내 아버지의 뜻은 아들을 보고 믿는 자마다 영생을 얻는 이것이니 마지막 날에 내가 다시 살리리라 하시니라"**(요 6:38~40).

인류(人類)의 구원(救援)은 인류가 불쌍해서 그들에게 동정(同情)을 베풀려고 주어진 것이 아니라 오히려 인류(人類)가 일말(一抹)의 동정(同情)조차 전혀 바랄 수 없는 중에 주님의 일방적(一方的)인 역사(役事)로 진행(進行)된 것이다. 인류가 전혀 알지 못하는 중에 주님은 십자가(十字架) 위에서 죽으시고 무덤에 장사(葬事)되었으며 죽은 자 가운데서 3일 만에 부활(復活)하시고 이 세상(世上)에 40일 동안 계시다가 하늘로 승천(昇天)하셨다.

"아버지께서 나를 사랑하시는 것은 내가 다시 목숨을 얻기 위하여 목숨를 버림이라 이를 내게서 빼앗는 자가 있는 것이 아니라 내가 스스로 버리노라 나는 버릴 권세(權勢)도 있고 다시 얻을 권세도 있으니 이 계명(誡命)은 내 아버지에게서 받았노라 하시니라"(요 10:17~18).

이러므로써 구원(救援)을 선물(膳物)로 주셨으니 이러한 은혜(恩惠)를 받은 대상(對象)은 이 세상에 속한 모든 인류였다. 그러나 모든 인류 가운데 구원(救援)을 받은 사람은 그 수가 심히 적은 상태에 있다. 그렇다고 해서 이것이 그리스도의 피의 능력(能力)이 적어서 부족해서 약해서 그런 것은 결코 아니다. 예수 그리스도께서 십자가 위에서 받으신 고난(苦難)의 가치(價値)가 창세(創世) 이후(以後) 전 인류의 얼마 안되는 소수(少數)의 구원(救援)받은 자들에게만 만족(滿足)하게 베풀어지는 것도 결코 아니다. 하나님은 전 인류가 구원(救援)받기를 원하시기에 천국에 들어가는 문을 활짝 열어 놓으셨다.

> **"그러므로 형제들아 우리가 예수의 피를 힘입어 성소(聖所)에 들어갈 담력(膽力)을 얻었나니 그 길은 우리를 위하여 휘장(揮帳) 가운데로 열어 놓으신 새롭고 산 길이요 휘장은 곧 저의 육체니라"**(히 10:19~20).

하나님은 전 인류에게 이것을 허락(許諾)하신 것이다. 다만 사람들이 각각 자기 의지(意志)대로 믿음과 불신앙의 양자(兩者) 택일(擇一)의 길을 스스로 걸어온 것이다. 예수 그리스도의 피의 능력(能力)과 그 공로(功勞)는 더 이상 가감(加減)할 수 없는 완전한 완성(完成)이며 영원 전부터 있었던 하나님의 뜻을 완전히 이루어 놓은 것이다. 그러므로 하나님은 인류 전체의 몇 퍼센트(%)만의 구원(救援)에 만족(滿足)하는 것이 아니라 인류에게 허락(許諾)하시는 하나님의 뜻은 모두 다 구원(救援)받기를 원하시는 것이요 하나님의 영광(榮光)에 참여(參與)하기를 원하시는 것이다.

하나님을 위한 영광(榮光)은 목적(目的)이요, 인류에게 베푸신 구원(救援)은 은혜(恩惠)이니, 이 목적을 위해 주님은 이 세상에 오셔야 했고 다시 살아 나셔서 하늘 보좌(寶座)에 오르셔야 하셨다. 이러한 뜻 안에서 그리스도의 공생애(共生涯)가 인류에게 은혜로 베풀어진 것이다. 그러므로 비록 창세(創世) 이후부터 구원받은 사람이 몇 사람뿐이라고 해도, 구원(救援)받을 만한 사람이 적다 해도, 그리스도의 공생애는 완전하신 것이요, 하나님의 뜻은 완전히 이루어진 것이다. 낚시꾼이 온종일 호수가에 앉아서 불과 몇 마리의 고기를 낚았어도 그날을 허비(虛費)한 것으로 생각지 않고 오직 낚시질한 것 자체만으로써 흐뭇해 하는 것과 같은 이치(理致)이다.

주께서 인류에게 오래 참으심으로 은혜(恩惠)를 더하신 것은 더 많은 사람들이 그의 은혜를 입고 천국문(天國門)으로 들어오도록 하시기 위함이다. 승객(乘客)이 있던 없던 열차는 제 시간을 지키며 역(驛)에 당도(當到)하였다가 다시 출발하는 것과 같이, 주님은 어느 시대이든 구별(區別)하지 않고 똑 같은 은혜(恩惠)를 반복(反復)해서 부어 주신다. 이 시대 사람들이 주 예수를 무시(無視)하고 그의 은혜(恩惠)를 입지 아니한다 해도, 사람들은 그 분을 허물할 수는 없는 것이다. 그분은 영원(永遠) 전(前)에 예정(豫定)하신 대로 하나님의 일을 하고 계시기 때문이다. 주님은 이러한 비밀(秘密)을 또 다른 사람에게 알게 하셨고 이러한 비밀을 또 다른 사람과 다른 민족(民族)들에게 계속 알려 줄 것을 명령하셨으므로 교회는 그리스도의 비밀을 듣든지 아니 듣든지 전해야만 하는 것이다. 곧 교회는 그리스도의 비밀을 맡은 자다. 그러므로 구원(救援)은 얻으려고 하는 이가 얻을 것이요, 천국은 침노(侵擄)하는 자가 빼앗는다. 고로 하나님은 살려고 원하지 않는 자들에게는 예수를 주지 않으셨다. 주님은 구원을 받고자 하지 않는 자들에게는 자유 의지(意志)에 맡기셨다.

"… 너희는 온 천하에 다니며 만민에게 복음을 전파하라 믿고 세례를 받는 사람은 구원을 얻을 것이요 믿지 않는 사람은 정죄를 받으리라"(막 16:15~16).

참으로 전도(傳道)가 어떤 의의(意義)를 지니고 있는가 하는 것은 참으로 중요하다. 탕자(蕩子)는 배가 고파지자 아버지가 생각났다. 그러자 곧 아버지에게 돌아왔다. 아버지는 그를 측은(惻隱)히 여기며 반겨 주고 잔치를 베풀어 주었지만 그는 배가 고파서야 비로소 아버지를 생각한 탕자(蕩子)였다. 아버지는 아들이 집을 나간 그날부터 한시도 그를 잊지 않고 기다리고 있었다. 아들은 자신의 고생이 끝난 것을 만족(滿足)해 하고 기뻐했으나, 아버지는 오랫동안 잃었던 아들을 다시 찾은 것을 기뻐하고 있는 것이다. 이와 같이 전도는 사람을 구원(救援)하는 것만을 만족(滿足)해 하는 것이 아니요 구원하시려는 주님의 일이 성취(成就)되고 있음을 더 기뻐하는 일이다.

전도(傳道)는 구원(救援)해야 할 자들을 위하여 예수를 사용하는 것이 아니요 인류를 구원하시려는 주님의 뜻에 당연히 충성하는 일이다. 전도는 사람을 사랑하는 인본주의적(人本主義的) 행위(行爲)가 아니고 하나님의 뜻을 수행(遂行)하는 신본주의적(神本主義的) 행위(行爲)이다. 사람은 구원을 얻으려는 스스로의 열심에 의해서 구원을 얻는 것이 아니라, 사람을 구원하시려는 주님의 열심에 의해 구원을 받는 것이다. 그러기에 사도 바울은 다음과 같이 말했다.

> **"원컨대 너희는 나의 좀 어리석은 것을 용납하라 청컨대 나를 용납하라 내가 하나님의 열심으로 너희를 위하여 열심 내노니 내가 너희를 정결한 처녀로 한 남편인 그리스도께 드리려고 중매(仲媒)함이로다"**(고후 11:1~2).

하나님의 뜻은 구원(救援)받는 이들로 인하여 이루어지는 것이 아니다. 구원하시는 주님으로 인하여 이루어진다. 그러므로 신자(信者)가 불신자(不信者)인 사람을 구원(救援)할 능력(能力)이 없어서 화(禍)를 당하는 것이 아니라, 신자가 불신자인 사람을 구원하려고 하지 않기 때문에 화를 당하는 것이다.

"내가 복음을 전할지라도 자랑할 것이 없음은 내가 부득불(不得不) 할 일임이라 만일 복음을 전하지 아니하면 내게 화(禍)가 있을 것임이로다 내가 내 임의(任意)로 이것을 행하면 상을 얻으려니와 임의로 아니한다 할지라도 나는 직분을 맡았노라"(고전 9:16~17).

즉 사람을 구원(救援)시키지 못한 것이 주님의 뜻대로 살지 못한 것이 아니라, 사람을 구원하려고 노력하지 않는 그것이 주님의 뜻대로 살지 않는 것이다. 하나님의 뜻을 이루기를 원하고 그의 뜻이 이루어지는 것을 기뻐하는 것, 바로 그것이 하나님의 뜻대로 사는 길이다. 이제 우리는 전도가 무엇인가를 알았다. 전도자는 고삐가 주인의 손에 붙들린 채 주인이 몰고 가는 방향(方向)으로만 달리는 말과 같다. 내가 원하는 곳으로 가는 것이 아니고 그분이 원하는 대로 가는 것이 전도(傳道)다. 내 사랑으로 전도를 나서는 것이 아니라 그분의 사랑으로 일어나서 실천(實踐)하는 것이 전도이다.

내 뜻대로 사는 것이 아니라 그분의 뜻이기에 그분의 뜻대로 사는 것이 전도이다. 그리하여 구원(救援)받은 자를 보고 기뻐하되 그를 구원하신 이의 능력(能力)과 은혜(恩惠)를 더욱 기뻐하는 것이다. 이것이 곧 진정한 전도이다.

1. 하나님의 일

하나님은 신자(信者)들의 일을 하시는 분이시다. 많은 신자들이 하나님을 알고 있는 것 같으면서도 하나님을 진정으로 모르기 때문에, 하나님을 실망시키고 있다. 하나님은 어느 누구에게도 구애(拘碍)받지 않는 분이시다. 하나님은 자신의 생각과 뜻대로 행하기도 하시고 창조(創造)하기도 하신다. 또 없는 것을 있게도 하시고 있는 것들을 거두어 들이기도 하신다. 그분에게는 영원히 후회도 없으시고 변함도 없으시며 실패도 없으시다. 그분은 실패를 수습(收拾))하는 자도 아니시요 피조물(被造物)로 인하여 그 뜻이 변하는 분도 결코 아니시다. 하나님은 모든 일을 하나님의 뜻대로 행하실 뿐이다. 천지와 만물(萬物)이 하나님의 뜻을 벗어나려고 하는 것은 곧 멸망뿐이다. 하나님은 그의 사랑하시는 자 곧 독생자(獨生子)이신 예수 그리스도의 뜻대로도 아니하신다.

> **"조금 나아가사 얼굴을 땅에 대시고 엎드려 기도하여 가라사대 내 아버지여 만일 할 만하시거든 이 잔(盞)을 내게서 지나가게 하옵소서 그러나 나의 원대로 마옵시고 아버지의 원대로 하옵소서 하시고"**(마 26:39).

오히려 아들이 아버지의 뜻에 따라 지시(指示)된 대로 행하실 뿐이다.

> "내가 내 자의(自意)로 말한 것이 아니요 나를 보내신 아버지께서 나의 말할 것과 이를 것을 친히 명령하여 주셨으니 나는 그의 명령이 영생인줄 아노라 그러므로 나의 이르는 것은 내 아버지께서 내게 말씀하신 그대로 이르노라 하시니라"(요 12:49~50).

생각해 보라! 하늘에 떠 있는 해와 달은 창조시(創造時)부터 현재(現在)까지 그 위치(位置)를 떠나지 아니하고 있다. 그런데 오직 의지(意志)가 있는 피조물(被造物)인 사람만이 그 임의(任意)로 자기 멋대로 행동(行動)하며 하나님을 실망(失望)시켜서 사람 지으신 것을 한탄(恨歎)하셨다.

> "땅 위에 사람 지으셨음을 한탄(恨歎)하사 마음에 근심하시고 가라사대 나의 창조한 사람을 내가 지면에서 쓸어 버리되 사람으로부터 육축(六畜)과 기는 것과 공중의 새까지 그리하리니 이는 내가 그것을 지었음을 한탄(恨歎)함이니라 하시니라"(창 6:6~7).

▶ **하나님은 그러한 인간들을 다스리실 뜻을 영원(永遠) 전부터 작정(酌定) 하셨으며 이는 예수 안에 있을 자들을 위하여 예비(豫備)된 것들이다.**

① 하나님만이 영원(永遠)히 하나님의 일을 하신다.
② 예수 그리스도는 영원(永遠)히 아버지의 일을 하신다.
③ 하나님이 창조하신 만물은 모두 하나님의 영원하신 뜻대로 움직인다.

④ 예수 그리스도는 그것들을 주관(主管)하시며 또한 심판(審判)하신다.

혹자(或者)는 마치 하나님께서 실수하신 것을 수습(收拾)하려고 그의 아들을 세상에 보내신 줄로 오해(誤解)하고 있다. 그러므로 어떤이들은 하나님을 몹시 원망하기도 한다. 이러한 문제들이 곧 하나님에 대한 무지(無知)에서 온 것이다. 전도(傳道)는 하나님의 수습(收拾)의 일환(一環)으로서 쓰여지는 것이 결코 아니다. 이는 창세(創世) 전 그것보다도 더 오래 전인 영원 전에 하나님의 계획된 일이다. 그러므로 이를 위한 조직은 사람 몸의 모세혈관(毛細血管)처럼 아주 세밀(細密)하게 이루어진 것들로서 말세(末世)에 우리들 앞에 드러내 놓으신 것이다. 하나님은 어느 때에는 하늘에 있는 영들 곧 천사(天使)들로 하여금 하나님의 일에 봉사케 하시고, 또 어느 때에는 다른 피조물(被造物)로 하여금 그 일을 하게 하시고, 또 어느 때에는 인간들을 통하여 하나님의 일들을 하게 하신다. 과거에 천사들이 하나님의 일을 전적으로 도맡고 있을 때에는 인간은 아예 태어나지도 않았었다. 인류(人類)가 지음을 받아 세상에 존재하게 된 때부터 천사들은 인간과 함께 하나님의 일을 하게 되었다.

그런데 어느날 때가 차매, 만사(萬事)를 조정(調整)하고 움직이시는 하나님의 일이 근원적(根源的)으로 나타나기 시작하였다. 하나님으로 말미암은 여러 가지 역사(役事), 그리스도의 은혜(恩惠)로 말미암은 직분(職分)들, 성령(聖靈)으로 말미암은 여러 가지 은사

(恩賜)들이 오늘날 때가 차매 우리들 눈앞에 드러나게 된 것이다. 마침내 하나님의 아들이 도맡아 하셔야 했던 그의 생애(生涯)의 절정(絕頂)이 이루어졌다. 그 다음 심히도 부족(不足)한 우리들까지 그의 일꾼으로 부름 받아 이러한 전도(傳道)의 일을 하게 되었다.

전도는 처음부터 하나님의 일로서 시작되어 온 일이기에, 새롭게 발전된 것이거나 즉흥적(卽興的)인 발상(發想)에 의한 것이 아님을 알아야 한다.

창조주(創造主)와 피조물(被造物)의 속성(屬性)에는 큰 차이(差異)가 있다. 창조주는 뜻을 가지고 영원토록 자기의 뜻을 이루는 분이시다. 그러나 피조물은 그분에 따라 순종(順從)하는 존재(存在)일뿐이다. 어느날 하나님의 뜻하신 날, 피조물(被造物)로 하여금 하나님께 가까이하게 하신 것이 이것이니, 곧 피조물이 부정적(否定的)인 요소(要素)를 완전(完全)히 벗어버리고 순종하는 것으로 나아가게 한 것이다. 이러므로써 하나님이 영원 전에 뜻하신 바가 다 이루어져 가는 것이니, 그의 뜻은 예수 그리스도의 길이요 진리요 생명이시다.

> **"예수께서 가라사대 내가 곧 길이요 진리(眞理)요 생명이니 나로 말미암지 않고는 아버지께로 올 자가 없느니라"**(요 14:6).

오직 하나님의 뜻만이 의(義)이다. 인간에게는 타락(墮落)한 이후 완전한 의(義)는 없었다. 비록 하늘에 있는 천사(天使)들일지라도 완전한 의(義)는 없다.

예수 그리스도로 말미암지 않고는 아무도 이 의(義)에 들어갈 수 없다. 오직 예수 그리스도를 믿음으로만이 의롭다 함을 얻을 수 있는 것이다.

하늘에서는 하나님만이 의로우시고 땅에서는 그 권세(權勢)를 부여(附與)받은 아들만이 의로우시니, 하나님이 우리에게 주신 믿음으로 말미암는 '의'는 예수 그리스도 한 분뿐이시다. 의지(意志)의 속성(屬性)에 있어 '의'는 하나뿐이다. 그러므로 사람이 의롭게 될 때에는 "예"와 "아니요"가 함께 거하지 아니하니, 오직 "예"만이 있을 뿐이다. 예수 그리스도 안에 있는 자들에게는 오직 "예" 혹은 "아멘" 만이 있을 뿐이다. 이런 일은 예수 안에 있는 자들에게만 가능한 일이다. 인간은 영적(靈的)인 존재와 육체적(肉體的)인 존재로 되어 있다. 이러한 영(靈)과 육(肉)을 가진 피조물로는 인간만이 유일(唯一)하다.

육체를 가진 측면(側面)에서 볼 때 영적 존재는 무시(無視)를 당하거나 불필요하기도 하다. 또 영적 측면에서 볼 때 육체 역시 무시를 당하거나 불필요하게 생각되기도 한다. 그러나 영과 육은 서로 배타적(排他的)이고 또 현실적(現實的)으로는 영이 무시를 당하고 있다. 육은 영을 거역(拒逆)하고 영은 육을 거역 하나, 어쩔 수 없이 함께 있는 서로 분리될 수 없는 공존(共存)의 존재이다. 그러기에 영과 육이 서로 싸우며 살아가는 것이 나그네 인생의 길이다.

육(肉)이 죽어 흙으로 돌아가고 영(靈)만이 남게 되면 영은 육체를 벗은 결과, 육이 저지른 불의(不義)에 대한 책임을 모두 짊어져야 한다. 그때는 영과 불의를 영원히 분리(分離)시켜 놓을 수가 없다. 육은 영을 거스려 마침내 육의 행위(行爲)에 대한 책임(責任)을 영에게 전가(轉嫁)하고 떠나서 썩어져 없어진다. 그러면 영은 그것을 물려받아 이에 따른 영원한 심판(審判)에 이르며 결국 영원한 형벌(刑罰)에 들어간다. 그때는 다시는 피할 수 없는 완전한 조건(條件)에 매여 영영(永永) 기회(機會)를 얻지 못한다.

우리는 육체(肉體)라는 기회(機會)가 있을 때에 영과 육이 각각 다른 가치(價値) 있는 삶을 위한 분리(分離)를 가질 수 있으며, 짧은 세월 동안 영영 형벌(刑罰)받을 짐을 영에게 떠맡기지 않도록 육이 영혼(靈魂)의 지배(支配)를 받는 것이 마땅한 것으로 여겨야 한다. 그러려면 육은 영의 존재(存在)를 인정(認定)해야 한다. 그러므로 육과 영의 한계(限界)를 그어야 하는 것이다. 만약 영과 육의 한계를 가르지 않으면, 육이 저지른 불의(不義)에 대한 책임(責任)을 영이 떠맡게 된다. 또한 육이 있는 동안 영은 육을 이용해야 할 존재임을 분명히 알아야 한다. 육이 있는 동안에 행한 의(義)가 영을 위한 영원한 영광이 되며, 하나님 앞에 받을 상급(賞給)과 칭찬(稱讚)이 되기 때문이다.

그러므로 육(肉)이 있는 동안 영(靈)의 존재(存在)를 인정(認定)하고 영은 육의 가치(價値)를 인정해야 한다. 육이 영의 존재를 인정할 때에 미래지향적(未來指向的)인 인간의 특성(特性)은 영을 위한 의(義)의 길을 택할 수 있으며, 영원한 미래의 차원(次元)을 향하여 육(肉)을 신령(神靈)한 의(義)의 도구(道具)로 사용할 수가 있게 되는 것이다.

"우리가 율법은 신령(神靈)한 줄 알거니와 나는 육신에 속하여 죄 아래 팔렸도다 나의 행하는 것을 내가 알지 못하노니 곧 원하는 이것은 행하지 아니하고 도리어 미워하는 그것을 함이라"(롬 7:14~15).

"이제는 이것을 행하는 자가 내가 아니요 내 속에 거하는 죄니라 내 속 곧 내 육신에 선한 것이 거하지 아니하는 줄을 아노니 원함은 내게 있으나 선을 행하는 것은 없노라"(롬 7:17~18).

"만일 내가 원치 아니하는 그것을 하면 이를 행하는 자가 내가 아니요 내 속에 거하는 죄니라"(롬 7:20).

"내 속사람으로는 하나님의 법을 즐거워하되 내 지체 속에서 한 다른 법이 내 마음의 법과 싸워 내 지체 속에 있는 죄의 법 아래로 나를 사로잡아 오는 것을 보는도다 오호라 나는 곤고(困苦)한 사람이로다 이 사망의 몸에서 누가 나를 건져내랴"(롬 7:22~24).

"우리 주 예수 그리스도로 말미암아 하나님께 감사하리로다 그러므로 내 자신이 마음으로는 하나님의 법을 육신으로는 죄의 법을 섬기노라"(롬 7:25).

사도(使徒) 바울(Paul)의 경험(經驗)과 논리(論理)는 대단하다. 영(靈)과 육(肉)의 한계(限界)를 속사람과 겉사람으로 구분(區分)하였고 그것을 해결(解決)하는 법을 또한 깨달았으니, 이는 예수 안에서 이루어야 할 새 사건이다.

"그러므로 이제 그리스도 예수 안에 있는 자에게는 결코 정죄함이 없나니 이는 그리스도 예수 안에 있는 생명의 성령의 법이 죄와 사망의 법에서 너를 해방하였음이라"(롬 8:1~2).

① 영과 육의 분리(分離)

영(靈)과 육(肉)의 분리(分離)의 계념(槪念)은 육이 있는 상태에서야 가능하다. 육은 영의 존재(存在)를 인정(認定)하고 육의 모든 책임(責任)을 영에게로 전가(轉嫁)시키지 않아야 하지만, 그럴 수만은 없는 것이 인간(人間)이다. 육의 선악간(善惡間)의 결과(結果)를 영이 책임져야 하므로, 영과 육은 공존(共存)하면서도 영과 육을 분리(分離)시켜 육은 영을 도모(圖謀)하고 영은 또한 육을 이용(利用)할 줄 알아야 한다. 영과 육은 죽음 외에는 영원히 분리(分離)시킬 수 없다. 이는 하나님께서 태초(太初)에 그렇게 지으셨기 때문이다.

> **"여호와 하나님이 흙으로 사람을 지으시고 생기(生氣)를 그 코에 불어넣으시니 사람이 생령(生靈)이 된지라"(창 2:7).**

▶ "하나님이 흙으로 → 직접 사람을 지으시고"

하나님이 손수 흙을 빚어 자기 형상(形狀)대로 사람을 지으셨다. 이렇게 흙으로 지어진 사람의 코에 하나님이 직접(直接) 생기(生氣)를 불어 넣으셨다.

"사람이 → 생령(生靈)이 된지라" 이때부터 사람은 육신(肉身)만을 가지지 아니하고 영을 가진 영적(靈的)인 존재로 부상(浮上)되었다. 그러므로 사람은 떡으로만 살지 아니하고 하나님의 입으로 나오는 모든 말씀으로 살게 되었다.

"예수께서 대답하여 가라사대 기록되었으되 사람이 떡으로만 살 것이 아니요 하나님의 입으로 나오는 모든 말씀으로 살 것이라 하였느니라"(마 4:4).

영(靈)과 육(肉)은 살기 위하여 각각 먹고 마셔야 한다. 그러나 대부분(大部分)의 인간(人間)들은 육의 편에 살면서 영을 무시(無視)하고 있다. 육신(肉身)은 식물(食物)을 먹으나 영은 신령(神靈)한 양식(糧食)을 먹어야 한다.

"내가 곧 생명의 떡이로라 너희 조상들은 광야에서 만나(Manna)[5]를 먹었어도 죽었거니와 이는 하늘로서 내려오는 떡이니 사람으로 하여금 먹고 죽지 아니하게 하는 것이니라 나는 하늘로서 내려온 산 떡이니 사람이 이 떡을 먹으면 영생하리라 나와 줄 떡은 곧 세상의 생명을 위한 내 살이로라…"(요 6:48~51).

② 예수 안에서 장사(葬事)되어야 할 육의 사람

인간(人間)의 육(肉)은 죽으면 또 다시 흙으로 돌아간다. 그러나 그렇게 육(肉)은 흙으로 돌아가지만 영(靈)은 결코 하나님의 심판(審判)을 면치 못한다.

5) 만나 : 이스라엘 백성들이 40년 동안 광야에서 헤맬 때 하나님이 내려주신 비상 식량. 꿀 섞은 과자 맛(출16:31)]

"한번 죽는 것은 사람에게 정하신 것이요 그 후에는 심판이 있으리니"(히 9:27).

인간(人間)의 육신(肉身)이 존재(存在)할 때에 육신이 가지고 있는 배타성(排他性) 의지(意志)를 어떻게 해서든지 정지(停止)시켜야 하고 오직 '예'만을 가질 수 있는 의(義) 곧 의롭다 함을 얻어야 한다. 이는 예수 그리스도 안에서만 이루어질 수 있는 일이기에 예수 안에 들어 있지 않으면 불가능(不可能)한 일이다. 복음(福音)을 듣고 예수를 주(主)라 시인(是認)하는 자들이 예수 그리스도 안에 들어오려면 절차상(節次上) 주님의 분부(分付)에 따라야 한다.

"그러므로 너희는 가서 모든 족속으로 제자를 삼아 아버지와 아들과 성령의 이름으로 세례를 주고 내가 너희에게 분부한 모든 것을 가르쳐 지키게 하라 볼지어다 내가 세상 끝날까지 너희와 항상 함께 있으리라 하시니라"(마 28:19~20).

세례(洗禮)는 육(肉)의 사람이 그리스도 안에 들어와 그리스도로 인하여 그리스도와 함께 장사(葬事)되는 절차(節次)이다. 육은 그대로 있으면서 육의 사람은 장사(葬事)되어지는 이 신기(神奇)한 경로(經路)를 무시(無視)할 수 없다.

"무릇 그리스도 예수와 합하여 세례(洗禮)를 받은 우리는 그의 죽으심과 합하여 세례 받은 줄을 알지 못하느뇨 그러므로 우리가 그의 죽으심과 합하여 세례를 받으므로 그와 함께 장사(葬事)되었

으니 이는 아버지의 영광으로 말미암아 그리스도를 죽은 자 가운데서 살리심과 같이 우리로 또한 새 생명 가운데서 행하게 하려 함이니라"(롬 6:3~4).

세례(洗禮)는 육신(肉身)은 그대로 있는 상태에서 육의 사람을 장사(葬事)지냄으로 영과 분리(分離)시킨다. 이 신비(神秘)로운 사실은 주 예수께서 제시(提示)하신 계명(誡命)으로 말미암는다. 세례(洗禮)를 통하여 육의 사람은 죽고 영의 사람만이 산다. 육의 사람이 죽음과 동시에 육신 안에 속해 있는 배타적(排他的)인 피조물(被造物)의 속성(屬性)은 장사(葬事)되어지고 하나님을 향해서 '예' 만 하고 '아니요' 할 수 없는 새로운 피조물(被造物)이 되어지는 것이다. 이렇게 중요한 절차는 주께서 마련하셨기 때문에 바울은 에베소 교인들에게 세례(洗禮)를 베풀었다. 즉 요한의 세례(洗禮)만을 알고 있는 그들에게 예수 그리스도와 세례(洗禮)에 관해 설명한 다음 즉시 세례를 행한 것이다.

"아볼로가 고린도에 있을 때에 바울이 윗 지방으로 다녀 에베소에 와서 어떤 제자들을 만나 가로되 너희가 믿을 때에 성령(聖靈)을 받았느냐 가로되 아니라 우리는 성령이 있음도 듣지 못하였노라 바울이 가로되 그러면 너희가 무슨 세례(洗禮)를 받았느냐 대답하되 요한의 세례로라 바울이 가로되 요한이 회개의 세례를 베풀며 백성에게 말하되 내 뒤에 오시는 이를 믿으라 하였으니 이는 곧 예수라 하거늘 저희가 듣고 주 예수의 이름으로 세례를 받으니 바울이 그들에게 안수(按手)하매 성령이 그들에게 임하시므로 방언(方言)도 하고 예언(豫言)도 하니 모두 열두 사람쯤 되니라"(행 19:1~7).

또한 제자들도 복음을 전파(傳播)할 때 회개(悔改)하고 나오는 사람들에게 즉시 세례(洗禮)를 베풀어 옛 사람은 그리스도와 함께 장사(葬事)되고 새 사람으로 거듭나는 절차(節次)를 이행(履行)시켰다. 또 초대교회(初代敎會) 시대(時代)에 각처(各處)에서 전도(傳道)되는 사람들마다 그때에 즉시 세례를 베풀었으니, 이러므로써 그들이 영의 사람이 되어지기 때문이다.

"그 말을 받는 사람들은 세례(洗禮)를 받으매 이날에 제자의 수가 삼천이나 더 하더라"(행 2:41).
"빌립이 입을 열어 이 글에서 시작하여 예수를 가르쳐 복음을 전하니 길 가다가 물 있는 곳에 이르러 내시가 말하되 보라 물이 있으니 내가 세례(洗禮)를 받으매 무슨 거리낌이 있느뇨 이에 명하여 병거(兵車)를 머물고 빌립과 내시(內侍)가 둘 다 물에 내려가 빌립이 세례를 주고"(행 8:35~38),
"밤 그 시에 간수(看守)가 저희를 데려다가 그 맞은 자리를 씻기고 자기와 그 권속(眷屬)이 다 세례(洗禮)를 받은 후"(행 16:33).

③ 새로운 피조물(被造物)

예수는 신기(神奇)하게 새로운 피조물(被造物)을 창조(創造)해 내신다. 인간(人間)은 영과 육의 두 가지 존재 가운데 끼어 있어서 서로 반대되는 일을 해왔다. 그러므로 선악간(善惡間)에 혼란(昏亂)을 거듭해 왔다. 선을 행하기 위하는 자들에게 악이 또한 함께 있어서 선을 끝내 거역(拒逆)하고 말았다.

"내가 원하는 바 선은 하지 아니하고 도리어 원치 아니하는 바 악은 행하는도다 만일 내가 원치 아니하는 그것을 하면 이를 행하는 자가 내가 아니요 내 속에 거하는 죄니라"(롬 7:19).

영(靈)과 육(肉)을 분리(分離)시키자면 육이 죽든지 영이 떠나든지 해야만 할 것이다. 그러나 그렇게 되면 육이 저지른 모든 일을 영이 책임(責任)져야 한다. 그러나 예수 안에 있으면 옛 사람 즉 육의 사림은 장사(葬事)된 바 된다. 이러므로써 육신(肉身)의 일은 그 영에게 전가(轉嫁)되지 아니하고 그리스도께 넘겨진다. 이는 그리스도가 죽어 자기의 피로써 율법(律法) 아래 있는 자들을 사셨기 때문이다. 우리가 세례(洗禮)를 받음으로 우리의 옛 사람은 장사(葬事)되고, 또한 우리의 영은 그리스도에게 팔렸으니, 그리스도는 우리를 거져 뺏으신 것이 아니요 그리스도의 흘리신 피의 값을 주고 사신 것이다.

"너희는 값으로 사신 것이니 사람들의 종이 되지 말라"(고전 7:23).

이로써 영(靈)과 육(肉)이 공존(共存)함과 동시(同時)에 배타적(排他的)인 의지(意志)의 부정적(否定的)인 것이 곧 깨어졌다. 다시는 '아니요'라고 할 수 없고 '예'만 할 수 있는 영의 사람이 된 것이다. 육은 영의 일을 할 수 없거니와, 하나님을 기쁘시게 할 수 없는 자로서 신분상(身分上) 하나님과 원수(怨讐)가 되었던 자요 본질상(本質上) 진노(震怒)의 자식(子息)이었다.

"그때에 너희가 그 가운데서 행하여 이 세상 풍속을 좇고 공중의 권세 잡은 자를 따랐으니 곧 지금 불순종의 아들들 가운데서 역사하는 영이라 전에는 우리도 다 그 가운데서 우리 육체의 욕심을 따라 지내며 육체와 마음의 원하는 것을 하여 다른 이들과 같이 본질상 진노(震怒)의 자녀이었더니"(엡 2:2~3).
"육신을 좇는 자는 육신의 일을 영을 좇는 자는 영의 일을 생각하나니 육신의 생각은 사망이요 영의 생각은 생명과 평안이니라 육신의 생각은 하나님과 원수(怨讐)가 되나니 이는 하나님의 법에 굴복(屈服)치 아니할 뿐 아니라 할 수도 없음이라"(롬 8:5~7).

그러나 이제 육에 속한 사람이 장사(葬事)되어짐으로 육신이 행한 것은 그리스도의 피의 권세(權勢) 안으로 넘겨졌다. 이제 다시는 율법(律法) 아래로 예속(隸屬)되지 아니하게 된 것이다. 과거에는 사람의 허물이 율법 아래 넘겨졌으나, 이후로는 그리스도의 피의 권세 안으로 넘겨지게 되었으므로, 사람이 행한 불의는 결코 하나님을 향한 의(義)를 훼방(毁謗)할 수 없게 된 것이다. 다시 말해서 육신의 일에 대한 책임(責任)을 떠맡았던 옛 사람을 벗어 버리고, 하나님께 대하여 '예' 라고만 할 수 있는 의(義)에 순종(順從)하여 의롭다 함을 얻은 것이다. 생령(生靈)이라 불리우던 인간(人間)은 드디어 '새로운 피조물(被造物)' 로 거듭났으니, 이전(以前) 사람은 흙에서 났고 이후(以後) 사람은 하늘에서 영으로 났다. 처음 피조물(被造物)은 지음을 받은 자들이요, 나중 피조물(被造物)은 하나님이 영으로 혹은 진리(眞理)로 낳은 자들이다.

> **"그가 그 조물(造物) 중에 우리로 한 첫 열매가 되게 하시려고 자기의 뜻을 좇아 진리의 말씀으로 우리를 낳으셨느니라"**(약 1:18).

그러므로 믿음으로 의롭다 함을 얻은 자들은 이전(以前)처럼 살지 않는다. 과거에 불순종하던 때와 같이 살지 아니하고 '아멘' 하여 의(義)를 따른다.

> **"하나님은 미쁘시니라 우리가 너희에게 한 말은 예 하고 아니라 함이 없노라 우리 곧 나와 실루아노와 디모데로 말미암아 너희 가운데 전파된 하나님의 아들 예수 그리스도는 예 하고 아니라 함이 되지 아니하였으니 저에게는 예만 되었느니라 하나님의 약속은 얼마든지 그리스도 안에서 예가 되니 그런즉 그로 말미암아 우리가 아멘 하여 하나님께 영광을 돌리게 되느니라"**(고후 1:18~20).

이로써 그리스도 안에 있는 자들이 의롭게 되었으니, 이 의(義)는 하나님의 의(義)요 예수 그리스도의 '의'로서 믿음으로 얻은 '의'다. 하나님은 이 '의'를 창세(創世) 전부터 계획(計劃)하셨고 또 진행(進行)하셨다. 그의 행하시는 길은 어떤 피조물(被造物)에게도 방해(妨害)받지 않으셨으니 그가 계획(計劃)하신 모든 일이며 시간(時間)은 틀림이 없었다. 혹 그를 방해(妨害)하려는 헛된 짓들은 저주(詛呪)를 받았으니 그들은 오히려 완전(完全)히 무너져 버렸다.

"이 때부터 예수 그리스도께서 자기가 예루살렘에 올라가 장로들과 대제사장들과 서기관들에게 많은 고난을 받고 죽임을 당하고 제삼일에 살아나야 할 것을 제자들에게 비로소 가르치시니 베드로가 예수를 붙들고 간하여 가로되 주여 그리 마옵소서 이 일이 결코 주에게 미치지 아니하리이다 예수께서 돌이키시며 베드로에게 이르시되 사단아 내 뒤로 물러가라 너는 나를 넘어지게 하는 자로다 네가 하나님의 일을 생각지 아니하고 도리어 사람의 일을 생각하는도다"(마 16:21~23).

"마귀가 또 그를 데리고 지극히 높은 산으로 가서 천하 만국과 그 영광을 보여 가로되 만일 내게 엎드려 경배(敬拜)하면 이 모든 것을 네게 주리라 이에 예수께서 말씀하시되 사단아 물러가라 기록되었으되 주 너의 하나님께 경배하고 다만 그를 섬기라 하였느니라"(마 4:8~10).

"하나님의 영은 그것으로 알지니 곧 예수 그리스도께서 육체로 오신 것을 시인(是認)하는 영마다 하나님께 속한 것이요 예수를 시인하지 아니하는 영마다 하나님께 속한 것이 아니니 이것이 곧 적그리스도의 영이니라 오리라 한 말을 너희가 들었거니와 이제 벌써 세상에 있느니라"(요일 4:2~3).

전도는 하나님의 일이며 그리스도께서 이루신 의(義)에 이르는 첩경(捷徑)이다. 전도하는 자라면 하나님의 '의'에 대한 그림을 한눈에 볼 수 있도록 전력을 쏟아 전해야 한다. 예수 그리스도의 십자가(十字架)의 고난(苦難)이, 한낱 동정(同情)을 구하는 하류의 하찮은 연약(軟弱)한 감동의 눈물인가? 아니면 주님만이 해내실 수 있는 영광의 길인가! 우리는 이에 대해 분명한 선을 긋고 확실히 알고 나가야 한다. 예수께서 육체로 오심으로 육신 있는 우리들은 그 안에서 함께 죽었고 또 함께 살았다. 이로써 예수의 육체로 오심과 그의 부활(復活)과 승천(昇天)과 하늘 보좌(寶座)에 앉으신 것을 분명히 알아야 한다.

> **"그는 근본 하나님의 본체시나 하나님과 동등됨을 취할 것으로 여기지 아니 하시고 오히려 자기를 비어 종의 형체(形體)를 가져 사람들과 같이 되었고 사람의 모양으로 나타 나셨으매 자기를 낮추시고 죽기까지 복종(服從)하셨으니 곧 십자가에 죽으심이라 이러므로 하나님이 그를 지극히 높여 모든 이름 위에 뛰어난 이름을 주사 하늘에 있는 자들과 땅에 있는 자들과 땅 아래 있는 자들로 모든 무릎을 예수의 이름에 꿇게 하시고 모든 입으로 예수 그리스도를 주라 시인(是認)하여 하나님 아버지께 영광을 돌리게 하셨느니라"**(빌 2:6~11).

그러므로 전도란 막연(漠然)한 씨뿌림이 아니요, 예수 안으로 들어오게 해야 하는 일이며 예수 그리스도를 알도록 부르짖는 복음(福音)임을 알아야 한다. 아무리 자기의 죄를 후회(後悔)하고 가슴을 치며 울며불며 죄와 싸울지라도, 예수 안에 들어오지 않으면 결국 자기의 불의 가운데서 망하게 될 것이며 영원한 하나님의 원수(怨讐)로 살 수밖에 없고 결국 멸망(滅亡)할 수밖에 없다. 전도는 먼저 하나님의 의(義)를 알고 해야 할 것이다. 하나님의 의(義)를 모르고 한 전도는 마치 길가에 뿌려 놓은 씨와 같고, 또 그것을 모르고 전도받은 사람은 마치 돌밭 가운데 뿌려진 씨와 같고, 또 그것을 받았다 하나 예수 안에 들어오기를 거부(拒否)하며 불순종하는 자들은 가시덤불 가운데 뿌려 놓은 씨와 같아도, 하나님의 뜻을 알고 그의 '의'를 깨달은 사람은 옥토(沃土)에 뿌려 놓은 씨와 같아서 혹 백 배, 혹 육십 배, 혹 삼십 배로 결실하게 된다.

"그런즉 씨 뿌리는 비유를 들으라 아무나 천국 말씀을 듣고 깨닫지 못할 때는 악한 자가 와서 그 마음에 뿌리는 것을 빼앗나니 이는 곧 길가에 뿌리운 자요, 돌밭에 뿌리웠다는 것은 말씀을 듣고 즉시 기쁨으로 받되 그 속에 뿌리가 없어 잠시 견디다가 말씀을 인하여 환란(患難)이나 핍박(逼迫)이 일어나는 때에는 곧 넘어지는 자요, 가시떨기에 뿌리웠다는 것은 말씀을 들으나 세상의 염려와 재리(財利)의 유혹(誘惑)에 말씀이 막혀 결실치 못하는 자요, 좋은 땅에 뿌리웠다는 것은 말씀을 듣고 깨닫는 자니 결실하여 혹 백 배, 혹 육십 배, 혹 삼십 배가 되느니라 하시더라"(마 13:18~23).

하나님의 의(義)는 마귀(魔鬼)의 일을 완전히 소멸(掃滅)하고, 하나님의 거룩하심과 같이 하늘과 그 가운데 있는 모든 것들을 거룩하게 한다. 타락(墮落)한 천사에게는 영적(靈的) 피조물(被造物)의 속성(屬性)인 의지(意志)를 붙들어 줄 만한 공로가 없음으로 '의'를 향하여 영원히 '아멘' 할 수 없는 존재가 되었다. 그래서 결국 마귀(魔鬼)는 자신들의 불의 가운데 영원히 멸망(滅亡)하게 된다.

"죄를 짓는 자는 마귀(魔鬼)에게 속하나니 마귀는 처음부터 범죄함이니라 하나님의 아들이 나타나신 것은 마귀의 일을 멸하려 하심이니라"(요일 3:8).

전도자가 하나님의 의(義)를 알고 전도한다면 아마 그 효과(效果)는 대단히 클 것이다. 하나님의 의(義)를 확실하게 알게 될 때에 구령(救靈)에 대한 진정(眞情)한 사명(使命)을 뜨겁게 가지며 자발적(自發的)인 노력이 나올 것이다.

2. 하나님의 뜻

하나님의 뜻을 말하려고 하면 부득불(不得不) 천사(天使)에 관해 말하지 않을 수 없다. 천사들은 인류(人類) 보다 먼저 있던 자들로, 하나님의 이름을 위하여 지음 받은 영광(榮光)의 하늘에서 자기의 지위(地位)를 거룩히 지키며 하나님을 섬겼던 자들이다. 그런데 그들 중 한 천사장(루시퍼)과 함께 타락(墮落)한 많은 천사들이 있어, 영광의 하늘에서 지상(地上)으로 내어 쫓겨 내려왔다. 원래 사탄(Satan)은 하나님에 의하여 창조(創造)된 천사들 중에서 특별히 하나님을 찬양하는 천사장(루시퍼)으로서 항상 하나님의 옆에서 찬양(讚揚)하는 것을 맡아서 항상 하나님을 찬양(讚揚)하고 있었는데 이 천사장(天使長)이 교만(驕慢)이 끝까지 차서 지극(至極)히 높으신 하나님과 비겨 볼려고 했다.

"가장 높은 구름에 올라 지극히 높은 자와 비기리라 하도다"(사 14:14).
"교만은 패망의 선봉이요 거만한 마음은 넘어짐의 앞잡이니라"(잠 16:18).

하나님이 그것을 먼저 아시고 찬양(讚揚)하는 천사장(天使長)을 치심으로, 그의 사자들(천사들)과 함께 지상(地上)으로 내어 쫓기고 말았다.

> **"큰 용이 내어 쫓기니 옛 뱀 곧 마귀(魔鬼)라고도 하고 사단이라고도 하는 온 천하를 꾀는 자라 땅으로 내어 쫓기니 그의 사자(使者)들도 저와 함께 내어 쫓 기니라"**(계 12:9).

이렇게 하여 사단(마귀)은 그의 사자(귀신)들과 함께 하나님과 원수(怨讐)가 되어 온 천하에 공중 권세를 잡고 성도(聖徒)들을 끊임없이 괴롭히고 방해하고 유혹(誘惑)하고 온갖 장애물(障碍物)을 놓고 있는 것이다. 그들은 세상에 있는 인간들을 특히 믿음의 사람들을 마지막 그 시간이 끝나는 그 순간까지 끊임없이 괴롭히며 멸망하는 그 순간까지 억압(抑壓)하고 있는 것이다. 그들은 이미 '의'의 천사들과 구별이 된 불법한 자들로 불의가 가득한, 타락(墮落)한 자들이니, '의'와 완전히 원수(怨讐)가 되어 불의만을 일삼는 자들인 것이다.

> **"너는 기름 부음을 받은 덮는 그룹[6] 임이여 내가 너를 세우매 네가 하나님의 성산(聖山)에 있어서 화광석(火光石)[7] 사이에 왕래하**

---

6) 그룹(כרוב–케루브) : 뜻은 위대하다, 강하다. 하나님 곁에서 하나님의 영광을 수호하는 천사들을 가리킨다.

7) 화광석(אבני אשׁ–아베니 에쉬) : 문자적 의미는 '불붙는 돌', '찬란한 빛을 발하는 보석'으로 해석하기도 한다.

였었도다 네가 지음을 받던 날로부터 네 모든 길에 완전하더니 마침내 불의가 드러났도다"(겔 28:14~15).

"너 아침의 아들 계명성[8]이여 어찌 그리 하늘에서 떨어졌으며 너 열국을 엎은 자여 어찌 그리 땅에 찍혔는고 네가 네 마음에 이르기를 내가 하늘에 올라 하나님의 뭇별 위에 나의 보좌를 높이리라 내가 북극 집회의 산위에 좌정하리라 가장 높은 구름에 올라 지극히 높은 자와 비기리라 하도다"(사 14:12~14).

"하늘에 전쟁이 있으니 미가엘과 그 사자(使者)들이 용으로 더불어 싸울새 용과 그의 사자들도 싸우나 이기지 못하여 다시 하늘에서 저희의 있을 곳을 얻지 못한지라 큰 용이 내어 쫓기니 옛 뱀 곧 마귀(魔鬼)라고도 하고 사단이라고도 하는 온 천하를 꾀는 자라 땅으로 내어 쫓기니 그의 사자들도 저와 함께 내어 쫓기니라"(계 12:7~9).

"용이 여자에게 분노(忿怒)하여 돌아가서 그 여자의 남은 자손 곧 하나님의 계명(誡命)을 지키며 예수의 증거(證據)를 가진 자들로 더불어 싸우려고 바다 모래 위에 섰더라"(계 12:17).

이는 하나님께서 인자(人子)로 하여금 마귀(魔鬼)의 일을 멸(滅)하시고 그를 보좌(寶座) 우편(右便)에 앉게 하실 때에, 하나님께서 하늘에서 이루신 뜻이 이 땅에서도 이루어지게 하려 하심이라. 예수 그리스도는 하나님의 뜻대로 고난(苦難)을 받으시고 하늘에 오르셔서 하나님 우편에 앉아 계심으로 그 분에게 고난(苦難)이란 다시는 없다. 그 분은 높은 보좌(寶座)에 앉으신 분이요, 불법한 자를 심판(審判)하시고 하늘에 오르신 자시요, 천하(天下) 만국(萬國)과 천사들을 다스릴 분이시다. 그가 세상을 떠나실 때에 세상에 주고

8) 계명성(הילל – 헬렐) : 새벽에 동쪽 하늘에 빛나는 금성의 별칭(샛별). 바벨론 왕을 가리킴 (사탄으로도 해석 함)

가신 것은 언약(言約)이요, 그 약속(約束)을 위하여 하늘에서 아버지에게서 나오시는 성령(聖靈)을 예수께서 받아서 약속(約束)대로 우리에게 보내주셔서 성도들을 인(印)치셨으니, 인치심을 받은 자들은 영원히 멸망(滅亡)치 아니할 것이다.

"하나님이 오른손으로 예수를 높이시매 그가 약속하신 성령(聖靈)을 아버지께 받아서 너희 보고 듣는 이것을 부어 주셨느니라"(행 2:33).
"내가 아버지께로서 너희에게 보낼 보혜사(保惠師) 곧 아버지께로서 나오시는 진리의 성령이 오실 때에 그가 나를 증거하실 것이요"(요 15:26).

성도들은 주님께서 기회로 주신 육체가 이 땅위에 잠시 머무는 동안 성령의 은사(恩賜)를 따라 세상에서 나그네로 살아갈 때에 최선을 다해야 한다.

"우리의 연수가 칠십이요 강건(强健)하면 팔십이라도 그 년수의 자랑은 수고와 슬픔뿐이요 신속히 가니 우리가 날아가나이다"(시 90:10).

교회는 곧 전도이다. 교회가 전도하지 않는다면 그리스도의 복음을 세상에 들려줄 자가 없다. 전도자들이 가지고 전할 것은 그리스도의 약속(約束)이니, 이 약속을 받지 않고는 어느 누구라도 절대로 구원(救援)을 받을 수 없다.

교회가 전도를 위하여 고난(苦難)받는 것은, 하나님이 예수를 세상에 보내신 것과 예수께서 고난을 받으신 그것을 아는 것이며, 그것을 알 때에 어떠한 어려움이 와도 전도의 의무(義務)를 변함없이 감당할 수 있으며, 교회가 받을 고난에 대하여 오히려 주님께 영광을 돌리게 된다. 세상에는 전도의 요령(要領)들에 관한 프로그램과 서적들이 많이 있다. 그것들은 첨단(尖端)의 지혜(智慧)들이며 인간의 수단과 방법과 가능성을 총동원(總動員)한 지식들이다.

그러나 전도는 어디까지나 물건을 나르는 세상의 수단이 아니고, 오직 영적인 일로서, 사람의 이성(理性)을 통해서 영혼(靈魂) 속에 그리스도의 약속과 예수의 이름 권세(權勢)를 심어주는 것이다. 그러므로 전도가 사람의 마음을 얼마든지 움직일 수가 있다 해도, 사람의 영혼은 영이기에 성령(聖靈)으로 하지 않고는 결단코 사람의 영혼에 감동을 줄 수도 없고 움직일 수도 없다.

> **"저희는 세상에 속한 고로 세상에 속한 말을 하매 세상이 저희 말을 듣느니라 우리는 하나님께 속하였으니 하나님을 아는 자는 우리의 말을 듣고 하나님께 속하지 아니한 자는 우리의 말을 듣지 아니하나니 진리(眞理)의 영과 미혹(迷惑)의 영을 이로써 아느니라"(요일 4:5~6).**

영(靈)에는 세상의 영과 진리(眞理)의 영이 있다. 세상의 영으로 미혹(迷惑)받고 있는 이들에게 주님의 약속으로 주신 복음(福音)의 비밀(秘密)을 믿게 하는 것은 그들로 하여금 세상에서 미혹(迷惑)된 것으로부터 벗어나게 하는 것이다. 전도(傳道)는 영적(靈的)으로 해야 가능하다. 세상의 여러 가지 방법들이 어느 정도 효과는 볼 수 있다 해도 결코 완전한 것이 아니니, 결국 세상 수단 방법으로는 사람의 영혼(靈魂)을 구원(救援)할 수 없기 때문이다. 그러기에 예수께서 "너희는 예루살렘을 떠나지 말고 내게 들은 바 아버지의 약속한 것을 기다리라"(행 1:4)고 말씀하시면서 성령(聖靈)받을 것을 분부(分付)하셨다.

"오직 성령(聖靈)이 너희에게 임하시면 너희가 권능(權能)을 받고 예루살렘과 온 유대와 사마리아와 땅 끝까지 이르러 내 증인이 되리라 하시니라"(행 1:8).

오직 성령(聖靈)의 충만(充滿)함을 받으라!! 전도는 성령으로 하지 않으면 아니 될 성질의 것이기 때문이다. 그러기에 예수님은 베드로에게 "이를 네게 알게 한 이는 혈육(血肉)이 아니요 하늘에 계신 내 아버지시니라"(마 16:17)고 말씀하셨다. 예수 자신을 세상에 알리지 말라고 당부하신 것도 사람의 능(能)으로는 예수가 하나님의 아들이신 것을 증거(證據)할 수 없기 때문이다.

"이에 제자들을 경계(警戒)하사 자기가 그리스도인 것을 아무에게도 이르지 말라 하시니라"(마 16:20).

전도는 이성(理性)에 호소(呼訴)하는 일이 아니요 영혼(靈魂)에 호소(呼訴)하는 일이다. 영혼이 그 소리를 받을 수 있을 때에 이로써 전도가 이루어진다.

"이러므로 우리가 하나님께 쉬지 않고 감사함은 너희가 우리에게 들은 바 하나님의 말씀을 받을 때에 사람의 말로 아니하고 하나님의 말씀으로 받음이니 진실로 그러하다 이 말씀이 또한 너희 믿는 자 속에서 역사하느니라"(살전 2:13).

전도(傳道)는 하나님의 뜻대로 해야만 한다. 하나님이 그렇게 하라 하셨으니 그렇게 해야 하며 또 그렇게 할 뿐이다. 그것이 바로 전도의 원리(原理)이다.

하나님께서 정하신 방법만이 전도의 성공에 이를 수 있다. 이는 이미 전도의 모든 이치(理致)를 하나님이 하나님의 뜻대로 마련해 놓으셨기 때문이다. 천지간 모든 만물의 조화(調和)를 보더라도, 하나님께서 정하신 창조(創造)의 이치가 어느 하나라도 그 법칙을 떠나지 않고 있다. 하나님이 명하신 순서대로 유기적(有機的) 관계를 이루거나 계속 보완(補完)하며 변함없이 진행되고 있음을 뜻한다. 이런 것을 볼 때 인간의 새로운 어떤 발견보다는, 하나님이 미리 마련해 두신 원리(原理)를 따르는 것이 더 현명(賢明)한 방법일 것이다. 전도 자체가 영적인 권능(權能)을 지녀야만 할 수 있는 일이다. 그러므로 권능 없이 전도에 임한다는 것은 훈련 없는 병사들이 전쟁터에 뛰어드는 것과 다를 바 없다. 현재 전도를 구실 삼은 교회의 행사들이 무수히 많다. 그러나 분명한 것은 그것들로 모인 군중을 교회 안으로 끌어들이지 못하고 있다는 사실이다. 초대교회(初代敎會)에서는 베드로의 설교(說敎)를 듣고 전도를 받은 사람들이 "형제들아 우리가 어찌할꼬?"(행 2:37) 하며 회개(悔改)하고

3천 명이나 세례(洗禮)를 받으며 교회로 몰려들었다(행 2:41). 그 후에 베드로가 성령(聖靈)이 충만(充滿)하여 설교를 할 때 믿는 자가 남자의 수만 5천 명이나 되었다(행 4:4). 과연 그들의 전도 전략(戰略)은 오직 주 예수께서 허락하시고 분부(分付)하신 것들뿐이었다. 과연 하나님의 지혜(智慧)를 따를 자가 있는가? 그분이 가지고 계시는 비밀(秘密)스러운 무기를 능가할 지혜들이 또 있겠는가? 그럼에도 불구하고 하나님의 약속과 주 예수의 분부(分付)를 무시하고 인위적(人爲的) 수단에만 의지한 일방적인 전도의 방법들이 어떻게 잘 되어지지나 않을까 하지만 그것은 결코 잘 될 수가 없다.

그러므로 전도는 하나님의 뜻대로 해야 한다. 하나님의 뜻대로 하는 전도에는 결코 후회할 것이 없다. 그러므로 "너희는 예루살렘을 떠나지 말고 먼저 하나님이 약속하신 것을 기다리라"(행 1:4)고 하심을 생각하여, 하나님의 뜻대로 준비하는 성경적 전도 계획을 세워서 기도(祈禱)하고 전도해야 할 것이다. 하나님의 뜻대로 하는 전도는 예수께서 함께 역사(役事)하시고 일하신다. 그러므로 하나님의 뜻대로 하는 전도는 이미 예정(豫定)된 승리를 손에 쥐고 하는 것과 같다. 이렇게 성령께 감동된 절대적인 행위는 결코 승리할 수밖에 없다.

"주 예수께서 말씀을 마치신 후에 하늘로 올리우사 하나님 우편에 앉으시니라 제자들이 나가 두루 전파할새 주께서 함께 역사(役事)하사 그 따르는 표적으로 말씀을 확실히 증거(證據)하시니라"(막 16:19~20).

하나님의 뜻대로 하는 전도는 하나님께서 보장(保障)하신 전도 행위이다. 또한 전도는 하나님의 뜻이기 때문에 어떠한 불합리(不合理)한 조건이 가로막는다 할지라도 결코 제한받아서는 아니된다. 하나님의 뜻은 영원히 진행되어야 하는 일이요, 하나님은 그것을 위하여 하늘과 땅과 그 가운데 있는 만유(萬有)를 창조(創造)하셨다. 하나님이 자기를 위하여, 자기의 방법대로 자기의 사람들에게 자기의 능력(能力)으로 역사(役事)하는 일을 판단(判斷)할 자가 과연 어디 있겠는가? 그런데도 전도에 대해 낙심하거나 또는 부정적인 태도를 보이는 이들이 있어, 매우 한심하게 여겨 지기도 한다. 우리는 우선 신약성경(新約聖經)이 말하고 있는 전도의 방법들을 자세히 살펴서 그 원리(原理)를 이해해야 하며 승리(勝利)하는 비결(秘訣)을 선택해야 한다. 주님은 이것을 원하신다. 이것이 또한 주께서 사도(使徒)들에게 부탁하신 일이다. 신약교회(新約教會)는 주님의 방법대로 하나님의 뜻대로 순종(順從)하는 것이 모범(模範)이다. 하나님의 뜻이라면 무엇이든지 무조건(無條件) 절대적(絕對的)이다.

전도(傳道)와 선교(宣教)는 같은 의미이나 그 방법에는 차이(差異)가 있다. 전도(傳道)는 직접적(直接的)이며, 선교(宣教)는 간접적(間接的)이다. 선교는 다른 온갖 수단을 동원(動員)해서 복음(福音)을 전한다. 의료(醫療) 사업, 사회 사업, 스포츠(Sport), 음악회 등 간접(間接) 활동을 통해 복음을 전달한다. 그러나 전도는 성도들의 체험(體驗)을 직접(直接) 증거(證據)하고 사람의 입을 통해 직접 전달하는 일이다. 그러므로 전도는 하나님이 주신 성령(聖靈)의 능력(能力)을 힘입어야 한다. 하나님의 뜻을 따라, 그분의 뜻을 전하는 일을 해야 한다. 하나님은 세상을 사랑하셨다. 세상은 하나님이 사람을 위해 창조(創造)하셨고, 사람은 하나님이 영광 받으시기 위해서 창조하셨다. 또 이 세상은 하나님이 직접 운행(運行)하고 계신다. 그러기에 하나님은 이 세상에 관심이 심히도 많으시다. 하나님께서 세상을 자기의 능력(能力)으로 진단(診斷)하신 결과는, 세상은 스스로 멸망(滅亡)할 수밖에 없다는 것이었다. 그래도 하나님은 세상을 이처럼 사랑하셨기 때문에 이 세상을 포기(暴棄)하지 아니하시고 처방(處方)을 내리셨으니, 이는 독생자(獨生子)를 이 세상에 보내시는 것이었다(요3:16). 하나님이 판단하신 바 천사들을 다 보낸다 해도, 또는 다른 피조물(被造物)의 능력을 총동원한다 해도 세상을 멸망(滅亡)으로부터 구원할 수 없고 오직 하나님의 아들로써만 구원할 수 있음을 아시고, 드디어 독생자를 이 세상에 보내셨던 것이다. 하나님의 처방(處方)은 곧 하나님의 뜻이다.

"하나님이 세상을 이처럼 사랑하사 독생자(獨生子)를 주셨으니 이는 저를 믿는 자마다 멸망치 않고 영생을 얻게 하려 하심이니라" (요 3:16).

인간(人間)의 어떠한 수단(手段)과 방법(方法), 노력(努力), 수양(修養), 지식(知識), 철학(哲學), 종교(宗教)로는 결코 구원(救援)에 이르게 할 수 없다.

"다른 이로서는 구원(救援)을 얻을 수 없나니 천하 인간에 구원을 얻을 만한 다른 이름을 우리에게 주신 일이 없음이니라"(행 4:12). "내가 하늘로서 내려 온 것은 내 뜻을 행하려 함이 아니요 나를 보내신 이의 뜻을 행하려 함이니라 나를 보내신 이의 뜻은 내게 주신 자 중에 내가 하나도 잃어버리지 아니하고 마지막 날에 다시 살리는 이것이니라 내 아버지의 뜻은 아들을 보고 믿는 자마다 영생을 얻는 이것이니 마지막 날에 내가 이를 다시 살리리라"(요 6:38~40).

이상의 성경(聖經) 말씀에서 알 수 있듯이 하나님이 하시고자 하는 것은 예수를 믿게 하는 일이다. 이것이 하나님의 뜻이다. 이렇게 해야만 하나님의 뜻을 이루게 된다. 예수를 믿게 할 수 있는 길은 예수의 이름을 전하는 일이다. 하나님은 예수의 이름에 합당한 능력을 주셨으므로, 예수의 이름이 전파(傳播)되는 곳에는 그 이름에 합당한 이적(異蹟)이 반드시 따르게 되어 있다.

오늘날 신학(神學)이니 또 현대 과학이니 하는 주장들로 복음의 사역(使役)을 왜곡(歪曲)시키고 무능(無能)한 전도를 일삼고 있으니 안타깝기 짝이 없다.

신약성경에 나타난 신약교회는 성령(聖靈)과 예수의 이름에 따르는 능력과 이적(異蹟)들로써 복음을 힘있게 전했다. 이런 신약교회의 특징들을 제외하면 결국은 무능한 전도를 할 수밖에 없다. 과연 무능한 전도에 하나님이 원하시는 것만큼 주님의 기대하신 것만큼 구령(救靈)할 능력이 과연 얼마나 있겠는가?

하나님의 뜻대로 하는 전도에는 성령(聖靈)과 능력(能力)이 항상 따르도록 하는 전교회적인 기도(祈禱)와 열심이 있었다. 그들은 한결같이 기도하고 전도했다. 예수께서도 전도(傳道)하기 위하여 새벽을 기도(祈禱)로 시작하셨다.

> **"새벽 오히려 미명에 예수께서 일어나 나가 한적한 곳으로 가사 거기서 기도하시더니 시몬과 및 그와 함께 있는 자들이 예수의 뒤를 따라가 만나서 가로되 모든 사람이 주를 찾나이다 이르시되 우리가 다른 가까운 마을들로 가자 거기서도 전도하리니 내가 이를 위하여 왔노라 하시고 이에 온 갈릴리에 다니시며 저희 여러 회당에서 전도하시고 또 귀신들을 내어 쫓으시더라"**(막 1:35~39).

기도(祈禱)는 성령(聖靈)을 동참(同參)시키는 일이다. 그리하여 인간(人間)의 무력(無力)함과 부족(不足)한 것들을 성령(聖靈)의 능력(能力)으로 동참(同參)하려는 일이다. 이렇게 성령(聖靈)과 함께 겸손(謙遜)히 일함으로써 하나님의 원하시는 뜻을 전도(傳道)를 통해서 이루어 드려야 한다. 과학(科學)의 장비(裝備)들이 유리(有利)하기도 하지만 이것들은 결코 성령(聖靈)을 초월(超越)해서도 아니된다. 믿음은 하나님이 주셨으며 또한 하나님이 바라시는 것이다.

> **"지혜(智慧) 있는 자가 어디 있느뇨 이 세대에 변사(辯士)가 어디 있느뇨 하나님께서 이 세상의 지혜를 미련케 하신 것이 아니뇨 하나님의 지혜에 있어서는 이 세상이 자기 지혜로 하나님을 알지 못하는 고로 하나님께서 전도의 미련한 것으로 믿는 자들을 구원하시기를 기뻐하셨도다"**(고전 1:20~21).

3. 복음의 의의(意義)

인간이라면 누구든지 복음(福音)으로 말미암지 않고는 하나님의 구원(救援) 계획(計劃) 안에 들어가지 못한다. 하나님의 영원 전 계획이 복음으로 인간에게 알려졌으니, 인간은 복음을 통해 하나님의 계획을 알고, 또 그가 보내신 예수 그리스도를 알게 된다. 그것이 곧 믿음이다. 이러한 믿음은 사람에게서 난 것이 아니다. 오직 하늘에서 온 것이다. 믿음과 복음은 절대적(絕對的)인 관계(關係)가 있다. 하나님은 금보다 귀한 믿음을 복음으로 주셨고, 또 복음을 믿음으로써 하나님과의 영원한 관계를 이루게 하셨다. 전도(傳道)가 구령(救靈)을 목적(目的)으로 할 때, 인류(人類)의 구령은 하나님의 뜻대로 이루어질 것이다. 그러할 때 모든 구령(救靈)의 방법(方法)과 효능(效能)은 하나님이 이미 설정(設定)한 대로 되어진다. 구령 자체가 창세(創世) 전에 이루어 놓으신 방법에 의해 전도와 복음과의 관계가 또한 이루어진 것이다.그러므로 복음 자체는 하나님의 순수(純粹)한 계획인 동시에 하나님의 최고의 수단이다.

결국 복음은 하나님으로부터 온 것이며 전도는 인간으로부터 인간에게 사용되는 것을 말한다. 전도는 인간의 재능(才能)을 이용하여 인간들에게 알리는 일이라고 말할 수 있다. 그러므로 복음이 있다 하여도 전도의 능력(能力)이나 전도의 일이 없이는 복음 전파(傳播)가 도저히 불가능(不可能)하다. 또 전도의 일이 있고 전도의 능력이 있다 해도 복음을 이해(理解)하지 못한다면, 결국 전도(傳道)의 사명(使命)을 온전(穩全)하게 감당(堪當)할 수 없다.

복음은 하나님의 뜻과 섭리(攝理가 있으므로 하나님의 열심(熱心)으로 할 수 있는 일이고, 전도는 인간에게 허락(許諾)된 가능한 방법으로 그 권한(權限)을 열심으로 나타내는 일이다. **복음에는 하나님의 열심으로서 그리스도의 희생(犧牲)이 있고, 전도에는 인간의 열심으로서 교회의 희생이 있어야 한다.**

> **"원컨대 너희는 나의 좀 어리석은 것을 용납하라 청컨대 나를 용납하라 내가 하나님의 열심으로 너희를 위하여 열심 내노니 내가 너희를 정결한 처녀로 한 남편인 그리스도께 드리려고 중매(仲媒)함이로다"**(고후 11:1~2).
> **"내가 이제 너희를 위하여 받는 괴로움을 기뻐하고 그리스도의 남은 고난을 그의 몸된 교회를 위하여 내 육체에 채우노라 내가 교회 일군된 것은 하나님이 너희를 위하여 내게 주신 경륜(經綸)을 따라 하나님의 말씀을 이루려 함이니라 이 비밀은 만세와 만대로부터 옴으로 감취었던 것인데 이제는 그의 성도들에게 나타났고 하나님이 그들로 하여금 이 비밀의 영광이 이방인 가운데 어떻게 풍성한 것을 알게 하려 하심이라 이 비밀은 너희 안에 계신 그리스도시니 곧 영광의 소망이니라"**(골 1:24~27).

이와 같이 인간의 하나님에 대한 충성(忠誠) 없이는 전도(傳道)가 없으며, 전도 없이는 복음을 들려줄 수도 없다. **옛적에 이스라엘에게 전도를 통해 예언(豫言)과 율법(律法)이 전해졌지만 이제는 전도를 통해 복음이 전해진다.**

> **"율법(律法)은 모세로 말미암아 주신 것이요 은혜(恩惠)와 진리(眞理)는 예수 그리스도로 말미암아 온 것이라"**(요 1:17).

사망(死亡)의 법을 전파(傳播)하는 일에도 전도가 사용되었지만 복음이 전파되는 일에도 전도가 사용된다. 전자(前者)는 율법(律法)의 증인(證人)들이요, 후자(後者)는 복음(福音)의 증인(證人)들이다. 율법(律法)은 정죄(定罪)의 사명(使命)을 가지고 있으며 이런 사명을 통하여 온 인류를 사망(死亡) 아래로 몰아 넣었다. 이는 그 후에 따르는 구원(救援)의 계획에 맞추려는 것으로서 율법으로 인한 정죄(定罪) 없이는 구원 계획에 들어올 수 없기 때문이다.

예수 그리스도는 율법 아래 있는 자들을 율법에서 속량(贖良)하려고 율법 아래 나타나신 이시다. 율법으로 말미암지 않고는 죄인을 예수 그리스도께로 인도(引導)할 수 없다. 죄는 오직 하나님이 정죄(定罪)하신 것으로 하나님께 범죄(犯罪)했다는 근원적(根源的) 고백(告白)을 구하는 일이다. 그리하여 그리스도에 의하여 구원(救援)을 얻음으로써 하나님의 사랑을 받았다는 신앙고백(信仰告白)을 성립(成立)시킨다. "형제들아 우리가 어찌할꼬?"(행 2:37)함과 같이 막다른 몸부림과 하나님 앞에 두려움으로 나아올 때, 비로소 복음을 듣게할 귀가 열리게 된다. "가로되 너희가 회개(悔改)하여 각각 예수 그리스도의 이름으로 세례(洗禮)를 받고 죄사함을 얻으라"(행 2:38). 이것이 복음이다.

죄는 경중(輕重)을 막론(莫論)하고 자신이 책임져야 한다. 죄는 결코 남에게 전가(轉嫁)시킬 수 없는 자신의 허물이다. 그러나 하나님의 구원(救援) 계획에 따라 예수 그리스도께서 십자가 위에서 인간의 허물을 대신 짊어 지셨으니, 이 복음 아래에서만 신기(神奇)한 이치와 약속된 속죄(贖罪)와 구원을 받을 수 있는 것이다. 구원(救援)이란 어떤 절박(切迫)하고도 피치 못할 상황(狀況)에서 얻는 것이요, 생명에 관한 좌절(挫折)에서 생명을 찾는 것을 말한다.

인류의 구원은 결코 값없이는 이루어질 수 없는 영원 전 하나님의 계획이다. 그렇다고 해서 인간의 능력이나 수단과 방법으로는 결코 될 수 있는 일이 아니다. 이는 오직 전능하신 하나님으로만이 하실 수 있는 일이었다.

구원은 속죄(贖罪)의 후속(後續)으로, 속죄 없이는 구원이란 있을 수 없다. 오직 구원은 전지전능(全知全能)하신 하나님의 계획일지라도 속죄 받을 대상은 인류이다. 그러므로 속죄를 위한 양(羊)의 죽음이 필요했던 것이다. 그래서 예수는 속죄양(贖罪羊)으로서 구원(救援)을 위한 선행자(先行者)로 나타나셨다. 인류가 아직 예수를 알지 못하고 있을 때, 아직 구원의 이름을 부르기 전에, 아직 구원자(救援者)를 찾기 전에 그가 먼저 십자가(十字架) 위에서 죽으셨으니, 이는 속죄(贖罪)가 구원을 앞질러 행해져야 한다는 뜻이다.

대개 **구원(救援)과 속죄(贖罪)를 혼돈(混沌)하고 있지만 알고 보면 둘은 분명히 다르다. 속죄(贖罪)는 구원을 얻기 위한 모든 것을 값없이 베풀어 주신 것을 말한다. 즉 첫 사람 아담(Adam)이 범죄한 죄를 속(贖)한 것을 말한다.** 첫 사람의 범죄가 온 인류에게 미쳤으니, 이는 온 인류가 아담의 후손인 까닭이다. 한 사람의 범죄(犯罪)가 온 인류(人類)를 사망(死亡)에 이르게 했으므로, 예수께서 그 죄를 대속하셨다. 첫 사람 아담의 범죄로 죽게 된 인류는 둘째 사람이신 예수의 죽음으로 속죄(贖罪)의 은혜(恩惠)를 입게 된 것이다.

이때로부터 전 인류는 예수 안에서 속죄를 받게 되었으나 각각의 속죄는 아직 받지 못하였으니, 이는 각자가 예수를 주라 시인(是認)하며 믿어야 하기 때문이다. 즉 각자가 주 예수를 믿어 구원을 얻어야 하는 것이다. 세상 사람들은 속죄했음을 알지도 못하고 믿지도 아니하여 구원을 받지 못하고 있으므로 안타깝게 멸망(滅亡)의 포구(浦口)로 마구 달려가고 있는 것이다.

속죄(贖罪)는 주님으로 인하고 구원은 자신의 믿음으로 인한다. 이것도 하나님의 구원(救援) 계획 속에서 허락된 것이다. 그러므로 오직 구원은 죄사함을 받은 자들에게 주어지는 은혜의 선물(膳物)이다. 죄사함이 없이는 결코 구원을 받지 못한다. 주님은 이미 십자가(十字架) 위에서 피로써 죄의 값을 온전히 지불(支拂)하시고 구속(救贖)해 주셨다. 그래서 예수는 새 사람을 입는 길이 되시고, 진리가 되시고, 예수는 생명으로 나아오는 문이 되셨다.

> **"예수께서 가라사대 내가 곧 길이요 진리요 생명이니 나로 말미암지 않고는 아버지께로 올 자가 없느니라"**(요 14:6).

복음(福音)은 사람의 말로 된 것이 아니요 하나님의 말씀으로 된 것이다. 이렇게 하나님의 말씀으로 된 복음을 사람의 말로 전하는 것이 곧 전도이다. 모든 사람에게 속죄(贖罪)와 구원(救援)의 소식을 들려주는 것은 하나님의 복음과 성도의 전도에 의해서 이루어진다. 그러므로 전도가 꼭 필요하다. 전도를 통하여 하나님의 복음이 세상에 알려지고 모든 사람에게 전달된다.

율법(律法) 아래 있을 때 선지자(先知者)들의 노력을 보면서도 구원(救援)을 받지 못한 것은, 그때는 아직 예수 그리스도의 속죄(贖罪)함이 없었기 때문이다. 그러나 그 일을 맡으신 예수 그리스도의 은혜(恩惠)로 우리는 오늘날 복음을 듣게 되었다. 이 복음을 들려주고 알게 하는 전도의 사역(使役)은 오직 교회의 불타는 기도와 전도를 위한 희생적인 열심으로 만이 될 수 있는 일이다.

> **"나의 달려갈 길과 주 예수께 받은 사명 곧 하나님의 은혜의 복음 증거하는 일을 마치려 함에는 나의 생명을 조금도 귀한 것으로 여기지 아니하노라"**(행 20:24).

이러한 복음적(福音的) 의의(意義)를 충분(充分)히 깨닫고 이해(理解)하여야만 교회(敎會)는 전도(傳道)다운 전도를 기쁨과 자원(自願)하는 마음으로 어떠한 어려움도 물리치고 열심(熱心)히 할 수 있는 것이다. 오직 전도(傳道)는 교회(敎會)만의 일이므로, 교회는 전도를 위한 사명(使命)을 온전(穩全)히 감당(堪當)하기 위해 최선을 다하여 기도(祈禱)하고 전도해야 할 것이다. – 아멘 –

제 8 장

전도의 사명(使命)

제 8 장

전도의 사명(使命)

하나님은 하늘에서 그의 아들(예수)을 후사(後嗣)로 정하시고 그를 위하여 하늘과 땅과 모든 것들을 창조(創造)하셨다. 하나님의 경륜(經綸)과 때가 차매 아들을 세상에 보내셨고, 아들은 하나님의 뜻을 이루기 위하여 십자가(十字架) 위에서 죽으신 후 3일 만에 부활(復活)하사 40일 동안 이 땅에 계시다가 하늘에 오르셔서 하나님 우편에 앉으셨다(막 16:19). 그리고 10일 만에 예수님이 하나님께 성령(聖靈)을 받아서(행 2:33, 요 15:26) 약속(約束)하신 대로 성령(聖靈)을 부어 주셨다. 그래서 이 땅위에 그리스도의 몸된 교회(教會)가 세워졌으니, 그러므로 교회가 해야 할 사명(使命)은 분명히 전도(傳道)이다.

"주 예수께서 말씀을 마치신 후에 하늘로 올리우사 하나님 우편에 앉으시니라"(막 16:19).
"하나님이 오른손으로 예수를 높이시매 그가 약속하신 성령(聖靈)

을 아버지께 받아서 너희 보고 듣는 이것을 부어 주셨느니라"(행 2:33).
"내가 아버지께로서 너희에게 보낼 보혜사(保惠師) 곧 아버지께로서 나오시는 진리의 성령이 오실 때에 그가 나를 증거하실 것이요"(요 15:26).

▶ 아들(예수)을 세상에 보내심

하나님이 하늘에서 높고 높은 보좌(寶座)를 버리시고 낮고 천한 죄 많은 이 땅에 외아들(독생자)을 보내신 사랑은 얼마나 큰 일이냐? 하나님은 아들에게 죽을 계명(誡命)과 살 계명을 주셨기 때문에, 예수는 아버지의 계명을 권세로 받아 목숨을 아낌없이 버리셨다. 이는 아버지의 거룩하신 뜻이다. 이렇게 하나님은 비밀(秘密)을 세상에 내어 주심으로 아들을 통해서 하나님의 뜻을 세상에 다 나타내셨다. 이 같은 하나님의 결정 없이는 그 무엇도 생겨날 것이 없으며 이루어질 것도 없으며 보여질 것도 없다. 영원하신 하나님의 예정(豫定) 아래 천지간에 펼쳐지는 역사(役事)가 너무 크고 도저히 측량(測量)할 수 없고 심히도 오묘(奧妙)하기 때문에 오히려 인간은 이것을 상상(想像)조차 할 수 없었다. 그러나 "영생(永生)은 곧 유일(唯一)하신 하나님과 그의 보내신 자 예수 그리스도를 아는 것이니이다"(요 17:3) 라는 예수의 고백적인 말씀과 같이 우리는 하나님의 뜻을 알아야 한다. 그것을 아는 길에는 예수 자신만이 나타낼 수 있는 속성(屬性)과 그의 행하신 표적(表蹟)들과 이루신 일들이 있다.

"예수께서 가라사대 빌립아 내가 이렇게 오래 너희와 함께 있으되 네가 나를 알지 못하느냐 나를 본 자는 아버지를 보았거늘 어찌하여 아버지를 보이라 하느냐 나는 아버지 안에 있고 아버지는 내 안에 계신 것을 네가 믿지 아니하느냐 내가 너희에게 이르는 말이 스스로 하는 것이 아니라 아버지께서 내 안에 계셔 그의 일을 하시는 것이라"(요 14:9~10).

우리는 우리 육안(肉眼)으로 하나님이 보이지 않는다 하여 무조건(無條件) 하나님이 없다고 무시(無視)할 수는 없다. 신앙(信仰)이란 보고 만질 수 있는 것만 믿는 것이 아니고 보이지 않는 하나님을 시인(是認)할 수 있는 것을 말한다. 하나님을 시인한다는 것은 관념적(觀念的)인 신앙(信仰)을 말하는 것이 아니고 예수를 통하여 증거(證據)를 받는 신앙(信仰)을 뜻한다. 하나님은 예수를 통하여 하나님의 비밀(秘密)을 세상에 알리심으로 모든 것이 예수 안에서 창세(創世) 전부터 예정(豫定)된 일들임을 알게 하셨다. 그 같은 하나님의 뜻이 예수 그리스도의 고난(苦難)과 부활(復活)을 통해서 나타났다.

▶ 아버지의 뜻을 이루심

예수는 하나님의 외아들(독생자)이시다. 인간(人間)의 한계(限界)를 초월(超越)한 그의 역사(役事)는 전적(全的)으로 하늘로서 내려온 것이며 임의(任意)로 되어진 것이 아닌, 아버지께서 말씀하신 대로 온전(穩全)히 되어진 사역(使役)이다. 베드로가 때로는 예수께서 하신 말씀을 전혀 깨닫지 못할 때가 있었다. 왜냐하면 그것은 하나님의 뜻대로 하실 일에 관한 것이었기 때문이다. 이는 사람이 납득(納得)하기에는 너무나 어려웠기 때문이다.

> "이때부터 예수 그리스도께서 자기가 예루살렘에 올라가 장로들과 대제사장들과 서기관들에게 많은 고난을 받고 죽임을 당하고 제삼일에 살아나야 할 것을 제자들에게 비로서 가르치시니 베드로가 예수를 붙들고 간(奸)하여 가로되 주여 그리마옵소서 이 일이 결코 주에게 미치지 아니하리이다 예수께서 돌이키시며 베드로에게 이르시되 사단아 내 뒤로 물러가라 너는 나를 넘어지게 하는 자로다 네가 하나님의 일을 생각지 아니하고 도리어 사람의 일을 생각하는도다 하시고"(마 16:21~23).

예수는 그러한 일을 하기 위하여 이 세상(世上)에 오셨다.

> "내가 하늘로서 내려온 것은 내 뜻을 행하려 함이 아니요 나를 보내신 이의 뜻을 행하려 함이니라 나를 보내신 이의 뜻은 내게 주신 자 중에 내가 하나도 잃어버리지 아니하고 마지막 날에 다시 살리는 것이니라"(요 6:38~39).

예수의 생애(生涯)는 참혹(慘酷)하여 당시에 그를 믿는 자가 극히 적었다. 그러나 그것은 하나님의 일이요 예수께서 행하실 일이니, 이는 그가 세상에 오신 목적이다. 실로 예수의 사역(使役)은 인간만을 위하심도 아니요 또한 자신만을 위함도 아니다. 이는 모두 아버지께서 하늘에서 예정(豫定)하신 아버지의 뜻을 위함이다. 예수 그리스도의 공생애(共生涯)가 인간으로서는 저주(詛呪) 아래서 나 생각할 수 있는 가장 불행한 일이다. 이면(裏面)에 감추어진 하나님의 뜻 없이는 전혀 사모(思慕)할 만한 일이 아니다. 그러나 예수는 하나님의 뜻대로 행하셔야 했으며 그렇게 하는 것이 이 세상에 나타난 그의 목적이었다. 예수는 이일을 위하여 십자가 위에서 죽으시고, 3일 만에 부활(復活)하시고, 40일 만에 승천(昇天)하셔서 최고의 높임을 받으셨다. 이는 사람으로서의 당할 수 있는 체험(體驗)을 초월(超越)한 것이요, 오직 하나님의 아들이신 그분만이 하나님의 주신 능력(能力)으로써 이루어 놓으신 것이다. 그러므로 그는 자신이 스스로 가난하게 되심으로 세상을 부요(富饒)하게 하셨다.

> **"우리 주 예수 그리스도의 은혜를 너희가 알거니와 부요(富饒)하신 자로서 너희를 위하여 가난하게 되심은 그의 가난함을 인하여 너희로 부요케 하려 하심이니라"**(고후 8:9).

예수는 자신(自身)이 매를 맞으심으로 고침을 받게 하셨다.

> **"그가 찔림은 우리의 허물을 인함이요 그가 상함을 우리의 죄악을 인함이라 그가 징계(懲戒)를 받음으로 우리가 평화를 누리고 그가 채찍에 맞음으로 우리가 나음을 입었도다"**(사 53:5).

십자가 위에서 피흘려 죽으심으로 속죄(贖罪)를 받으시고 다 이루어 주셨다.

> **"예수께서 신 포도주를 받으신 후 가라사대 다 이루었다 하시고 머리를 숙이고 영혼(靈魂)이 돌아가시니라"**(요 19:30).

그가 하신 일은 세상(世上)이 알지 못하는 일을 스스로 해낸 것이다. 그는 이와 같이 힘을 다하고 뜻을 다하고 성품(性品)을 다하고 목숨을 다하여 하나님 아버지를 사랑하신 것이다. 사람은 예수와 같이 하나님을 온전(穩全)히 사랑할 수 없다. 만일 반드시 예수와 같이 해야만 천국(天國)에 들어갈 수 있다면 단 한 명도 천국에 들어갈 자가 없을 것이다. 예수께서만 하나님을 그렇게 사랑하셨고 율법(律法)이 요구(要求)하는 바대로 하나님을 온전히 섬기셨다. 이로써 오직 육신을 입고 하나님을 하나님의 법대로 사랑하며 섬긴 일은 오직 예수만이 유일무이(唯一無二)하게 감당할 수가 있었다. 인간은 율법을 통해 더욱 하나님을 잘 섬길 수 없다는 사실을 알게 되었다. 그러나 율법은 인간이 하나님을 찾아 가는 가장 정상적인 자격(資格)을 가르치고 있다. 이로써 하나님은 인간에게는 하나님을 사랑할 만한 자격이 없음을 깨닫게 하신 것이다. 한마디로 아담(Adam)은 에덴 동산에서 하나님을 사랑하는 일에 실패한 것이다. 그러나 예수는 하나님을 사랑하는 일에 승리(勝利)하셨고, 하나님의 뜻대로 아버지를 섬기셨으며, 율법의 요구를 이루시고 하늘의 예정(豫定)하심을 성취(成就)하셨다. 그가 십자가 위에서 **"다 이루었다"**(τετέλεσται)고 하신 성취 선언(宣言)이야말로 영광을 받으시기에 가장 합당한 말씀이다.

예수는 하나님의 아들로서 그리고 성전(聖殿)으로서 그의 목표를 완성하셨다. 아버지를 사랑하신 일이 창세 전부터 바라시던 아버지의 뜻으로서, 예수 안에서 완성된 것이다. 이로써 모든 인류는 예수 안에서만 하나님께 나아가며, 예수 안에서만 하나님을 향한 믿음이 인정되며, 부족했던 믿음이 온전케 될 수 있다. 그가 하신 일은 한 가지도 흠이 없으시니, 그는 그 일을 다 하신 후 하늘에 오르셨고, 그가 성령(聖靈)을 하나님께 받아서(행 2:33) 교회에 보내주심으로 교회는 성령으로 예수의 남은 사역(使役)을 감당해 나가는 것이다.

▶ 하나님을 사랑함

인간이 하나님을 사랑하는 것은 예수를 초월(超越)하고는 도저히 불가능하다. 누구든지 예수 안에서만 하나님께 나아갈 수 있으니 이는 그의 권한(權限)이다. 인간이 하나님을 사랑하는 것은 예수 안에서만 얻을 수 있는 유일한 법칙(法則)이다. 이때로부터 교회는 모든 족속(族屬)과 민족과 먼 데 있는 나라들과 땅 끝까지 나아가 인간의 영혼(靈魂)을 사랑해야 할 의무(義務)를 갖게 되었다. 이는 그리스도의 피로 이루신 영원한 은혜(恩惠)에 대한 의무이다. "네 이웃을 네 몸같이 사랑하라"하신 말씀은 교회가 떠맡고 있는 계명이다. 예수께서 목숨을 다하여 하나님을 사랑하신 것같이, 교회는 예수의 남은 고난의 봉사자로서 세상을 사랑해야 한다. 하나님은 세상을 이처럼 사랑하사 독생자(외아들)를 세상에 주셨다. 아들은 자기의 몸과 피를 세상을 위해 교회에 주셨다. 교회의 할 일은 이제 분명하니 곧 예수를 세상에 전해 주는 것이다. **'예수**(Ιησούς)' **이름의 뜻은 '그가 자기 백성을 저희 죄에서 구원(救援)할 자이심이라'** 하는 **뜻이다**(마 1:21). **또한 '그 이름을 임마누엘**(אל

עמנו)이라 하리라' 하셨는데 그 뜻은 '하나님이 우리와 함께 계시다' 는 뜻이다(마 1:23).

> **"아들을 낳으리니 이름을 예수라 하라 이는 그가 자기 백성을 저희 죄에서 구원(救援)할 자이심이라"**(마 1:21).
> **"보라 처녀가 잉태(孕胎)하여 아들을 낳을 것이요 그 이름을 임마누엘이라 하리라 하셨으니 이를 번역한즉 하나님이 우리와 함께 계시다 함이라"**(마1:23).

예수는 곧 사랑의 증거(證據)이다. 교회(敎會)는 예수를 믿고 세상에 예수를 전함으로, 세상을 사랑하신 하나님의 뜻대로 이 세상을 사랑하신 것이다.

예수를 가장 잘 아는 자는 오직 교회뿐이다. 교회는 그가 하나님의 아들이심과 세상을 사랑하사 세상에 보내 주신 하나님의 증인(證人)이심을 알고 있다. 이로써 교회는 증인이 되었으니 세상에 예수를 알리는 사랑의 의무(義務)를 가지게 된 것이다. 이 사랑을 위하여 힘을 다하고 목숨을 다하고 성품을 다하고 뜻을 다해야 한다. 교회는 인본주의적(人本主義的) 사랑이 아닌 하나님이 세상을 이처럼 사랑하신 하나님의 사랑을 값없이 퍼부어 주어야 한다.

교회(敎會)는 예수를 세상에 알리려는 사랑을 위하여 순교(殉敎)라도 각오(覺悟)해야 한다. 하나님이 세상에 사랑을 주시기 위해 예수를 주심같이, 예수께서는 그 사랑을 세상에 주시려고 몸을 찢고 피를 흘려 주셨다. 교회는 하나님이 세상을 사랑하신 증거(證

據)로 받은 예수를 이 세상에 알리는 일에 어떤 희생(犧牲)이라도 감수(甘受)해야 한다. 교회가 할 일이 바로 이것이다.

"그러면 무엇이뇨 외모로 하나 참으로 하나 무슨 방도로 하든지 전파되는 것은 그리스도니 이로써 내가 기쁘고 또한 기뻐하리라 이것이 너희 간구와 예수 그리스도의 성령의 도우심으로 내 구원에 이르게 할 줄 아는 고로 나의 간절한 기대와 소망을 따라 아무 일에든지 부끄럽지 아니하고 오직 전과같이 이제도 온전히 담대하여 살든지 죽든지 내 몸에서 그리스도가 존귀(尊貴)히 되게 하려 하나니 이는 내게 사는 것이 그리스도니 죽는 것도 유익함이니라"(빌 1:18~21).

복음(福音) 전도(傳道)는 결코 순조(順調)롭지 않다. 그 자체가 영적(靈的)이기에 영적인 장애(障碍)가 어찌 그렇게 많은지, 영적인 투쟁(鬪爭)이 없이는 불가능한 일이다. 참으로 우리의 싸움은 혈(血)과 육(肉)에 대한 것이 아니다.

"우리의 씨름은 혈과 육에 대한 것이 아니요 정사(政事)와 권세(權勢)와 이 어두움의 세상 주관자(主管者)들과 하늘에 있는 악의 영들에게 대함이라"(엡 6:12).

악한 영들의 저항(抵抗) 세력(勢力)이 어찌나 큰지, 교회 안에도 예수의 능력과 그의 이름의 이적(異蹟)들의 나쁜 싹이 점점 자라나고 있다. 교회는 세상을 이해하고 타협(妥協)해서는 결코 안된다. 세상을 예수 사랑으로 불쌍히 여겨야 한다. 하나님의 사랑을 받지 못하고 있는 세상에 대한 사명(使命)을 가져야 한다. 교회가 사명을 가지지 않으면 누가 세상에 대한 사명을 갖겠는가? 세상에 대한 구제(救濟)와 기타 물리적 봉사만이 꼭 필요하다고 할 수는 없다. 하나님의 사랑을 받지 않으면 반드시 멸망(滅亡)한다는 진단(診斷)이 내려졌으니, 가장 시급한 것은 저들로 하여금 하나님의 사랑을 알게 하는 일이다.

아무리 문명이 발달하고 기계가 첨단화(尖端化)되어도 하나님의 사랑을 받지 못하면 어느 곳이든지 썩어갈 뿐이며 어느 누구라도 멸망할 뿐이다. 이는 사람의 지혜(智慧)로써 진단된 것이 아니라, 하나님의 지혜(智慧)와 그 능력으로 진단된 것이다. 예수는 세상을 사랑하신 하나님의 사랑이시다. 이는 영으로 이해하고 영으로 환영해야 할 것이다. 영으로 하지 않으면 역시 인본주의(人本主義)로 타락 할 것이며, 인본주의적 전도는 결코 구령(救靈)할 수 없다.

전도는 분명히 사명을 가져야만 할 수 있다. 전도에 대한 직업 의식을 버려야 한다. 전도에 대한 물질적인 보상(報償)이 없다 할지라도, 전도는 교회의 사명이자, 하나님의 사랑을 받은 자들의 마땅히 감당해야 할 의무이다. 그러므로 전도는 하기 싫어도 부득불(不得不) 해야만 하는 성도의 사명(使命)이다.

1. 사도들의 사명(使命)

우선(于先) 예수의 12제자들이 주님의 부르심을 받았을 때, 그들이 당장(當場) 해야 할 임무(任務)는 너무나도 뚜렷하였다.

"또 산에 오르사 자기의 원하는 자들을 부르시니 나아온지라 이에 열둘을 세우셨으니 이는 자가와 함께 있게 하시고 또 보내사 전도도 하시며 귀신을 내어 쫓는 권세도 있게 하려 하심이러라"(막 3:13~15).

"주와 함께 있게 하시고 전도의 일을 하게 하며"라는 말씀에서 볼 수 있듯이, 사도들의 사명(使命)은 그들이 받은 소명(召命)대로 전도하는 일이었다.

전도(傳道)는 노상(路上)에 서서 전도지를 뿌리거나 마이크를 잡고 소리쳐 외치는 일만을 말함이 아니다. 전도는 전도를 목적으로 한 구체적인 계획과 실행, 그리고 계속적인 업무(業務)를 포함하여 말한다. 이를 위하여 "보라 내가 너희를 보냄이 양을 이리 가운데 보냄과 같도다 그러므로 너희는 뱀같이 지혜(智慧)롭고 비둘기같이 순결(純潔)하라"(마 10:16)고 말씀하셨으니 전도는 그리 쉬운 일이 아니다. 목숨까지라도 빼앗길 수 있는 위험한 일이 전도이다. 그러므로 슬기롭게 진행하지 않으면 아니될 일이다.

전도는 그리스도의 편에서는 사람만을 많이 모으고자 하는 것이 아니기 때문에, 그리스도의 교회 안에 있는 머리 숫자만을 따져서도 아니될 일이다. 오늘날 우리가 당면(當面)한 심각(深刻)한 문제가 또 있다. 이는 교회 안에서도 다시 전도를 받아야 할 자들이 얼마든지 발견되고 있는 실정이다.

여러 해 동안 교회에 출석하고 있다고 하지만, 그들 중에는 세상에 치우쳐서 영적(靈的)인 호소(呼訴)에 전혀 귀를 기울이지 못하고 있는 이들도 있다. 설교를 마치 인간들의 어떤 욕구(欲求) 충족(充足)같이 생각하고 있는 이들이 허다하다. 그래서 이들에게 영적 교육이 보다 시급한 형편에 있다.

교회 안에 무작정(無作定) 많은 사람의 숫자를 불러모으는 형태보다는, 전도가 가지는 특성(特性), 곧 구령(救靈)을 위해 영적으로 잘 이끌어 갈 수 있는 능력(能力)이 필요하다. 이를 위해 예수는 전도자들에게 따르는 표적(表蹟)을 주셨고, 그들에게 전도와 동시에 능력을 같이 병행(竝行)하도록 명령하셨다.

> **"가면서 전파하여 말하되 천국이 가까왔다 하고 병든 자를 고치며 죽은 자를 살리며 문둥이를 깨끗하게 하며 귀신을 쫓아내되 너희가 거저 받았으니 거저 주어라"**(마 10:7~8).

또한 전도의 발길이 닿는 곳마다 평안(平安)을 빌 것을 명령하셨으니, 이는 복음은 평안(平安)의 복음이 되기 때문이다. 그럴지라도 복음이 쉽게 허락(許諾)되지 아니할 것을 미리 말씀하시고 낙심(落心)치 말 것을 또한 가르치셨다.

> **"아무 성에나 촌에 들어가든지 그 중에 합당한 자를 찾아내어 너희 떠나기까지 거기서 머물라 또 그 집에 들어가면서 평안하기를 빌라 그 집이 이에 합당하면 너희 빈 평안이 거기 임할 것이요 만일 합당치 아니하면 그 평안이 너희에게 돌아올 것이니라"**(마 10:11-13).

전도는 하늘에서 오는 복음을 가지고 하는 일이므로, 세상이 하늘에서 오는 소식을 쉽게 받을 리가 없다. 전도는 씨를 뿌리려고 밭에 나간 농부가 씨앗이 떨어져야 할 곳을 살피며 조심스럽게 뿌리듯 복음의 씨를 잘 뿌려야 한다.

하나님은 비록 전도자가 박해(迫害)를 받으며 핍박(逼迫)을 받으며 무시를 당할지라도, 하늘에서 보낸 메시지에 대한 긍지(矜持)를 가지도록 해주셨다.

"누구든지 너희를 영접(迎接)도 아니하고 너희 말을 듣지도 아니하거든 그 집이나 성에서 나가 너희 발의 먼지를 떨어버리라"(마 1:14).

전도를 받지 아니하는 성이나 마을은 심판(審判) 날에 심판을 면치 못할 것을 말씀하셨다. 사도들에게 분부(分付)하신 전도 여행은 마치 선지자들이 지나간 결과를 보는 듯이 심판적이었다. 이는 요나의 전도와 같이 권위 있는 일이다. 이만큼 전도자(傳道者)에게 큰 권세(權勢)가 있으니, "네가 땅에서 무엇이든지 매면 하늘에서도 매일 것이요 네가 땅에서 무엇이든지 풀면 하늘에서도 풀리리라"(마 16:19) 고 하신 권세이다. 전도자의 권위(權威) 이것은 박해(迫害)를 받든지 환영(歡迎)을 받든지 간에 즐거운 일이며 보람된 일이다. 그러므로 전도자에게 여행을 위한 준비로서 믿음과 권위를 더욱 가지게 하셨다.

> "너희 전대(纏帶)에 금이나 은이나 동이나 가지지 말고 여행을 위하여 주머니나 두 벌 옷이나 신이나 지팡이를 가지지 말라 이는 일꾼이 저 먹을 것 받는 것이 마땅함이니라"(마 10:9~10).

사도들은 생활을 위하여 전도하지 아니했다. 복음을 위한 순수한 동기로써 전도 생활을 하였다. 예수 자신이 전도자로서 전도를 위하여 세상에 오셨다.

> "이르시되 우리가 다른 가까운 마을들로 가자 거기서도 전도하리니 내가 이를 위하여 왔노라 하시고"(막 1:38).

또한 예수님은 실지로 전도(傳道)의 모범(模範)을 손수 보여 주셨다.

> "이에 온 갈릴리로 다니시며 저희 여러 회당(會堂)에서 전도하시고 또 귀신들을 내어 쫓으시더라"(막 1:39).

전도(傳道)는 세상이 결단코 줄 수 없는 것을 소유(所有)하게 하며, 손에 쥐어지지 않는 영적(靈的)인 것을 심령(心靈)에 안겨 주는 일이었기 때문에, 듣는 이들의 가슴을 이상하리만큼 뛰게 하였다.

> "저희가 가버나움에 들어가니라 예수께서 곧 안식일에 회당(會堂)에 들어가 가르치시매 뭇 사람이 그의 교훈에 놀라니 그 가르치는 것이 권세(權勢) 있는 자와 같고 서기관과 같지 아니함일러라"(막 1:21~22).

"저희가 서로 말하되 길에서 우리에게 말씀하시고 우리에게 성경을 풀어 주실 때에 우리 속에서 마음이 뜨겁지 아니하더냐 하고" (눅 24:32).

전도에는 복음이 있어야 하고 또한 복음을 들을 수 있는 대상(對象)은 심령(心靈)이다. 영혼(靈魂)은 심령을 통하여 움직인다. 심령을 향한 전도는 매우 영적이어야 한다. 바울은 자신이 가르치는 바가 "사람의 말로 아니하고 하나님의 영으로 함이니"라고 하였고 또한 설교를 듣는 이들이 바울의 말을 "사람의 말로 아니하고 하나님의 말씀으로 받으매 진실로 그러하다"며 기뻐했다.

"이러므로 우리가 하나님께 쉬지 않고 감사함은 너희가 우리에게 들은 바 하나님의 말씀을 받을 때에 사람의 말로 아니하고 하나님의 말씀으로 받음이니 진실로 그러하나 이 말씀이 또한 너희 믿는 자 속에서 역사(役事)하느니라"(살전 2:13).

베드로는 사도들과 함께 복음을 전할 때에 자기들의 주장하는 바가 성령으로 하는 것이라고 했고, 성령은 얼마든지 부르시는 자들에게 약속하신 것이라고 하였다. 초대교회는 전도를 위한 기도에서도 성령과 능력을 간구하였다.

"주여 이제도 저희의 위협(威脅)함을 하감(下瞰)하옵시고 또 종들로 하여금 담대히 하나님의 말씀을 전하게 하여 주옵시며 손을 내밀어 병을 낫게 하옵시고 표적(表蹟)과 기사(奇事)가 거룩한 종 예수의 이름으로 이루어지게 하옵소서 하더라"(행 4:29~30).

전도(傳道)는 성령(聖靈)의 도움 없이는 할 수 없는 영적(靈的)인 일이다. 그러므로 전도의 일을 인위적(人爲的)으로 취급해서는 절대로 아니될 것이다. 만약 전도자를 양육하기 위해 인위적인 방법으로 잘 가르친다 하더라도, 하룻밤을 성령(聖靈)을 의지(依支)하는 기도(祈禱)로 준비하고 일터로 나가는 사람만큼 전도의 효력을 보지 못할 것이다. 우리는 전도의 일이 특수(特殊)한 영적인 사역(使役)이라는 점을 깨달아야 한다. 초대교회 사도들의 전도가 현대교회의 전도에 반영(反映)된다면, 현대교회의 전도는 대단히 왕성(旺盛)할 것이다. 전도자에게 있어야 할 영적 무장(武裝) 없이 전도에 임한다는 것은 탄환(彈丸)이 없는 빈총을 들고 적진으로 뛰어드는 것과 같다. 예수는 그의 제자들을 전도의 일을 맡은 자들로 세워서 세상 끝날까지 어떻게 전도해야 하는가를 보여 주셨다. 사도들은 전도를 위해 일하고 끝까지 전도 하다가 순교(殉教)했다. 이는 그리스도의 철저(徹底)한 교훈(教訓)이기도 하다. 이렇게 훈련받은 사도들은 초대교회로부터 신약교회를 이루어 가는 중추적(中樞的) 역할(役割)을 하게 되었다. 사도들의 임무(任務)는 눈만 뜨면 전도의 일을 개시(開始)하는 것이었다. 그러한 결과 성도는 매일 눈덩이처럼 불어났다(행 2:41, 4:4). 이렇게 되는 것은 주 예수 그리스도와 함께하시는 역사(役事)로 나타나게 되었다.

"그 말을 받는 사람들은 세례(洗禮)를 받으매 이 날에 제자의 수가 삼천이나 더하더라"(행 2:41).
"말씀을 들은 사람 중에 믿는 자가 많으니 남자의 수가 약 오천이

> 나 되었더라"(행 4:4).
> "제자들이 나가 두루 전파할새 주께서 함께 역사(役事)하사 그 따르는 표적으로 말씀을 확실히 증거하시니라"(막 16:20).

이와같이 주님이 함께 역사(役事)하시는 전도의 일은 세상 끝날까지 계속 될 것이다. 현대교회는 사도들의 전도와 일에 대한 특별한 관심을 가져야 하고 거기에서 전도의 효과적인 원리를 찾아내어 실천해 나가야 할 것이다.

2. 교회의 사명(使命)

전도(傳道)는 교회(敎會)가 반드시 꼭 해야 할 일이다. 교회는 그리스도의 피로 구속(救贖)받은 사람들이 모여 양육(養育)을 받는 그리스도의 몸이다. 그러나 양육을 받음과 동시에 또한 사명(使命)을 감당(堪當)해 나가야 한다.

> "내가 포도나무요 내 아버지는 그 농부라 무릇 내게 있어 과실을 맺지 아니하는 가지는 아버지께서 이를 제해 버리시고 무릇 과실을 맺는 가지는 더 과실을 맺게 하려 하여 이를 깨끗케 하시느니라"(요 15:1~2).

포도나무는 농부(農夫)로부터 직접 양육(養育)을 받는다. 그러나 농부의 기대는 열매 맺는 데 있다. 만일 가지가 열매를 맺지 아니한다면 농부는 가지를 그대로 두지 아니하고 찍어 내어 버리고 만다. 교회는 그리스도의 몸이요 지체로서, 또한 피로 사신 그의 양으로서 마땅히 그로부터 양육을 받아야 한다. 그렇게 양육을 받지 아니한다면 결코 그의 지체(肢體)라고 볼 수 없다.

온몸이 머리로부터 지시(指示)를 받으며 호흡과 음식이 머리에서부터 온몸으로 돌고 돌아 발끝까지 내려가듯이, 교회는 마땅히 머리되신 이로부터 지시와 은혜(恩惠)와 양육을 받는다. 그렇게 잘 훈련된 교회가 음부(陰府)의 권세(權勢)를 이길 수 있다. 교회는 현재 하늘에 속해 있지만 한편으로는 세상에 들어와 있다. 그래서 교회는 음부(陰府)의 권세(權勢)로부터 억압(抑壓)을 받을만한 위치에 있고 도전(挑戰)과 박해(迫害)를 받을만한 위치에 있다.

물과 기름이 전혀 성질(性質)을 달리 하듯이, 교회와 세상은 본질(本質)이 전혀 다른 상극(相剋)된 처지(處地)에서 각각 길을 달리하고 있기 때문에, 세상은 교회가 하는 일을 용납(容納)하지 않으며, 교회 또한 세상이 하는 일을 용납하지 않는다. 혹이 세상에서 하던 일을 그대로 가지고 교회 안으로 들어올 수 없다. 세례(洗禮) 의식(儀式)을 통해 옛 사람을 장사(葬事)지내지 아니하고는 결단코 교회에 합류(合流)될 수 없는 것이 교회(敎會)의 특성(特性)이다.

"너희는 믿지 않는 자와 멍에를 같이하지 말라 의와 불법이 어찌 함께하며 빛과 어두움이 어찌 사귀며 그리스도와 벨리알[9]이 어찌 조화되며 믿는 자와 믿지 않는 자가 어찌 상관하며 하나님의 성전

9) 벨리알(בליעל 벨리야알) : 불법과 어두움의 대표적 표현(사악함,무가치함). 악마의 왕으로 사단과 동의어로 사용됨

과 우상이 어찌 일치가 되리요 우리는 살아 계신 하나님의 성전이라 이와 같이 하나님께서 가라사대 내가 저희 가운데 거하며 두루 행하여 나는 저희 하나님이 되고 저희는 나의 백성이 되리라 하셨느니라 그러므로 주께서 말씀하시기를 너희는 저희 중에서 나와서 따로 있고 부정한 것을 만지지 말라 내가 너희를 영접하여 너희에게 아버지가 되고 너희는 내게 자녀가 되리라 전능하신 주의 말씀이니라 하셨느니라"(고후 6:14~18).

그러므로 세상 신으로부터 심한 박해(迫害)와 시련(試鍊)을 당하기도 하지만, 교회는 최후까지 승리(勝利)할 수 있는 능력(能力)을 받았다. 이는 예수 그리스도의 피와 권세(權勢)를 아는 지식(知識)이 그들의 믿음을 붙들어 주며 또 그렇게 이기도록 하나님의 약속(約束)이 영원히 주어졌기 때문이다.

"또 여러 형제가 어린 양의 피와 자기의 증거(證據)하는 말을 인하여 저를 이기었으니 그들은 죽기까지 자기 생명을 아끼지 아니 하였도다"(계 12:11).
"내가 너로 여자와 원수(怨讐)가 되게 하고 너의 후손도 여자의 후손과 원수가 되게 하리니 여자의 후손은 네 머리를 상하게 할 것이요 너는 그의 발꿈치를 상하게 할 것이니라 하시고"(창 3:15).
"또 내가 네게 이르노니 너는 베드로라 내가 이 반석(盤石) 위에 내 교회를 세우리니 음부(陰府)의 권세(權勢)가 이기지 못하리라"(마 16:18).

끝없는 핍박(逼迫)과 훼방(毁謗)을 받으면서도 그리스도의 나라의 지체(肢體)로서 끝까지 견디어 나가야 하는 것이 교회이다. 교회는 세상에서 고된 생활을 하지만 결국은 승리(勝利)하고 만다.

교회는 마치 세상에 나아가 전투하는 자와 같다. 매일 그리고 항상 싸워야만 하는 책임(責任)을 지닌다.

악을 악으로 대항(對抗)하지 아니하고 선으로 대항하며 계속되는 도전(挑戰)을 인내(忍耐)로 이겨야 하는 것이 전투(戰鬪)하는 교회이다. 마귀(魔鬼)와 그에 속한 영들은 할 수만 있으면 신령(神靈)한 교회들을 핍박(逼迫)한다. 마귀는 예수의 교회를 넘어뜨리려는 시도(試圖)를 세상 끝까지 버리지 않는다.

> **"근신(謹愼)하라 깨어라 너희 대적(對敵) 마귀가 우는 사자(獅子) 같이 두루 다니며 삼킬 자를 찾나니 너희는 믿음을 굳게 하여 저를 대적하라…"**(벧전 5:8~9).

하나님의 말씀으로 양육받는 교회의 능력 있는 삶이 마귀(魔鬼)의 권세(權勢)를 무찌르고 당당히 설 수 있음은 하나님의 말씀이 살아서 역사(役事)하기 때문이다. 이렇게 말씀으로 양육받는 교회가 튼튼해져 갈 때, 교회는 다시 무엇을 해야 하는지를 깨달아 알아야 한다. 곧 교회가 견고(堅固)해지고자 하거나, 계속적으로 승리할려면 역시 전도가 계속 왕성(旺盛)하게 일어나야 한다.

"최대의 방어(防禦)는 최대의 공격(攻擊)이다"라는 말처럼 교회가 방어에 능동적(能動的) 자세를 취하려면 전도라는 최대의 공격이 필요하다. 계속되는 전도는 마귀(魔鬼)의 궤략(詭略)에 대항(對抗)할 수 있는 전략적(戰略的)인 전투력을 기르고 마귀의 힘을 무력(無力)하게 하는 최대의 방어를 하게 된다.

전도하지 아니하는 교회는 매우 허약(虛弱)하다. 여전히 빈자리를 메우지 못한 설렁한 예배당(禮拜堂) 안은 힘이 없는 교회로 되어지기 쉽다. 또 자장가와 같은 잔잔한 설교는 교회를 움직이지 못한다. 맥박마저 점점 약해져 힘이 떨어져 가는 죽은 듯한 교회는 닥쳐오는 시련(試鍊)과 시험(試驗)의 강한 바람에 대항할 만한 조그만 힘조차 없다. 교회는 전도해야 하지만 하나님의 살아 역사(役事)하는 말씀으로 양육을 받으면서 힘차게 전도를 계속해 나가야 한다. 어떤 전도자는 전도할 것을 말씀으로 외치기도 하고 호소(呼訴)하기도 하지만 정작 그것을 받아들여야 할 성도는 이를 받아드릴 만한 능력이 없고 의욕(意慾)도 없다. 이는 말씀이 없기 때문이다. 교회의 영혼(靈魂)들을 말씀으로 충족시킨 다음, 그 말씀이 믿음이 되고 능력이 되도록 교육을 시켜야 한다. 말씀으로 잘 양육받은 교회는 부흥된다. 전도라는 전투 명령이 떨어지면 이것이 곧 최선(最善)의 방어(防禦)라는 것을 깨닫고 이겨 나간다. 교회가 양육과 전도를 겸하게 될 때, 정상적인 교회의 본분(本分)을 나타낼 수 있다.

"모이면 기도하고 흩어지면 전도하자"는 구호가 반복되어질 때, 교회는 확실하게 전도하게 된다. 그 결과 교회는 부흥하고 성장하게 된다. 또한 왕성하게 성장해 가는 교회는 오직 말씀으로 살려고 하는 열망(熱望)에 불타게 된다.

이러므로써 말씀과 전도가 점차 동일한 비중을 차지하게 되어지는 것이다.

대부분 허약한 교회는 전도에 대한 필요성을 느끼면서도 실제로는 행동할 수 없는 문제를 지니고 있다. 전도를 위한 특별 계획도 필요하지만, 전도해야 할 사명감(使命感)은 더 더욱 필요하다. 전도의 사명을 느끼지 못하는 교회는 아무리 웅장한 전도 전략을 세운다 해도 효과적인 결과를 가져올 수 없다.

"전도하지 않으면 내게 화(禍)로다"하는 책임 의식을 깨우쳐 주어서, 멸망의 포구로 마구 달려가는 이들을 향한 뜨거운 열심히 있도록 해야 할 것이다. 아무리 말해도 교회의 사명은 전도이다. 아무리 기도해도 후회는 없고, 아무리 전도해도 후회는 없고, 하면 할수록 더 좋은 것이 또한 기도요 전도이다.

"내가 복음을 전할지라도 자랑할 것이 없음은 내가 부득불(不得不) 할 일임이라 만일 복음을 전하지 아니하면 네게 화(禍)가 있을 것임이로다"(고전 9:16).

어떤 교회에서는 연중 행사가 거의 놀고 먹고 즐기는 것으로 일관(一貫)되어 있다. 그런 교회의 평신도 지도자들의 말씀을 빌리면, "너무 큰 교회는 사랑이 없고, 작은 교회라야 아담(雅澹)하며 서로가 즐겁게 지낸다"는 것이다. 그래서 너무 성장하는 교회는 바라지도 않는다는 것이다. 어떻게 이런 이들에게서 전도의 불타는 사명(使命)을 향한 실천(實踐)을 기대할 수가 있겠는가? 목회자가 큰 교회를 담임하고 싶은 것은 명예욕(名譽慾)에서만 나오는 것이 아니다. 기본적(基本的)으로 전도를 원하고 있다는 뜻이다. 전도하지 아니하고는 교회의 부흥과 성장이 결단코 없기 때문이다. 바울은 이렇게 말했다.

> "내가 이제 너희를 위하여 받는 괴로움을 기뻐하고 그리스도의 남은 고난(苦難)을 그의 몸된 교회를 위하여 내 육체에 채우노라" (골 1:24).

이는 교회가 어떤 사명(使命)을 가져야 하는 것인가를 나타내는 말씀이다. 바울의 전도인으로서의 삶은 자비량(自備糧)으로 하면서 매도 수 없이 맞으면서도 매일 기뻐하는 삶이였다. 누구에게나 누(累)를 끼친 적이 없이 오직 전도를 기뻐하는 삶만이 그의 생활이었고 믿음이었고 또한 사명(使命)이었다.

교회의 사명은 오직 전도이다. 가끔씩 교회에 모여 인간적인 친교를 위한 집회가 아니라, 매일 승리하는 자들이 다시 전도하기 위하여 모인 무리이다. 구약교회는 자기 백성만을 가르쳤다. 그러나 신약교회는 온 천하 만민에게 복음을 증거(證據)했다. 개인의 전도 계획도 중요하지만, 교회를 전도의 모체(母體)로 삼아야 한다. 이때 교회는 전도를 받고 나오는 자들을 양육할 수 있어야 한다. 영적 지도자는 온 교회로 하여금 전도의 사명(使命)을 가지도록 훈련(訓練)하고 이를 생활화(生活化)시켜야 한다. 전도(傳道)는 곧 성도(聖徒)의 삶이다. 그러므로 전도는 교회(敎會)의 호흡(呼吸)과 같이 여겨져야 한다.

① 전도를 목적으로 한 교육의 필요성

교회의 프로그램(Program) 중에 교육이 많이 있다. 일단 프로그램들은 효과적으로 진행될 수 있어야 하고 교육의 결과는 실천(實踐)으로 옮겨져야 한다. 그러려면 교육 지도자가 먼저 생각해야 할 것이 있다. "과연 이런 식의 교육이 효과를 가져올 수 있을까?" 하며 교육의 근본(根本)을 확고(確固)히 다져야 한다. 근본이 확실하지 않으면 아무리 해도 큰 효과를 가져올 수 없다.

현대의 교인들은 한 주에 한번씩 교회에 출석하는 것도 지겹게 여기는 사람이 많아지고 있다. 이에 더하여 전도를 위한 교육으로 별도의 시간을 마련할려고 하면 교인들은 고통(苦痛)스러워 한다. 그러므로 이를 극복(克服)하려면 생기(生氣)를 불어 넣어 주는 새로운 프로그램을 제공(提供)해야 한다.

전도를 위한 교육을 실시하려면 전도에 대한 사명(使命)을 가진 교사가 영(靈)으로 영들에게 호소(呼訴)해야 한다. 영으로 하지 않는 교육, 다만 이성(理性)에 호소하는 정도로서는 영들을 움직이게 할 수 없다. 오직 전도는 영들이 움직여야만 하는 일이요 영들이 움직여야 효과(效果) 있는 전도가 될 수 있다.

② 전도를 위한 계속적인 독려(督勵)

전도(傳道)라는 일은 언제부터 언제까지라는 시한부(時限附) 일이 아니다. 자신이 일평생 전도를 위해 열심히 헌신(獻身)하다 보면, 하나님께서 시를 따라 때를 따라 전도의 열매를 맺게해 주실 것이다. 비록 전도는 신자(信者)라면 모두 다 이 사명(使命)을 받았다는 것을 인식(認識)해야 한다.

성경에는 "너희가"라는 말이 반복되고 있다. 이는 어느 특정인(特定人)에게만 지시된 것이 아니라 "너희"라는 모두에게 명령된 것으로서, 예수를 아는 자라면 어느 누구라도 이러한 성경의 명령을 거역(拒逆)할 수 없다. 오직 성경은 모든 신자의 생활과 믿음의 본이 된다.

교회의 지도자가 모일 때마다 전도의 일에 관한 설교를 계속했다 해도 이는 결코 무리한 일이 아니다. 왜냐하면 오직 할 것을 했기 때문이다. 모든 설교의 결단은 전도를 독려(督勵)하지 않으면 결단코 좋은 설교가 될 수 없다. 1년에 몇 차례만 독려(督勵)하는 것은 효과 없는 노력이다. 그리고 거의 매주일 모일 때 마다 또한 모든 메시지(Message)를 통해 구령(救靈)을 위한 전도의 사명을 영혼(靈魂) 깊이 불어 넣어 주어야 한다. 하나님은 구령(救靈)에 관한 모든 책임을 아들에게 주셨고 아들은 그것을 감사(感謝)히 받아 들이셨다. 그래서 아들은 아버지의 명하신 것과 그에게 주신 것을 온전(穩全)히 감당(堪當)해야 아버지의 뜻이 성취(成就)된다고 선언(宣言)하셨다.

"아버지께서 내게 주시는 자는 다 내게로 올 것이요 내게 오는 자는 내가 결코 내어 쫓지 아니하리라 내가 하늘로서 내려온 것은 내 뜻을 행하려 함이 아니요 나를 보내신 이의 뜻을 행하려 함이니라 나를 보내신 이의 뜻은 내게 주신 자 중에 내가 하나도 잃어버리지 아니하고 마지막 날에 다시 살리는 이것이니라"(요 6:37~39).

③ 전도의 실천(實踐)

교회(敎會)는 전도(傳道)를 위한 조직(組織)과 동시(同時)에 이를 늘 실행(實行)에 그대로 옮기는 삶이 있어야 한다. 목회자가 강단에서 "여러분 다음 주일에는 한 분이 한 분씩 꼭 데리고 오시기 바랍니다"라고 부탁했다고 하자, 아무리 전도자가 호소력(呼訴力)이 넘치게 외쳤다 해도 그 효과는 그렇게 좋지 않을 것이다. 이런 호소가 매주 강단에서 흘러 나온다 할지라도, 자신들은 전도의 전문가가 아니라는 등, 시간이 없다는 등, 능력이 없다는 등, 이리저리 회피(回避)하는 핑계 때문에 효과를 거둘 수 없는 것이다.

전도는 아예 책임(責任)을 맡겨야 한다. 그러므로 공중 앞에서 말하기 보다는 전도의 영역(領域)을 구체적으로 집사(執事)들로 축소(縮小)시키고 그 집사들 중에서도 개개인을 지목(指目)하여 상담(相談)하고 아는 분 중에서 한사람을 택해서 "다음 주일에 그분 한 분만 꼭 모시고 오세요"라고 해야 한다. 그래서 그가 "예"하고 대답할 때까지 두 번, 세 번 거듭 부탁해야 한다. 그래서 "예"하고 대답한 그는 그때로부터는 하기 싫어도 해야 되고 하다가 보면 하나님이 함께 역사(役事)하심으로 체험(體驗)을 하게 되고, 그래서 차차로 열심히 하게 되는 것이다. 이렇게 각자 개인에게 구체적으로 직접 부탁(付託)하고 기도해 주고 하면 전도에 대한 효과는 좋아지게 될 것이다.

그 다음이 중요한데 곧 전도되어 온 이들을 양육(養育)하는 문제이다. 그들을 어떻게 양육하느냐 하는 것은 목회자(牧會者)의 수준

(水準)에 따라 다르다. 어떤 이는 한 사람도 잃지 아니하고 모두를 양육하는가 하면, 어떤 이는 그 모두를 잃어버리고 마는 안타까움을 당하기도 한다. 전도자는 언제든지 간절히 기도하며 조심스럽게 최선을 다해야 할 것이다.

3. 의인(義人)의 사명(使命)

전도(傳道)의 사명(使命)이 어떤 특정인(特定人)에게만 주어진 것이라는 오해(誤解)로 인해, 대부분의 신자들이 전도에 대한 사명(使命)을 느끼지 못하고 있는 형편(形便)이다. 그러나 전도는 포도나무에 붙어 있는 모든 가지가 열매를 맺듯이, 신자라면 누구나 전도의 열매를 맺어야 한다. 전도는 어느 누구만이 따로 할 수 있는 성질의 것이 아니다. 신자(信者)된 그날로부터 그는 전도인(傳道人)이 된 것이다. 하나님은 그렇게 그를 부르신 것이다.

> **"인자야 내가 너를 이스라엘 족속의 파수꾼으로 세웠으니 너는 내 입의 말을 듣고 나를 대신하여 그들을 깨우치라 가령 내가 악인에게 말하기를 너는 꼭 죽으리라 할 때에 네가 깨우치지 아니 하거나 말로 악인에게 일러서 그 악한 길을 떠나 생명을 구원케 하지 아니하면 그 악인은 그 죄악 중에서 죽으려니와 내가 그 피 값을 네 손에서 찾을 것이고 네가 악인을 깨우치되 그가 그 악한 마음과 악한 행위에서 돌이키지 아니하면 그는 그 죄악 중에서 죽으려니와 너는 그 생명을 보존하리라"**(겔 3:17~19).

전도(傳道)는 마치 의인(義人)들의 임무(任務)와 같다. 의인이라 함은 멸망하는 자와 구별되어, 그들을 구원(救援)해 줄 수 있는 위치에 서 있는 자들을 말한다. 죄인(罪人)이 죄인을 구원할 수 없다. 이는 마치 소경이 소경을 인도하는 격이요 사형수(死刑囚)가 사형수를 대신(代身)해 죽겠다는 격이다.

의인((義人)은 악인(惡人)을 전도하고 의로운 길로 인도해야 할 임무가 있다. 의인의 생활이 모든 것의 표준이 될 수는 없지만, 신앙의 기준을 가진 자로서 불의한 자들을 정죄(定罪)할 수 있다. 의인은 하나님을 사모(思慕)하며 하나님 편에 서서 대변(代辯)할 책임을 가지고 있기에, 의인은 전도자로서 적합한 자들이다. 의인의 눈은 악인을 멸시(蔑視)하며 또 그들의 생활을 증오(憎惡)하고 있다. 그러기에 선지자적인 사명을 가지고 세상을 견책(譴責)도 하며 위로(慰勞)도 하며 소망(所望)도 주며 또한 구원도 하려고 힘쓰게 된다.

신자(信者)는 그리스도의 공로(功勞)를 입고 의롭다 하심을 받았으니, 그 눈은 불신자를 볼 때마다 신자의 심령(心靈)과 그리스도의 심정(心情)을 가져야 한다. 전도의 책임을 느껴야 할 임무를 가지는 것이다. 신자가 자신의 위치를 알고 있지 아니하면, 어떻게 불신자를 구원(救援)할 수 있겠는가? 세인(世人)을 불쌍히 여기는 마음이 없이 그들을 구원할 수 있겠는가? 그리스도의 심령을 가지지 아니하고 과연 세인들에게 은혜(恩惠)를 전파(傳播)할 수 있겠는가?

의인(義人)이라 함은 그리스도의 심정(心情)을 가진 자들을 말한다. 그리하여 그리스도의 눈으로 세상을 보아야 한다. 그리스도의 손길로 세상을 구원(救援)하려고 해야 한다. 그리스도는 자신의 목숨까지라도 버리시며 세상을 구원하려 하셨다. 그리스도인이란 그리스도의 마음을 가지고 그리스도의 일을 계속하는 자들이다. 자신이 의인이라는 교만(驕慢)함이 아니라 자신 또한 의롭다 하심을 얻지 않으면 안된다는 겸손(謙遜)한 신분으로서, 의인(義人)의 사명(使命)을 감당(堪當)하려고 해야 한다. 그리스도께서 의로우신 자로서 세상 죄인들을 위하여 자신을 낮추시고 사람과 같이 되셔서 죽기까지 하심을 보라! 이것이 의인의 태도이다. 의인은 긍휼(矜恤)과 인내(忍耐)와 사랑을 갖는다.

"그러므로 그리스도 안에 무슨 권면이나 사랑에 무슨 위로나 성령의 무슨 교제나 긍휼(矜恤)이나 자비(慈悲)가 있거든 마음을 같이 하여 같은 사랑을 가지고 뜻을 합하여 한마음을 품어 아무 일에든지 다툼이나 허영으로 하지 말고 오직 겸손한 마음으로 각각 자기보다 남을 낫게 여기고 각각 자기 일을 돌아볼 뿐더러 또한 각각 다른 사람들의 일을 돌아보아 나의 기쁨이 충만케 하라 너희 안에 이 마음을 품으라 곧 그리스도 예수의 마음이니"(빌 2:1-5).

바울은 전도자(傳道者)의 심정(心情)을 스스로 생각하여 전도에 미치는 영향(影響)을 역설(逆說)했다. 전도자가 세인(世人)과 동일한 신분(身分)이라면 어찌 그들을 구원(救援)해 낼 수 있겠는가? 전도자에게서 구별(區別)된 의로움을 발견하지 못하면 세상이 어떻게 그들을 신뢰(信賴)하거나 따를 수 있겠는가?

전도자에게는 절대적(絕對的)인 설득력(說得力)이 있어야 한다.

영적(靈的)인 권위(權威)와 능력(能力)으로 설득해야 하고 또 인격(人格)과 성품(性品)으로도 설득력을 지녀야 한다. 권유(勸諭)와 명령(命令)에 구별(區別)이 없이는 설득력이 있을 수 없다. 전도자는 세상의 빛과 같은 신분이어야 세상을 비추게 되고 그들이 처한 어두움을 깨우쳐 그 가운데서 나오게 할 수가 있다.

"내가 예수 그리스도의 심장(心臟)으로 너희 무리를 어떻게 사모(思慕)하는지 하나님이 내 증인이시니라"(빌 1:8).

전도는 마구잡이 식으로 될 수 있는 것이 아니다. 물론 서로가 각각 다른 방법과 도구(道具)들을 전도에 사용하지만, 전도는 반드시 사명(使命)을 가지고 멸망(滅亡)하는 자들을 그들의 길에서 돌이키게 해야 하기 때문에 보다 적극적이어야 한다. 교회에 파벌(派閥)이 많이 생겨 오히려 전도에 지장(支障)을 주고 있는 형편(形便)이지만 전도의 사명(使命)만은 누구나 같이할 수 있다.

"어떤 이들은 투기(妬忌)와 분쟁(紛爭)으로 어떤 이들은 착한 뜻으로 그리스도를 전파하나니 이들은 내가 복음을 변명하기 위하여 세우심을 받은 줄 알고 사랑으로 하나 저들은 나의 매임에 괴로움을 더하게 할 줄로 생각하여 순전치 못하게 다툼으로 그리스도를 전파하느니라 그러면 무엇이뇨 외모로 하나 참으로 하나 무슨 방도(方途)로 하든지 전파되는 것은 그리스도니 이로써 내가 기뻐하고 또 기뻐하리라"(빌 1:15~18).

전도자가 의인(義人)의 심정(心情)을 가지고 있지 아니하면 세인(世人)에 대하여 무관심하게 되고, 자신의 사명(使命)을 느끼지 못하게 된다. 의인의 심정이 없이는 긍휼(矜恤)도 없고 또 세상을 불쌍히 여기는 마음도 얻지 못한다.

아브라함의 심정(心情)이야말로 참된 의인의 심정이다. 그에게는 멸망(滅亡) 직전에 있는 소돔 성의 구원(救援)에 대한 안타까운 부르짖음이 있었다. 이미 멸망하기로 작정(酌定)된 상황(狀況)에서도 소돔 성의 많은 영혼(靈魂)들을 생각하고 여호와께 부르짖었다. "주께서 의인을 악인과 함께 멸하시려나이까"(창 18:23). 이렇게 말함은 악인의 구령(救靈)에 대한 의인의 긍휼(矜恤)한 심정(心情)으로, 죽음에 처한 자들을 살려 내려는 뜻이다. 곧 악인일지라도 의인의 덕(德)으로 구원받을 수 있지 않는가 하는 심정에서 말한 것이었다.

"그 성중에 의인 오십이 있을지라도 주께서 그 곳을 멸하시고 그 오십 의인을 위하여 용서치 아니하시리이까 주께서 이같이 하사 의인을 악인과 함께 죽이심은 불가하오며 의인과 악인을 균등히 하심도 불가하니이다 세상을 심판하시는 이가 공의(公義)를 행하실 것이 아니니이까"(창 18:24~25).

의인(義人)의 심장(心臟)에는 자기의 의(義)를 다 포기할지라도 악인을 그 악에서 구원(救援)하고자 하는 간절(懇切)함이 있다. 모세는 자신의 이름이 생명록에서 지워지는 한이 있더라도 자기 백성을 죄에서 구해 주실 것을 간구(懇求)하였다. 아브라함은 소돔 인들을 구원(救援)하고 싶은 심정(心情)에서 여호와께 매달렸다. 의인의 그 심정을 소돔 인들이 알 바 없었지만, 그래도 의인은 끈질긴 노력(努力)으로 최후까지 자기의 사명(使命)을 다해야 했다.

"여호와께서 가라사대 내가 만일 소돔 성중에서 의인 오십을 찾으면 그들을 위하여 온 지경을 용서하리라 아브라함이 말씀하여 가로되 티끌과 같은 나라도 감히 주께 고하나이다. 오십 의인 중에 오 인이 부족할 것이면 그 오 인 부족함을 인하여 온 성을 멸하시리이까 가라사대 내가 거기서 사십오 인을 찾으면 멸하지 아니하리라 아브라함이 또 고하여 가로되 거기서 사십 인을 찾으시면 어찌하시려나이까 가라사대 사십 인을 인하여 멸하지 아니하리라 아브라함이 가로되 내 주여 노하지 마옵시고 말씀하게 하옵소서 거기서 삼십 인을 찾으시면 어찌하시려나이까 가라사대 내가 거기서 삼십 인을 찾으면 멸하지 아니하리라 아브라함이 또 가로되 내가 감히 내 주께 고하나이다. 거기서 이십 인을 찾으시면 어찌하시려나이까 가라사대 내가 이십 인을 인하여 멸하지 아니하리라 아브라함이 또 가로되 주는 노하지 마옵소서 내가 이번만 더 말씀하리이다 거기서 십 인을 찾으시면 어찌하시려나이까 가라사대 내가 십 인을 인하여도 멸하지 아니하리라 여호와께서 아브라함과 말씀을 마치시고 즉시 가시니 아브라함도 자기 곳으로 돌아갔더라"(창 18:26~33).

의인(義人)이라는 신분이 무엇인가? 착하고 온유(溫柔)하기만 한 것이 의인의 심정인가? 결코 그런 것은 아니다! 의인이란 악인에 대해 긍휼(矜恤)을 가진 자를 말한다. 그리스도께서 의로우신 분일지라도 죽음에 이르기까지 죄인을 위해 희생(犧牲)하심같이, 의인이라면 모두 이러한 그리스도의 마음을 가지고 의인이 된 사명을 감당하며 나타내야 한다.

하나님은 악인을 학대(虐待)하시지만 의인은 용납하시니, 의인은 이로써 큰 은혜(恩惠)에 보답(報答)해야 할 것이다. 하나님의 의인에 대한 기대(期待)는 악인을 회개(悔改)시켜 구원(救援)하기를 바라시는 마음보다 더 하실 것이다. 그러므로 의인(義人)의 게으름과 악인(惡人)에 대한 무관심은 오히려 악인으로부터 받으시는 실망(失望)보다 더 큰 하나님의 실망을 낳을 것이다.

의인은 이 세대에 사명(使命)을 가진 자다. 의인은 하나님의 심정을 이해하고 있으며 세상을 구원하시려고 오신 그리스도의 심정을 받들어 행하지 않으면 아니될 것이다. 전도자는 의인의 심정이 없이는 불가능하다. 항상 하나님은 의인의 편이 되시고 하나님은 의인의 태도를 주시하신다.

"…하나님이 의인의 세대(世代)에 계심이로다"(시 14:5).

만일 의인(義人)이라 하면서 악인(惡人)의 멸망(滅亡)함을 보고도 그들을 돌이켜 구원(救援)을 얻게 하지 아니하면 악인은 자신의 죄로 인하여 멸망(滅亡)할지라도 그들을 돌이켜 구원(救援)을 얻게 하지 아니하면 악인은 자신들의 죄로 인하여 멸망할지라도 그들의 피 값은 의인에게 찾으리라 하셨다.

"가령 내가 악인에게 이르기를 악인아 너는 정령 죽으리라 하였다 하자 내가 그 악인에게 경고하여 그 길에서 떠나지 아니하면 그 악인은 자기 죄악 중에서 죽으려니와 내가 그 피를 네 손에서 찾으리라 그러나 너는 악인에게 경고하여 돌이켜 그 길에서 떠나라고 하되 그가 돌이켜 그 길에서 떠나지 아니하면 그는 자기 죄악 중에서 죽으려니와 너는 네 생명을 보전하리라"(겔 33:8~9).

하나님은 악인이라도 모두 회개하여 구원에 이르기를 바라시기 때문이다.

"주 여호와의 말씀에 나의 삶을 두고 맹세하노니 나는 악인의 죽는 것을 기뻐하지 아니하고 악인이 그 길에서 돌이켜 떠나서 사는 것을 기뻐하노라 이스라엘 족속(族屬)들아 돌이키고 돌이키라 너희 악한 길에서 떠나라 어찌 죽고자 하느냐 하셨다 하라"(겔 33:11).

"사랑하는 자들아 주께는 하루가 천 년 같고 천 년이 하루 같은 이 한가지를 잊지 말라 주의 약속은 어떤 이의 더디다고 생각하는 것 같이 더딘 것이 아니라 오직 너희를 대하여 오래 참으사 아무도 멸망치 않고 다 회개하기에 이르기를 원하시느니라"(벧후 3:8~9).

악한 자들의 구원(救援)의 열쇠는 곧 의인들의 수고에 있다. 하나님은 의인들의 수고가 없어서 악인들이 망한다면 이를 순전(純全)히 악한 이들만의 책임(責任)으로 돌리지 아니하시고, 의인에게도 그 책임을 돌리겠다고 말씀하신다. 의인은 악인으로 인하여 다시 악하게 될 수 있고, 악인은 의인에 의하여 악에서 돌이켜 의롭게 될 수도 있다. 이 얼마나 고상(高尙)하신 하나님의 사랑인가? 그러므로 최후의 심판(審判) 날까지는 의인(義人)이나 악인(惡人)이나 모두 다 평등(平等)하게 보고자 하시는 것이다.

"인자야 너는 네 민족에게 이르기를 의인이 범죄(犯罪)하는 날에는 그 의가 구원(救援)치 못할 것이요 악인이 돌이켜 그 악에서 떠나는 날에는 그 악이 그를 엎드러뜨리지 못할 것인즉 의인이 범죄하는 날에는 그 의로 인하여는 살지 못하리라"(겔 33:12).

"그래도 네 민족은 말하기를 주의 길이 공평(公平)치 않다 하는도다 그러나 실상은 그들의 길이 공평치 아니하리라 만일 의인이 돌이켜 그 의에서 떠나 죄악을 지으면 그 가운데서 죽을 것이고 만일 악인이 돌이켜 그 악에서 떠나 법과 의대로 행하면 그가 그로 인하여 살리라 그러나 너희가 이르기를 주의 길이 공평치 않다 하는도다 이스라엘 족속아 내가 너희의 각기 행한 대로 심판하리라 하시니라"(겔 33:17~20).

오늘날 교회는 성장(成長)을 멈추고 제자리에 서 있는 교회가 많고 때로는 뒤로 퇴보(退步)하는 교회도 있고, 앞으로 전진(前進)하며 부흥(復興) 발전(發展)하고 성장(成長)하는 교회는 날이 갈수록 줄어들고 있는 실정이다.

교회가 다소 부흥한 교인의 숫자만을 가지고 만족(滿足)한다거나, 거기에 안주(安住)하는 것을 신사적인 처사(處事)로 생각해서는 안된다. 계속적인 부흥과 성장이 없는 것은 주저앉아 있는 것이나 다름없다. 의인의 사명(使命)을 가진 교회라면 교회의 부흥에 촛점을 맞추고 최선의 노력을 다 해야 할 것이다.

의인은 자기의 의를 과시(誇示)하거나 자기의 의만을 믿고만 살아갈 수 없다. 달란트의 비유(比喩)에서도 말씀하신 것처럼, 다섯 달란트 받은 자와, 두 달란트 받은 자는 주인의 칭찬(稱讚)을 받고 주인의 즐거움에 참여(參與)하였다.

"다섯 달란트 받았던 자는 다섯 달란트를 더 가지고 와서 가로되 주여 내게 다섯 달란트를 주셨는데 보소서 내가 또 다섯 달란트를 남겼나이다 그 주인이 이르되 착하고 충성(忠誠)된 종아 네가 작은 일에 충성하였으매 내가 많은 것으로 네게 맡기리니 네 주인의 즐거움에 참예(參預)할지어다 하고 두 달란트 받았던 자도 와서 가로되 주여 내게 두 달란트를 주셨는데 보소서 내가 또 두 달란트를 남겼나이다 그 주인이 이르되 착하고 충성된 종아 네가 작은 일에 충성하였으매 내가 많은 것으로 네게 맡기리니 네 주인의 즐거움에 참예(參預)할지어다 하고"(마 25:20~23).

한 달란트를 받은 자는 자기(自己)의 본분(本分)을 다하지 못하여 의인(義人)의 영광(榮光)으로부터 바깥 어두운 곳으로 쫓겨나고 말았다.

"한 달란트 받은 자도 와서 가로되 주여 당신은 굳은 사람이라 심지 않은데서 거두고 헤치지 않은 데서 거두는 줄로 알았으므로 두려워하여 나가서 당신의 달란트를 땅에 감추어 두었었나이다 보소서 당신의 것을 받으셨나이다 그 주인이 대답하여 가로되 악하고 게으른 종아 나는 심지 않은 데서 거두고 헤치지 않은 데서 모으는 줄로 네가 알았느냐 그러면 네가 마땅히 내 돈을 취리(取利)하는 자들에게나 두었다가 나로 돌아와서 내 본전(本錢)과 변리(邊利)를 받게 할 것이니라 하고 그에게서 그 한 달란트를 빼앗아 열 달란트 가진 자에게 주어라 무릇 있는 자는 받아 풍족하게 되고 없는 자는 그 있는 것까지 빼앗기리라 이 무익한 종을 바깥 어두운 데로 내어쫓으라 거기서 슬피 울며 이를 갊이 있으리라 하니라"(마 25:24~30).

전도자(傳道者)의 사명(使命)은 곧 의인의 불타는 사명이라는 것을 알아야 한다. 의인이란 당초(當初)부터 의인이라는 말이 아니다. 예수 그리스도의 피로 의롭다 하심을 받은 새로운 피조물(被造物)이 된 자가 의인이다. 이때로부터 그리스도의 한 지체(肢體)가 되어 그리스도와 함께 세상 끝날까지 머물면서 구령(救靈)을 감당(堪當)해 나가야 한다.

그리스도에게는 죽어 가는 그리스도의 애착(愛着)과 불쌍히 여기심이 있다. 성령(聖靈)을 우리에게 주심은 그러한 심령(心靈)으로 일하게 하신 것이다. 교회는 예수의 성품(性品)을 가지고 그 성품을 나타내는 것이 마땅하다.

그런데 일반적으로 신자가 된 것을 자신의 도리(道理)를 다한 것 같이 여겨 도무지 움직이지 않고 있으니 답답한 노릇이 아닐 수 없다. 이런 자들로 모이는 교회는 교회의 부흥(復興)을 볼 수 없다. 또 교회의 직분(職分)을 마치 세상의 직분처럼 권위(權威) 있는 것으로 생각하고 있는 자들의 게으름과 무성의(無誠意)함 때문에 교회가 부흥(復興)하지 못하고 있다.

예수께서 십자가 위에서 피를 흘리시고 죽으신 것으로써 인류는 능(能)히 죄에서 구원(救援)을 받는다. 예수는 전 인류(人類)에게 미칠 영원한 사랑과 노력으로 다 되었다고 말하지 아니하시고 매일 열심히 전도를 다니셨다.

> **"이르시되 우리가 가까운 마을들로 가자 거기서도 전도하리니 내가 이를 위하여 왔노라 하시고 이에 온 갈릴리에 다니시며 저희 여러 회당에서 전도하시고 또 귀신들을 내어 쫓으시더라"(막 1:38~39).**

주님이 전도(傳道)를 위하여 이 마을 저 마을로 다니셨을지라도 그 범위(範圍)는 매우 좁았다. 그러나 그는 죽으실 때까지 전도를 하셨으니, 이는 그가 세우실 신약 교회의 신자들의 활동에 대해 모범(模範)을 보이신 것이다.

신약교회의 전도는 모세의 전도와 같은 것이니, 구원(救援)받은 무리는 출애굽한 이스라엘의 모습과 같은 것이다. 교회는 의인(義人)의 임무(任務)를 띠고 한 사람이라도 더 구원(救援)하려는 피나는 노력으로 열심을 다해야 한다.

온 교회는 의인의 사명을 가지고 멸망(滅亡)으로 마구 달려가는 불쌍한 영혼(靈魂)들에게 전심으로 생명을 바쳐 최선을 다해 복음을 전해야 한다. 전도는 오직 의인의 불타는 사명이다. 성경(聖經)은 이렇게 말씀하고 있다.

> **"악인은 꾸고 갚지 아니하나 의인은 은혜(恩惠)를 베풀고 주는도다"**(시37:21).
> **"여호와께서 내게 주신 모든 은혜(恩惠)를 무엇으로 보답할꼬"**(시116:12).

전도가 아무리 힘들고 어렵다 할지라도 생명을 내어걸고 그러나 죽기를 무서워 아니하고 구령(救靈)에 나서야 하는 것이 의인이 전도해야 할 임무이니, 전도를 위한 의인의 불타는 행동은 사자(獅子)같이 담대(膽大)하게 달려가야 하며, 독수리같이 푸른 창공(蒼空)을 날개치며 힘있게 차고 올라가야 한다.

> **"악인은 좇아오는 자가 없어도 도망하나 의인은 사자같이 담대하니라"**(잠 28:1).

"오직 여화와를 앙망(仰望)하는 자는 새 힘을 얻으리니 독수리의 날개치며 올라감 같을 것이요 달음박질 하여도 곤비(困憊)치 아니하겠고 걸어가도 피곤(疲困)치 아니하리로다"(사 40:31).

교회(敎會)는 신자(信者)들에게 의인(義人)의 사명(使命)이 무엇인가를 분명(分明)하게 가르쳐 주어야 한다. 그리고 교회는 의인의 사명에 대한 훈련(訓練)을 철저(徹底)하게 시켜 계속 그 사명을 끊임없이 담대(膽大)히 감당(堪當)해 나갈 수 있도록 그 모든 최선을 다하여 간절(懇切)히 기도(祈禱)해 주며 돌보아 줌으로써, 전도의 수많은 열매를 맺어서 하나님께 그 모든 영광(榮光)을 돌려 드릴 수 있도록 최선을 다 하여야 할 것이다. – 아멘 –

제 9 장

전도의 전략(戰略)

제 9 장

전도의 전략(戰略)

전도(傳道)에 대한 전략(戰略)은 참으로 중요하다. 전도는 무턱대고 시행(施行)할 것이 아니다. 노방(路傍) 전도는 어느 정도 열심만 있으면 가능하다. 그러나 그 효과를 위한 계획과 전략(戰略)은 반드시 있어야 한다. 개척교회(開拓教會)는 이런 의미(意味)에서 전도 준비와 전략에 철저하게 준비해야 한다. 초대교회(初代教會)에서는 전도를 순서에 의해 진행시키되 우선 기도(祈禱)하는 일부터 진행했음을 알 수 있다. 예수께서도 전도의 일에 대한 준비를 분부(分付)하셨다.

▶ '추수할 일꾼을 보내 주소서' 라고 기도하라 하심

> **"그러므로 추수(秋收)하는 주인에게 청하여 추수할 일꾼들을 보내어 주소서 하라 하시니라"(마 9:38).**

추수(秋收)할 것은 많으나 추수꾼은 매우 부족하다. 지금 세계 인구는 매년마다 5퍼센트(%) 이상 증가(增加)되고 있다. 비록 어느 국가의 인구는 늘지 않고 있지만, 어느 나라의 인구는 매우 증가되고 있다. 그러므로 그리스도의 교회는 세계 인구 증가에 따른 전도의 전략(戰略)도 분명하게 세워야 한다. 적어도 자연 증가되는 인구 수 만큼이라도 교회로 전도하여 인도해 내지 않으면 안될 것이다. 또 어느 지역은 상주인구(常住人口)가 매우 증가되는 반면에 오히려 감소되는 곳도 있다. 증가되는 지역에는 새로 세워진 개척교회들이 들어서서 어느 정도는 전도로 흡수(吸收)하고 있다고 하더라도 아직 자연 증가를 따르지 못하는 것이 현재의 실정이다. 교회가 많이 세워졌다 해서 반드시 전도를 많이 할 수 있는 것은 아니다. 유능한 전도자를 훈련시켜 보내지 않으면 전도는 무효화 되고 만다.

교회가 하나님의 일을 한다고 해서 가만히 앉아 있어도 일꾼이 저절로 생겨나는 것은 아니다. **전도에 대한 특별 훈련을 계획하고 전도에 대한 전략을 세워서 실천해야 비로소 전도자가 탄생(誕生)하고 기도(祈禱)해야 열심을 내게 된다.**

많은 교회들이 강단에서 광고 정도로 전도를 독려(督勵)하고 있지만 전도에 대한 전략을 세우지도 않고 또한 실천이 없으므로 큰 효과(效果)를 거두지 못하고 있는 실정이다. 주님의 분부(分付)는 기도로써 추수꾼을 보내 주소서 하라 함이였으니, 지금 무르익은 곡식처럼 세상에서 기다리고 있는 많은 전도 대상자들을 수확(收穫)하기 위한 전도 전략이 세밀하게 세워져야 하는 것이다.

어느 교회에서는 전도 전략(戰略)을 계획하고는 있어도 일시적인 효과에만 그치고 마는 안타까운 경우도 있다. 전도가 지속적(持續的)이지 못하면 전도에 대한 열기는 곧 식어지고 만다. 그러므로 주님이 말씀 하신 바 기도가 절실히 필요하다. 기도(祈禱)가 없이는 그 어떤 일도 성공한다고 보장(保障)할 수 없다.

믿지 않는 자들은 기도 없이도 어떤 일이든 해내려고 하지만 교회의 일은 이와 전혀 다르다. 왜냐하면 이를 적극적(積極的)으로 반대하고 방해(妨害)하는 자 곧 마귀(사탄)가 있기 때문이다. 우리는 마귀(魔鬼)라는 존재가 현존(現存)하고 있음을 실감(實感)해야 한다. 교회가 열심히 기도하면 할수록 그 또한 사탄(Satan)이 열심히 방해하고 유혹(誘惑)하고 훼방(毁謗)하고 장애물(障碍物)을 놓는다는 것을 분명히 깨달아 알아야 한다. 그러기에 예수님은 성령(聖靈)을 받기 전에는 예루살렘을 떠나지 말고 성령을 받을 때까지 기다리라고 말씀하셨다.

> **"사도와 같이 모이사 저희에게 분부(分付)하여 가라사대 예루살렘을 떠나지 말고 내게 들은 바 아버지의 약속하신 것을 기다리라" (행 1:4).**

▶ '하나님의 말씀을 담대히 전하게 하옵소서' 라고 기도함

> **"주여 이제도 저희의 위협(威脅)함을 하감(下瞰)하옵시고 또 종들로 하여금 담대히 하나님의 말씀을 전하게 하여 주옵시며"(행 4:29).**

초대교회에서는 모일 때마다 이런 기도를 쉬지 않았다. 이런 기도는 초대교회의 큰 부흥(復興)을 일으켰고 그 전도는 온 세계에 퍼져 나갔다. 바울은 늘 "하나님의 말씀을 담대(膽大)히 전하게 하옵소서"라는 기도(祈禱)를 부탁했다.

"모든 기도와 간구(懇求)로 하되 무시로 성령 안에서 기도하고 이를 위하여 깨어 구하기를 항상 힘쓰며 여러 성도를 위하여 구하고 또 나를 위하여 구할 것은 내게 말씀을 주사 나로 입을 벌려 복음의 비밀을 담대히 알리게 하옵소서 할 것이니 이 일을 위하여 내가 쇠사슬에 매인 사신(使臣)이 된 것은 나로 이일에 당연히 할 말을 담대히 하게 하려 하심이니라"(엡 6:18~20).

▶ 전도자의 선택과 파송을 위해 기도함

전도자(傳道者)를 안수(按手)하여 세우는 일과 전도자를 택하여 보내는 것은 중요하다. 전도자(傳道者)라는 특명(特命)을 받고 전도자로 출발(出發)한 사람은 전도(傳道)를 자신(自身)들의 평생(平生)의 일로 삼았고 그대로 실행(實行)하였다.

"오직 성령이 각 성에서 내게 증거하여 결박(結縛)과 환란이 나를 기다린다 하시나 나의 달려갈 길과 주 예수께 받은 사명 곧 하나님의 은혜의 복음 증거하는 일을 마치려 함에는 나의 생명을 조금도 귀한 것으로 여기지 아니하노라"(행 20:23~24).
"항상 우리와 함께 다니든 사람 중에 하나를 세워 우리로 더불어 예수의 부활(復活)하심을 증거(證據)할 사람이 되게 하여야 하리라 하거늘"(행 1:22).

"주를 섬겨 금식할 때에 성령이 가라사대 내가 불러 시키는 일을 위하여 바나바와 사울을 따로 세우라 하시니 이에 금식하며 기도하고 두 사람에게 안수(按手)하여 보내니라"(행 13:2~3).

전도자의 사명(使命)을 받은 사람은 하나님이 지켜 보시는 삶을 산다고 믿고 있으므로, 어찌되었든 전도의 사명(使命)을 감당(堪當)하려고 한다. 특명(特命)을 받은 이는 항상 그 직무(職務)가 자신을 채찍질하여 밖으로 몰아내기 때문이다.

▶ 큰 집회나 특별 집회를 통한 전도 전략

이런 경우(境遇)의 대부분은 연합(聯合) 성회(聖會)와 같은 성질(性質)을 띤다. 이것은 개 교회의 부흥(復興)에 큰 성과(成果)가 없는 것이 사실이다. 큰 집회나 단체 전도에 대한 특별(特別) 전략(戰略)을 마련하는 것이 전도의 소문(所聞)을 내는 좋은 기회(機會)가 될 수는 있으나 명실상부(名實相符)한 일이 아니고는 개 교회는 효과(效果)를 볼 수 없다. 교회는 기도(祈禱)의 응답(應答)을 믿어야 한다. 하나님은 진정한 기도를 듣고 도와 주신다. 그런 기도의 결과를 의지(依支)하면서 기도(祈禱)가 전도 전략(戰略)의 대부분을 차지하도록 해야 할 것이다.

1. 하나님의 전략

전도(傳道)는 하나님의 전략(戰略)이다. 전도는 사람이 스스로 생각한 것이 아니고 영원(永遠) 전 하나님의 전략(戰略) 아래서 이루어지는 일이기에, 한편으로는 두렵고 떨리는 마음으로 이를 받아들여야 한다. 전도(傳道)에 대해 이같이 많은 이론(理論)과 이유(理由)를 말하려 하는 것도 바로 이 때문이다.

하나님을 알지 못하는 자는 예수를 말할 수 없고, 예수를 모르는 자 또한 하나님을 안다고 말할 수 없고, 성령(聖靈)을 받지 않은 자 역시 예수의 증인(證人)이 되겠다고 나설 수 없다. 실상(實狀) 성경(聖經)은 복잡한 것이 아니다. 오히려 단순(單純)한 것이 성경이다. 그런데 사람들은 인간의 조그마한 지식(知識)과 힘으로 성경을 이해하려고 하기 때문에 성경을 복잡한 것으로 생각하게 되는 것이다.

> **"너희가 성경에서 영생을 얻는 줄 생각하고 성경을 상고(詳考)하거니와 이 성경이 곧 내게 대하여 증거하는 것이로다"**(요 5:39).

그러므로 예수를 알았더라면 성경을 더욱 쉽게 알았을 것이다. 구약성경은 비유(比喩)로 되어 있기 때문에 비유의 실상(實像)이신 예수 그리스도께서 오셔야 만이 이해할 수 있게 된다. 비유로서는 비유를 풀지 못한다. 예수는 성경(聖經)의 비밀(秘密)이시기에 성경에서 예수를 제외해 버리면 종이만 남는 격이 된다.

성경을 예수로부터 이해하려 한다면 성경이 너무 단순한 사실임을 알게 된다.과일나무에 가지와 무성한 잎과 꽃들이 있어도 가을이 되어야 그 나무를 평가할 수 있다. 나무에 매달린 열매로써 나무의 성질을 알 수 있는 것이다. 예수를 비유로 말하자면 부활(復活)의 첫 열매이시다. 성경이 세상에 알리고자 하는 것은 부활이 있다는 사실이다. 만일 부활이 없다면 기독교(基督教)는 망했을 것이다.

"만일 죽은 자가 다시 사신 것이 없으면 그리스도도 다시 사신 것이 없었을 터이요 그리스도께서 다시 사신 것이 없으면 너희의 믿음도 헛되고 너희가 여전히 죄 가운데 있을 것이요 또한 그리스도 안에서 잠자는 자도 망하였으리니 만일 그리스도 안에서 우리의 바라는 것이 다만 이생뿐이면 모든 사람 가운데 우리가 더욱 불쌍한 자리라"(고전 15:16~19).

부활(復活)이 있기에 교회가 활기(活氣) 있고 그 주장이 거룩하고 능력(能力)이 있다. 이런 진리(眞理)를 처음 공개(公開)하신 이가 바로 예수 그리스도이시다. 우리는 예수 그리스도를 통하여 다시 산다는 진리(眞理)를 알았고 마침내 그리스도는 부활(復活)의 첫 열매가 되셔서 우리 모두에게 소망(所望)을 주셨다.

"그러나 이제 그리스도께서 죽은 자 가운데서 다시 살아 잠자는 자들의 첫 열매가 되셨도다"(고전 15:20).

만일 성경에서 부활(復活)을 말씀하지 아니하였더라면 성경의 권위(權威)는 벌써 사라졌을 것이다. 성경의 큰 권위는 부활(復活)을 기록하고 있기 때문이다.

> "예수께서 가라사대 나는 부활이요 생명이니 나를 믿는 자는 죽어도 살겠고 무릇 살아서 나를 믿는 자는 영원히 죽지 아니하리니 이것을 네가 믿느냐"(요 11:25~26).

하나님은 예수 그리스도이신 하나님의 아들 독생자(獨生子)를 세상(世上)에 보내시기 위하여 세상과 그 안에 있는 모든 만물(萬物)을 창조(創造)하셨다.

> "옛적에 선지자들로 여러 부분과 여러 모양으로 우리 조상들에게 말씀하신 하나님이 이 모든 날 마지막에 아들로 우리에게 말씀하셨으니 이 아들을 만유의 후사(後嗣)로 세우시고 또 저로 말미암아 모든 세계를 지으셨느니라 이는 하나님의 영광의 광체시요 그 본체의 형상이시라 그의 능력의 말씀으로 만물을 붙드시며 죄를 정결케 하시는 일을 하시고 높은 곳에 계신 위엄의 우편에 앉으셨느니라"(히 1:1~3).

즉 이 세상(世上)의 모든 것은 예수 그리스도 그 안에서 이루어진 것들이다.

> "찬송하리로다 하나님 곧 우리 주 예수 그리스도의 하늘에 속한 모든 신령한 복으로 우리에게 복 주시되 곧 창세 전에 그리스도 안에서 우리를 택하사 우리로 사랑 안에서 그 앞에 거룩하고 흠이 없게 하시려고 그 기쁘신 뜻대로 우리를 예정하사 예수 그리스도로 말미암아 자기의 아들들이 되게 하셨으니 이는 그의 사랑하시

는 자 안에서 우리에게 거저 주시는 바 그의 은혜의 영광을 찬미하게 하려는 것이라 우리가 그리스도 안에서 그의 은혜의 풍성함을 따라 그의 피로 말미암아 구속(救贖) 곧 죄사함을 받았으니 이는 그가 모든 지혜와 총명으로 우리에게 넘치게 하사 그 뜻의 비밀을 우리에게 알리셨으니 곧 그 기쁘심을 따라 그리스도 안에서 때가 찬 경륜(經綸)을 위하여 예정하신 것이니 하늘에 있는 것이나 땅에 있는 것이 다 그리스도 안에서 통일되게 하려하심이라"(엡 1:3~10).

마치 농부가 봄에 밭을 갈고 씨를 뿌리고 노동력(勞動力)과 땀을 밭에 다 흘리는 것이 밭을 위한 것이 아니고 밭에서 거두어 들일 곡식을 위함인 것과 같다. 전도(傳道)는 마치 농부가 추수하는 일과 같은 것이다. 이전에는 전도가 오늘날 같이 흥왕(興旺)하지 아니하였다. 우리는 우리의 조상들이 이전에 전도를 받았더라면 그들도 불쌍한 영혼(靈魂)이 되지 아니하고 다 구원(救援)을 받았을 것이라고 언뜻 생각하지는 않는가? 그러나 **죄 많은 이 지상(地上)의 처음 전도는 A.D.26년경(예수 30세 – 눅 3:23) 갈릴리에서 예수의 첫 사역으로 시작이 되었고, 한국은 A.D.1866년 9월 2일 저녁 황혼 때에 영국의 토마스**(27세) **목사가 대동강 하류에 있는 양각도에서 목 베임을 당하여 순교함으로써 전도가 시작되었다.** 그러나 그것은 하나님의 계획(計劃) 가운데서 이루어진 일로 여길 수 있다면 우리에게 불만이란 전혀 있을 수 없다. 그러므로 오늘날 우리는 이렇게 감사하고 있다. "우리 조상들은 하나님을 알지 못하였고 예수를 믿을 수 있는 기회(機會)를 얻지 못하였으나 우리는 하나님을 알았고 예수를 믿게 된 것을 감사합니다. 이후로는 우리 자손들이 예수를 믿어 모두 구원을 받게 하여 주옵소서!!" 이렇게 옛일은 모두 잊어버리고 장래(將來) 일에 대하여 기도하며 현재를 감사한다. 이는 하나님의 뜻에 절대 복종(服從)하고자 하는 겸손(謙遜)한 태도이다.

창세(創世) 이전(以前) 하나님에 의해 계획된 전도하는 일에 교회는 적극적으로 참여(參與)해야 한다. 이것은 하나님의 가장 기뻐하시고 원하시는 뜻이다. 독생자(獨生子)를 세상에 보내 주심은 세상을 구원(救援)하려 하심이니, 이는 사람들이 하나님께 구한 것이 아니요 하나님이 세상을 이처럼 사랑하셨기 때문이다.

> **"하나님이 세상을 이처럼 사랑하사 독생자(獨生子)를 주셨으니 이는 저를 믿는 자마다 멸망치 않고 영생을 얻게 하려 하심이니라 하나님이 그 아들을 세상에 보내신 것은 세상을 심판하려 하심이 아니요 저로 말미암아 세상이 구원(救援)을 받게 하려 하심이라"(요 3:16~17).**

하나님은 이 세상의 죄 많은 영혼(靈魂)들을 구원(救援)하기 위해서 아들(예수)을 보내셨다. 그러므로 누구든지 주의 이름을 부르는 자는 구원(救援)을 얻는다.

> **"누구든지 주의 이름을 부르는 자는 구원(救援)을 얻으리라"(롬 10:13).**

전도는 하나님의 이름을 전파(傳播)하는 일이다. 그 이름에는 예수 그리스도의 하신 일과 능력에 있다. 그러므로 그 이름을 믿는 자에게는 하나님의 자녀가 되는 권세(權勢)를 얻게 하셨고, 그의 이름을 믿지 않는 자는 심판을 받게 하셨다.

> **"영접(迎接)하는 자 곧 그 이름을 믿는 자들에게는 하나님의 자녀가 되는 권세를 주셨으니 이는 혈통(血統)으로나 육정(肉情)으로나 사람의 뜻으로 나지 아니하고 오직 하나님께로서 난 자들이니라"**(요 1:12~13).
> **"저를 믿는 자는 심판(審判)을 받지 아니하는 것이요 믿지 아니하는 자는 하나님의 독생자(獨生子)의 이름을 믿지 아니하므로 벌써 심판을 받은 것이니라"**(요 3:18).

세상(世上)은 하나님의 섭리(攝理)와 계획(計劃)대로 운행(運行)되어 가고 있다. 사람들은 세상을 보존(保存)하고자 하고, 보다 아름답게 꾸며 나가지만, 어느덧 자연(自然)은 파괴(破壞)되어 가고 공해(公害)로 오존층이 또한 무너지고 있다. 이런 저런 일들이 곧 세상의 종말(終末)을 예고(豫告)하는 일면(一面)이기도 하다. 세상은 반드시 두루마리 말리듯이 말려 버리고 모든 만물(萬物)은 불에 타서 사라질 것이라고 성경(聖經)은 경고(警告)하고 있다. **전도는 무한정(無限定)으로 될 수 있는 것이 아니다. 오늘 밤에라도 주님이 재림(再臨)하시면 모든 전도의 장구(長久)한 계획(計劃)과 전략(戰略)들이 끝을 보게 된다.** 혹시 돈을 많이 벌어 놓은 다음에 전도할 것이라는 계획을 세웠다 할지라도, 그날이 오면 그런 계획들은 쓸모가 없어지고 만다. 인간의 계획과 방법은 안개처럼, 연기처럼, 이슬처럼 사라지며 오직 하나님의 계획만이 분명하고도 정확하게 성취(成就)될 것이다. 예수께서 십자가 위에 달리실 때까지만 하더라도 그 당시 그 광경(光景)을 보는 이들은 "예수 시대는 이제 끝장났다"고 생각했을 것이다. 그러므로 제자들은 모두 예수를 버려두고 도망(逃亡)하거나 혹은 부인(否認)하지 않았던가? 그러나 성경은 어떻게 말하고 있는가? "성경을 응하게 하시리라"고 하지 않았던가? 하나님의 신실(信實)하신 계획(計劃)은 세상 사람들의 생각을 완전(完全)히 뒤엎고 한 치의 오차(誤差)도 없이 분명(分明)하게 이루어져 가고 있다.

하늘에 떠 있는 해와 달과 별들을 보면 그것들은 지음을 받던 날로부터 지금까지 한 치의 이탈(離脫)도 없이 나름대로 하나님의 법칙(法則)을 그대로 지키고 있다. 이는 하나님의 계획에 대한 정확성(正確性)을 보여 주는 일례(一例)이다. 이러한 해와 달과 별도 어느 시기에 가서는 그것들의 사명(使命)을 끝내고 곧 사라져 버리게 될 것이다. 왜냐하면 이는 하나님에 의해 계획된 일이기 때문이다.

"그러나 주의 날이 도적같이 오리니 그날에는 하늘이 큰 소리로 떠나가고 체질이 뜨거운 불에 풀어지고 땅과 그 중에 있는 모든 일이 드러나리로다 이 모든 것이 이렇게 풀어지리니 너희가 어떠한 사람이 되어야 마땅하뇨 거룩한 행실과 경건(敬虔)하므로 하나님의 날이 임하기를 바라보고 간절히 사모(思慕)하라 그날에 하늘이 불에 타서 풀어지고 체질이 뜨거운 불에 녹아지려니와 우리는 그의 약속대로 의(義)의 거하는 바 새 하늘과 새 땅을 바라보도다"(벧後 3:10~13).

전도자(傳道者)는 우선 전도가 하나님의 절대적(絕對的)인 계획(計劃)임을 알고 전도에 임해야 한다. 교회(敎會)가 전도(傳道)의 사명(使命)을 모르고 그냥 무조건(無條件) 전도하자고 외치기만 하기 때문에, 전도의 효과(效果)를 보지 못하고 구호(口號)에만 그치고 만다. 하나님은 자기의 계획(計劃)대로 소돔과 고모라에 천사(天使)를 보내셨으며 니느웨 성(城)에 요나를 파송(派送)하셨고, 바울을 이방인(異邦人)에게 보내어 전도하게 하셨음을 똑바로 알고 기억(記憶)해야 될 것이다. 이는 전도가 하나님의 계획된 일이라는 사실을 증명(證明)해 주는 일들이다.

그럼에도 불구하고 마치 전도자가 사람들의 계획에 의하여 성취(成就)되는 일같이 오해(誤解)하여 하나님의 계획을 무시(無視)해서는 절대로 아니 될 것이다.

그리스도께서 전도에는 기도가 있어야 한다는 것과 성령(聖靈)의 능력(能力)을 힘입어야 한다는 것을 말씀해 주셨다. 전도는 창세(創世) 전에 준비되어 우리들에게까지 알려진 바 된 것임을 깨달아 감사하고 더 깊이 연구해야 할 일이다.

2. 조직된 전도 전략

전도(傳道)는 역시 영적(靈的)인 사역(使役)이기 때문에 영적(靈的)인 요소(要素)를 초월(超越)하면 그 효과(效果)를 거의 볼 수 없다. 교회가 성령(聖靈)으로 전도하고 조직적(組織的)이고 체계화(體系化)된 전략(戰略)하에 전도할 때에 그 역사(役事)는 크게 나타난다. 그러므로 무엇보다도 먼저 교회의 성도(聖徒)들이 전도하고자 하는 열성(熱誠)이 있어야 한다. 전도하려는 마음이 모아져야 하고 전도하려는 뜨거운 사명감(使命感)을 가진 자들의 노력(努力)이 합해져야 한다. 이런 전도에 열성적인 분위기를 조성(助成)하는 것이 매우 중요하다. 그러므로 설교단상에서 전도에 대한 사명(使命)을 불어 넣어 주는 것은 참으로 중요하다.전도에 대한 설교(說敎)가 이쪽 귀에서 저쪽 귀로 흘러가 버리지 않고 마음속에 고이고 차고 넘쳐서 행동(行動)으로 나타나고 많은 열매를 맺어야 할 것이다.

길거리에서 전도지를 나누어 주는 일이라든가 마이크를 들고 네거리에서 소리를 지르며 외쳐대는 전도(傳道)들은 그렇게 어려운 것이 아니다. 이것은 개인의 열심(熱心)에서 나오는 행위(行爲)로서 얼마든지 가능한 것이다. 그러나 우리에게는 그러한 방식(方式)을 넘어서 보다 효과적(效果的)인 전도 전략이 필요하다.

한국을 예로 들자면 전도지를 받아 보지 못한 자는 그리 많지 않다. 그래서 한사람을 전도하려면 보통 2000여 명에게 전도지를 나누어 주어야 한다는 통계(統計)가 있다. 그리고 '교회에 나오세요' 하고 부탁한 다음 얻는 결실은 200여 명에 한 명꼴이다. 그러나 가장 가까운 친척들이나 이웃 사람을 직접 만나서 인도하는 것은 추수(秋收)하는 것과 같이 참으로 성공적이라 할 수 있다.

사람들은 새로운 시도(試圖)를 할려면 머뭇거린다. 전도를 받으면 교회에 나가야 하고 교회에 나가면 세상에서 즐겨하던 모든 일을 다 버려야 한다는 선입감(先入感)이 전도를 받아들이는 태도를 방해(妨害)하고 있는 실정(實情)이다.

오늘날 한국에는 침체(沈滯)에 빠져있던 불교(佛敎)가 매우 흥왕(興旺)하고 있다. 불교 지도자들에 의하면 1970년까지만 해도 거의 침체 위기(危機)에 있었던 불교가 1980년 말엽부터 흥왕(興旺)하기 시작해서 이제 불교의 중흥(中興) 시대가 도래(到來)한 듯 하다고 한다. 그것은 한국의 경제(經濟)와 문화수준(文化水準)이 차츰 올라감으로 밖으로 나돌고 싶어하는 여성들의 욕구(欲求)가 분출(噴出)되기 시작했는데, 이건 불교의 오랜 전통성(傳統性)이 신뢰(信賴)를 깊게 하여 포교(布敎)를 쉽게 하게 해 주었다는 것이다. 우선 불교에서는 누구나 자연스럽게 다가와서 마음을 열도록 항상 문을 열어 놓고 있다. 또 불교(佛敎)는 도덕적(道德的)인 면보다 기복적(祈福的)인 행위(行爲)로부터 출발하고 있다. 그러므로 일정한 구속(拘束)을 받지 아니하고 교리(敎理)에 대한 시비(是非)가 거의 없고, 각각 자기의 정성(精誠)과 뜻을 이루기 위한 수단과 방법으로서 편리하게 접근(接近)할 수 있기 때문에, 불교의 중흥(中興) 시대에 돌입(突入)했다고 장담(壯談)할 만큼 불교(佛敎) 세력(勢力)이 계속해서 사방에서 줄기차게 일어나고 있다.

그러나 현재의 한국 교회는 어떠한가? 일종의 위기(危機)에 처해 있다고 해도 과언이 아니지 않는가? 교회 안에서 조차 비협조적(非協調的)일 뿐만 아니라 서로 따돌리기나 하고 이단(異端)으로 정죄(定罪)하여 생매장(生埋葬)시키는 일이 허다하지 않는가? 좀 특수한 예이지만 급성장(急成長)하는 교회에 대하여는 괜히 시기(猜忌)하고 질투(嫉妬)하여 매우 큰 제동(制動)을 걸고 있다. 이렇게 교회

자체 안에서 스스로 분해(分解) 작업(作業)이 이루어져 가고 있으니, 협동(協同) 체계(體系)가 이루이질 수 없거니와 더 나아가 교단 간의 불편한 관계는 날로 심화(深化)되고 있고, 불신 관계는 더 큰 구렁을 파고 있는 것이 현재의 실정이다.

우리는 이 교회로 가기 싫어하는 사람으로 하여금 차라리 저 교회로 가도록 기회(機會)를 제공(提供)해야 하고 또 저 교회로 가고 싶지 않는 사람들로 하여금 이 교회로 가도록 해야 할 것이다. 그러나 이 교회에 가고 싶지 않는 사람으로 저 교회마저 가지 못하도록 가로 막는 예가 허다하니 어찌된 일인가? 만약 이 교회에 가기 싫은 사람을 저 교회로 인도하면 거꾸로 저 교회에서 이 교회로 다시 인도할 수 있는 여지도 생기게 된다. 사람들은 한 곳에만 영구(永久)히 정착(定着)하는 것이 아니라 바닷물처럼 주기적으로 유동(流動)하고 있기 때문이다.

5년을 평균(平均)으로 한 교회에 머무는 인구가 20~30%라면 대단히 좋게 평가(評價)될 수 있는 교회이다. 그러나 그 5년을 두고 볼 때 정착(定着) 교인이 10%미만인 교회들이 허다하다. 이러한 일은 사회, 경제, 문화, 정치 등 다방면의 변화에 따라 그 현상(現象)이 더 심하다. 그렇다면 나머지 90%에서 70~80%의 교회 인구는 유동(流動)하고 있다는 뜻이다. 그러므로 우리는 이것을 감안(勘案)해서 교회들은 항상 교회문을 활짝 열어 놓고 기도하며 전도해야 한다.

이 교회를 훼방(毁謗)하면 저 교회도 훼방하게 되고 이러므로써 서로 싸우는 나쁜 인상(印象)을 세상과 교인들에게 심어 주게 된다. 이로써 서로 물고 뜯는 기독교(基督敎) 안에는 들어가지 않겠다는 세인(世人)들의 주장이 나오게 된다. 그렇다면 교회에서 주는 즐거움이 무엇이겠는가? 교권주의(敎權主義)가 사람을 억압(抑壓)하고 권위주의(權威主義)가 사람들의 마음에 더 큰 부담을 주고 있다면 누가 그곳에 가겠는가? 교회에서는 기쁨이 전해져야 한다. 기쁨은 즐거움으로 즐거움은 서로를 위한 위로(慰勞)와 감사(感謝)와 협동(協同)으로 이어진다. 그리하여 각각의 즐거움이 그리스도의 마음을 가지고 개인 전도에 나서게 된다.

아무리 견고(堅固)하게 조직(組織)된 전도대(傳道隊)라 할지라도 최 일선에서는 개인 전도가 이루어진다. 일 대 일의 개인 전도는 여러 가지를 고려(考慮)하게 된다. 상대편의 성의(誠意)와 전도자 자신의 인격(人格)과 성품(性品), 그리고 약속(約束)에 대한 신용(信用) 등이 크게 작용(作用)한다. 이에 더하여 개인 전도의 뜨거운 열성(熱誠)이 드러나야 전도받는 자로 하여금 크게 감동(感動)을 받게 한다. 다른 모든 것을 제외(除外)하고라도 쉽게 그들과의 약속에 응하게 될 때 그 효과는 갈수록 높아진다. 사람이 병을 고치려면 먼저 그 원인(原因)을 규명(糾明)하고 거기에 따르는 처방(處方)을 받게 된다. 이와 같이 교회가 부흥(復興)되지 않는 원인을 전혀 진단(診斷)하지도 않고 무지(無知)한 상태로 덤벼든다거나 무계획적(無計劃的)으로 일을 진행시키면 결국 실효(實效)를 거둘 수 없게 된다.

진단(診斷)은 곧 치료(治療)이다. 정확한 진단 없이는 옳은 치료를 할 수 없다. 예수 그리스도는 바로 그들이 찾고 있는 길이요, 생명이요, 처방(處方)이요, 치료요, 참된 즐거움이요, 그들이 찾고 있는 참된 기쁨을 위해 오신 문제의 해결자(解決者)이시다. 사람들은 인간 세계에서 쉽사리 해결할 수 없는 큰 문제를 안고 방황(彷徨)하고 있다. 쓸데없이 하늘을 우러러 보고 큰 바위나 고목나무에 빌거나 산속을 헤매며 문제 해결을 위해 온갖 몸부림을 치고 있는 실정(實情)이다. 그것은 그들이 찾고자 하는 문제를 끝까지 추적(追跡)해 보고자 함이요 소원을 포기(抛棄)할 수 없는 절박감(切迫感) 때문이다. 이런 현상(現象)은 과거에 하나님께서 자신을 그들에게 보여 주지 않았기 때문에 하나님을 만나지 못한 연고(緣故)이다. 그들은 하나님께서 기름 부으신 예수 그리스도를 모르기 때문에 절망(絕望)하고 있는 것이다. 그러나 하나님은 그들도 치료(治療)하시는 분이시요 욕구(欲求)를 충족(充足)히 채워 주시는 분이심을 알게 된다면 그렇게 열심히 구하던 것을 주께로 향하게 될 것이다. 바울은 아덴 도시에 갔을 때 그곳 사람들의 열심이 무엇인가를 진단(診斷)했다. 그리고 **그들을 하나님께로 인도하였다.**

"바울이 아레오바고[10] 가운데 서서 말하되 아덴 사람들아 너희를 보니 범사에 종교성이 많도다 내가 두루 다니며 너희의 위하는 것들을 보다가 알지 못하는 신에게라도 새긴 단도 보았으니 그런즉 너희가 알지 못하고 위하는 그것을 내가 너희에게 알게 하리라 우주와 그 가운데 있는 만유를 지으신 신께서는 천지의 주재이

10) 아레오바고 : 헬레니즘(Hellenism)을 대표하고 상징하는 곳으로 이방 문화의 중심지(그리스도의 도를 최초로 설파)

> 시니 손으로 지은 전에 계시지 아니하시고 또 무엇이 부족한 것처럼 사람의 손으로 섬김을 받으시는 것이 아니니 이는 만민에게 생명과 호흡과 만물을 친히 주시는 자이심이라 인류의 모든 족속을 한 혈통으로 만드사 온 땅에 거하게 하시고 저희의 연대를 정하시며 거주의 경계(境界)를 한하셨으니 이는 사람으로 하나님을 혹 더듬어 찾아 발견케 하려 하심이로다 그는 우리 각 사람에게 멀리 떠나 계시지 아니하도다 우리가 그를 힘입어 살며 기도하며 있느니라 너희 시인 중에도 어떤 사람들의 말과 같이 우리가 그의 소생이라 하니 이와 같이 신의 소생이 되었은즉 신은 금이나 은이나 돌에다 사람의 기술과 고안(考案)으로 새긴 것들과 같이 여길 것이 아니니라 알지 못하는 시대에는 하나님이 허물치 아니 하셨거니와 이제는 어디든지 사람을 다 명하사 회개하라 하셨으니 이는 정하신 사람으로 하여금 천하를 공의로 심판할 날을 작정(酌定)하시고 이에 저를 죽은 자 가운데서 다시 살리신 것으로 모든 사람에게 믿을만한 증거를 주셨음이니라 하니라"(행 17:22~31).

이런 작업이 곧 전도이다. 본 전도 전략(戰略)은 전도의 세밀(細密)한 방법을 말함이 아니요 전도의 위력(威力)을 발생할 수 있는 근원(根源)을 말함이며, 전도의 샘이 솟아나도록 하기 위한 지도력(指導力)의 근원을 깨닫게 하려는 것이다. 이러한 전도 전략을 모르면 한계(限界)에 부딪히게 되고 만다. 그렇게 되면 어느 정도의 교회 부흥(復興)은 가져올 수 있으나 지속적(持續的)인 부흥은 가져올 수 없고 결국 그 전략(戰略)을 이해하지 못하므로 싫증을 내거나 안일(安逸)에 빠지게 된다. 사림에게 좋은 옷도 필요하지만, 당장 목말라 하는 자에게 좋은 옷을 입어 보라고 한들 기쁠리가 있겠는가? 당장 영혼(靈魂)들에게 필요한 것이 무엇인지 알고 우선

(于先) 그것을 주며 전도에 들어가야 한다. 과학(科學)이라는 말이 교회에서는 매우 어울리지 않으나 원래 과학이란 인간의 지적(知的) 바탕 위에 원리(原理)를 개발(開發)하고 이치(理致)를 확립(確立)하는 것을 말한다.

그러므로 인간이 사는 곳에는 무지(無知)라는 말과 과학이라는 말이 반드시 있기 마련이다. 교회에는 하나님의 과학을 초월(超越)하여 성령(聖靈)으로 역사(役事)하시게 하는 일과 성령(聖靈)의 능력(能力)을 힘입어 그것을 과학적으로 이용해 가는 방법이 병행(竝行)되면 더 좋은 효과를 기대(期待)할 수 있을 것이다.

빌립이 성령(聖靈)에 이끌리어 이곳에서 순간에 사라졌다가 저곳에 나타났다는 사실만을 알고 오늘날의 모든 교인들이 그렇게 인도되기를 고대 한다면, 세계의 교회 부흥은 모두 정지(停止)되고 말 것이다. 하나님은 어느 때는 그렇게 급하신 대로 역사(役事)하시기도 하고 또 어느 때는 인간의 노력이 필요한 방법에 의존(依存)하기도 하신다. 성령(聖靈)의 역사(役事)에 의존(依存)하는 태도는 매우 훌륭하고 바림직하다. 그러나 인간에게 과학적인 두뇌(頭腦)를 주셨고 이성(理性)을 주셨으니, 이러한 인간의 이성을 올바르게 이용해야 한다. 이것을 합당하게 움직이는 원리(原理)가 바로 과학(科學)이다. 과학이 하나님을 부정(否定)하는 부정적인 도구(道具)에서 더 나아가 성령(聖靈)에 의하여 쓰이는 도구로 본다면 매우 유익(有益)할 것이다. 전도의 전략(戰略) 자체(自體)가 과학적이어야 한다는 표현(表現)도 바로 이 때문이다. 우선(于先) 전략을 적어 두기 위하여 연필을 사용하고 종이를 사용하고 또 근래처럼 컴퓨터를 사용하여 보다 더 훌륭하고 치밀(緻密)하게 계획(計劃)하고 조직(組織)하며 실행(實行)하는 전 과정(過程)을 준비(準備)하는 것이 과학이다. 이렇게 인간의 지혜(智慧)를 동원(動員)하고 성령(聖靈)의 도우심을 구하고 또 이에 힘써 따르기만 한다면 전도는 성공(成功)이다.

다시 말하거니와 인간의 열심 그것만으로써는 안된다. 인간들의 필요로 하는 그것을 과학적으로 진단(診斷)하고 또 성경적으로 진단하여, 치료의 방법으로 성령(聖靈)의 지시(指示)하신 예수 그리스도를 보여 주는 일이 곧 전도(傳道)이다.

초대교회(初代教會)는 무엇보다도 회개(悔改)가 있어야 한다는 점을 강조(强調)했고 회개가 있는 자들에게 확실한 기쁨이 있을 것이라는 사실을 강조했다.

> **"그러므로 너희가 회개(悔改)하고 돌이켜 너희 죄 없이함을 받으라 이같이 하면 유쾌(愉快)하게 되는 날이 주 앞으로부터 이를 것이요 또 주께서 너희를 위하여 예정(豫定)하신 그리스도 곧 예수를 보내시리니 하나님이 영원 전부터 거룩하신 선지자의 입을 의탁(依託)하여 말씀하신 바 만유(萬有)를 회복하실 때까지는 하늘이 마땅히 그를 받아 두리라"**(행 3:19~21).

그러나 막상 전도의 전략(戰略)을 마련하려고 해도 전도의 원리(原理)에 대해서 모르면 잘 할 수가 없다. 주 예수께서 3년 동안 제자들과 함께 계시면서 모든 비밀(秘密)을 깨닫게 하셨으니, 제자들은 이를 3년 동안 자신들의 몸에 배이게 하고 훈련(訓練)이 되게 했다. 그래서 주 예수께서 떠나실 무렵에는 마치 성장한 자녀들처럼 전도에 대한 각자(各自)의 책임을 감당(勘當)할 수 있게 하셨다.

> **"예수께서 나아와 일러 가라사대 하늘과 땅의 모든 권세를 내게 주셨으니 그러므로 너희는 가서 모든 족속(族屬)으로 제자를 삼아 아버지와 아들과 성령의 이름으로 세례를 주고 내가 너희에게 분부(分付)한 모든 것을 가르쳐 지키게 하라 볼지어다 내가 세상 끝날까지 너희와 항상 함께 있으리라 하시니라"**(마 28:19~20).

전도(傳道)에 열심이나 구령(救靈)에 애착(愛着)이 있는 사람들은 전도의 가능성(可能性)을 가진 사람들이다. 그러나 그들이 효과(效果)를 거두지 못하고 있는 것은 그 원리(原理)에 대한 무관심과 또 그 원리에 대해 전혀 깨달은 바가 없기 때문이다. 교인(教人)이 불과 30여 명밖에 되지 않는 어느 교회는 전도를 위해 어깨에 교회띠를 두르고 거리로 나가는 청년들이 10여 명이 넘는다. 전도 대원(隊員)이 전체 교인의 3분의 1정도나 된다. 그러나 효과는 노력에 비하여 극히 적다. 이렇게 작은 개척교회의 열심히 대단하다 할지라도 이는 마치 총알이 없는 공기총으로 꿩을 사냥하려는 것에 비유(比喩)해도 될 만큼 허구적(虛構的)이다. 왜냐하면 그들은 전도의 원리(原理)를 모르고 또한 치밀(緻密)한 전도의 전략을 세우지 않았기 때문이다. **전도 전략은 성경적이면서도 현실적이어야 한다.** 세상 사람들은 고속도로를 달리고 있는데 전도자는 보행(步行)으로 가서야만 되겠는가? 세상 사람들은 비행기로 공중을 날고 있는데 전도자는 자동차로 달리며 공중만 쳐다보아서야 되겠는가? 오로지 교회의 전도 전략은 결코 세상을 앞질러야 한다. 그래야 전도가 절대적으로 우세하고 가는 곳곳마다 승리하게 될 것이다.

3. 지속적인 전도 전략

예수께서 "예루살렘을 떠나지 말고 내게 들은 바 아버지의 약속(約束)하신 것을 기다리라"(행 1:4) 하시고 곧 성령(聖靈)이 임하실 것을 말씀하셨다. 예수께서 명하신 바 전도에 있어서의 최상(最上)의 준비(準備)는 이와 같은 것뿐이었다. 만약 등(燈)이 준비되었다 해도 기름이 있어야 불을 켤 수 있듯이, 인간의 의욕(意慾)과 인력(人力)이 준비되었다 하더라도 성령(聖靈)을 힘입어야 전도가 될 수 있기에 주님은 이와 같은 부탁을 하셨다. 각각 홀로 떠나가서 언제 어디에서든지 각자의 마음대로 전도하여 마음껏 소리쳐 외칠 수는 있다. 그러나 다만 **전도가 지속적으로 효과 있게 계속될 수 있으려면 성령의 능력을 힘입어야 한다.**

인간의 의지(意志)는 매우 약하여 결실(結實)한 것을 쉽게 변개(變改)시켜 버리는 습성(習性)이 있다. 베드로를 비롯한 여러 제자들이 목숨이라도 버리겠다고 맹세했지만 곧 변해 버린 일을 생각하면, 주님께서 성령(聖靈)으로 몰아내는 역사(役事)가 있어야 한다는 말씀의 뜻을 이해(理解)하게 될 것이다. 성령이 임하시기 전에는 제자들의 마음도 매우 약하고 결심 또한 쉽게 무너져 버렸지만, 오순절(五旬節)날이 이르러 성령충만(聖靈充滿)을 받은 이후에는 지속적(持續的)으로 계속 열심히 전도하다가 급기야는 순교(殉

敎)로 생을 아름답게 장식(裝飾)했다.

해외에 선교사(宣敎師)를 파송(派送)할 계획을 세우거나 지방에 교회를 개척(開拓)할 특별 전도의 전략을 세우지만 지속성(持續性)에 큰 문제가 있다. 그리고 직접 전도자로 파송(派送)을 받는 이도 역시 성령(聖靈)의 능력으로 하지 않고는 모든 역경(逆境)을 쉽게 이겨 낼 능력이 없으므로 곧 좌절(挫折)하고 만다. 지속적인 방법에는 철저한 전략이 있어야 하는데 이것이 곧 주님의 일이라는 것을 이해하여 목숨을 다 하여야 한다. 목숨이라도 다 내어 놓고 전도하고자 하는 사명감(使命感)을 끌어내려면, 전도에 대한 확신(確信)과 기쁨이 있게 해야 한다. 그러므로 각 교회가 전도 교육을 실시하는 것이 매우 중요하다.

한편 전도는 전도하는 이들의 매일같이 기도(祈禱)하는 일만으로는 부족하다. 각각 전도 실무(實務)에 관한 훈련(訓練)과 상담(相談)에 대한 훈련을 쌓아야 한다. 불신자와 일 대 일의 전도에서 능히 상담자로서 또는 전도자로서 책임을 감당할 수 있는 위치에 까지 나아갈 수 있어야 한다. 그러므로 전도 교육은 지속적(持續的)으로 전도의 전략(戰略)을 수립(樹立)할 수 있는 훈련을 시켜야 한다.

교회는 불의(不義)가 지배(支配)하는 세상에 뛰어들어 포로(捕虜)된 자를 해방시키는 일을 해야 한다. 그러므로 교회는 전투적(戰鬪的)이다. 그런데 훈련되지 않는 병정兵丁)들이 나가서 그 힘든 일을 과연 어떻게 해낼 수 있겠는가?

▶ **사도행전 1장 8절을 보면**

♥ 오직 성령(聖靈)이 너희에게 임하시면
♥ 너희가 권능(權能)을 받고
♥ 예루살렘(Jerusalem)과
♥ 온 유대(Judea)와
♥ 사마리아(Samaria)와
♥ 땅 끝까지 이르러
♥ 내 증인(證人)이 되리라 하시니라.

▶ **이상의 이 말씀은 과연 무슨 뜻이겠습니까?**

① 오직 전도자는 성령(聖靈)을 의지(依支)해야 한다는 것이요,
② 오직 전도자는 반드시 성령(聖靈)의 권능(權能)을 받아야 한다는 것이요
③ 예루살렘 복음화(福音化)가 가장 우선적으로 이루어 져야 한다는 것이다.

교회(敎會)들이 이러한 큰일을 지속(持續)시키지 못하는 이유(理由)가 무엇인가? 그것은 바로 교육과 기도(祈禱)의 기반(基盤)이 굳건하지 못한 데 있지 않는가? 전도에는 물질도 필요하고 또한 인력도 필요하다. 그러므로 예수님의 제의(提議)에 대한 충분한 납득(納得)이 필요하다. **사도행전 1장 8절의 말씀은 신약교회의 사명(使命)에 대한 구체적인 실천(實踐) 방안(方案)으로 제시(提示)된 것이다.** 만일 전도 전략 담당자가 이 말씀을 소홀(疏忽)히 생각한다면 교회 부흥(復興)에 대한 보장(保障)은 결코 받지 못할 것이다. 이는 바로 주 예수의 방법이다. 전도의 전략(戰略)은 교회와 가장 가까운 마을들로 전도하는 것부터 시작되지 않으면 아니된다. 이는 교회 부흥의 원리(原理)와 전략에도 잘 적용된다. 교회(敎會)가 있는 지역(地域)부터 복음화(福音化)될 때에, 그 다음 지역으로 확산(擴散)될 수 있다. 마치 물 파장(波長)이 계속(繼續)해서 번져 나가는 것처럼 전도도 점점 번져 나갈 수 있는 것이다. 혹 개척교회(開拓敎會)들이 큰 목표(目標)를 설정(設定)하고 세계선교(世界宣敎)에 대한 꿈을 가지고 있다하자, 그러나 이것도 본 교회의 부흥(復興) 없이는 한낱 구호(口號)에 그치고 말게 된다. 담임목사(擔任牧師)가 모처럼 어쩌다가 기회(機會)가 되어서 해외관광(海外觀光)을 잠간 다녀왔다고 해서 세계선교의 큰 횃불을 들었다고 볼 수는 없다.

신약교회(新約敎會) 성도(聖徒)들은 모두 각각 전도자가 되어야 한다. 이렇게 될 때 훈련된 신약교회 성도들이 타지방(他地方)으로 전출(轉出)해도 거기서도 복음의 전파자(傳播者)가 될 수 있다. 그러나 혹자(或者)는 신앙(信仰)이 있으면서도 타향(他鄕)으로 나가면 자기의 신앙마저도 지속(持續)하지 못하고 타락(墮落)하여 버리는 경우도 있다. 이는 전도의 사명(使命)에 대한 교육(敎育)과 훈련(訓練)이 없었기 때문이다. **전도자(傳道者)는 어디를 가나 자신이 곧 그 교회의 기초(基礎)라는 점을 깨달아 그 곳에서도 최선을 다하여 전도(傳道)해야 한다.**

전도 전략(戰略)에 관한 모든 문제(問題)를 평신도(平信徒) 중심

으로 펴 나간다면 그 효력(效力)은 대단할 것이다. 설교자 한 몸으로 여러 가지 막중(莫重)한 일을 책임지고 있을 때에, 여러 가지 일을 할 수 없음은 물론 힘만 더 들고 일은 일대로 성과가 없기 때문에 그런 방법은 바람직하지 못하다. 교회에 현재 출석하고 있는 인력(人力) 자원(資源)을 최대한 활용하여야 한다. 성도(聖徒)들에게 사명(使命)을 부여(附與)하는 것은 곧 명예(名譽)를 부여함과 같다. 사람은 명예를 위하여서는 목숨까지라도 버릴 용기를 가지고 있다. 전도의 원리(原理)와 전략(戰略)에 있어서는 "왜 그렇게 해야만 하는가? 왜 당신이 가야만 하는가? 왜 계속해야만 하는가?"에 대한 구체적 진단을 근거(根據)로 해서 철저히 훈련을 시켜야 한다. 왜냐하면 좋은 일꾼은 교육과 훈련을 통해서만 만들어 지기 때문이다.

▶ '예수원' 의 '토레이 신부' 의 말을 빌려 보면 다음과 같다.

"어느 날 그의 친구에게서 단 1불의 선교비(宣教費)가 배달되어 왔다. 그 친구는 매우 넉넉한 부자였지만 그만큼 그의 관심은 지극히 적은 것이었다. 그러나 토레이씨는 그 1불을 보내 준 데 대하여 감사하는 편지를 정중(鄭重)하게 써서 보냈다. 그 후에 다시 10불이 왔다. 이번에도 다시 고맙다는 편지를 보냈다. 이렇게 하여 그의 관심은 커져 가기 시작하였다. 그 결과 그는 마침내 많은 물질을 돕는 적극적인 후원자(後援者)가 되고 말았다"고 한다.

문제는 성도들의 관심을 끄는 데 있다. 전도의 교육과 훈련을 통하여 그들이 내는 헌금(獻金)이나 그들의 수고가 큰 결과를 가져오게 된다는 점을 계속 강조할 때 그들은 자기들의 동참(同參)하는 바를 귀중(貴重)하게 여기고 더욱 더 관심을 가지게 될 것이다. 전도의 교육과 훈련에 있어서 전도의 원리(原理)와 전략(戰略)을 가르치는 기간이 무척 더디더라도 인내(忍耐)를 가지고 그대로 계속해서 담대히 진행해 나가야 한다. 앞으로 전도의 교육과 훈련이 있는 교회와, 없는 교회와의 격차(格差)는 아주 심해질 것이다. 전도의 교육과 훈련이 있는 교회는 지속적(持續的)인 자원(資源)의 개발(開發)과 함께 교회의 부흥이 올 것이지만, 전도의 교육과 훈련이 없는 교회는 마음만 급하고 부흥은 극히 적을 것이다. 그래서 전도의 훈련이 된 교회를 도저히 따르지 못할 것이다. 그러므로 각 교회들은 전도 전략을 지속적(持續的)으로 펼쳐 나가야 할 것이다.

예수는 3년 동안 제자들의 훈련訓練)과 전도의 교육(敎育)을 실시하였다. 그래서 때로는 전도자의 필요성에 대해서 말씀하셨다. 씨 뿌리는 비유(比喩)를 통해서도 보듯이 복음 전도에 대한 그 효과적인 평가라든가, 달란트의 비유에서 보듯이 주님께서 기대(期待)하시는 바와 성적(成績)을 따라 받을 일꾼들의 상급(賞給) 등에 대해 말씀하신 것을 통해서도 잘 알 수 있지 않는가? 예수도 전도에 대해서 구체적(具體的)으로 가르치셨다. 이런 교훈(敎訓)들이 그 후에 신약교회의 부흥(復興)과 성장에 큰 몫을 차지하게 되었고, 그들은 확신(確信)을 가지고 일하게 되었다. 바울 신학(神學)의 발전도 바로 여기에 있다. 오늘날 기독교(基督教)의 신학의 원조(元祖)는 아무래도 바울의 신학이다. 바울은 몸으로는 갇힌 자가 되어, 갈 수 없었어도 편지로써 대신 해서 전도했다. 그 편지에서도 왜 우리가 예수를 믿어야 하며 또 그리스도를 위하여 왜 복음 전도자가 되어야 하는가에 대해 낱낱이 설명하고 있다. 바울의 편지는 전도 훈련에 큰 역할을 하고 있다.

"형제들아 우리가 잠시 너희를 떠난 것은 얼굴이요 마음은 아니니 너희 얼굴 보기를 열정으로 더욱 힘썼노라 그러므로 나 바울은 한 번 두 번 너희에게 가고자 하였으나 사단이 우리를 막았도다 우리의 소망이나 기쁨이나 자랑의 면류관(冕旒冠)이 무엇이냐? 그의 강림하실 때 우리 주 예수 앞에 너희가 아니냐 너희는 우리의 영광(榮光)이요 기쁨이니라"(살전 2:17~20).

이런 전도(傳道)의 소망(所望)은 신약교회(新約敎會)의 힘이 되었기에 모두 힘써 전도하고 증거(證據)하였다. 그러므로 바울은 이런 것들이 전도의 밑거름이 된 것을 매우 기뻐하고 있었다. 이와 같이 전도의 지속적(持續的)인 장기(長期) 계획(計劃)과 전도의 전략(戰略)은 꼭 필요하다. 전도의 계획과 전략이 지속적(持續的)이고 장기적(長期的)일 때 교회(敎會)의 부흥(復興)에 큰 역할(役割)을 하게 되고 교회는 계속(繼續)해서 부흥하고 발전하고 성장해 나갈 것이다. – 아멘 –

제 10 장

전도의 설교(說敎)

제 10 장

전도의 설교(說敎)

전도(傳道)는 일반적으로 대부분 말로 하는 일이라는 면에서 볼 때 실상(實狀) 설교(說敎)라고 해야 할 것이다. 전도의 설교는 군중(群衆)을 앉혀 놓고 하는 것도 있고 일 대 일로 하는 것도 있다. 이런 행위는 상대방으로 하여금 전도의 설교를 듣고 감동이 되게 하려는 데 그 의미(意味)가 있다. 그러면 무슨 목적을 가지고 설교에 임할 것이며 무엇을 가지고 설교할 것인가? **설교의 목적은 하나님의 말씀으로써 영혼(靈魂)을 구원(救援)하고 또 그 말씀으로 거룩하게 구별(區別)된 삶을 갖도록 하는 것이다.**

사람은 세상에 태어나서 한평생을 살아가는 동안 역사(歷史)의 흐름을 타고 또한 시대의 요구(要求)를 받아들이며 원하든 원치 아니하든 간에 운명(運命) 같은 삶을 살아가고 있다. 그러므로 불가항력적(不可抗力的)인 인간 조건에 걸려서 시달리다 못해 저주(詛呪)를 받는 이도 있고, 다행스럽게 이 모든 환경을 뛰어넘는 이도 있으나, 순리(順理) 따위는 전혀 인정하지 아니하고 고의(故意)

로 조작된 생애(生涯)를 가지려고 하다가 지나쳐서 범법(犯法) 행위(行爲)를 저지르거나 탈선(脫線)된 인생으로 비참하게 끝을 맺는 이도 있다. 또 운명(運命)이라는 이름 아래 자포자기(自暴自棄)하고 사는 인생도 있고 보다 영리(怜悧)하게 세상을 수영하듯 헤쳐 나가는 이도 있다. 이런 중에 운명론자(運命論者)들은 운명을 고쳐 보기 위하여 생명이 없는 것들 앞에 무릎을 꿇고 절하며 복을 비는 미신(迷信)과 우상(偶像)을 숭배(崇拜)하는 일을 자행(自行)하였고, 미신(迷信)에 철학(哲學)과 이론적 교리(敎理)를 부여(附與)함으로써 고등(高等) 종교(宗敎)를 발생(發生)시켜 지금까지 끊임없이 확대해 왔다. 미신(迷信)은 계시(啓示)된 것이 아니고 자연적으로 생긴 무속(巫俗) 신앙(信仰)으로서 전통(傳統)으로 확립되거나 유전(遺傳)되는 망령(妄靈)된 것이다. 이에 비해 종교(宗敎)는 포교(布敎)하여 가르치며 여러 포교 수단을 통해 교세(敎勢)를 확장(擴張)해 간다.

그러나 **기독교(基督敎)는 하나님의 계시(啓示)로 세워진 종교(宗敎)이다.** 기독교의 믿음 자체가 자연적이거나 신념(信念)에 의해 이루어진 것이 아니고 계시에 의한 것이다. 그리하여 처음에는 만물(萬物)을 통하여 창조자(創造者)이신 하나님을 알게 하셨으니, 그는 이스라엘의 하나님이시고 거룩하신 분이시다. 이스라엘에게는 하나님이 주신 신앙(信仰)의 양심(良心) 곧 하늘에서 베푸신 양심이 있으니 곧 율법(律法)이요 계시(啓示)의 양심이다. 이 법은 생활과 풍습을 다스리고 항상 하나님을 두려워하며 복종케 하는 능력을 가져다 준다. 그러나 여전히 두려움을 떨쳐 버리지 못하고 신을 두려워하고 정죄(定罪)받는 생활을 계속하게 되고 만다.

그러나 하나님이 예수 그리스도를 통해서 하나님을 계시(啓示)하셨으니, 누구든지 이때로부터 아들로 인하여 하나님을 알고 또한 하나님을 믿는다. 그러므로 누구든지 아들로 말미암지 않고는 결단코 천국에 들어갈 수 없거니와 아들을 믿지 않는 자는 또한 하나님을 믿지 못한다. 이 아들은 사람의 마음에서 생각해 낸 이도 아니요, 세상에서 나온 이도 아니요, 태초(太初)에 하나님과 함께 계신 독생(獨生)하신 하나님이 나타나신 것이다.

> **"본래 하나님을 본 사람이 없으되 아버지 품 속에 있는 독생(獨生)하신 하나님이 나타나셨느니라"**(요 1:18).

하나님께서 아들을 통해 자신을 보여 주셨고, 하나님의 성품(性品)을 보여 주셨고, 하나님의 사랑을 보여 주셨고, 하나님의 뜻을 보여 주셨다. 이것을 우리가 의심(疑心) 없이 전적으로 믿는 것이 바로 우리의 믿음이다.

설교(說敎)는 우리의 믿음의 근본(根本) 원리(原理)를 증거(證據)하는 일이다. 설교자가 말을 많이 하였다 하여 잘한 것도 아니요 또 수준 높은 단어나 학술(學術) 강의 같은 식으로 늘어 놓았다 하여 잘한 것도 아니다. 오직 하나님의 계시(啓示)를 받아 전달하는 수단을 올바로 감당(堪當)할 때 그 의무(義務)를 다하는 것이다. 즉 우리의 믿음이 어디에서 나왔으며 어떻게 전파(傳播)되었는가를 진실하게 바로 전해 주어야만 그 설교가 잘된 것이다. 만일 설교에 설교자의 지식이나 감정이나 세상 일이나 그리고 정치(政治)에 관한 발언(發言)을 했다면 그것은 교회의 참된 설교가 아니다.

> **"태초(太初)에 말씀이 계시니라 이 말씀이 하나님과 함께 계셨으니 이 말씀은 곧 하나님이시니라 그가 태초에 하나님과 함께 계셨고 만물이 그로 말미암아 지은 바 되었으니 지은 것이 하나도 그가 없이는 된 것이 없느니라 그 안에 생명이 있었으니 이 생명은 사람들의 빛이라"**(요 1:1~4).

설교(說教)는 하나님의 말씀으로 하나님의 말씀에 의하여 하나님의 말씀을 전달(傳達)하는 것이어야 한다. 설교의 내용(內容)이나 방법(方法), 설교의 목적(目的)이나 뜻이 오직 하나님으로부터 난 것이어야 하는 것이다. 왜냐하면 설교(說教)는 영혼(靈魂)을 죄악(罪惡)의 늪에서 건져내고 타락(墮落)하고 죽은 영들을 살려 하나님 앞에 바로 서게 하는 것이기 때문이다.

> **"하나님의 말씀은 살았고 운동력이 있어 좌우에 날선 어떤 검보다도 예리하여 혼(魂)과 영(靈)과 및 관절과 골수(骨髓)를 찔러 쪼개기까지 하며 또 마음의 생각과 뜻을 감찰(監察)하나니"**(히 4:12).

하나님의 말씀이 전파(傳播)되는 것이 곧 설교(說教)이다. 혹 많은 시간을 설교했다 하더라도 그 말씀을 통해서 진정한 구원(救援)의 역사(役事)가 일어나지 못한다면 이는 설교가 아니다.

그러므로 진정(眞正)한 설교는 믿음이 연약(軟弱)한 자에게는 전도

(傳道)가 되어 더욱 큰 믿음을 얻게 하고 믿음이 있는 자들에게는 더욱 순종(順從)하게 하여 거룩한 곳에 서게 하는 의무(義務)를 가진다. 설교는 구령(救靈)의 말씀이 되어야 한다. 또한 동일한 장소에서 연약(軟弱)한 자들과 믿음이 있는 자들이 함께 있어 같은 설교를 들었을 때 모두에게 변화가 나타나야만 능력이 있는 설교이다. 설교를 통해서 세상 이야기를 하거나 자기 과시(誇示)로 시간을 허비하는 설교는 차라리 하지 않는 것이 좋을 것이다. 설교를 통해서 구령이 되어야 하고 그렇게 되기 위해서는 설교의 내용 자체가 바로 전도의 내용과 사명(使命)에 관한 것이어야 한다. '여러분 한 사람이 한 사람씩을 전도해 오시기 바랍니다' 라는 식의 전도의 독려(督勵) 같은 내용보다 먼저는 설교가 회중(會衆)의 마음을 감동시켜야 하고, 설교를 듣는 회중으로 하여금 진정으로 회개(悔改)하고 하나님 앞으로 한 발씩 더 가까이 나오게 함으로써, 설교를 통해 하나님의 음성을 들려 주어야 한다.

그 다음으로는 구원(救援)받은 심령(心靈)들이 전도를 위해 헌신(獻身)할 마음을 갖도록 사명감(使命感)을 불어 넣어 주어야 한다. '하세요' 하는 식의 독려(督勵)로써는 결코 효과(效果)를 기대(期待)할 수 없다. 그러나 언제든지 전도하지 않으면 화(禍)가 돌아오며 전도하지 않고는 아니 된다는 스스로의 책임(責任)을 가지게 하고 영혼(靈魂)을 사랑하는 마음을 가지게 하면 영혼을 사랑하는 심령(心靈)으로 불타게 될 것이다.

"내가 복음을 전할지라도 자랑할 것이 없음은 내가 부득불(不得不) 할 일임이라 만일 복음을 전하지 않으면 내게 화(禍)가 있을 것임이로다"(고전 9:16).

설교자에게는 무엇보다 영혼(靈魂)을 참으로 사랑하는 심령(心靈)이 있어야 한다. 그러한 심령으로 설교해야 그 설교를 듣는 이들의 심령이 그와 같이 변할 수 있게 된다. 설교는 하나님 앞에서 하나님의 음성을 대언해 주는 책임을 지고 있으므로, 하나님이 먼저 들으신다는 믿음을 가져야 할 것이고 그렇게 순수(純粹)하고 정직(正直)한 심령(心靈)으로 설교할 때에 그 설교야말로 회중(會衆)의 심금(心琴)을 울려 주고, 그 설교를 들은 이들의 가슴 속에서도 영혼(靈魂)을 진정으로 사랑하는 구령(救靈)에 대한 뜨거운 열정(熱情)이 일어나게 된다. 권면(勸勉) 같은 것으로는 독려(督勵)가 되지 않는다. 오직 말씀을 받아들여야 한다. 말씀은 회중을 움직인다. 그래야만 하나님의 일을 할 수 있다. 모든 영혼(靈魂)은 생수(生水)를 기다리며 양식(糧食)을 기다리고 있다. 영혼도 육체처럼 갈급함이 있고 사모함이 있다. 그러나 그런 것을 알아주지 않는 것이 곧 타락(墮落)이요 저주(詛呪)이다.

그러므로 설교자는 그 영혼(靈魂)들을 향한 양식을 아낌없이 주는 의무를 행해야만 한다. 육체를 위한 도모(圖謀)는 육체의 활동을 즐겁게 한다. 이처럼 영혼(靈魂)을 위한 도모(圖謀)는 영혼을 즐겁게 한다.

전도는 무엇보다도 영혼이 즐거워야 한다. 영혼(靈魂)이 즐거울 때에 영혼을 위하여 일할 수 있지만, 영혼의 즐거움이 없으면 영혼은 영혼을 위하여 일하지 않는다. 설교자에게는 인간적인 명예(名譽)와 세상적인 권위(權威)가 없다. **설교자는 오직 영혼을 위한 양식을 배급하는 하나님의 일꾼이요 사환(使喚)일뿐이다. 그러므로 설교자는 영혼에게 영혼이 요구(要求)하는 것을 전달해 주며 채워 주어야 자기 본분을 감당한 것이라 할 수 있다.**

다니엘이 뜻을 정하여 환관장(宦官長)[11]에게 채소(菜蔬)만을 요구(要求)하니, 이는 우상(偶像)을 위하여 준비(準備)한 진미(珍味)를 먹음으로써 비록 육체(肉體)에는 유익(有益)이 있을지라도 자신의 영혼(靈魂)을 오히려 더럽힐 것을 염려(念慮)함이였다. 비록 왕의 진미일지라도 자기 영혼을 해롭게 할 것이면 결단코 먹지 아니하기로 뜻을 정한 것이다. 다니엘은 육신(肉身)이 즐거워할 것이 무엇이며 영혼(靈魂)이 즐거워할 것이 무엇인가를 구별(區別)할 줄 알았으니, 그것이 살아 역사하는 산 신앙(信仰)이며 믿음이다.

> **"청하오니 당신의 종들을 열흘 동안 시험하여 채식을 주어 먹게하고 물을 주어 마시게 한 후에 당신 앞에서 우리의 얼굴과 왕의 진미를 먹는 소년들의 얼굴을 비교해 보아서 보이는 대로 종들에게 처분하소서 하매 그가 그들의 말을 좇아 열흘을 시험하더니 열흘 후에 그들의 얼굴이 더욱 아름답고 살이 더욱 윤택하여 왕의 진미를 먹는 모든 소년보다 나아 보인지라 이러므로 감독하는 자가 그들에게 분정된 진미와 마실 포도주를 제하고 채식을 주니라"(단 1:12~16).**

11) 환관장(רבסריסם – 라브사리심) : 왕궁 내에서 일하는 모든 종사자를 관리하는 총책임자. 본래의 의미는 '내시'(內侍).

영혼(靈魂)의 갈급(渴急)함을 알고 있고 영혼에게 배급(配給)해야 할 양식이 무엇인가를 구별할 줄 아는 것이 영적 생활이다. 모든 영혼(靈魂)이 그와 같이 자신의 영혼을 위하여 사모(思慕)하고 갈급(渴急)해 하고 있다.

영혼(靈魂)이 바라는 것은 신령(神靈)한 양식(糧食)인데 이는 하나님의 입으로 나오는 말씀이다. 설교를 듣는 자는 육신의 귀를 즐겁게 하는 설교보다 영혼(靈魂)을 만족(滿足)케 하는 설교를 원하고 있다. 그러므로 설교는 영혼을 위한 양식이 되어야 하며, 또 육체에 눌려 영혼의 갈급(渴急)함을 더해만 가는 참혹(慘酷)한 늪에서 나오게 하며, 육체의 요구(要求)를 초월(超越)하고 영혼의 요구를 들을 수 있는 영감(靈感)이 있어야 한다. 이것은 한쪽의 노력만으로는 결코 성립될 수 없다. 설교는 영혼(靈魂)을 위한 채소이여야 하고 또 회중에게는 목마른 사슴의 시원한 시냇물이 되어 영혼의 갈급함을 흡족히 채워 주어야 한다.

모든 강단에서 기회(機會)가 있을 때마다 전도하라고 권하지만, 기대하는 것만큼 실효를 거두지는 못하고 있다. 매주 몇 사람의 새신자가 교회에 등록한다 해도 이는 강단에서 설교한 말을 듣고 은혜(恩惠)를 받아 마음이 감동되고 움직이므로 전도해서 인도한 자들이 아니고, 대부분 은혜를 받고 간증(干證)한 이들의 말을 듣거나 갑자기 열심을 낸 신자들의 개인 전도를 받아 온 자들이다. 그러나 은혜(恩惠)가 충만(充滿)하고 성령(聖靈)으로 예배(禮拜)드리는 열심과 능력(能力)이 있는 교회들은 매주 새신자의 등록수가 늘어 가고 있다. 이것이 바로 영력(靈力)이다.

설교자가 깨달아야 할 것이 있으니, '영혼을 어떻게 일깨워 줄 것이냐?' 또는 '영혼을 어떻게 즐겁게 할 것이냐?' 하는 것이다. **영혼(靈魂)에게 말하고 영혼을 이끌어 주는 것이 영적(靈的) 설교(說教)요 구원(救援)하는 설교이다.** 사람의 감정에 호소하는 것은 영적 설교가 아니다.

1. 전도를 목적으로 한 설교

교회(教會)들이 연간(年間)의 목회(牧會) 계획(計劃) 가운데 표어(標語)를 설정(設定)한다. 그러나 표어가 왜 필요한지 또 그것을 목회에 어떻게 적용(適用)할 것인지에 대하여는 매우 소극적(消極的)이거나 무관심(無關心)하다. 목회(牧會) 표어(標語)는 목회의 목표(目標)와 같다. 그 해의 표어는 그 해의 목회 방향으로 그것을 위해 줄기차게 진행(進行)해 나가야 한다.

만약 '전도하는 해' 또는 '전도(傳道) 배가(倍加)'란 표어를 세웠다면, 이것이 그 해의 목회(牧會) 표어가 되어 목회의 모든 수단(手段)과 조직(組織)과 행사(行事)가 그 길로 집중되어야 한다. 특히 교회를 알리고 전도하는 것은 설교다. 설교(說教)는 이런 표어를 내용으로 한 적극적(積極的)인 방향을 열어야 한다. 표어는 설정되었으면서도 설교의 내용은 다른 방향으로 유도(誘導)된다면 표어는 있으나 마나하는 무익한 것이 될 것이다.

교회의 표어(標語)는 그 해의 총 설교 제목이 되어야 하고 매주 강단에서 외쳐대는 설교의 주내용(主內容)이 되어야 한다. 전도의 표어를 내놓았다면 전도의 설교가 그 뒤를 이어져야 한다. 설교를 통하여 감동을 주고 그 내용으로 영혼(靈魂)을 다스려 주어야 한다. 영혼(靈魂)이 감동되면 영혼은 전도를 위해 마음을 열어주고 마음은 생각을 나타내고 생각은 몸을 움직여 준다. 그 결과 몸이 움직여서 실천(實踐)함으로 전도를 한다. 전도를 통하여 전도를 받고 나오게 하는 것도 이와 같은 이치(理致)이다.

전도의 설교 내용에 있어서도 전도라는 단어가 단순(單純)하기 때문에 몇번의 설교가 진행되면 나중에는 반복(反復)하게 될 염려(念慮)도 있다. 물론 반복한다는 것이 잘못된 것은 아니지만, 그렇게 하지 않더라도 설교가 영적(靈的)이고 영혼(靈魂)을 사랑하는 의지(意志)가 확실하고 내용이 순수(純粹)하고 행동이 적극적(積極的)이면 설교의 효력(效力)은 대단하게 된다. 전도에 관한 설교를 계속 듣게 되는 동안에 전도해야 할 의무(義務)를 가지게 하고 또 스스로 행동하도록 해야 한다. 다시 말해서 설교는 전도에 관한 설교를 해야 하고 또 전도를 하도록 영혼을 일깨워 주는 것이어야 한다.

설교자(說敎者)는 설교를 들은 자들 안에만 머물러 있게 하지 않고 곧 행동(行動)으로 옮겨질 수 있게 하는 능력(能力)을 나타내어야 한다. 예수께서 "내가 너희에게 분부(分付)한 모든 것을 가르쳐 지키게 하라"고 하셨으니, 곧 설교(說敎)는 주님에게서 나오고 아버지에게서 나온 것이다.

> **"내가 너희에게 분부(分付)한 모든 것을 가르쳐 지키게 하라 볼찌어다 내가 세상 끝날까지 너희와 항상 함께 있으리라 하시니라"(마 28:20).**

① 베드로의 전도 설교를 살펴보자.

천하 각국(各國)으로부터 모여든 경건(敬虔)한 유대인들이 예루살렘 마가의 다락방에서 성령(聖靈)이 충만(充滿)하여 쏟아져 나오는 성도들의 방언(方言) 말함을 듣고 소동(騷動)하는 것을 베드로와 그와 함께한 제자들이 일제히 서서 소리 높여 생명을 바치는 마음으로 간절히 설교를 하였다.

> **"베드로가 열한 사도와 같이 서서 소리를 높여 가로되 유대인들과 예루살렘에 사는 모든 사람들아 이 일을 너희로 알게 할 것이니 내 말에 귀를 기울이라"**(행 2:14).

이들은 선지자(先知者) 요엘의 글로 시작(始作)하여 나사렛 예수에게 이르는 예언(豫言)의 말씀들을 인용(引用)하여 증거(證據)하였고, 또 비록 예수는 다윗의 뿌리에서 나온 자일지라도 오히려 다윗이 그를 증거(證據)한 글을 인용(引用)하여 예수를 증거(證據)하였으므로, 유대인들은 그들의 전도(傳道)를 받고 마침내 회개(悔改)에 이르렀다.

> **"이는 곧 선지자 요엘로 말씀하신 것이니 일렀으되 하나님이 가라사대 말세에 내가 내 영으로 모든 육체에게 부어 주리니 너희의 자녀들은 예언할 것이요 너희의 젊은이들은 환상을 보고 너희의 늙은이들은 꿈을 꾸리라 그때에 내가 내 영으로 내 남종과 여종들에게 부어 주리니 저희가 예언할 것이요 또 내가 위로 하늘에서는 기사(奇事)와 아래로 땅에서는 징조를 베풀리니 곧 피와 불과 연**

기로다 주의 크고 영화로운 날이 이르기 전에 해가 변하여 어두워지고 달이 변하여 피가 되리라 누구든지 주의 이름을 부르는 자는 구원을 얻으리라 이스라엘 사람들아 이 말을 들으라 너희도 아는 바에 하나님께서 나사렛 예수로 큰 권능과 기사와 표적을 너희 가운데서 베푸사 너희 안에서 그를 증거하셨느니라 그가 하나님의 정하신 뜻과 미리 아신 대로 내어 준 바 되었거늘 너희가 법없는 자들의 손을 빌어 못박아 죽였으나 하나님께서 사망의 고통을 풀어 살리셨으니 이는 그가 사망에서 매여 있을 수 없었음이라 다윗이 저를 가리켜 가로되 내가 항상 내 앞에 계신 주를 뵈었음이여 나로 요동(搖動)치 않게 하기 위하여 그가 내 우편에 계시도다 이러므로 내 마음이 기뻐하였고 내 입술도 즐거워하였으며 육체는 희망에 거하리니 이는 내 영혼을 음부(陰府)에 버리지 아니하시며 주의 거룩한 자로 썩음을 당치 않게 하실 것임이로다 주께서 생명의 길로 내게 보이셨으니 주의 앞에서 나로 기쁨이 충만하게 하시리로다 하였으니 형제들아 내가 조상 다윗에 대하여 담대히 말할 수 있노니 다윗이 죽어 장사되어 그 묘가 오늘까지 우리 중에 있도다 그는 선지자라 하나님이 이미 맹세하사 그 자손 중에서 한 사람을 그 위에 앉게 하리라 하심을 알고 미리 보는 고로 그리스도의 부활하심을 말하되 저가 음부에 버림이 되지 않고 육신이 썩음을 당하지 아니 하리라 하더니 이 예수를 하나님이 살리신지라 우리가 다 이 일에 증인이로다 하나님이 오른 손으로 예수를 높이시매 그가 약속하신 성령을 아버지께 받아서 너희 보고 듣는 이것을 부어주셨느니라 다윗이 하늘에 올라가지 못하였으나 친히 말하여 가로되 주께서 내 주에게 말씀하시기를 내가 네 원수로 발등상 되게 하기까지 너는 네 우편에 앉았으라 하셨도다 하였으니 그런즉 이스라엘 온 집이 정녕(丁寧) 알지니 너희가 십자가에 못박은 이 예수를 하나님이 주와 그리스도가 되게 하셨느니라"(행 2:16~36).

② 스데반의 전도 설교를 살펴보자.

스데반은 이스라엘의 조상(祖上) 아브라함으로부터 시작하여 모세와 그를 불러 세우신 하나님의 역사(歷史)에 대하여 소상히 증거(證據)하였고, 이에 더하여 이제 스데반이 순교(殉敎)를 눈앞에 두고 하나님의 약속과 그 믿음의 근원(根源)을 처음부터 조리 있게 자세하게 낱낱이 담대하게 설교하였으므로 성령(聖靈)의 역사(役事)로 유대인들의 마음을 마구 찔렀고 큰 충격을 주었다. 선지자들이 말한 바를 인용하여 확실하게 담대히 증거하였다.

"스데반이 가로되 여러분 부형들이여 들으소서 우리 조상 아브라함이 하란에 있기 전 메소보다미아에 있을 때에 영광의 하나님이 그에게 보여 가라사대 내 고향과 친척을 떠나 내가 네게 보일 땅으로 가라 하시니 아브라함이 갈대아 사람의 땅을 떠나 하란에 거하다가 그 아비가 죽으매 하나님이 그를 거기서 저희 시방 거하는 이 땅으로 옮기셨느니라 그러나 거기서 발붙일 만큼도 유업을 주지 아니하시고 다만 이 땅을 아직 자식도 없는 저와 저의 씨에게 소유로 주신다고 약속하셨으며 하나님이 또 이 같이 말씀하시되 그 씨가 다른 땅에 나그네 되리니 그 땅 사람이 종을 삼아 사백년 동안을 괴롭게 하리라 하시고 또 가라사대 종 삼는 나라를 내가 심판하리니 그후에 저희가 나와서 이곳에서 나를 섬기리라 하시고 할례의 언약을 아브라함에게 주셨더니 그가 이삭을 낳아 여드레 만에 할례(割禮)를 행하고 이삭이 야곱을 야곱이 우리 열두 조상을 낳으니 여러 조상이 요셉을 시기하여 애굽에 팔았더니 하나님이 저와 함께 계셔 그 모든 환란에서 건져내사 애굽 왕 바로 앞에서 은총과 지혜를 주시매 바로가 저를 애굽과 자기 온 집의 치리자로 세웠느니라 그때에 애굽과 가나안 온 땅에 흉년들어 큰 환란이 있을새 우리 조상들이 양식이 없는지라 야곱이 애굽에 곡식이 있다는 말을 듣고 먼저 우리 조상들을 보내고 또 재차 보내매 요셉이 자기 형제들에게 알게 되고 또 요셉의 친족이 바로에게 드러나게 된지라 요셉이 보내어 그 부친 야곱과 온 친족 일흔다섯 사람을 청하였더니 야곱이 애굽으로 내려가 자기와 우리 조상들이 거기서 죽고 세겜으로 옮기워 아브라함이 세겜 하몰의 자손에게서 은으로 값 주고 산 무덤에 장사되니라 하나님이 아브라함에게 약속하신 때가 가까우매 이스라엘 백성들이 애굽에서 번성하여 많아졌더니 요셉을 알지 못하는 새 임금이 애굽 왕에 오르매 그가 우리 족속에게 궤계(詭計)를 써서 조상들을 괴롭게 하여 그 어린아이들을 내어 버려 살지 못하게 하려할새 그때에 모세가 났는데 하나님 보시기에 아름다운지라 그 부친의 집에서 석 달을 길리우더니 버리운 후에 바로의 딸이 가져다가 자기 아들로 기르매 모세가 애굽 사람의 학술을 다 배워 그 말과 행사가 능하더라 나이 사십이 되매 그 형제 이스라엘 자손을 돌아볼 생각이 나더니 한 사람의 원통한 일 당함을 보고 보호하여 압제받는 자를 위하여 원수를 갚아 애굽 사람을 쳐죽이니라 저는 그 형제들이 하나님께서 자기의 손을 빌어 구원하여 주시는 것을 깨달으리라고 생각하였으나 저희가 깨닫지 못하였더라 이튿날 이스라엘 사람들이 싸울 때에 모세가 와서 화목시키려 하여 가로되 너희는 형제라 어찌 서로 해하느냐 하니 그 동무를 해하는 사람이 모세를 밀뜨려 가로되 누가 너를 관원과 재판장으로 우리 위에 세웠느냐 네가 어제 애굽 사람을 죽임과 같이 또 나를 죽이려느냐 하니 모세가 이 말을 인하여 도주하여 미디안 땅에서 나그네 되어 거기서 아들 둘을 낳으니라 사십 년이 차매 천사가 시내산 광야 가시나무 떨기 불꽃 가운데서 그에게 보이거늘 모세가 이 광경을 보고 기이히 여겨 알아보려고 가까이 가니 주의 소리 있어 나는 네 조상의 하나님 즉 아브라함과 이삭과 야곱의 하나님이로라 하신데 모세가 무서워 감히 알아보지 못하더라 주께서 가라사대 네 발에 신을 벗으라 너 섰는 곳은 거룩한 땅이니라 내 백성이 애굽에서 괴로움 받음을 내가 정녕히 보고 그 탄식(嘆息)하는 소리를 듣고 저희를 구원하려고 내려왔노니 시방 내가 너를 애굽으로 보내니라 하시니라 저희 말이 누가 너를 관원과 재판장으로 세웠느냐 하며 거절하던 그 모세를 하나님은 가시나무 떨기 가운데서 보이던 천사의 손을 의탁하여 관원과 속량(贖良)하는 자로 보내셨으니 이 사람이 백성을 인도하여 나오게 하고 애굽과 홍해와 광야에서 사십 년간 기사와 표적을 행하였느니라 이스라엘 자손을 대하여 하나님이 너희 형제 가운데서 나와 같은 선지자를 세우리라 하던 자가 곧 이 모세라 시내산에서 말하던 그 천사와 및 우리 조상들과 함께 광야교회에 있었고 또 생명의 도를 받아 우리에게 주던 자가 이 사람이라 우리 조상들이 모세에게 복종치 아니하고자 하여 거절하며 그 마음이 도리어 애굽으로 향하여 아론더러 이르되 우리를 인도할 신들을 우리를 위하여 만들라 애굽 땅에서 우리를 인도하던 이 모세는 어떻게 되었는지 알지 못하노라 하고 그때에 저희가 송아지를 만들어 그 우상(偶像) 앞에 제사하며 자기 손으로 만든 것을 기뻐하더니 하나님이 돌이키사 저희를 그 하늘의 군대 섬기는 일에 버려 두셨으니 이는 선지자의 책에 기록된 바 이스라엘의 집이여 사십 년을 광야에서 너희가 희생(犧牲)과 제사를 내게 드린 일이 있었느냐 몰록[12]의 장막과 신 레판[13]의 별을 받들었음이여 이것은 너희가 전하고자 하여 만든 형상(形象)이로다 내가 너희를 바벨론 밖에 옮기리라 광야에서 우리 조상들에게 증거의 장막이 있었으니 이것은 모세에게 말씀하신 이가 명하사 저가 본 그 식대로 만들게 하신 것이라"(행 7:2~44).

---

12) 몰록 : 암몬족의 국가신(몰렉, 밀곰). 황소 머리에 사람의 형상을 하고 있다. 제사시 어린 아이를 희생 제물로 바침

13) 레판(Rephan) = (암 5:26 – 기윤). '기윤' 은 앗수르인들이 숭배하는 토성(土星)이다. 시리아어로 '렘판' 이다.

마침내 스데반은 다윗의 집에서 일어난 하나님의 약속(約束)의 씨인 예수를 담대(膽大)하게 생명을 다하여 확실하고도 분명하게 증거(證據)하였다.

"다윗이 하나님 앞에서 은혜를 받아 야곱의 집을 위하여 하나님의 처소를 준비케 하여 달라 하더니 솔로몬이 그를 위하여 집을 지었느니라 그러나 지극히 높으신 이는 손으로 지은 곳에 계시지 아니하시나니 선지자의 말한 바 주께서 가라사대 하늘은 나의 보좌요 땅은 나의 발등상이니 너희가 나를 위하여 무슨 집을 짓겠으며 나의 안식할 처소가 어디뇨 이 모든 것이 다 내 손으로 지은 것이 아니냐 함과 같으니라 목이 곧고 마음과 귀에 할례(割禮)를 받지 못한 사람들아 너희가 항상 성령을 거스려 너희 조상과 같이 너희도 하는도다 너희 조상들은 선지자 중에 누구를 핍박치 아니 하였느냐 의인이 오시리라 예고한 자들을 너희가 죽였고 이제 너희는 그 의인을 잡아 준 자요 살인한 자가 되나니 너희가 천사의 전한 율법을 받고도 지키지 아니하였도다 하니라"(행 7:46~53).

마침내 스데반은 성령(聖靈)이 충만(充滿)하여 다윗의 집에서 일어난 하나님의 약속의 씨인 예수를 생명을 다하여 힘써 증거(證據)하니, 그 당시에 이 설교를 듣던 이들이 마음에 찔려 드디어 스데반을 돌로 쳐죽었다.

"저희가 이 말을 듣고 마음에 찔려 저를 향하여 이를 갈거늘 스데반이 성령(聖靈)이 충만하여 하늘을 우러러 주목하여 하나님의 영광(榮光)과 및 예수께서 하나님 우편에 서신 것을 보고 말하되 보라 하늘이 열리고 인자(人子)가 하나님 우편에 서신 것을 보노라 한대 저희가 큰 소리를 지르며 귀를 막고 일심으로 그에게 달

려들어 성(城) 밖에 내치고 돌로 칠새 증인들이 옷을 벗어 사울이 라 하는 청년의 발앞에 두니라"(행 7:54~58).

그리고 마지막에 예수께 "내 영혼을 받으시옵소서, 이 죄를 저들에게 돌리지 마옵소서"라고 마지막으로 기도하고 거룩한 순교의 산 제물이 되었다.

"저희가 돌로 스데반을 치니 스데반이 부르짖어 가로되 주 예수여 내 영혼(靈魂)을 받으시옵소서 하고 무릎을 꿇고 크게 불러 가로되 주여 이 죄를 저들에게 돌리지 마옵소서 이 말을 하고 자니라"(행 7:59~60).

③ 바울의 전도 설교를 살펴보자.

바울 역시 이스라엘의 조상(祖上)들의 믿음으로 시작하여 다윗을 왕 위에 세우시기까지의 내력(來歷)과 또 그의 씨에서 나타나신 이는 죽음을 당하셨으나 썩음을 보지 않는 것을 강조하였다. 그리하여 예수가 이스라엘의 영광의 상징(象徵)이요 성왕(聖王)인 다윗보다 위대하고 높으신 이임을 담대하게 설명하였다. 이와 같은 설교의 진행법은 그 어디에서나 마찬가지였다.

"바울이 일어나 손짓하며 말하되 이스라엘 사람들과 및 하나님을 경외하는 사람들아 들어라 이 이스라엘 백성의 하나님이 우리 조상들을 택하시고 애굽 땅에서 나그네 된 그 백성을 높여 큰 권능으로 인도하여 내사 광야에서 약 사십 년 간 저희 소행(所行)을

참으시고 가나안 땅 일곱 족속을 멸하사 그 땅을 기업으로 주시고(약 사백오십 년간) 그후에 선지자 사무엘 때까지 사사(士師)를 주셨더니 그후에 저희가 왕을 구하거늘 하나님이 베냐민 지파 사람 기스의 아들 사울을 사십 년간 주셨다가 폐하시고 다윗을 왕으로 세우시고 증거하여 가리사대 내가 이새의 아들 다윗을 만나니 내 마음에 합한 사람이라 내 뜻을 다 이루게 하리라 하시더니 하나님이 약속하신 대로 이 사람의 씨에서 이스라엘을 위하여 구주를 세우셨으니 곧 예수라 그 오시는 앞에 요한이 먼저 회개의 세례를 이스라엘 모든 백성에게 전파하니라 요한이 그 달려갈 길을 마칠 때에 말하되 너희가 나를 누구로 생각하느냐 나는 그리스도가 아니라 내 뒤에 오시는 이가 있으니 나는 그 발의 신 풀기도 감당치 못하리라 하였으니 형제들 아브라함의 후예(後裔)와 너희 중 하나님을 경외하는 사람들아 이 구원의 말씀을 우리에게 보내셨거늘 예루살렘에 사는 자들과 저희 관원들이 예수와 및 안식일마다 외우는 바 선지자들의 말을 알지 못하므로 예수를 정죄하여 선지자들의 말을 응하게 하였도다 죽일 죄를 하나도 찾지 못하였으나 빌라도에게 죽여 달라 하였으니 성경에 저를 가리켜 기록된 말씀을 다 응하게 한 것이라 후에 나무에서 내려다가 무덤에 두었으나 하나님이 죽은 자 가운데서 저를 살리신지라 갈릴리로부터 예루살렘에 함께 올라간 사람들에게 여러날 보이셨으니 저희가 이제 백성 앞에 그의 증인이라 우리도 조상들에게 주신 약속을 너희에게 전파하노니 곧 하나님이 예수를 일으키사 우리 자녀에게 이 약속을 이루게 하셨다 함이라 시편 둘째 편에 기록한 바와 같이 너는 내 아들이라 오늘 너를 낳았다 하셨고 또 하나님께서 죽은 자 가운데서 저를 일으키사 다시 썩음을 당하지 않게 하실 것을 가르쳐 가라사대 내가 다윗의 거룩하고 미쁜 은사(恩賜)를 너희에게 주리라 하셨으니 그러므로 또 다른 편에 일렀으되 주의 거룩한 자로 썩음을 당하지 않게 하시리라 하셨느니라 다윗은 당시에 하나님의 뜻을 좇아 섬기다가 잠들어 그 조상들과 함께 묻혀 썩음을 당하였으되 하나님의 살리신 이는 썩음을 당하지 아니하였나니 그러므로 형제들아 너희가 알 것은 이 사람을 힘입어 죄사함을 너희에게 전하는 이것이며 또 모세의 율법으로 의롭다 하심을 얻지 못하던 모든 일에도 이 사람을 힘입어 믿는 자마다 의롭다 하심을 얻는 이것이라 그런즉 너희는 선지자들로 말씀하신 것이 너희에게 미칠까 삼가라 일렀으되 보라 멸시하는 사람들아 너희는 놀라고 망하라 내가 너희 때를 당하여 한 일을 행할 것이니 사람이 너희에게 이를지라도 도무지 믿지 못할 일이라 하였느니라 하니라"(행 13:16~41).

사도(使徒) 바울의 전도(傳道) 설교(說教)를 들은 이들은 어디에서든지 바울이 그 말을 계속(繼續)해 주기를 원하고 바랬던 것이다.

"저희가 나갈새 사람들이 청하되 다음 안식일(安息日)에도 이 말씀을 하라 하더라 폐회(閉會)한 후에 유대인과 유대교에 입교한 경건(敬虔)한 사람들이 많이 바울과 바나바를 좇으니 두 사도가 더불어 말하고 항상 하나님의 은혜 가운데 있으라 권하니라"(행 13:42~43).

이들의 전도(傳道) 설교(說教)는 '예수 믿으세요, 그리고 천당(天堂) 가세요'라는 마구잡이식 전도 설교가 아니라 예수를 말하기에 앞서 하나님의 뜻이 이루어지는 과정(過程)을 자세히 설명하면서 이스라엘의 조상들이 사모(思慕)하며 기다리던 이가 오셨다는 것을 거듭 강조(强調)한 것이다.

이스라엘은 어느 민족보다도 그들의 조상에 대한 존경심과 그들의 자손이 된 긍지(矜持)를 가지고 있었으므로 아브라함과 다윗의 역사(歷史)에 대하여 소상히 알고 있는 터인지라, 다른 말보다는 아브라함과 다윗에 관한 설교에 귀를 기울였다. 그러기에 아브라함과 다윗이 사모(思慕)하는 것이요 그들보다 먼저 계신 이요 그들 위에 계신 이라는 설교에 충격(衝擊)을 받은 것이다. 초대교회는 이러한 설교 내용(內容)에 있어 거의 일치하고 있다.

여기에서 우리는 전도 설교의 명맥(命脈)을 찾아야 한다. 그들은 전혀 생소(生疎)한 말로 전도한 것이 아니었다. 자신들이 전하는 것의 배경(背景)과 중요성을 설명했고 또한 이것이 역사적(歷史的) 사건(事件)임을 설명했다. 곧 예수 그리스도는 역사적으로 나타나야 할 존재(存在)요 세상에 소망(所望)을 주시는 분이심을 강조하니, 그 설교는 청중(聽衆)을 잠잠케 하고 받아들이게 했고 일부는 그 설교로 인한 충격을 감당치 못하고 있었다.

오늘날 현대교회(現代敎會)가 전도자(傳道者)를 훈련(訓練)하여 거리로 혹은 각 마을로 내어 보낼 때에, 일방적(一方的)인 열심(熱心)만이 전도(傳道)에의 충분(充分)한 조건(條件)이라 생각하여서는 안된다. **평신도(平信徒)들의 전도가 곧 교회 부흥(復興)의 비결(秘訣)이므로 평신도 교육의 결핍(缺乏)이 교회 부흥의 저해(沮害) 요소(要素)가 됨을 분명히 가슴 깊이 깨달아 알아야 한다.** 평신도들에게 하나님의 의도(意圖)를 심어 주고 예수 그리스도에 대한 예언적(豫言的), 역사적(歷史的) 배경(背景)을 강조(强調)해 주는 것이 중요한 일이다. 모든 사람에게는 예언(豫言)을 믿으려 하거나 예언(豫言)한 사실이 있기를 바라며, 또 이에 따른 역사(歷史)를 신뢰(信賴)하고 역사(歷史)의 순리(純理)를 따르고자 하는 기초적(基礎的)인 정신(精神)이 있다. 아마 이는 다른 동물(動物)과 다른 인간의 속성(屬性)일 것이다. 전도 설교가 이와 같은 인간성을 무시(無視)하지 아니하고 인간의 속성(屬性)과 하나님의 은사(恩賜)에 대한 조화(調和)를 강조할 때 큰 의의(意義)를 갖게 되며, 역시 전도의 결심을 낳게 하고 전도의 열매를 맺게 한다.

사도행전(使徒行傳)에 기록된 전도 설교의 원리(原理)는 어느 시대에나 마찬가지로 변함없이 적용(適用)될 수 있다는 점을 명심하고 깊이 깨달아 알아야 한다. 이는 전도 설교의 원형(原形)을 이루며 또한 그 원리가 된다.

복음(福音) 전도자(傳道者)가 구약성경(舊約聖經)을 인용(引用)하는 것은 그 배경(背景)을 설명하기 위한 증거(證據) 제시(提示)는 되나, 이것이 설교의 목적은 아니라는 점을 주의할 필요가 있다. 전도 설교가 지워 버릴 수 없는 역사(歷史)와, 뚜렷한 역사적(歷史的) 배경(背景)에 복합(複合)되면 그 안에서 예수를 확실하게 발견하게 된다. 그러나 그 역사(歷史)와 배경(背景)을 초월(超越)해 버리면 모든 사람이 역사(歷史)를 신뢰(信賴)하는 마당에 예수를 역사(歷史)와 별개(別個)의 문제로 여기고 분리(分離)시켜 생각하게 된다. 그렇게 될 때에 예수의 일은 왜곡(歪曲)된 역사(歷史)의 주장(主張)으로 좌초(坐礁)될 우려마저 없지 않다. 복음서(福音書)가 구약성경(舊約聖經)과 연결(連結)되어 한 책으로 나온 것을 감사(感謝)해야 한다.

예수의 일은 갑작스럽게 튀어 나온 일이 아니라, 창세(創世) 전부터 계획(計劃)하신 하나님의 사역(使役)의 현현(顯現)임을 변함없이 증거(證據)하고 있어서, 전도자에게 새 힘이 되고 새로운 용기와 소망을 부어 주고 있다.

2. 전도와 증거(證據)

전도(傳道)는 언어와 피부색, 종족(種族)을 초월(超越)하여 누구에게나 전해야 할 의무를 가진다. 선교(宣敎)라는 간접 전도를 펼치기 전에 전도라는 의무적(義務的) 순차(順次)를 무시할 수 없다. 전도가 하나님의 일일진대 인간이 하나님의 일을 받아서 한다는 것에서부터 영광스러운 직분을 얻은 것이다. 그러므로 체험(體驗)과 확신(確信)이 있어야 하고 그런 것을 위하여 목숨까지라도 바칠 수 있는 각오(覺悟)가 되어 있어야 한다.

증거(證據)는 일반적으로 쓰이는 용어이지만 특별히 성경에서의 증거만은 하나님의 보호를 받는다. 신앙을 영적으로만 생각하다 보면 증거를 초월(超越)하여 철학적(哲學的)인 말로써 전하기 일쑤다. 그러나 **예수의 전도는 증거를 중심으로 하는 절대적인 행위이다.** 전도는 막연한 추리(推理)에 속하는 것이 아닌, 하나님의 실존에 근거(根據)하여 그분의 하신 일이 오늘날까지 이르고 있다는 것을 증거해 주는 실질적이고 체험적인 것이어야 한다.

증거(證據) 없는 전도는 오히려 전도자 자신을 당황(唐慌)하게 만들고 힘빠지게 만들 것이다. 예수께서는 증거 없는 전도를 엄히 경계(警戒)하였으니, 아예 "예루살렘을 떠나지 말고 약속하신 성령(聖靈)을 기다리라"고 하셨다. 즉 "성령이 너희에게 임하시면 너희가 권능을 받고 예루살렘과 온 유대와 사마리아와 땅 끝까지 이르러 내 증인이 되리라"(행 1:8) 고 하셨다.

현대교회가 다시 전도를 받아야 할 위기(危機)에 처한 현시점(現

時點)에서, 전도의 본질(本質)에 대한 망각(忘却)부터 다시 척결(剔抉)되어야 할 것 같다. '전도는 나도 했다'는 단순한 자기 성취욕(成就欲)과 전시적(展示的)인 외식(外飾)으로 인해, 결과에 대하여는 무관심한 방관적(傍觀的)인 태도에서 벗어나 보다 높은 수준의 열매를 맺는 전도를 해야 할 것이다. 증거(證據)를 무시한 전도라면 아예 불신앙을 전파(傳播)하고 있다고 하는 표현이 더 정확하다 할 것이다.

신약교회의 전도는 예수 그리스도의 부활(復活)에 근거(根據)하고 있다. 세계 수많은 사람들이 '예수는 죽었다'고 믿는다. 어느 누구나 분명하게 예수는 십자가 위에서 죽었다고 인정하고 있다. 이를 극구(極口) 부인(否認)하려 드는 사람은 없다. 그러나 '예수는 무덤에서 부활(復活)하셨다'는 증거는 믿지도 않으며 또 그렇게 믿는 기독교를 허황(虛荒)되고 조작된 교리(敎理)에 속는 무리들로 매도(罵倒)하고 있다. 그러나 예수 그리스도는 어제나 오늘이나 영원토록 변함없이 동일하게 살아 계셔서 증거를 베푸시는 분이심을 온 세상에 보여 주어야만 한다.

"예수 그리스도는 어제나 오늘이나 영원토록 동일하시니라"(히 13:8).

오늘날 세계 도처에서 증거(證據)되는 복음과 함께 역사(役事)하시는 하나님의 능력과 이적(異蹟)들이 핍박(逼迫)을 받고 있다. 세상은 오히려 관심을 가지나 정작 깊은 감동과 함께 이를 적극(積極) 추진(推進)해야 할 교회는 이에 무관심하면서 오히려 이를 사이비(似而非)로 보거나 이단시(異端視)하여 혼란(混亂)에 빠지는 경우도 있다.

전도 설교는 증거(證據)를 위주(爲主)로 한 설교라야 한다. 설교 중에 혹 간증(干證)과 체험담(體驗談)을 섞게 되면 청중(聽衆)은 더욱 조용히 관심을 가지고 경청(傾聽)함을 알 수 있다. 그리고 그 설교의 전체 내용은 혹 잊어버린다 해도 그 간증(干證)만큼은 잊지 않는 것을 알 수 있다. 이로써 체험(體驗)은 또 다른 체험을 준다는 이론(理論을 낳는 것이다. 그러므로 설교자가 할 수만 있으면 간증(干證)을 섞어서 하는 것도 설교의 지혜(智慧)가 되고 전도자도 전도 설교에서 자신의 체험(體驗)을 강조(强調)하면 그 효과(效果)를 더하게 된다. 제자들은 그들이 어떻게 거듭났는가를 전도 설교 중에 역설(力說)하곤 했다. 바울도 자신이 그리스도를 알게 된 과정(過程)을 역설(力說)하곤 했다.

설교의 사명은 하나님의 말씀으로써 청중의 영혼(靈魂)을 구원(救援)하는 데 있다. 그렇기 때문에 하나님이 현재도 옛날처럼 역사(役事)하시고 지금도 하나님의 뜻을 이루시려고 그의 아들을 통하여 행하시며 성령(聖靈)을 보내시어 역사(役事)하시는 일에 대한 설교자의 증거(證據)가 중요한 것이다. 군중(群衆)을 앞에 두고 설교할 때 군중(群衆)의 심리(心理)를 이용하는 것은 별로 좋은 방법이 아니다. 군중에게 하나님이 어떤 일을 하셨다는 것을 증거(證據)하고 자신이 증인(證人)이 된 과정과 증인으로서 증거하는 것을 믿도록 말할 수 있는 능력이 필요하다.

증거(證據)는 자기가 전하는 말에 대한 진실을 책임지는 것을 뜻

한다. 이렇게 할 때에 전도자들에게 담력(膽力)이 생긴다. 사람들이 자기의 전하는 말에 대하여 책임을 지지 못하고 있는 것을 종종 보게 된다. 속으로는 진정(眞正)으로 책임을 지지 않으면서 겉으로만 주장하는 것은 기만(欺瞞)이다. 그러나 **전도 설교의 증거(證據)는 능력을 베푸신 하나님과 자신의 체험(體驗)이 일체가 되어 처음과 끝이 변함이 없어야 한다.**

어떤 이는 교리(敎理)에 기초를 둔 전도 설교로써 교리를 고수(固守)하기 위한 억지 주장만으로 청중을 압도(壓倒)하려 하지만, 이는 실제로 영혼(靈魂)을 사로잡지 못한다. 또 어떤 이는 설교 강단을 자신의 지식을 한층 드러내기 위한 강연장으로 착각(錯覺)하는 것같이 보이나, 이런 경우도 영혼(靈魂)을 붙들지 못한다.

오직 설교자의 믿음은 사실 그대로 나타나야 하고 사실을 증거(證據)하는 현장 설교이어야 한다는 것이다. 주님은 증인(證人)들을 위하여 “내가 세상 끝날까지 너희와 항상 함께 있으리라” (마28:20)고 약속하셨다. 기독교(基督敎)는 예수를 증거하는 책들도 많고 이를 위하여 논리적으로 변증(辨證)해 가려고 노력하는 신학의 발전도 대단하다. 그러나 주님의 방식에서 점점 동떨어져 가는 현상(現象)을 입증(立證)하고 있으니, 이성(理性)에 호소(呼訴)하고 지나칠 정도로 세상의 눈치를 보려는 태도가 그것이다. 증인(證人)들이 하고 싶은 말을 감히 하지 못하는 현실을 맞이하고 있고, 전도나 설교가 세속적이고 인본주의적(人本主義的)으로 탈선(脫線)된 실례(實例)들을 얼마든지 볼 수 있다. 세상을 전도하기 위하여 세상을 이해하고자 하는 것을 어느 정도는 이해할 수 있지만, 전도 설교조차 세속화(世俗化)되는 것은 도저히 있을 수 없는 일이다. 주님은 그의 제자들에게 전도 여행을 성급히 서둘지 말도록 당부하셨고 성령(聖靈)에 이끌린 전도와 증거(證據)를 하도록 직접 가르치셨다. 살아 계신 이를 알지도 못하면서 살아 계신 이를 대변(代辯)할 수가 없으며, 권능(權能)으로 역사(役事)하시는 이를 모르면서 권능의 주를 증거할 수는 없다. 그러므로 증거는 자기가 실지로 체험(體驗)하고 가지고 있는 확실한 것을 자신 있게 담대하게 말하는 것이어야 한다.

전도자는 먼저 자신을 최초의 피전도자처럼 생각하여 만약 자신의 경우라면 무슨 말부터 들어야 자신이 움직이겠는가를 깊이 연구해야 한다. 어디서부터 전도 설교를 시작해야 할지, 어떻게 설명을 할지, 무엇으로 더욱 믿음의 확신(確信)을 줄 것인지를 준비하지 않으면 안된다. "말 한 마디가 천 냥 빚을 갚는다"는 옛 속담(俗談)이 있듯이 증거(證據)의 말을 시작하는 첫 마디가 가장 중요하다는 것을 명심해야 한다. 그 말은 곧 전도 설교의 힘을 주는 시작이 되며 방향을 잡아 주기 때문이다.

전도 설교는 하나님이 지켜 보시는 중에 자신의 믿음을 정직하게 증거하여 하나님의 목적을 달성해야 한다. 말하자면 이 세상에서 가장 짧은 시간을 가지고 마지막 유언(遺言)과 같은 말을 남겨야 하기 때문에 가능한 한 축소(縮小)된 것부터 정해 놓고 해야 한다. 또 그것을 보충해 줄 수 있는 내용들은 피전도자로 하여금 귀를 기울이게 할 수 있는 형편을 감안(勘案)하여 할 수밖에 없다. 우리가 인간으로 태어나서 마지막까지 말할 수 있는 최고의 영광스러운 말 한마디는 '예수의 증거자(證據者)' 이다. 그 말을 할 수 있는 영광을 부여(附與)받은 것은 인간으로서 최고의 축복을 받은 것이다. 그 한 마디보다 더 귀한 말은 이 세상에서 다시 찾아 볼 수 없다.

상속자(相續者)는 유언(遺言)하려는 자의 앞에서 변호사와 함께 귀를 기울여 최후의 유언을 받으려고 한다. 그것은 두 번 다시 변경할 수 없는 책임 있는 내용이며 꼭 실현(實現)되어야 할 가치가 있는 것이기 때문이다. 전도 설교에 귀를 기울이도록 부탁하는 그 순간도 마지막 유언(遺言)과 같은 전심을 다하는 설교가 되어야 하고 확실한 증거(證據)가 되어야 한다.

"나는 당신에게 내 생에 마지막으로 한 마디의 말씀을 드리렵니다" 이렇게 최고 재판소(裁判所)의 법정(法定) 선고(宣告)와 같은 일언(一言)은, 상당히 중요하게 받아들여질 확율(確率)이 높다. 그러기에 가장 짧은 전도의 말을 담대하게 할 수 있도록 해야 한다. 숨이 넘어 가면서 **"예수"**라는 말 한 마디만 남겼다 하더라도 그 말이 유언(遺言)처럼 살아서 역사하게 될 것이다. 이와 같이 전도는 성도에게 있어서 최후의 귀중한 한 마디가 되어야 한다.

어떤 이는 가족 몰래 전도를 받아 교회에 조심스럽게 계속해서 참석했다. 그러다가 어느날 갑자기 병원에 입원하여 병상(病床)에서 마지막으로 운명(殞命)하면서 가족들을 향하여 **"예수"**라는 말 한 마디만 하고는 눈을 감았다. 가족(家族)들은 그것을 보고 눈물을 흘리면서 한없이 아쉬워했다. 그리고는 그의 뜻을 따라 **"예수"**를 믿자고 전 가족이 합의(合議)하고 그의 장례(葬禮)를 정성껏 치른 다음 모두가 교회에 출석하였다는 실화(實話)도 있다. 이것이 증거(證據)이다. 증거는 목숨을 건 최후의 한 마디이다.

3. 전도와 교육(教育)

예수께서 "가라사대 너희는 온 천하(天下)에 다니며 만민(萬民)에게 복음(福音)을 전파(傳播)하라"(막 16:15)고 하시고 "하늘과 땅의 모든 권세(權勢)를 내게 주셨으니, 그리므로 너희는 가서 모든 족속(族屬)으로 제자(弟子)를 삼아 아버지와 아들과 성령(聖靈)의 이름으로 세례(洗禮)를 주고 내가 너희에게 분부(分付)한 모든 것을 가르쳐 지키게 하라, 볼지어다 내가 세상 끝날까지 너희와 항상(恒常) 함께 있으리라"(마 28:18~20)고 하셨다.

▶ **이 말씀은 주님께서 마지막으로 제자들에게 하신 유언(遺言)의 말씀이다.**

① **"만민(萬民)에게 복음(福音)을 전파(傳播)하라"**(막16:15) **하심이요,**
② **"모든 족속(族屬)으로 제자(弟子)를 삼으라"** (마 28:19) **하심이요,**
③ **"내가 너희에게 분부한 모든 것을 가르쳐 지키게 하라"**(마28:20) **하심이다.**

전도는 바람소리처럼 흘러가 버리는 헛된 소리가 아니다. 반드시 그 전도의 말씀으로 결실을 맺어야 한다는 목표가 주어져 있는 것이다. 씨가 길가에 떨어져 새의 밥이 되고 마는 경우도 있겠지만, 옥토에 떨어져 그 열매가 혹 백 배, 혹 육십 배, 혹 삼십 배의 결실이 되게 하는 것이 전도다.

"더러는 좋은 땅에 떨어지매 혹 백 배, 혹 육십 배, 혹 삼십 배의 결실을 하였느니라 귀 있는 자는 들으라 하시니라"(마 13:8~9).

그러기 위하여는 복음 전파의 후속(後續) 조치(措置)로 제자를 삼는 것과 제자들 또한 주님이 분부(分付)하신 모든 것을 지키도록 가르쳐야 하는 책임(責任)을 다 해야만 한다. 전도는 설교이다. 설교는 교육과 같은 것이다.

전도 교육이 없이는 자신과 같은 희생적(犧牲的)인 전도자를 또 낳을 수 없다. 예수께서 말씀하신 대로 모두가 진정(眞正)으로 순종(順從)하고 실행한다면 현재보다 더 훌륭한 전도자들의 행렬(行列)이 이어질 것이 확실하다. 그러나 현재는 전도의 교육(敎育)이 부족하다기 보다 전무(全無)하다고 보아야 옳을 것이다. 훌륭한 교육을 통해서 훌륭한 제자(弟子)가 나오고, 그 제자가 곧 선생이 되어 다시 훌륭한 제자를 길러 낼 수 있는 것이다.

예수님은 자기의 제자들을 신뢰(信賴)하였고 그들은 주님의 일을 능히 감당(堪當)할 수 있는 훌륭한 제자들이 되었다. 그러므로 주님께는 그들에게 대한 일말(一抹)의 불만(不滿)도 없었다. 그래서 주님은 그들이 세계 복음화(福音化)를 능히 해낼 수 있다는 신뢰감(信賴感)을 가지시고 자신이 떠나신 후에 그들이 해야 할 일을 분부(分付)하신 것이다.

그 후 제자들도 역시 전도의 교육을 실시하였다. 왜 그리스도를 믿으며, 믿는 자가 할 도리(道理)가 무엇인가를 자세히 가르쳤다. 이렇게 될 때 전도 교육을 받은 이들은 또 다시 그런 전도 교육을 실시(實施)케 된다.

성경에 보면 베뢰아 사람들은 주변(周邊) 데살로니가 사람들보다는 신사적(紳士的)이어서 바울의 설교를 듣고 함부로 말하지 않고 제자들로부터 들은 복음에 대하여 그들 스스로가 성경(聖經)을 상고(詳考)하며 확인하려고 하는 겸손(謙遜)한 믿음과 순종하는 자세를 보였다.

> "베뢰아 사람은 데살로니가에 있는 사람보다 더 신사적이어서 간절한 마음으로 말씀을 받고 이것이 그러한가 하여 날마다 성경을 상고(詳考)하므로 그 중에 믿는 사람이 많고 또 헬라의 귀부인 남자가 적지 아니하나"(행 17:11~12).

이러한 믿음은 오늘날에도 필요하며 널리 전파(傳播)되어야 할 것이다. 열매 있는 전도를 할려면 하늘의 능력과 권세(權勢)가 필요하다. **전도를 하기 위해 열심히 기도하면 영혼(靈魂)을 사랑할 수 있는 불타는 마음도 주시고 하늘의 능력과 권세도 주신다.** 불타는 마음으로 열심히 전도하면 귀신(鬼神)을 쫓을 능력이 당연하게 따르게 되어 있다. 왜냐하면 능력의 전도를 수행하도록 주님께서 능력을 부어 주시며 전도에 필요한 모든 것을 채워 주셔서 사명을 잘 감당해 나가도록 인도해 주시고 책임져 주시기 때문이다.

> "믿는 자들에게는 이런 표적이 따르리니 곧 저희가 내 이름으로 귀신(鬼神)을 쫓아내며 새 방언(方言)을 말하며 뱀을 집으며 무슨 독(毒)을 마실지라도 해를 받지 아니하며 병든 사람에게 손을 얹은 즉 나으리라 하시더라"(막 16:17~18).

물론 귀신(鬼神)을 쫓을 능력이 당연(當然)하게 따르고 또한 제자들은 그리스도께서 분부(分付)하신 대로 예수 그리스도의 이름으로 귀신(鬼神)을 쫓아내며 큰 이적(異蹟)을 나타내며 능력의 복음을 담대히 증거하였다.

오늘날에도 전도자에게 그런 기적(奇蹟)이 나타나는 현상(現象)이야말로 그리스도의 약속이 현재도 그대로 지켜지고 있음을 입증(立證)해 주고 있는 것이다. 그리스도께 그의 제자들이 비록 세련(洗練)되지 못하였을지라도 무식한 바다의 어부를 택하여 불러 주시고, 그러한 권능을 가지게 하셨던 것을 생각하면 이는 절대로 대단한 것이 아니고 당연한 일이라 생각 된다. **그의 제자들이 오순절날 성령충만 받기 전이라도 귀신(鬼神)을 쫓아낼 수 있었던 것은 귀신 쫓는 것을 권리(權利)와 의무(義務)로 주셨기 때문이다.**

"예수께서 그 열두 제자를 부르사 더러운 귀신을 쫓아내며 모든 병과 모든 약한 것을 고치는 권능을 주시니라"(마 10:1).
"가면서 전파하여 말하되 천국이 가까왔다 하고 병든 자를 고치며 죽은 자를 살리며 문둥이를 깨끗게 하며 귀신을 쫓아내되 너희가 거저 받았으니 거저 주어라"(마 10:7~8).

오늘날에도 성경을 그대로 믿고 따르는 것이 지극히 당연한 일이다. 그러므로 오늘날도 능력의 복음을 전할 수 있도록 주님께서 모든 전도자들에게 권능을 주신 줄로 믿고 기도하므로 담대하게 복음을 전해야 할 것이다. 여기에다 열심으로 간절히 기도하여 성령의 충만을 받아서 담대하게 복음을 전파하면 성령이 함께 역사(役

事)하심으로 전도의 효과는 대단할 것이다.

기독교(基督教)의 역사(歷史)를 통해 보면 가끔식 참으로 훌륭한 예수의 증인(證人)들이 나타나곤 했었다. 그들은 특별하며 뛰어났다. 그렇지만 그들의 훌륭한 신앙(信仰)과 명성(名聲)에 비해 제자들은 별로 나오지 않았다. 이는 훌륭한 믿음에 대한 철저한 전도의 교육과 훈련이 부족하여 온전(穩全)한 가르침이 없었기 때문이다. **참된 제자는 가진 지식이나 경험(經驗)이 반드시 그대로 전수(傳授)되어질 때만 나올 수 있는 것이다.**

성경은 결코 "선생"이 되라고 하지 않는다. 선생은 오직 한 분이시다. 예수 그리스도 외에 또 다른 선생이 없다. 이제는 성령(聖靈)으로 감동(感動)된 이들이 성령으로부터 예수 그리스도의 진리(眞理)를 깨닫게 되고, 그때로부터 또 제자를 양육(養育)하게 된다. 그러므로 "너희는 모든 족속(族屬)으로 제자를 삼으라"고는 하셨으나 '너희'가 "선생"이 되라고 분부(分付)하신 일은 없다. 기독교 교육은 스스로 선생이 되는 것이 아니고, 제자를 삼기 위하여 부단(不斷)한 노력(努力)과 지혜(智慧)를 모아 결실하는 것이다. 그러면서도 언제나 자신은 제자들의 뒤에 숨어 버리는 것이다.

전도 교육이 없는 막연(漠然)한 기대(期待)는 어리석은 지도자의 허상(虛像)을 보여 줄 뿐이다. 그들은 주님의 부름을 받고도 그 명령(命令)대로 실행(實行)함이 없이 겨우 자신의 육신이나 보전(保全)했다가 마침내 땅에 떨어지는 낙엽(落葉)이 되고 마는 가치(價値) 없는 존재(存在)들이다. 교회에 전도의 철저한 교육이 없으면 교회의 뿌리를 내리지 못하며 뿌리 없는 목회(牧會)는 결국 제자를 교육시킬 능력(能力)도 가치(價値)도 없게 만든다.

모든 목회자가 그렇게 해야겠다는 도전(挑戰)을 받으면서도 성큼 나서지 못하고 시행(施行)치 못하는 것은 자신이 어떻게 진행시켜야 할지 알지 못하기 때문이다. 그러므로 무지와 무능이 얼마나 비참(悲慘)한가를 스스로 깨달아야 할 것이다. 전도 교육은 주 예수께서 성령(聖靈)을 통해서 가르치신다. 세상은 능히 감당(勘當)치 못할지라도 예수의 제자들은 알고 받는다.

"제자들이 예수께 나아와 가로되 어찌하여 저희에게 비유로 말씀하시나이까 대답하여 가라사대 천국의 비밀을 아는 것이 너희에게는 허락되었으나 저희에게는 아니되었나니 무릇 있는 자는 받아 넉넉하게 되되 무릇 없는 자는 그 있는 것도 빼앗기리라"(마 13:10~12).

전도(傳道)는 선포(宣布)이다. **구속(救贖)에 대해 하나님이 최초로 예수님의 입으로 선포(宣布)하신 것을 계속적(繼續的)으로 반복(反復)하여 전파(傳播)하는 일이다.** 내용은 항상 단순(單純)하며 누구나 받을 만하다. 복음은 절대(絕對) 어려운 것이 아니다. 다만 받아야 할 사람이 마음을 닫고 있기 때문에 들어가지 않고 있을 뿐이다. 그러므로 복음을 받지 않는 자가 더러 있을지라도 그것은 복음이 무력(無力)해서가 아니요, 그 사람이 완악(頑惡)하여 복음을 거절(拒絕)하고 있는 것이다. 복음에는 결코 강제성이 없다.

"하나님이 세상을 이처럼 사랑하사 독생자(獨生子)를 주셨으니 이는 저를 믿는 자마다 멸망(滅亡)치 않고 영생을 얻게 하려 하심이니라 하나님이 그 아들을 세상에 보내신 것은 세상을 심판(審判)하려 하심이 아니요 저로 말미암아 세상이 구원(救援)을 받게 하려 하심이라 저를 믿는 자는 심판을 받지 아니하는 것이요 믿지 아니하는 자는 하나님의 독생자의 이름을 믿지 아니하므로 벌써 심판을 받은 것이니라"(요 3:16~18).

"너희는 온 천하에 다니며 만민에게 복음을 전파(傳播)하라 믿고 세례(洗禮)를 받는 사람은 구원(救援)을 얻을 것이요 믿지 않는 사람은 정죄(定罪)를 받으리라"(막 16:15~16).

그러나 **복음은 땅 끝까지 전파(傳播)되어야 하되 성령(聖靈)으로 감동된 권능(權能)이 충만한 증인(證人)들의 계속적인 노력에 의해 전파되어야 할 것이다. 복음은 구속(救贖)에 대한 하나님의 은혜(恩惠)의 약속이다.** 성경은 복음 전파가 성도들과 제자들의 임무와 책임이라는 것을 거듭 거듭 강조하고 있다. 복음은 심령(心靈)에 다가올 때에 이미 고정된 관념(觀念)과 육체로부터의 저항(抵抗)을 받으면서도 계속해서 꾸준히 하나님의 나라의 속성(屬性)을 발휘(發揮)하고 마침내 결국 천국(天國)을 맛보게 하고야 말 것이다. 복음은 들은 사람이 끝내 거절(拒絕)할지라도 헛되지 아니한다.

복음은 들은 그 사람이 자기 안에서의 다툼으로 인해 몹시 지쳐 있다가, 알면서 거절(拒絕)하고 심판(審判)을 향해 가든지, 아니면 회개(悔改)하고 돌아서든지 둘 중 하나를 선택(選擇)케 하고야 만다. 예수 그리스도의 은혜(恩惠)로운 구속(救贖)의 복음은 전도자들의 확신을 딛고서 전파(傳播)된다. 그러므로 전도 교육은 광대

(廣大)하고 풍부한 예수 안에 있는 내용을 지녀야 한다. 예수 안에 있는 진리의 거룩함이 세상에 있는 그 모든 것보다 크고 완전하다. 세상에 있는 것들은 실망과 좌절(挫折)을 맛보게 할지라도 진리에는 영원한 자유함이 있고 끝까지 변함없는 추진(推進)이 있다.

진리(眞理)를 세속(世俗) 종교(宗敎)의 교리(敎理)와 같은 의미(意味)가 심히 약한 것들로 매도(罵倒)해서는 안된다. **진리는 성령(聖靈)이 보증(保證)하시고 성령(聖靈)이 역사(役事)하시는, 성령으로 인(印)친 바 된 성령의 것이다.** 성령(聖靈)은 그 일을 위하여 임재(臨在)하셨고 복음(福音)으로 거룩하여진 성도(聖徒)들에게 세상 끝날까지 함께 하시고 그들을 사랑하신다.

> **"너희가 하나님의 성전(聖殿)인 것과 하나님의 성령(聖靈)이 너희 안에 거하시는 것을 알지 못하느뇨 누구든지 하나님의 성전을 더럽히면 하나님이 그 사람을 멸하시리라 하나님의 성전은 거룩하니 너희도 그러하니라"**(고전 3:16~17).

전도 교육은 보다 철저한 수고의 작업이여야 하므로, 앞의 모든 원리(原理)들보다도 더 중요한 교회 부흥의 원리이기도 하다. 진리(眞理)의 독특성(獨特性)을 무시(無視)하지 않고 성령(聖靈)으로 가르칠 때에 마침내 제자를 얻는다. 예수는 어떤 말씀이라 할지라도 성령으로 명하시고 가르치셨다.

"데오빌로[14]여 내가 먼저 쓴 글에는 무릇 예수의 행하시며 가리치시기를 시작하심부터 그의 택하신 사도들에게 성령으로 명하시고 승천하신 날까지의 일을 기록하였노라"(행 1:1~2).

복음(福音)이 저항(抵抗)을 받는다는 것은 성경적(聖經的)이며 역사적(歷史的)이다. 그러나 성령(聖靈)으로 시도(試圖)된 전도는 결코 좌절(挫折)을 맛볼 수 없다. 이것은 예수께서 무덤에서 부활(復活)하신 것처럼 최후까지 견딜 능력과 반드시 승리한다는 보장(保障)을 받고 있다.

교회는 이 세상에 속한 것이 아니기 때문에 인간의 권력(權力)이나 명예(名譽)나 돈 보따리를 들고 시작한다 해도 절대적인 성공의 약속을 보장(保障)받지는 못한다. 그러므로 교회 개척(開拓)의 실패를 경험할 수도 있다는 것이 당연한 이치로 수용(收容)되어 진다. 그러나 무일푼으로 오직 하나님만 바라보고 오직 담대한 믿음으로 간절히 기도하면서 황무지(荒蕪地) 같은 곳에서 시작한 전도는 마침내 수십 년 수백 년이 지나면 그곳에 웅장(雄壯)한 교회가 우뚝 서게 되고 승리(勝利)의 개가(凱歌)를 부르며 찬송(讚頌)이 사방으로 울려 퍼지고 계속 부흥하고 발전하고 성장해 나갈 것이다. 이는 성령(聖靈)이 자기의 일을 계속하시기 때문이다.

그러므로 **개척자(開拓者)는 먼저 제자(弟子)를 삼으려고 해야 한**

---

14) 데오빌로(θεόφιλε) 뜻 : (하나님의 친구, 하나님의 사랑하는 자). 실제 인물로 로마의 고위 공직자일 가능성이 크다. 그 이름의 뜻 대로 '모든 성도들' 을 가리킨다는 견해도 있으나 신빙성(信憑性)이 없다

다. 제자 없는 개척(開拓)은 힘든 개척일 뿐이요, 제자 삼는 개척은 수월한 개척이 된다. 전도 교육의 필요성을 인식하여 더 좋은 연구가 있어야 한다. 사람만 많이 모으려는 성급한 개척(開拓) 목회(牧會)를 피하고, 침착(沈着)하게 서둘지 않으면서도 제자를 삼는 개척(開拓) 목회(牧會)를 시도(試圖)하면, 비록 지루하고 더딘 것 같으나 계속해 나가면 평신도(平信徒) 목회자(牧會者)들이 쏟아져 나오게 될 것이고, 그때부터 계속적으로 교회(敎會)는 부흥(復興)하고 발전(發展)하고 성장(成長)하게 될 것이다. – 아멘 –

제 11 장

전도의 능력(能力)

제 11 장

전도의 능력(能力)

전도(傳道)는 전투장(戰鬪場)에서 포로(捕虜)된 자를 구출(救出)하기 위한 작전(作戰)과 같은 것으로서 구령(救靈)을 목적으로 전하는 복된 소식이다. 그러므로 전도를 믿고 받아들이느냐 아니 받아들이느냐에 따라 구원(救援)을 받느냐 아니 받느냐의 결과가 나오는 것이다.

전도는 사람의 영원한 생명에 관계된 역사(役事)이므로, 전도자는 전도를 소홀히 할 수 없는 중책(重責)을 가진다. 더구나 전도를 방해하는 세상 신들의 역사는 심히 크다. 이러한 훼방군(毁謗軍)이 실제로 존재하지만 보이지 않는 영적(靈的)인 존재들이라는 이유로 무시(無視)하고 있기에 당하기만 하는 쪽은 결국 세상 사람들인 것이다. 세상 사람들은 보이지 않는 것들로부터 훼방(毁謗)을 받아도 그것을 순리로 여기고, 훼방군(毁謗軍)들에 의한 것이라는 것을 인정하지 않거나 할 수도 없다. 그러므로 자신들이 구원(救援)을 받느냐 아니 받느냐에 조차도 무관심하여, 이를 단순히 생의 일면으로만 생각하고 있는 것이다.

그러나 전도자는 알고 있다. 주님의 심령(心靈)으로써도 알고, 영적인 능력(能力)으로써도 알고, 진리로써도 알고 있으니 가만히 있을 수 없는 것이다. 만일 전도자가 전도를 영적인 것으로 생각지 아니한다면 전도는 하나 마나이다. 전도자는 전도가 영적인 수고라는 것을 생각하여, 영적(靈的)인 무장(武裝)을 해야 할 것이다. 세상이 비록 그 사실을 알지 못한다 할지라도 전도자는 알고, 먼저 영적인 무장으로서 능력을 충분히 갖추어야 한다. 물론 이러한 능력(能力)은 사람 스스로 가질 수 있는 것이 아니다. 주님의 약속(約束)하신 말씀대로 성령(聖靈)으로부터 받을 수 있는 것이다.

"오직 성령이 너희에게 임하시면 너희가 권능(權能)을 받고 예루살렘과 온 유대와 사마리아와 땅 끝까지 이르러 내 증인이 되리라 하시니라"(행 1:8).

구약교회(舊約教會)의 선지자(先知者)들은 하나님께서 불러 쓰실 때에 권능(權能)을 베풀었고 또한 하나님의 감동(感動)으로 일하였다. 그러나 이런 체험(體驗)은 약속(約束)에 의한 것이 아니고 하나님께서 부분적(部分的)으로 필요(必要)하셔서 선택(選擇)한 자들에게만 나타내신 일방적(一方的)인 것이지 일반적(一般的)인 것은 아니었다.

그러나 신약교회(新約教會) 위에 부어 주시는 성령(聖靈)의 권능(權能)은 믿음에 의한 것이요 일반적인 것이요 보편적(普遍的)인 것이다(행 1:8).

이 권능은 약속하신 성령(聖靈)에 의하여 누구에게나 부어 주신 것이다.

"사도와 같이 모이사 저희에게 분부(分付)하여 가라사대 예루살렘을 떠나지 말고 내게 들은 바 아버지의 약속하신 것을 기다리라"(행 1:4).

전도를 위한 능력은 사람의 생각에 의해 필요로 한 것이 아니라 주님께서 세상을 아실 때 필요로 한 것이다. 그러므로 섣불리 전도하겠다고 쉽게 생각하기만 하면 될 것이 아니다. 성령(聖靈)의 권능(權能)으로써 세상 신들의 훼방(毁謗)을 제어(制御)하고 하늘에서 내려 온 복음을 주장할 수 있는 담력을 가져야 한다. 그러므로써 혹 이를 보고 믿음으로 전도의 결심을 얻게 하려 함이다. 전도는 복음을 듣고 믿게 하려 함이니, 어떻게 해서든지 복음은 세상 사람들의 심령(心靈)에 파고 들어가야 한다. 복음 자체가 세상의 소리가 아니요, 귀로나 들을 수 있는 바람을 탄 소리가 아니라, 심령으로 파고 들어갈 수 있는 영적 음성이다. 그러므로 복음을 영적 음성으로서 전해야 한다. 이렇게 전도가 영적 음성이라는 것을 믿게 하려면 영력(靈力)이 필요하고, 선택하고자 하는 자들에게 더 확실한 근거(根據)를 제공함으로써 믿음을 확고하게 해줄 필요가 있는 것이다. 전도의 능력을 부인(否認)하지는 않지만 필수적인 것으로 생각하지 않는 것도 잘못이다. 이는 도덕적인 이유를 들어 성령(聖靈)을 초월(超越)하려고 하는 이들의 타락이다.

▶ **성경이 우리들에게 가르쳐 주시는 바는 다음과 같다.**

① 성령을 초월해서도 아니되고 – 예루살렘을 떠나지 말고 기다리라(행 1:4).

② 성경을 초월해서도 아니되고 – 성경은 폐(廢)하지 못하나니(요 10:35).

③ 하나님의 뜻을 초월해서도 아니된다 – 하늘에 계신 내 아버지의 뜻대로 하는 자가 내 형제(兄弟)요 자매(姉妹)요 모친(母親)이니라(마 12:50).

> **"사도와 같이 모이사 저희에게 분부하여 가라사대 예루살렘을 떠나지 말고 내게 들은 바 아버지의 약속하신 것을 기다리라"(행 1:4).**
> **"성경은 폐하지 못하나니 하나님의 말씀을 받은 사람들을 신이라 하셨거든"(요 10:35).**
> **"누구든지 하늘에 계신 내 아버지의 뜻대로 하는 자가 내 형제요 자매요 모친이니라 하시더라"(마 12:50).**

세상의 다수의 의견이나 목소리에 눌려 성경을 무시하고 능력을 무시하는 것은 스스로 성령(聖靈)을 훼방(毁謗)하는 죄를 범하고 있는 것이다.

혹 능력을 행하는 자들에게서 못마땅한 모양을 보았다 할지라도, 그것은 어디까지나 그 사람들의 지혜(智慧)가 부족해서 온 탓이므로 그것을 정죄(定罪)할 수는 없다. 그것을 정죄하려다가 그가 가지고 있는 성령(聖靈)의 능력까지 정죄하는 위험한 죄에 빠져 버릴 수 있기 때문이다. 어찌되었든 주님의 말씀은 성령이 임하시고 또 능력을 받기까지는 전도의 박차(拍車)를 가하려고 하지 말고 잠시만 기다려 달라는 것이 아니었던가? 그러므로 두말 할 것 없이 전도의 권능을 받아서 증인(證人)으로 시작해야 마땅하다.

사도행전(使徒行傳)에 나타난 능력들은 모두가 전도의 큰 효능을 보여 주었다. 이것은 오늘날에도 마찬가지이다. 그러나 오늘날의 전도는 매우 힘 없는 연약한 운동에 불과하다. 과거 선지자들이라도 큰 능력으로 당시 사람들을 하나님 편에 서게 하였고 그러한 결과를 앞에 놓고 우물쭈물하지 않게 하였고 생명 걸고 담대히 하나님의 말씀을 전하게 하였다. 예수님은 전도자들이 예수께서 세상에 계실 때 보여 주셨던 것들보다 더 큰 권능으로 더 큰 일을 할 것을 기대하셨다. 이는 굳이 예수님을 초월하겠다는 교만과 우월감(優越感)을 가지자는 말이 아니다. 주님은 겸손하게 또 허심탄회(虛心坦懷)하게 전도자들에게 기대를 품으시고 충고(忠告)와 권고(勸告)를 하셨다.

> **"내가 진실로 진실로 너희에게 이르노니 나를 믿는 자는 나의 하는 일을 저도 할 것이요 또한 이보다 큰 것도 하리니 이는 내가 아버지께로 감이니라"**(요 14:12).

주님은 이러한 능력(能力)을 간구(懇求)하는 자에게 능력(能力)이 나타나게 하셔서 그 일로 인하여 아버지의 영광(榮光)이 드러나게 하신다.

> "너희가 내 이름으로 무엇을 구하든지 내가 시행하리니 이는 아버지로 하여금 아들을 인하여 영광을 얻으시게 하려 함이라 내 이름으로 무엇이든지 내게 구하면 내가 시행하리라"(요 14:13~14).

제자(弟子)들이 전도(傳道) 현장(現場)에 나가 열심(熱心)히 전도와 능력(能力)을 행할 때에, 주께서도 높은 보좌((寶座)에 앉아 계셔서 제자들의 일을 함께 도우셨으니, 이는 세상 끝날까지 약속(約束)하신 것이다.

> "주 예수께서 말씀을 마치신 후에 하늘로 올리우사 하나님 우편에 앉으시니라 제자들이 나가 두루 전파할새 주께서 함께 역사(役事)하사 그 따르는 표적으로 말씀을 확실히 증거하시니라"(막 16:19~20).
> "내가 너희에게 분부한 모든 것을 가르쳐 지키게 하라 볼지어다 내가 세상 끝날까지 너희와 항상 함께 있으리라 하시니라"(마 28:20).

이런 초대교회(初代教會)의 이적(異蹟)의 시대는 지나가지 않았고 지금도 믿음을 통하여 기사(奇事)와 이적(異蹟)들이 수없이 일어나고 있다.

▶ 이적(異蹟)이 지나갔다고 가르치는 자들은

① 자신들의 불신앙(不信仰) 때문이요

② 자신들에게 체험(體驗)이 없기 때문이요

③ 그리스도의 진정한 일꾼들이 아니기 때문이다.

그리스도는 자신이 하신 일이 그의 제자들에게도 있기를 원하셨고, 또 계명(誡命)으로까지 주셨다. 주님의 명령은 계명(誡命)이다. 또한 주님의 말씀은 자의(自意)로 하신 말씀이 아니요 하나님 아버지께서 하신 말씀이라고 하셨으니, 하나님의 말씀을 증명(證明)하신 이는 예수시요, 그의 말씀을 보증(保證)하시는 이는 성령(聖靈)이시다. 이렇게 확실히 하신 이가 계시니 누가 이를 감히 부인(否認)하겠는가? 또 부인할 수 있겠는가? 이런 능력을 부인하려고 하는 이는 절름발이 신앙을 원하거나 성령(聖靈)을 훼방(毁謗)하려고 작심(作心)한 것이 틀림없다.

주님의 전도를 위하여 베푸신 능력은 당시 그의 제자들이나 그의 교회들로 제한될 수 없었다. 전도의 능력은 누구에게나 주시는 그분의 약속의 이행이다. 전도자는 당초부터 전도(傳道)의 원리(原理)에 입각(立脚)하여 전도해야 한다. 전도의 원리가 별것이 있겠느냐 하지만, 성경의 가르침 그대로가 곧 원리(原理)이다. 현대교회가 성경적이라는 말을 많이 사용하고 있으면서도 실상은 그리스도의 지시하심과 상반(相反)되고 있다. 이는 인본주의(人本主義)에서 온 버릇이 아닐 수 없다. **주님이 원하신 방법이 곧 전도의 정석(定石)이며 대 부흥(復興)의 길이다.**

"또 산에 오르사 자기의 원하는 자들을 부르시니 나아온지라 이에 열둘을 세우셨으니 이는 자기와 함께 있게 하시고 또 보내사 전도도 하며 귀신을 내어 쫓는 권세도 있게 하려 하심이러라"(막 3:13~15).

예수의 말씀은 그가 하늘에 올라가신 다음에도 제자들에 의해 계속되었고, 제자들의 힘써 전도(傳道)하는 도처에서 표적(表蹟)들로 증명(證明)되었다. 이와 같은 실례(實例)가 그 후에도 계속(繼續)되었음을 알 수 있다.

이적(異蹟)을 단순한 신비주의자(神秘主義者)들의 무질서(無秩序)한 행위(行爲)나 미신적(迷信的) 행위로 매도(罵倒)하는 것은 그리스도를 반역(反逆)하는 죄악(罪惡)이 될 것이다. **전도와 함께 위임(委任)하신 그리스도의 이적(異蹟)과 능력(能力)은 성도들의 능력이요 권위(權威)요 또한 영광이다.** 한마디로 전도(傳道)와 권능(權能)을 사역상(使役上) 분리(分離)할 수 없다는 것을 이해한다면 다행스러운 일이다. 그러나 전도와 권능을 분리하고, 전도의 필요성을 인정(認定)하면서 권능(權能)이 전도에 미치는 큰 영광을 부정(否定)한다면, 하나님이 필요하도록 준비하신 그것을 거부(拒否)하는 행위밖에 안된다. **전도의 원리(原理)와 전도의 능력(能力)은 따로 떼어놓고 생각할 수 없을 만큼 절대적(絕對的)인 관계에 있음을 알아야 한다.**

어쨌든 인간적인 수단과 방법으로 아무리 열심히 한다고 할지라도 능력 없는 전도의 효과는 어느 정도 있다손 치더라도, 예수님의 방법인 성령(聖靈)의 능력(能力)으로 하는 전도는 비교할 수 없는 엄청난 전도의 효과를 거둘 수 있다. 그러면 예수님이 직접하신 전도는 시작이 어떻게 되었는가?

"예수께서 온 갈릴리에 두루 다니사 저희 회당에서 가르치시며 천국 복음을 전파하시며 백성 중에 모든 병과 모든 약한 것을 고치시니 그의 소문이 온 수리아에 퍼진지라 사람들이 모든 앓는 자, 곧 각색 병과 고통에 걸린 자, 귀신 들린 자, 간질(癎疾)하는 자, 중풍병자 들을 데려오니 저희를 고치시더라 갈릴리와 데가볼리와 예루살렘과 유대와 요단강 건너편에서 허다한 무리가 좇으니라"(마 4:23~25).

예수의 소문은 그의 말씀에 따른 표적(表蹟)으로 말미암았다는 것을 어느 누구도 부인(否認)할 수 없다. 더러운 귀신(鬼神)을 쫓으신 일로 인하여 예수의 소문이 사방으로 퍼져나가기 시작하여 온 갈릴리에 두루 퍼졌다.

"예수께서 꾸짖어 가라사대 잠잠하고 그 사람에게서 나오라 하시니 더러운 귀신이 그 사람으로 경련(痙攣)을 일으키게 하고 큰 소리를 지르며 나오는지라 다 놀라 서로 물어 가로되 이는 어쩜이뇨 권세 있는 새 교훈이로다 더러운 귀신들을 명한즉 순종하는도다 하더라 예수의 소문이 곧 온 갈릴리 사방에 퍼지더라"(막 1:25~28).

병(病) 나은 본인들도 그러한 증거로 인하여 전도하지 않을 수 없었으니 체험(體驗)은 곧 증거(證據)요 증거는 아무도 부인(否認)할 수 없었다.

> "곧 문둥병이 그 사람에게서 떠나가고 깨끗하여진지라 엄히 경계하사 곧 보내시며 가라사대 삼가 아무에게 아무 말도 하지 말고 가서 네 몸을 제사장에게 보이고 네 깨끗케 됨을 인하여 모세의 명한 것을 드려 저희에게 증거하라 하셨더니 그러나 그 사람이 나가서 이 일을 많이 전파하여 널리 퍼지게 하니 그러므로 예수께서 다시는 드러나게 동네에 들어가지 못하시고 오직 바깥 한적한 곳에 계셨으나 사방에서 그에게로 나아오더라"(막 1:42~45).

그리스도께서 부탁(付託)하신 일에 순종(順從)하기 위하여 우리는 최선을 다하여 열심을 내야 한다. **그리스도의 전도에 대한 역사(役事)는 세상 끝날까지 계속될 것이며 이는 곧 교회의 권위(權威)이며 증거(證據)이다.**

> "예수께서 나아와 일러 가라사대 하늘과 땅의 모든 권세(權勢)를 내게 주셨으니 그러므로 너희는 가서 모든 족속(族屬)으로 제자를 삼아 아버지와 아들과 성령의 이름으로 세례(洗禮)를 주고 내가 너희에게 분부한 모든 것을 가르쳐 지키게 하라 볼지어다 내가 세상 끝날까지 너희와 항상 함께 있으리라 하시니라"(마 28:18~20).

1. 전도와 축사(逐邪)

전도(傳道)에는 영적(靈的)인 저항(抵抗)들이 수없이 많이 있다. 이 세상(世上)은 세상 신들에 의하여 지배(支配)를 받으며 또한 시련(試鍊)을 당하고 있다. 세상 신들은 그들의 때가 얼마 남지 않은 줄로 알고, 그들의 영역(領域)을 침범(侵犯)해서 하나님 나라의 권세(權勢)들에 대하여 온 천하를 두루 다니며 세상 끝날까지 저항(抵抗)하고 발악(發惡)하고 있는 것이다.

"근신(謹愼)하라 깨어라 너희 대적(對敵) 마귀가 우는 사자같이 두루 다니며 삼킬 자를 찾나니 너희는 믿음을 굳게하여 저를 대적하라 이는 세상에 있는 너희 형제들도 동일한 고난을 당하는 줄을 앎이니라"(벧전 5:8).
"그러므로 하늘과 그 가운데 거하는 자들은 즐거워하라 그러나 땅과 바다는 화 있을진저 이는 마귀가 자기의 때가 얼마 못 된 줄을 알므로 크게 분내어 너희에게 내려갔음이라"(계 12:12).

세상 신들의 저항(抵抗)을 무시할 수만은 없다. 그들은 하나님을 향하여 대적(對敵)할 만큼 악해져 있고 최후의 발악(發惡)을 함으로 그리스도인들의 육체(肉體)를 공격(攻擊)한다. 그러므로 육체가 있는 한 많은 고난(苦難)을 면치 못한다. 세상 신들은 원망(怨望)과 불평(不平), 시기(猜忌)와 질투(嫉妬), 살인(殺人)과 파괴(破壞), 이간(離間)과 폭력(暴力) 등 이용(利用)할 수 있는 모든 수단과 방법을 다하여 인간에게 대항(對抗)하기 때문에 그리스도인들의 피해(被害)가 역시 적지 아니하다. 그러기에 예수님께서는 제자들을 세상에 보내면서 격려(激勵)와 위로(慰勞)의 말씀을 해 주셨다.

"내가 너희를 보냄이 양을 이리 가운데로 보냄과 같도다 그러므로 너희는 뱀같이 지혜(智慧)롭고 비둘기같이 순결(純潔)하라"(마 10:16).

그러면서도 예수님께서는 세상(世上)에서 무슨 일이 있어도 절대(絕對)로 세상을 두려워하지 말고 담대하라고 제자(弟子)들에게 친히 말씀해 주셨다.

> **"…세상에서는 너희가 환란(患亂)을 당하나 담대하라 내가 세상을 이기었노라 하시니라"**(요 16:33).
> **"몸은 죽어도 영혼은 능히 죽이지 못하는 자들을 두려워하지 말고 오직 몸과 영혼을 능히 지옥(地獄)에 멸하시는 자를 두려워하라"**(마 10:28).

그러므로 **예수님께서 12제자를 부르시고 제자들에게 전도(傳道)하라고 이미 귀신(鬼神)을 제어(制御)하며 병을 고치는 권능(權能)을 주셨다.**

> **"예수께서 그 열두 제자를 부르사 더러운 귀신을 쫓아내며 모든 병과 모든 약한 것을 고치는 권능을 주시니라"**(마 10:1).

오늘날에 전도자들이 크게 실수(失手)하는 것은 영적(靈的)인 저항(抵抗)을 관념적(觀念的)인 문제(問題)로 취급(取扱)해 버리려는 태도 때문이다. 전도자는 비록 사람의 눈에는 보이지 않는다 할지라도 실로 거대(巨大)한 세상 권세(權勢), 즉 음부(陰府)의 권세가 존재하고 있다는 사실을 깨달아 알아야 한다. 그것들은 결코 밤도 낮도 없이 휴식도 없이 활동하면서 밤과 낮을 가리지 않고 하나님의 나라에 대항(對抗)하고 훼방(毁謗)하고 유혹(誘惑)하고 방해(妨害)하고 있다. 즉 하나님의 나라는 세상에 있는 교회들로 그것들은 이러한 교회들을 괴롭히고 핍박(逼迫)하고 저주(詛呪)하고 있다. 반드시 어떤 물리적(物理的)인 힘뿐만 아니라 하찮은 시험을 통해 교회의 권위를 실추(失墜)시키고 이간(離間)하여 성도들을 분리(分離)시키는 작업을 하며 목회자들에게 치명적인 명예(名譽) 훼손(毁損)뿐만 아니라 심리적 좌절(挫折)을 일으키게 하여 결국은 교회를 떠나게 하고야 마는 악랄(惡辣)한 일들이 비일비재(非一非再)하다. 전혀 그럴 것 같지 않던, 한 사람으로 인하여 교회 전체를 수라장(修羅場)으로 만들거나, 모든 사람에게 큰 오해(誤解)를 유발(誘發)시키는 무서운 경우를 우리는 종종 보아 오고 있다.

그러면서도 이런 현상(現象)들을 영적인 문제로서 취급하지 않고 자연적이거나 또 운명적(運命的)인 일로 쉽게 소화(消化)해 버리는 일은 참으로 답답한 일이 아닐 수 없다. 교회가 무능함으로 더 부흥을 가져오지 못할 뿐 아니라, 세상 신들의 난장판이 되기도 하고 수습(收拾)할 수 없는 처지(處地)에 까지 몰리고 만다. 그러기에 교회는 끊임없이 전투(戰鬪)해야 한다. 영적인 전투 없이 승리의 찬송(讚頌)이 있을 수 있겠는가?

교회는 날마다 싸우며 또 날마다 이기며 또 날마다 하나님께 승리의 영광(榮光)을 돌려야만 한다. 그러기 위해 위대한 그리스도의 능력을 힘입고 세상을 날마다 믿음으로 이겨 나가야만 한다. 이김이 없는 것은 신앙이 아니다. 교회가 영적으로 이기는 일이 없으면 그저 세상에서 당하기만 하는 무능한 천덕꾸러기 취급을 받고야 만다. 결국은 무능한 종교(宗教)로 취급되고 세상 종교의 일원으로 밖에 취급되지 않는다. 교회는 하나님의 나라이다. 하나님의 나라의 권세와 하나님의 이름으로 무장(武裝)된 십자가 군병(軍兵)들이다. 비록 권세와 물리적인 힘에 의해 강탈(强奪)당한다 하더라도 결국은 부활(復活)로 승리하는 영광의 신앙인들이다.

교회는 겸손(謙遜)히 그리스도의 계획에 순종(順從)하며, 그 능력 때문에 핍박(逼迫)을 받는 한이 있어도 그리고 세상으로부터 오해(誤解)가 발생한다 할지라도 세상의 잡다(雜多)한 신들을 능히 대적(對敵)할 수 있는 권세(權勢)를 가져야 한다. 권세가 없는 것은 그리스도의 교회가 아니다. 권세가 없어도 교회의 본분(本分)을 다 할 수 있다는 것 그 자체가 역시 그리스도의 참된 교회가 아니다. 교회는 이미 예수께서 주신 귀신(鬼神)의 세력을 제어(制御)할 권세(權勢)를 받아서 능히 감당해 나가야 한다. 예수의 제자들 중에 어느 누가 그 능력을 거부(拒否)한 자가 있었는가? 또한 그 능력을 사용하지 않은 자가 있었는가?

사도행전은 현대교회의 모범(模範)이며 현재도 계속되어야 할 역사(歷史)의 연속(連續)이다. 귀신(鬼神)을 쫓는 일 자체가 귀신에 의한 것이 아니고 세상 신들에 의함도 아니고 오직 성령(聖靈)의 능력으로만이 가능하다.

> **"그러나 내가 하나님의 성령**(聖靈)**을 힘입어 귀신**(鬼神)**을 쫓아 내는 것이면 하나님의 나라가 이미 너희에게 임하였느니라"**(마 12:28).

오직 성령(聖靈)의 힘에 의하여만 귀신(鬼神)을 제어(制御)할 수 있다. 이런 능력이 교회 안에 계속되는 것은 성령의 역사(役事)가 현재도 계속되고 있음을 증명(證明)해 주는 것이다. 축사(逐邪)의 능력은 그리스도께서 최초로 공개하셨고 또한 그를 믿는 자들에게 보편화(普遍化)시킨 권세이다.

그러므로 **교회는 누구나 축사(逐邪)의 사역(使役)을 할 수 있는 권능(權能)을 가지고 있다. 다만 사용을 하지 않기 때문에 역사(役事)가 없다. 우리는 그리스도의 십자가(十字架) 공로(功勞)로 구원(救援)을 받았으며 그 일을 증거(證據)하는 임무(任務)를 부여(附與)받은 일꾼들이다.** 그러나 불신앙(不信仰)에 젖어 있는 자는 예수의 공로(功勞)를 천히 여기며 믿지 않는다. 십자가 위에서 죽으신 예수의 대속(代贖)의 은총(恩寵)을 부인(否認)하며 그리스도인의 원수(怨讐)로 행하며 산다. 우리는 그들의 불신앙을 이해(理解)할 수 없다. 그리스도인들이라면 이들을 이해하거나 용납(容納)할 수 없다.

그들은 하나님의 원수(怨讐)요 그리스도의 원수(怨讐)이다. 그렇다면 역시 교회(敎會)의 원수(怨讐)가 되는 자들이다. 주님은 이런 이들의 영혼(靈魂)을 결코 위로(慰勞)하지 않으신다. 하나님은 그들에게 어떤 가느다란 희망(希望)도 주신 일이 없으시다. 그들은 처음부터 마귀(魔鬼)의 자식들이요, 거짓말장이요 멸망(滅亡)할 자들로 선언(宣言)된 불쌍한 존재들이다.

> **"너희는 너희 아비 마귀에게서 났으니 너희 아비의 욕심을 너희도 행하고자 하느니라 저는 처음부터 살인한 자요 진리가 그 속에 없으므로 진리에 서지 못하고 거짓을 말할 때마다 제 것으로 말하나니 이는 저가 거짓말장이요 거짓의 아비가 되었음이니라"**(요 8:44).

그들은 그리스도의 위로(慰勞)를 받을 기회도 없고 영원히 멸망(滅亡)할 수밖에 없는 이미 낙오(落伍)된 존재들이 아닌가? 우리가 예수를 믿는 것은 이런 이들과 거룩한 무리로 구별되려 함이다. 그들을 사단(Satan)의 자식으로 취급(取扱)했다 해서 지나친 처사(處事)라고 말할 만한 처지가 못 된다. 그들은 이미 마귀(魔鬼)의 법(法) 아래서 마귀의 조정(調整)을 받고 살아가고 있기 때문이다. 귀신(鬼神)이 하나님의 원수(怨讐)일진대 불신앙의 영혼(靈魂)들 역시 하나님의 원수이다. 하나님의 원수에게 동정(同情)을 보내거나 위로해 줄 수 없다. 이방인(異邦人)이 제사(祭祀)하는 것은 귀신(鬼神)들에게 하는 것이다. 예수 믿지 않는 이들은 모두 이방인(異邦人)이다. 그렇다면 이방인들이 하는 일이 합당(合當)하지 않다. 귀신(鬼神)을 제어(制御)하는 것은 하나님의 원수(怨讐)가 된 신들을 대항(對抗)하는 일이며 불신앙을 대적(對敵)하고 박절(迫切)하게 대하는 일이다. 하나님의 원수(怨讐)가 된 불신앙의 영혼(靈魂)은 마귀(魔鬼)의 법을 따르는 불쌍한 존재들이다. 어떤 믿지 않는 이가 복음 전도를 받아들이기까지는 확실하게 귀신(鬼神)의 일을 하였음을 발견한다. 이들은 교회(敎會)를 싫어하고 교회의 일은 무조건 반대하고 있다. 그러면서도 자신들이 하고 있는 일에 대하여 자신조차도 알지 못하고 살아가고 있는 것이다. 많은 열심 있는 그리스도인들이 귀신(鬼神)을 쫓음으로써 말로 다할 수 없는 핍박(逼迫)을 받아 왔다.

사도 바울도 귀신을 쫓아낸 일로 인하여 옥고(獄苦)를 치렀고 (16:16~23), 현재의 신자(信者)들도 그와 버금 가는 핍박(逼迫)을 받고 있다.

"우리가 기도하는 곳에 가다가 점(占)하는 귀신 들린 여종 하나를 만나니 점으로 그 주인을 크게 이(利)하게 하는 자라 바울과 우리를 좇아와서 소리 질러 가로되 이 사람들은 지극히 높은 하나님의 종으로 구원의 길을 너희에게 전하는 자라 하며 이같이 여러 날을 하는지라 바울이 심히 괴로와하여 돌이켜 그 귀신에게 이르되 예수 그리스도의 이름으로 내가 네게 명하노니 그에게서 나오라 하니 귀신이 즉시 나오니라 종의 주인들은 자기 이익의 소망이 끊어진 것을 보고 바울과 실라를 잡아 가지고 저자로 관원들에게 끌고 갔다가 상관들 앞에 하여 로마 사람인 우리가 받지도 못하고 행치도 못할 풍속을 전한다 하거늘 무리가 일제히 일어나 송사하니 상관들이 옷을 찢어 벗기고 매로 치라하여 많이 친 후에 옥에 가두고 간수(看守)에게 분부하여 든든히 지키라 하니"(행 16:16~23).

그러나 귀신(鬼神)을 쫓아낸 일로 인하여 핍박(逼迫)을 받는 것은 과거나 현재나 일반적으로 계속(繼續)되는 역사(役事)이고 핍박군(逼迫群)들은 참으로 불쌍한 이들이다. 예수는 하나님 아버지의 뜻을 이 땅위에 이루시려고 높고 높은 보좌(寶座)를 버리시고 낮고 천한 죄 많은 이 세상에 오셨다.

"내가 하늘로서 내려온 것은 내 뜻을 행하려 함이 아니요 나를 보내신 이의 뜻을 행하려 함이니라 나를 보내신 이의 뜻은 내게 주신 자 중에 하나도 잃어버리지 아니하고 마지막 날에 다시 살리는 이것이니라 내 아버지의 뜻은 아들을 보고 믿는 자마다 영생을 얻는 이것이니 마지막 날에 내가 이를 다시 살리리라 하시니라"(요 6:38~40).

그리고 또 예수 그리스도는 십자가(十字架) 위에서 물과 피를 아낌없이 흘리시고 죽으심으로 전 인류(人類)의 죄악(罪惡)을 대속(代贖)해 주셨다.

"그는 근본 하나님의 본체시나 하나님과 동등됨을 취할 것으로 여기지 아니하시고 오히려 자기를 비워 종의 형체(形體)를 가져 사람들과 같이 되었고 사람의 모양으로 나타나셨으매 자기를 낮추시고 죽기까지 복종(服從)하셨으니 곧 십자가에 죽으심이라"(빌 2:6~8).

하나님의 일이 얼마나 큰 일인가? 예수 그리스도께서 부탁(付託)하신 일은 모두 아바지께서 그에게 명령(命令)하신 일이었다,

"내가 내 자의(自意)로 말한 것이 아니요 나를 보내신 아버지께서 나의 말할 것과 이를 것을 친히 명령하여 주셨으니 나는 그의 명령이 영생인 줄 아노라 그러므로 나의 이르는 것은 내 아버지께서 네게 말씀하신 그대로 이르노라 하시니라"(요 12:49).

그렇다면 **축사(逐邪)의 능력을 주신 이는 하나님이시다. 하나님 아버지께서는 이를 예수께 부탁하셨고 예수는 그 일을 성령을 통해서 행하셨다.**

"그러나 내가 하나님의 성령을 힘입어 귀신을 쫓아내는 것이면 하나님의 나라가 이미 너희에게 임하였느니라"(마 12:28).

그러므로 예수 그리스도는 그 일을 불신(不信)하고 핍박(逼迫)하

고 훼방(毁謗)하는 이들을 성령(聖靈) 훼방자(毁謗者)라고 단언(斷言)하시고 성령(聖靈) 훼방죄(毁謗罪)는 사하심을 얻지 못한다고 말씀하셨다.

> **"나와 함께 아니하는 자는 나를 반대하는 자요 나와 함께 모이지 아니하는 자는 헤치는 자니라 그러므로 내가 너희에게 이르노니 사람의 모든 죄와 훼방은 사하심을 얻되 성령을 훼방하는 것은 사하심을 얻지 못하겠고"**(마 12:30~31).

교회는 예수의 일을 해야 한다. 귀신(鬼神)을 저주(詛呪)하고 병을 고치며 예수의 이름의 권세(權勢)를 드러내야 한다. 이는 전도의 지혜(智慧)이며 그리스도께서 약속(約束)하신 그리스도인들의 완전한 권세(權勢)이다. 한 가정을 향한 귀신(鬼神)의 역사(役事)는 그 가정 전체에게 미치는 영향(影響)이기에 매우 크다. 복음을 받지 못하도록 최대한 훼방(毁謗)을 놓으며 유혹(誘惑)하며 혹 복음을 받았을지라도 시험(試驗)을 계속하고 있다.

전도자는 귀신(鬼神)을 관염적(觀念的) 존재(存在)라고 생각하는 어리석음에서 벗어나 귀신(鬼神)이 사악(邪惡)한 인격(人格)임을 알아야 한다.

그리고 이를 그리스도의 권세(權勢)로 물리쳐야 한다. 그리스도인들의 능력(能力)은 살아 계신 하나님의 약속(約束)이요 은사(恩赦)이다. 이런 은사(恩賜)를 사용하지 않는 것은 하나님을 무시한 처사(處事)요 불신앙이다. 혹자는 "귀신만 쫓으면 다냐?"는 식으로 부정(否定)하려 하고 있다. 그러나 귀신(鬼神)을 쫓는 일은 신앙의 전부는 아니라 할지라도 신앙인이라면 당연히 해야 할 최소한의 능력이며 권능(權能)이며 역사(役事)이다. 그리스도의 이름은 지금도 전도자들에게 지급(支給)하신 능력(能力)이다.

전쟁터로 나가는 병사들에게 각각 총을 지급하여 일선에 내보내듯이 그리스도께서도 그와 같이 성령(聖靈)으로 역사(役事)하신다. 자기 자신(自身)의 능력(能力) 없음을 매우 원통(寃痛)하게 여겨야 할 일을 오히려 정상적(正常的)인 것으로 생각하고, 능력 있는 이들을 '이단(異端)' 또는 '신비주의' 라고 매도(罵倒)하는 것은 성령(聖靈)을 훼방(毁謗)하는 일이다.

귀신(鬼神)의 정체(正體)에 대하여 나온 책들도 많이 있다. 그 책들은 귀신(鬼神)의 정체(正體)에 대하여 분명(分明)하게 잘 설명(說明)해 주고 있다. 신약성경에는 충분하리만큼 귀신(鬼神)들의 여러 가지 사역(使役)들을 기록(記錄)하면서, 그들의 정체(正體)에 대하여 전해 주고 있다.

전도에는 다양(多樣)한 노선(路線)이 있고 또한 그렇게 함으로써 효과(效果)를 거두고 있다. 그러나 귀신(鬼神)을 쫓아내며 전도하는 일에는 더 많은 이들이 구원(救援)을 얻게 된 것을 보게 된다. 사람의 눈으로 직접 보고 또 확인함으로써 영적 존재에 대한 실례(實例)와 실재(實在)를 알고, 그러므로 영적 생활에 대한 실감(實感)을 갖게 된다. 비록 하나님은 눈에 보이지 않으나, 축사(逐邪)의 현장(現場)을 통하여 살아 계신 하나님의 능력(能力)과 그 위력(偉力)을 확인하고 하나님이 구주되심을 실감(實感)케 하여 그 증거(證據)를 평생토록 가지게 한다.

전도의 목적은 영혼(靈魂)을 구원(救援)하는 일이다. 귀신(鬼神)을 쫓는 일이 목적이 아니다. 능력의 보편성(普遍性)은 축사(逐邪)의 현상(現象)으로부터 더욱 분명해진다. 전도자라고 자신의 입장을 나타내려거든 이런 능력을 가져야 하고 이런 능력 받기를 간절히 기도(祈禱)하며 구해야 한다.

축사(逐邪)는 하나님과 그리스도께서 전도자에게 지급(支給)하신 능력이요 성령(聖靈)이 보증(保證)하시는 능력이다. 능력 없는 신앙(信仰) 생활은 그야말로 참으로 부끄러운 신앙이라는 것을 알아야 한다.

▶ 그러면 축사자(逐邪者)에게 필요한 조건을 알아보자.

① 기도(祈禱)

예수께서도 이미 말씀하셨듯이 기도 없이는 귀신(鬼神)을 제어(制御)할 능력이 없다. 주께서 약속하셨을지라도 기도하지 않고는 그 능력을 사용할 수 없다. 과거 예수 이전 사람들은 하나님이 특별히 필요하신 사람들을 불러 감동하시고 그들을 위해 능력을 부으심으로 인하여 큰 역사(役事)를 하였다. 그러나 예수께서 십자가 위에서 운명(殞命)하시고 3일 만에 부활(復活)하셔서 승천(昇天)하시기 직전에 제자들에게 "예루살렘을 따나지 말고 내게 들은 바 아버지의 약속하신 것을 기다리라"(행 1:4)고 분부하신 후 승천하셔서 10일 만에 오순절날 성령이 최초로 각 사람 위에 임하였다(행 2:3).

예수는 포도나무요 그리스도인들은 가지이다(요15:5). 뿌리로부터 진액(津液)이 올라와서 모든 가지로 공급되듯이 육체로 오신 이에게 최초로 성령의 인격이 임하신 다음부터 그에 의하여 모든 육체에 성령의 인격이 임하신다. 예수 이전(以前) 사람들은 오직 성령(聖靈)이 하늘에서 감동(感動)하실 뿐, 그들의 육체 안에 성령의 인격이 임한 것은 아니었다. 그러나 이제는 거룩한 육체들에게 성령의 인격(人格)이 임하시고 그들의 몸과 마음을 성소(聖所)와 지성소(至聖所)로 삼으시고 거하신다. 그때로부터 기도하고 그 일을 시행하려고 하는 이들에게는 축사(逐邪)의 능력(能力)이 나타난다.

② 긍휼(矜恤)히 여기는 마음

과시(誇示)할 목적이 아니고 귀신(鬼神)을 제어(制御)하고, 그 영혼(靈魂)을 구원(救援)할 긍휼(矜恤)히 여기는 심령(心靈)으로 귀신(鬼神)을 나사렛 예수의 이름으로 담대(膽大)히 물리친다면 긍휼(矜恤)에 풍성하신 그리스도의 이적(異蹟)은 나타나게 될 것이다. 이런 능력은 이 세상에서 귀신(鬼神)의 사역(使役)이 종말을 맞이하게 될 지구의 최후의 날까지 계속될 것이다.

③ 구령(救靈)

귀신(鬼神) 쫓는 것만을 목적으로 하지 말고 구령(救靈)을 목적으로 그의 육체에 잠재(潛在)해 있는 귀신(鬼神)을 몰아냄으로써 관념적(觀念的), 정신적, 육체적으로 자유케 하여야 한다. 전도만 하고 귀신(鬼神)이 붙은 것을 알고도 쫓아내지 않으면 그것도 기만

(欺瞞)하는 일이요 주의 명령을 따르지 않는 일이다. 이런 능한 일을 하기 위해서는 귀신(鬼神)의 정체(正體)를 확실히 알도록 공부함이 유익하다. **사단(Satan)과 마귀(魔鬼)는 같은 존재다. 사단과 마귀는 관념적(觀念的) 존재가 아닌 실존적(實存的)인 존재로, 복수가 아닌 단수로 쓴다. 마귀 즉 사단은 온 천하를 두루 다니며 꾀는 자이다.**

> **"큰 용(龍)이 내어 쫓기니 옛 뱀 곧 마귀(魔鬼)라고도 하고 사단이라고도 하는 온 천하를 꾀는 자라 땅으로 내어 쫓기니 그의 사자(使者)들도 저와 함께 내어 쫓기니라"**(계 12:9).

마귀가 온 세계를 지배(支配)하고 그가 부리는 다른 영들로 모든 믿음의 사람들을 끊임없이 끝까지 방해(妨害)하고 유혹(誘惑)하고 억압(抑壓)한다.

> **"근신(謹愼)하라 깨어라 너희 대적(對敵) 마귀가 우는 사자(獅子) 같이 두루 다니며 삼킬 자를 찾나니 너희는 믿음 굳게 하여 저를 대적하라 이는 세상에 있는 너희 형제들도 동일한 고난을 당하는 줄을 앎이니라"**(벧전 5:8~9).

귀신(鬼神)은 복수 혹은 단수로 불리우는 것처럼, 하나 혹은 집단적으로 사람의 육체에 들어온다. 사람의 몸에 들어온 악령(惡靈)을 주로 사탄(Satan) 혹은 마귀(魔鬼)라고 부르고 있지만, 직설적(直說的)으로 "귀신"이라고 해야 한다. 많은 사람들이 이를 혼동(混同)하고 있는 것이다.

"이는 예수께서 이미 더러운 귀신(鬼神)을 명하사 이 사람에게서 나오라 하셨음이라…"(눅 8:29).
"…예수께서 더러운 귀신(鬼神)을 꾸짖으시고 아이를 낫게하사 그 아비에게 도로 주시니"(눅 9:42).
"…그 더러운 귀신을 꾸짖어 가라사대 벙어리 되고 귀먹은 귀신아 내가 네게 명하노니 그 아이에게서 나오고 다시 들어가지 말라 하시매"(막 9:25).
"예수께서 그 열두 제자를 부르사 더러운 귀신(鬼神)을 좇아내며 모든 병과 모든 약한 것을 고치는 권능을 주시니라"(마 10:1).
"믿는 자들에게는 이런 표적이 따르리니 곧 저희가 내 이름으로 귀신(鬼神) 쫓아내며 새 방언을 말하며"(막 16:17).

▶ 축사(逐邪)받는 자에게 필요한 것은 무엇인가?

① 구원(救援)의 확신(確信)

귀신(鬼神)은 구원(救援)의 확신(確信)이 있는 자에게서 떠나게 되므로 먼저는 구원(救援)을 받게 해야 하고 그 다음은 그를 억압(抑壓)한 귀신(鬼神)을 예수의 이름으로 꾸짖어야 한다. 이런 능력(能力)을 행하려면 전도자가 기도(祈禱)를 많이 해야 하고 더욱 믿음에 굳게 서야 할 것이다. 예수께서도 전도(傳道) 여행(旅行)에 앞서 많은 기도(祈禱)를 하고 떠나셨다. 하물며 우리 인간(人間)들에게는 더욱 많은 기도(祈禱)가 필요(必要)하다.

"새벽 오히려 미명(未明)에 예수께서 일어나 나가 한적한 곳으로 가서 거기서 기도하시더니 시몬과 및 그와 함께 있는 자들이 예수의 뒤를 따라가 만나서 가로되 모든 사람이 주를 찾나이다 이르시되 우리가 다른 가까운 마을들로 가자 거기서도 전도하리니 내가 이를 위하여 왔노라 하시고 이에 온 갈릴리에 다니시며 저희 여러 회당(會堂)에서 전도하시고 또 귀신(鬼神)들을 내어 쫓으시더라"(막 1:35~39).

기도(祈禱)를 많이 하고 능력(能力)과 성령(聖靈)의 충만(充滿)함을 받은 사람은 귀신(鬼神)을 지배(支配)하는 담력(膽力)이 많으나, 그렇지 않으면 오히려 귀신(鬼神)을 두려워하게 되고 억압(抑壓)받을 우려도 있다.

② 회개(悔改)

전도자가 무조건 귀신(鬼神)만을 쫓으려 하지 말고 주 예수의 복음을 전한 다음 그 복음을 듣고 회개(悔改)에 이른 사람 가운데 병든 자나 혹 억압(抑壓)된 자가 있으면 그를 도와 귀신을 꾸짖어, 내어 쫓아 주어야 한다. 믿지도 않는 사람을 붙들고 쫓으려 하지 말고 전도받은 사람에게 도움을 주어야 한다. 이렇게 하면 전도자가 하는 일이 하나님으로부터 나왔음을 보여 줄 수 있는 권위(權威)가 선다. 세상 사람들이 전도를 받고도 믿지 않는 이유 중 하나는 하나님의 살아 계심을 의심(疑心)하기 때문이다. 이때 지극히 작은 일이긴 하나 세상으로 신에 대한 존재(存在)를 믿게 하는데 필요(必要)한 부분(部分)으로서 축사(逐邪)의 현상(現象)이 적격(適格)이라 할 수 있다. 당장에 몸에 나타난 귀신(鬼神)의 정체(正體)를 알므로 귀신의 존재에 대한 인식(認識)을 세삼 달리하게 하고 그러한 것들을 지배(支配)하시고 심판(審判)하시는 이가 계심을 또한 알려 주어야 한다. 그의 종들은 이러한 능력(能力)을 보여줌으로 하나님이 살아 계심을 나타내 주어야 한다.

③ 귀신(鬼神)을 불러냄

축사(逐邪)할 때는 가급적(可及的) 귀신(鬼神)이 그 정체(正體)를 밝히도록 담대(膽大)하게 호출(呼出)하고 그 현상(現象)을 그의 가족(家族)이나 그의 친지(親知)들이 직접(直接)보고 들을 수 있게 해야 할 것이다. 그러므로써 증거(證據)가 되고 그것을 봄으로써 믿기 시작(始作)하는 자들이 많다.

> **"저희가 가버나움에 들어가니라 예수께서 곧 안식일에 회당에 들어가 가르치시매 뭇 사람이 그의 교훈에 놀라니 이는 가르치시는 것이 권세 있는 자와 같고 서기관들과 같지 아니함일러라 마침 저희 회당에 더러운 귀신 들린 사람이 있어 소리 질러 가로되 나사렛 예수여 우리가 당신과 무슨 상관이 있나이까 우리를 멸하러 왔나이까 나는 당신이 누구인 줄 아노니 하나님의 거룩한 자니이다 예수께서 꾸짖어 가라사대 잠잠하고 그 사람에게서 나오라 하시니 더러운 귀신이 그 사람으로 경련(痙攣)을 일으키게 하고 큰 소리를 지르며 나오는지라 다 놀라 서로 물어 가로되 이는 어쩜이뇨 권세 있는 새 교훈이로다 더러운 귀신들을 명한즉 순종하는도다 하더라 예수의 소문이 곧 온 갈릴리 사방에 퍼지니라"**(막 1:21~28).

비록 귀신(鬼神)들이 거짓말장이라 하더라도 진리(眞理) 앞에서는 거짓말을 할 수가 없으므로, 제 정체(正體)를 소상(昭詳)히 밝히게 될 것이다.

"예수께서 네 이름이 무엇이냐 물으신즉 가로되 군대(軍隊)라 하니 이는 많은 귀신(鬼神)이 들렸음이라"(눅 8:30).

▶ **축사(逐邪)받는 대상(對象)을 알아보자.**

① 집회 전체

혹 집회(集會)에 몰려온 이들이 있으면 전체를 향하여 그들 속에 숨어 자기의 정체(正體)를 감추고 있는 귀신(鬼神)을 꾸짖어 물리처라. 진심(眞心)으로 기도하고 믿음으로 꾸짖은 말은 반드시 그 역사(役事)가 나타난다.

귀신을 두려워하지 말고 있는 힘을 다하여 원수(怨讐)를 담대(膽大)히 몰아내는 일을 하라. 이는 주님이 명령(命令)하시고 분부(分付)하신 일이다.

② 억압(抑壓)된 자

전도를 받고자 하는 이가 혹 심히 억압(抑壓)된 것을 보거든 예수 그리스도의 복음을 잘 전하고 그로 믿음을 갖게 한 다음, 담대(膽大)히 귀신(鬼神)을 쫓아내라. 조금도 두려울 것이 없다. 주님을 믿고 예수 이름으로 물리처라. 귀신(鬼神)을 부끄럽게 하고 귀신의 정체(正體)를 저주(詛呪)하라. 그리고 귀신(鬼神)의 행위(行爲)를 드러내어 심하게 꾸짖고 저주(詛呪)하라.

그리하여 귀신(鬼神)이 자신(自身)의 정체(正體)를 드러내고 울고 떠나든지 혹 그대로 떠나든지 그 사람을 넘어뜨리고 떠나든지 기어이 떠나가게 하라. 그러면 그 사람의 마음을 억압(抑壓)하고 유혹(誘惑)하던 귀신(鬼神)은 더 이상 숨어 있지 못할 것이며 결국 귀신은 할 수 없이 떠날 것이다.

③ 믿음이 연약(軟弱)한 자

믿음이 연약(軟弱)한 자를 억지로 도우려 하다가는 오히려 시험(猜險) 들게 할 수 있다. 불쌍히 여기는 마음만 앞서서 구령(救靈)의 순서(順序)를 무시하면 손해 보는 일이 있다. 불쌍한 마음으로써는 사람의 영혼(靈魂)을 구원(救援)할 수 없다. 본인들이 각각 하나님 앞에 회개(悔改)하여 주 예수를 영접(迎接)하게 한 다음, 자신이 구원(救援)의 확신(確信)을 갖게 해야 한다. 그 다음으로 믿는 자에게 베푸시는 능력(能力)을 나타내야 한다.

"자녀의 떡을 개에게 줄 수 없다."고 하심같이 하나님의 자녀들에게만 베푸시는 이적(異蹟)을 전도의 방법으로만 쓰지 말라. **이적은 먼저 전도받고 구원(救援)받은 사람들에게 선물로 주시는 것임을 명심하라.** 믿음은 얻어 내지 아니하고 귀신만 쫓아 주려는 지나친 열심 때문에 전도자들이 스스로 곤경(困境)에 처하게 될 때도 있다. 제자들도 이런 경우를 당하였었다.

> "저희가 이에 제자들에게 와서 보니 큰 무리가 둘렀고 서기관들이 더불어 변론하더니 온 무리가 곧 예수를 보고 심히 놀라고 달려와 문안하거늘 예수께서 물으시되 너희가 무엇을 저희와 변론하느냐 무리 중에 하나가 대답하되 선생님 벙어리 귀신 들린 내 아들을 선생님께 데려왔나이다 귀신이 어디서든지 저를 잡으면 거꾸

러져 거품을 흘리며 이를 갈며 그리고 파리하여 가는지라 내가 선생님의 제자들에게 내어 쫓아 달라 하였으나 저희가 능히 하지 못하더이다 대답하여 가라사대 믿음이 없는 세대여 내가 얼마나 너희와 함께 있으며 얼마나 너희를 참으리요 그를 내게로 데려오라 하시매 이에 데리고 오니 귀신이 예수를 보고 곧 그 아이로 심히 경련을 일으키게 하는지라 저가 땅에 엎드러져 굴며 거품을 흘리더라 예수께서 그 아비에게 물으시되 언제부터 이렇게 되었느냐 하시니 가로되 어릴 때부터니이다 귀신이 저를 죽이려고 불과 물에 자주 던졌나이다 그러나 무엇을 하실 수 있거든 우리를 불쌍히 여기사 도와 주옵소서 예수께서 이르시되 할 수 있거든이 무슨 말이냐 믿는 자에게는 능치 못할 일이 없느니라 하시니 곧 그 아이의 아비가 소리를 질러 가로되 내가 믿나이다 나의 믿음 없는 것을 도와 주소서 하더라 예수께서 무리의 달려 모이는 것을 보시고 그 더러운 귀신을 꾸짖어 가라사대 벙어리 되고 귀먹은 귀신아 내가 네게 명하노니 그 아이에게서 나오고 다시 들어가지 말라 하시매 귀신이 소리 지르며 아이로 심히 경련(痙攣)을 일으키게 하고 나가니 그 아이가 죽은 것같이 되어 많은 사람이 죽었다 하나 예수께서 그 손을 잡아 일으키시니 이에 일어서니라 집에 들어가시매 제자들이 종용(從容)히 묻자오되 우리가 어찌하여 능히 그 귀신을 쫓아내지 못하였나이까 이르시되 기도 외에 다른 것으로는 이런 유(類)가 나갈 수 없느니라 하시니라"(막 9:14~29).

④ 기타(其他)

귀신(鬼神)의 역사(役事)는 반드시 병자(病者)에게만 있는 것이 아니고 의심(疑心)하는 자, 게으른 자, 시험(猜險)에 빠진 자, 우상(偶像)을 숭배(崇拜)하는 자와 미신(迷信)을 좇는 모든 사람에게 들어 있다. 이들을 단호(斷乎)하고 능력(能力) 있는 말씀을 가지고 가르친 후 귀신(鬼神)을 쫓으면, 귀신(鬼神)이 떠나고 그 사람은 즉시(卽時) 새 사람이 될 것이다.

> "예수께서 꾸짖어 가라사대 잠잠하고 그 사람에게서 나오라 하시니 귀신(鬼神)이 그 사람을 무리 중에 넘어뜨리고 나오되 그 사람은 상하지 아니한지라 다 놀라 서로 말하여 가로되 이 어떠한 말씀인고 권세(權勢)와 능력으로 더러운 귀신을 명하매 나가는도다 하더라 이에 예수의 소문이 그 근처 사방에 퍼지니라"(눅 4:35~37).

축사(逐邪)의 역사(役事)는 전도자(傳道者)에게 필수(必須)의 능력(能力)임을 알고 그렇게 일하려고 해야 한다. 더 이상 의심(疑心)할 필요가 없다.

▶ 축사(逐邪) 후 행해야 할 다섯 가지 유의점을 알아보자.

그러나 비록 **축사**(逐邪)를 했다 하여도 신앙 생활을 잘하도록 가르쳐 주지 않으면 귀신(鬼神)은 다시 억압해 올 수 있으니 각별히 조심해야 한다.

> "더러운 귀신이 사람에게서 나갔을 때에 물 없는 곳으로 다니며 쉬기를 구하되 얻지 못하고 이에 가로되 내가 나온 내 집으로 돌아가리라 하고 와 보니 그 집이 비고 소제되고 수리되었거늘 이에 가서 저보다 더 악한 귀신 일곱을 데리고 들어가서 거하니 그 사람의 나중 형편이 전보다 더욱 심하게 되느니라 이 악한 세대가 또한 이렇게 되리라"(마 12:43~45).

그러므로 귀신(鬼神)을 쫓거나 병을 고친 다음에 다음 다섯 가지를 꼭 실행(實行)하도록 가르치고 그렇게 인도(引導)해야 한다.

① 감사(感謝)할 것.

"예수께서 이르시되 삼가 아무에게도 이르지 말고 다만 가서 제사장에게 네 몸을 보이고 모세의 명한 예물을 드려 저희에게 증거하라 하시니라"(마 8:4).

② 죄를 짓지 말 것.

"고침을 받은 사람이 그가 누구신지 알지 못하니 이는 거기 사람이 많으므로 예수께서 이미 피하셨음이라 그 후에 예수께서 성전에서 그 사람을 만나 이르시되 보라 네가 나았으니 더 심한 것이 생기지 않게 다시는 죄를 범치 말라 하시니"(요 5:13~14).

③ 간증(干證)할 것

"예수께서 배에 오르실 때에 귀신 들렸던 사람이 함께 있기를 간구하였으나 허락지 아니하시고 저희에게 이르시되 집으로 돌아가 주께서 네게 어떻게 큰 일을 행하사 너를 불쌍히 여기신 것을 네 친속(親屬)에게 고하라 하신대 그가 가서 예수께서 자기에게 어떻게 큰 일 행하신 것을 데가볼리에 전파하니 모든 사람이 기이히 여기더라"(막 5:18~20).

④ 성경을 늘 상고(詳考)할 것.

"성경은 폐(廢)하지 못하나니 하나님의 말씀을 받은 사람들을 신이라 하셨거든"(요 10:35).
"베뢰아 사람은 데살로니가에 있는 사람보다 더 신사적이어서 간절한 마음으로 말씀을 받고 이것이 그러한가 하여 날마다 성경을 상고하므로"(행 17:11).

⑤ 쉬지 말고 항상 기도(祈禱)할 것.

"시험에 들지 않게 깨어 있어 기도하라 마음에는 원이로되 육신이 약하도다 하시고"(마 26:41).
"항상 기뻐하라 쉬지 말고 기도하라 범사에 감사하라 이는 그리스도 예수 안에서 너희를 향하신 하나님의 뜻이니라"(살전 5:16~18).

2. 전도와 신유(神癒)

신유(神癒)의 능력(能力)은 특별(特別)히 주시기도 하지만 기도(祈禱)하는 자들에게 그 기도(祈禱)의 응답(應答)으로서 주시기도 한다.

"다른 이에게는 같은 성령(聖靈)으로 믿음을 어떤 이에게는 한 성령으로 병 고치는 은사(恩賜)를"(고전 12:9).
"다 병 고치는 은사(恩賜)를 가진 자겠느냐…"(고전 12:30).

"믿음의 기도는 병든 자를 구원하리니 주께서 저를 일으키시리라 혹시 죄를 범하였을지라도 사하심을 얻으리라 이러므로 너희 죄를 서로 고하며 병 낫기를 위하여 서로 기도하라 의인의 간구는 역사(役事)하는 힘이 많으니라 엘리야는 우리와 성정(性情)이 같은 사람이로되 저가 비 오지 않기를 간절히 기도한즉 삼 년 육 개월 동안 땅에 비가 아니 오고 다시 기도한즉 하늘이 비를 주고 땅이 열매를 내었느니라"(약 5:15~18).

이상의 세 구절에서 볼 수 있듯이 신유(神癒)의 능력(能力)은 특수(特殊)하면서도 보편성(普遍性)이 있는 것이다. **현대의 전도자들은 대부분 전도(傳道)와 능력(能力)을 겸비(兼備)하지 못하고 있다.** 그것은 예수의 계획이나 분부(分付)하심과 상반(相反)된다. 예수는 자신이 직접 전도하시면서 병을 고치시고 많은 사람의 몸에 붙었던 귀신(鬼神)들을 내어 쫓으셨다.

"예수께서 온 갈릴리에 두루 다니사 저희 회당에서 가르치시며 천국 복음을 전파하시며 백성 중에 모든 병과 모든 약한 것을 고치시니 그의 소문이 온 수리아에 퍼진지라 사람들이 모든 앓는 자, 곧 각색 병과 고통에 걸린 자, 귀신 들린 자, 간질하는 자, 중풍병자들을 데려오니 저희를 고치시더라"(마 4:23~24).

이와 같은 이적(異蹟)과 기사(奇事)와 신유(神癒)를 예수의 제자들도 행할 수 있도록 권세(權勢)를 주셨으니 이는 자기와 같게 하려 하심이다.

> "또 산에 오르사 자기의 원하는 자들을 부르시니 나아온지라 이에 열둘을 세우셨으니 이는 자기와 있게 하시고 또 보내사 전도도 하며 귀신을 내어 쫓는 권세도 있게 하려 하심이러라"(막 3:13~15).
> "내가 진실로 진실로 너희에게 이르노니 나를 믿는 자는 나의 하는 일을 저도 할 것이요 또한 이보다 큰 것도 하리니 이는 내가 아버지께로 감이니라"(요 14:12).
> "예수께서 그 열두 제자를 부르사 더러운 귀신(鬼神)을 쫓아내며 모든 병과 모든 약한 것을 고치는 권능(權能)을 주시니라"(마 10:1).

이와 같이 **신약성경(新約聖經)을 세밀(細密)히 읽어 보면 그리스도의 전도와 신유(神癒)는 결코 분리시킬 수 없는 동반적(同伴的)인 사역(使役)임을 잘 알 수 있다.** 그러나 사람들은 이러한 예수 그리스도의 지도하심을 무시하고 일반적인 관념(觀念)에만 사로잡혀 있다. '신유(神癒)의 능력은 특별한 사람들만의 것이다' 라고 한다거나 '병을 고칠 수 있는 능력의 시대 곧 이적(異蹟)의 시대는 지나갔다' 고 하는 등의 불신앙적인 태도로 인하여 한량없이 부어 주시는 성령(聖靈)의 능력을 스스로 거부(拒否)하고 있다. 물론 아무리 병자들이 많이 있고 또 자칭(自稱) 믿음이 있다고 하는 자들이 많다 하더라도 참된 믿음으로 주님이 주신 능력의 명령을 듣지 아니하면 아무런 이적도 볼 수 없다. 예수의 명령을 수천 년 전의 일로 생각하고 그때 일로 취급하면 결코 능력이 있을 수 없다. 그리고 믿음의 역사(役事)도 있을 수 없다. 인간의 역사(歷史)는 시대를 벗어날 수 없는, 과거와 현재와 미래를 가지고 있다. 그러나 예수는 과거와 현재와 미래를 온전히 초월(超越)하신다. 그는 하나님의 아들이시요 독생(獨生)하신 하나님이시다.

> "예수 그리스도는 어제나 오늘이나 영원토록 동일하시니라"(히 13:8).
> "본래 하나님을 본 사람이 없으되 아버지 품속에 있는 독생(獨生)하신 하나님이 나타내셨느니라"(요 1:18).

인간에게는 역사(歷史)의 흐름이 있어도 **예수는 결코 역사(歷史)의 흐름을 타지 않으신다. 예수의 일은 지금 당장에라도 과거 어느 때처럼 동일하게 나타나고 또 역사(役事)하신다.** 오늘날도 기도의 약속이 살아 있어서 비록 그런 약속을 받았던 자가 죽었다 하더라도 하나님의 약속은 언제나 살아 있다. 아브라함과 이삭과 야곱은 죽었어도, 그들과 맺은 하나님의 약속은 살아 있고 그들의 믿음 또한 살아 있다. 그러므로 그들이 가졌던 믿음을 가지고 있는 현대인뿐만 아니라, 앞으로 오는 세대의 모든 믿는 자들에게도 하나님의 동일한 약속 이행(履行)이 앞으로 계속해서 이어질 것이다.

> "…모든 육체는 풀과 같고 그 모든 영광이 풀의 꽃과 같으니 풀은 마르고 꽃은 떨어지되 오직 주의 말씀은 세세토록 있도다 하였으니 너희에게 전한 복음이 곧 이 말씀이니라"(벧전 1:24~25).

우리가 기도(祈禱)하고 믿고 구한 것에는 어떤 경우에도 반드시 응답(應答)이 있다. 혹 응답(應答)을 받지 못한다면 그것은 그 사람이 잘못 구한 것이다. 하나님은 약속(約束)을 꼭 지키시는 진실(眞實)하신 분이시다.

> **"구하여도 받지 못함은 정욕(情慾)으로 쓰려고 잘못 구함이니라"** (약 4:3).
> **"하나님은 인생이 아니시니 식언(食言)치 않으시고 인자가 아니시니 후회가 없으시도다 어찌 그 말씀하신 바를 행치 않으시며 하신 말씀을 실행치 않으시랴"**(민 23:19).

전도가 이적(異蹟)을 동반(同伴)해야 할 것은 사람의 뜻이 아니라 주님의 뜻이다. 주님은 그 같은 역사가 세상 끝날까지 계속될 것이라고 하셨다.

> **"내가 너희에게 분부(分付)한 모든 것을 가르쳐 지키게 하라 볼지어다 내가 세상 끝날까지 너희와 항상 함께 있으리라 하시니라"** (마 28:20).

무엇보다도 신자(信者)들 자신(自身)의 믿음이 가장 중요하다. 믿음이 없이는 하나님의 마음을 절대(絕對)로 기쁘시게 할 수 없다.

> **"믿음이 없이는 기쁘시게 못하나니 하나님께 나아가는 자는 반드시 그가 계신 것과 또 그가 자기를 찾는 자들에게 상(賞) 주시는 이심을 믿어야 할지니라"**(히 11:6).

주님의 몸에서는 항상(恒常) 능력(能力)과 이적(異蹟)이 나타났다. 혈루증(血漏症) 여인이 주님의 뒤로 가서 그의 몸에 손을 댄 즉시 병이 나았다. 제자들에게서도 그 능력은 여전(如前)하였다. 제자들이 지나가는 길가에 병자(病者)들을 내다 놓고 제자들의 그림자만이라도 지나가기를 바라고 있다가, 마침내 제자들이 지나갈 때 그들의 그림자가 병든 자를 스치고 가면 곧 병은 떠났다. 뿐만 아니라 앞치마를 빌려다가 병든 자 위에 얹으면 병이 곧 떠났다. 이러한 표적(表蹟)은 현대인들에게도 동일하게 경험(經驗)케 하셨으나 현대교회가 그런 일을 보지 못하는 이유는 바로 불신앙 때문이다.

만일 오늘날도 전도자가 과거처럼 겸손(謙遜)하여 주님의 말씀을 믿고 그의 뜻을 받아들이고 그같이 순종(順從)만 한다면, 그에게서 큰 능력이 나타나게 될 것이다. 여태껏 많은 전도자들이 예수 그리스도의 복음을 전하며 구령(救靈)해 왔지만, 예수 그리스도의 신유(神癒)를 나타내면서 전도한 이들의 전도는, 짧은 시간에 몇 배의 더 많은 영혼(靈魂)을 구원(救援)했다는 사실들을 수많은 체험적 간증을 통해서 알려지고 있다. 이런 능력은 우선 전도자에게 담력(膽力)을 주고 믿음을 더해 준다. 항상 하나님이 함께하시고 계심을 누구에게나 나타낼 수 있다는 것이 얼마나 큰 유익인가?

예수님은 전도하실 때 병을 고치시는 능력(能力)을 필수적(必須的)으로 행하셨으니, 그는 언제나 말씀을 전하시고 곧 귀신을 물리치고 병든 자들을 고치셨다. 그리하여 허다한 무리가 예수를 좇고 있었다.

그러나 현대교회는 신유(神癒)의 능력이나 이적(異蹟)은 특수한 사람이나 혹은 오순절(五旬節) 교단(敎團)에서나 행하는 교리(敎理)로만 취급하고, 또 능력을 즐겨 행하는 이들이나 교단들을 핍박(逼迫)하고 있다. 그러므로 핍박 속에서도 이러한 교회들이 부흥되어 큰 교회를 이루게 되면 교단의 압력과 간섭을 받지 아니하려고 개교회주의(個敎會主義)의 독립교회(獨立敎會)로 발전시켜 가고 있는 현상(現象)이 날로 늘어가고 있다. 복음을 전하려 하는 이들과 교회들은 능력을 나타내야 한다. 영적으로 살려고 하는 이들은 큰 이적(異蹟)을 본다. 그러나 세속화(世俗化)되어 가고 있는 교회들에게는 이적(異蹟)을 볼 수 없다. 신유(神癒)는 실질적(實質的)인 전도이다.

복음에 하나님이 함께하시지 않으면 우리의 영혼(靈魂)을 구원(救援)하지 못할 것이다. 그러나 하나님이 함께하시면 신유(神癒)의 이적(異蹟)은 일반적으로 따라야 한다. 물론 병든 자에게라야 의원(醫員)이 쓸 데 있고 건강한 자들에게는 의원이 필요치 않다. 그러나 육체들은 매우 연약(軟弱)하여 무슨 병이든지 걸릴 가능성을 가지고 있다. 복음이 영혼에 받아들여질 때에 그들의 육체 안에서도 그 복음의 능력(能力)을 맛보게 될 것이다.

▶ 전도자가 신유의 이적을 나타낼려면 7가지 상식을 가져야한다.

(1) 예수님의 신유는 복음 전도에 필수적인 사역이라는 점을 확신해야 한다.

♣ 하나님은 이스라엘에게 '나는 치료하는 하나님이다' 라고 선포하셨다.

"가라사대 너희가 너희 하나님 나 여호와의 말을 청종(聽從)하고 나의 보기에 의를 행하며 내 계명에 귀를 귀울이며 내 규례(規例)를 지키면 내가 애굽 사람에게 내린 모든 질병의 하나도 너희에게 내리지 아니하리니 나는 너희를 치료하는 여호와임이니라"(출 15:26).

♣ **예수 그리스도**가 전도(傳道)를 시작하실 때에, 복음을 전하시고 병든 자를 고치심으로 예수의 그 소문(所聞)이 널리 퍼져 더 많은 사람들이 그리스도에게로 몰려와서 복음을 들었다는 것을 신약성경은 가르치고 있다.

"예수께서 온 갈릴리에 두루 다니사 저희 회당에서 가르치시며 천국 복음을 전파하시며 백성 중에 모든 병과 모든 약한 것을 고치시니 그의 소문이 온 수리아에 퍼진지라 사람들이 모든 앓는 자, 곧 각색 병과 고통에 걸린 자, 귀신 들린 자, 간질(癎疾)하는 자, 중풍병자들을 데려오니 저희를 고치시더라 갈릴리와 데가볼리와 예루살렘과 유대와 요단강 건너 편에서 허다한 무리가 좇으니라"(마 4:23~25).

♣ 이는 그리스도께서 모든 병과 약한 것을 담당(擔當)하시는 증거(證據)이며 선지자들의 예언(豫言)이 이루어진 것이라는 사실이 강조되고 있다.

"저물매 사람들이 귀신 들린 자를 많이 데리고 예수께 오거늘 예수께서 말씀으로 귀신들을 쫓아내시고 병든 자를 다 고치시니 이는 선지자 이사야로 하신 말씀에 우리 연약(軟弱)한 것을 친히 담당하시고 병을 짊어지셨도다 함을 이루려 하심이더라"(마 8:16~17).

♣ 예수께서 육체로 오심은 그의 가난함으로 우리의 가난을 담당(擔當)하시려 함이요 그의 은혜(恩惠)로 부요(富饒)를 얻게 하려 하심이다.

"우리 주 예수 그리스도의 은혜를 너희가 알거니와 부요(富饒)하신 자로서 너희를 위하여 가난하게 되심은 그의 가난함을 인하여 너희로 부요케 하려 하심이니라"(고후 8:9).

♣ 주께서 그 몸에 채찍을 맞으심으로 우리의 병을 짊어지셨고, 그의 보배로운 보혈(寶血)로 인해 우리의 죄(罪)를 대속(代贖)하셨다.

"친히 나무에 달려 그 몸으로 우리 죄를 담당하셨으니 이는 우리로 죄에 대하여 죽고 의에 대하여 살게 하려 하심이라 저가 채찍에 맞음으로 너희는 나음을 얻었나니"(벧전 2:24).
"오직 흠 없고 점 없는 어린 양 같은 그리스도의 보배로운 피로 한 것이니라"(벧전 1:19).

그러므로 부요(富饒)함과 신유(神癒)와 구원(救援)은 예수께서 이 육체로 오신 뜻을 이루고 있음을 알아야 한다.

♣ 예수께서 열두 제자(弟子)를 부르사 그가 역사(役事)하시던 그 일을 그들로 하여금 함께 하게 하셨다.

"예수께서 그 열두 제자를 부르사 더러운 귀신을 쫓아내며 모든 병과 모든 약한 것을 고치는 권능(權能)을 주시니라"(마 10:1).

♣ 그리고 이를 전도(傳道)의 일에 같이 포함(包含)시키셨다.

> **"가면서 전파하여 말하되 천국이 가까왔다 하고 병든 자를 고치며 죽은 자를 살리며 문둥이를 깨끗하게 하며 귀신을 쫓아내되 너희가 거저 받았으니 거저 주어라"**(마 10:7~8).

♣ 이는 또한 믿는 자의 보편적(普遍的)인 은사(恩賜)임을 강조(强調)하셨다.

> **"믿고 세례를 받는 사람은 구원을 얻을 것이요 믿지 않는 사람은 정죄를 받으리라 믿는 자들에게는 이런 표적이 따르리니 곧 저희가 내 이름으로 귀신을 쫓아내며 새 방언(方言)을 말하며 뱀을 집으며 무슨 독(毒)을 마실지라도 해를 받지 아니하며 병든 사람에게 손을 얹은즉 나으리라 하시더라"**(막 16:16~18).

♣ 그 후에도 예수의 제자(弟子)들은 능력(能力) 있는 일을 행함으로 예수의 복음(福音)을 더욱 확신(確信)하게 되었다.

> **"베드로가 가로되 은과 금은 내게 없거니와 내게 있는 것으로 네게 주노니 곧 나사렛 예수 그리스도의 이름으로 일어나 걸으라 하고"**(행 3:6).

♣ **제자들은 전도와 신유(神癒)의 능력(能力)을 분리(分離)시키려는 이들에게 맞서서, 복음과 능력은 분리할 수 없는 사실임을 증명(證明)하였다.**

"저희가 베드로와 요한이 기탄(忌憚) 없이 말함을 보고 그 본래 학문 없는 범인으로 알았다가 이상히 여기며 또 그전에 예수와 함께 있던 줄도 알고 또 병 나은 사람이 그들과 함께 섰는 것을 보고 힐난(詰難)할 말이 없는지라 명하여 공회에서 나가라 하고 서로 의논하여 가로되 이 사람들을 어떻게 할고 저희로 인하여 유명한 표적이 나타난 것이 예루살렘에 사는 모든 사람에게 알려졌으니 우리도 부인할 수 없는지라 이것이 민간에 더 퍼지지 못하게 저희를 위협하여 이후에는 이 이름으로 아무 사람에게도 말하지 말게 하자 하고 그들을 불러 경계하여 도무지 예수의 이름을 말하지도 말고 가르치지도 말라 하니 베드로와 요한이 대답하여 가로되 하나님 앞에서 너희 말 듣는 것이 하나님 말씀 듣는 것보다 옳은가 판단하라 우리는 보고 들은 것을 말하지 아니 할 수 없다 하니 관원들이 백성을 인하여 저희를 어떻게 벌할 도리를 찾지 못하고 다시 위협하여 놓아 주었더니 이는 모든 사람이 그 된 일을 보고 하나님께 영광을 돌림이러라 이 표적(表蹟)으로 병 나은 사람은 사십여 세나 되었더라"(행 4:13~22).

♣ 예수의 제자들은 사도(使徒)가 된 표로서 능력(能力)을 행하였으니, 이는 주 예수께서 약속(約束)하신 대로 세상 끝날까지 함께 계심이다.

"사도의 표된 것은 내가 너희 가운데서 모든 참음과 표적(表蹟)과 기사(奇事)와 능력을 행한 것이라"(고후 12:12).
"…내가 세상 끝날까지 너희와 항상 함께 있으리라 하시니라"(마 28:20).

♣ 이런 **능력**(能力)이 복음(福音) 전파(傳播)와 병행(竝行)되었고 일반 평신도(平信徒)들에게도 여전히 나타나되, 사도(使徒)들의 능

력(能力)과 전혀 차별(差別)이 없는 일로서 어디에서나 행할 수 있었으니, 이는 모든 믿는 자들에게 주 예수의 약속(約束)이 시행(施行)됨을 증명(證明)하고 있다.

"그 흩어진 사람이 두루 다니며 복음의 말씀을 전할새 빌립이 사마리아 성에 내려가 그리스도를 백성에게 전파하니 무리가 빌립의 말도 듣고 행하는 표적도 보고 일심으로 그의 말하는 것을 좇더라 많은 사람에게 붙었던 더러운 귀신들이 크게 소리를 지르며 나가고 또 많은 중풍병자와 앉은뱅이가 나으니 그 성에 큰 기쁨이 있더라 그 성에 시몬이라 하는 사람이 전부터 있어 마술을 행하여 사마리아 백성을 놀라게 하며 자칭 큰 자라 하니 낮은 사람부터 높은 사람까지 다 청종(聽從)하여 가로되 이 사람은 크다 일컫는 하나님의 능력이라 하더라 오랫동안 그 마술(魔術)에 놀랐으므로 저희가 청종하니 빌립이 하나님 나라와 및 예수 그리스도의 이름에 관하여 전도함을 저희가 믿고 남녀가 다 세례(洗禮)를 받으니 시몬도 믿고 세례를 받은 후에 전심으로 빌립을 따라 다니며 그 나타나는 표적과 큰 능력을 보고 놀라니라"(행 8:4~13).

"믿는 자들에게는 이런 표적이 따르리니 곧 저희가 내 이름으로 귀신을 쫓아내며 새 방언을 말하며 뱀을 집이며 무슨 독(毒)을 마실지라도 해를 받지 아니하며 병든 사람에게 손을 얹은즉 나으리라 하시더라 주 예수께서 말씀을 마치신 후에 하늘로 올리우사 하나님 우편에 앉으시니라 제자들이 나가 두루 전파할새 주께서 함께 역사(役事)하사 그 따르는 표적(表蹟)으로 말씀을 확실히 증거하시니라"(막 16:17~20).

♣ **이적**(異蹟)의 시대는 지나가지 않았고, 예수는 과거나 현재나 영원토록 동일하시고 동일하신 증거와 말씀으로 역사(役事)하심을 믿어야 한다.

"예수 그리스도는 어제나 오늘이나 영원토록 동일하시니라"(히 13:8).

(2) 사람의 육신은 성령이 거하시는 신령(神靈)한 장소임을 확신해야 한다.

"너희가 하나님의 성전(聖殿)인 것과 하나님의 성령이 너희 안에 거하시는 것을 알지 못하느뇨"(고전 3:16).

♣ 비록 **천사**(天使)보다 잠간 동안 못하게 함을 입은 육체일지라도 그것이 우리 구주 예수 그리스도를 만날 수 있는 유일한 장소임을 확신해야 한다.

"오직 우리가 천사들보다 잠간 동안 못하게 하심을 입은 자 곧 죽음의 고난받으심을 인하여 영광과 존귀로 관 쓰신 예수를 보니 이를 행하심은 하나님의 은혜로 말미암아 모든 사람을 위하여 죽음을 맛보려 하심이라"(히2:9).

♣ 그러므로 육체(肉體)가 없는 이는 하나님의 영(靈)을 받지 못한다.

"하나님이 가라사대 말세에 내가 내 영으로 모든 육체에게 부어주리니 너희의 자녀들은 예언할 것이요 너희의 젊은이들은 환상(幻像)을 보고 너희의 늙은이들은 꿈을 꾸리라"(행 2:17).

♣ 이로써 **천사**(天使)들이 전도(傳道)할 수 없음을 이해(理解)하자. 하나님은 천사(天使)들에게 전도(傳道)의 영을 부어 주시지 않았다. 오직 성도(聖徒)들에게만 하나님의 양자의 영(롬 8:15)과 아들의 영(갈 4:6)을 보내 주셨다.

> "너희는 다시 무서워하는 종의 영을 받지 아니하였고 양자의 영을 받았으므로 아바 아버지라 부르짖느니라"(롬 8:15).
> "너희가 아들인 고로 하나님이 그 아들의 영을 우리 마음 가운데 보내사 아바 아버지라 부르게 하셨느니라"(갈 4:6).

♣ **예수**께서 아버지께 성령(聖靈)을 받아서 육체(肉體)에 부어 주셨다.

> "하나님이 오른손으로 예수를 높이시매 그가 약속하신 성령(聖靈)을 아버지께 받아서 너희 보고 듣는 이것을 부어 주셨느니라"(행 2:33).

♣ **육체**(肉體)가 있을 때에 회개(悔改)하고 거듭나며 육체(肉體)로 하나님께 예배(禮拜)를 드리고 영광(榮光)을 돌리도록 하셨다.

> "…너희 몸을 하나님이 기뻐하시는 거룩한 산 제사로 드리라 이는 너희의 드릴 영적 예배니라"(롬 12:1).

♣ 영이 육체(肉體)를 떠난 다음에는 영원히 이런 기회(機會)를 얻지 못한다.

> "한 부자가 있어 자색 옷과 좋은 베옷을 입고 날마다 호화로이 연락(宴樂)하는데 나사로라 이름한 한 거지가 헌데를 앓으며 그 부자의 대문에 누워 부자의 상에서 떨어지는 것으로 배불리려 하매 심지어 그 개들이 와서 그 헌데를 핥더라 이에 그 거지가 죽어 천사들에게 받들려 아브라함의 품에 들어가고 부자도 죽어 장사되매 저가 음부(陰府)에서 고통 중에 눈을 들어 멀리 아브라함과 그의 품에 있는 나사로를 보고 불러 가로되 아버지 아브라함이여 긍휼히 여기사 나사로를 보내어 그 손가락 끝에 물을 찍어 내 혀를 서늘하게 하소서 내가 이 불꽃 가운데서 고민하나이다 아브라함이 가로되 얘 너는 살았을 때에 네 좋은 것을 받았고 나사로는 고난을 받았으니 이것을 기억하라 이제 저는 여기서 위로를 받고 너는 고민을 받느니라 이뿐 아니라 너희와 우리 사이에 큰 구렁이 끼어 있어 여기서 너희에게 건너가고자 하되 할 수 없고 거기서 우리에게 건너올 수도 없게 하였느니라"(눅 16:19~26).

♣ **육체(肉體)를 잃게 되면 신령(神靈)한 기회(機會)를 영원히 잃어버리게 되므로 육체를 가지고 살아 있을 때 신령(神靈)한 장소(場所)로 믿고 더욱 전도(傳道)의 일을 열심(熱心)히 할 수 있도록 최선(最善)을 다해야 한다.**

> "너희는 온 천하에 다니며 만민에게 복음을 전파하라 믿고 세례를 받는 사람은 구원을 얻을 것이요 믿지 않는 사람은 정죄를 받으리라"(막 16:15~16).

♣ 육체(肉體)를 보존(保存)하는 이유(理由)가 먹고 입는 것과 여행(旅行)하는데 있는 것이 아니라, 그리스도께서 육신(肉身)으로 오셔서 하나님 아버지의 뜻을 이루심같이 우리의 육체로 그의 뜻

을 이루려는데 있는 것이다.

"내가 하늘로서 내려온 것은 내 뜻을 행하려 함이 아니요 나를 보내신 이의 뜻을 행하려 함이니라 나를 보내신 이의 뜻은 내게 주신 자 중에 내가 하나도 잃어버리지 아니하고 마지막 날에 다시 살리는 이것이니라"(요 6:38~40).

♣ 천사(天使)보다 조금 못하게 하심을 입고 온 인간(人間)과 그리스도가 한 뜻에서 왔으므로 형제(兄弟)라 하시기에 부끄러워하지 아니하신다 하셨으니, 이는 육체(肉體)가 없는 천사(天使)들을 붙들어 주심이 아니요, 육체(肉體)를 가진 아브라함의 믿음의 후손(後孫)들을 위하심이었다.

"이는 실로 천사들를 붙들어 주려 하심이 아니요 오직 아브라함의 자손을 붙들어 주려 하심이라"(히 2:16).

♣ 예수 그리스도의 능력(能力)으로 병을 고치는 일은 그리스도께서 행하신 일을 그의 날까지 반복(反復)하는 것이다. 이는 오는 여러 세대에도 그리스도께서 행하신 하나님의 일을 맛보게 하려 함이니,복음이 전파되는 어느 곳에서든지 또 어느 때든지 또 언제든지 이 세상 끝날까지 계속되어야 한다.

"하나님이 교회 중에 몇을 세우셨으니 첫째는 사도요 둘째는 선지자요 셋째는 교사요 그 다음은 능력이요 그 다음은 병 고치는 은사(恩賜)와 서로 돕는 것과 다스리는 것과 각종 방언(方言)을 하

는 것이라"(고전 12:28).
"내가 너희에게 분부한 모든 것을 가르쳐 지키게 하라 볼지어다 내가 세상 끝날까지 너희와 항상 함께 있으리라 하시니라"(마 28:20).

♣ 예수의 몸에 손을 댄 자가 병고침을 받은 것처럼 그리스도인들의 몸에서도 마찬가지로 그런 능력(能力)이 나타날 수 있다. 이는 육체(肉體) 안에 그리스도의 능력(能力)이 항상(恒常) 머물러 있기 때문이다.

"다른 이에게는 같은 성령(聖靈)으로 믿음을, 어떤 이에게는 한 성령으로 병 고치는 은사(恩賜)를"(고전 12:9).

♣ **그리스도인**은 누구든지 자기(自己) 몸 안에서 자신(自身)으로 하여금 일하게 하시는 이가 함께 계심을 스스로 확증(確證)해야 한다.

"너희가 믿음에 있는가 너희 자신을 시험(試驗)하고 너희 자신을 확증(確證)하라 예수 그리스도께서 너희 안에 계신 줄을 너희가 스스로 알지 못하느냐 그렇지 않으면 너희가 버리운 자니라"(고후 13:5).

(3) 전도자는 복음과 신유(神癒)를 구별 없이 함께 활용할 수 있어야 한다.

전도자(傳道者)는 과학(科學)이나 세상(世上) 일로써도 능히 해결

(解決)할 수 없는 일을 그리스도의 신유(神癒)로 해결(解決)함으로써, 하나님이 지금도 살아 계셔서 역사(役事)하심을 항상(恒常) 증명(證明)해야 한다. 이는 전도자의 믿음이요, 능력(能力)이요, 권세(權勢)요, 담대(膽大)함이다.

♣ 신유(神癒)는 모든 사람으로 하여금 죄를 사하시는 하나님의 권세(權勢)를, 사람에게 주셨음을 알게 하는 확실(確實)한 증표(證票)가 된다.

① 하나님이 죄를 사하심.

> **"저가 네 모든 죄악(罪惡)을 사하시며 네 모든 병을 고치시며"(시 103:3).**

② 예수께서 죄를 사하실 권세(權勢)를 가지시고 보내 주심.

> **"네 죄사함을 받았느니라 하는 말과 일어나 걸어가라 하는 말이 어느 것이 쉽겠느냐 그러나 인자가 세상에서 죄를 사하는 권세가 있는 줄을 너희로 알게 하려 하노라 하시고 중풍병자에게 말씀하시되 일어나 네 침상을 가지고 일어나 가라 하시니 그가 일어나 집으로 돌아가거늘 무리가 보고 두려워하여 이런 권세를 사람에게 주신 하나님께 영광을 돌리니라"(마 9:5~8).**

③ 이런 권세(權勢)를 그의 제자들에게도 주셔서 복음을 전파하게 하심.

"이 말씀을 하시고 저희를 향하사 숨을 내쉬며 가라사대 성령을 받으라 너희가 뉘 죄든지 사하면 사하여질 것이요 뉘 죄든지 그대로 두면 그대로 있으리라 하시니라"(요 20:22~23).

④ 이는 모든 육체(肉體)들에게 주신 영원하신 약속(約束)임.

"그러므로 너희가 회개하고 돌이켜 너희 죄 없이함을 받으라 이같이 하면 유쾌(愉快)하게 되는 날이 주 앞으로부터 이를 것이요 또 주께서 너희를 위하여 예정하신 그리스도 곧 예수를 보내시리니"(행 3:19~20).

(4) 병을 고치며 전도(傳道)하는 자가 그 능력을 계속 유지할려면?

① 그 **능력**(能力)의 소유권(所有權)이 주님께 있음을 알고 주께 그 모든 영광(榮光)을 돌려야 한다.

"제자들이 나가 두루 전파할새 주께서 함께 역사(役事)하사 그 따르는 표적(表蹟)으로 말씀을 확실히 증거하시니라"(막 16:20).

② 능력(能力)은 항상 최선을 다하여 기도(祈禱)해야 유지(維持)할 수 있다.

"집에 들어가시매 제자들이 종용(從容)히 묻자오되 우리는 어찌하여 능히 그 귀신을 쫓아내지 못하였나이까 이르시되 기도 외에 다른 것으로는 이런 유(類)가 나갈 수 없느니라 하시니라"(막 9:28~29).

③ 항상 변함없는 믿음이 유지(維持)되어야 할 수 있다.

"예수께서 이르시되 할 수 있거든이 무슨 말이냐 믿는 자에게는 능치 못할 일이 없느니라 하시니"(막 9:23).

④ 주께서 항상 함께 계셔야 그 일을 할 수 있다.

"내가 아버지께 구하겠으니 그가 또 다른 보혜사(保惠師)를 너희에게 주사 영원토록 너희와 함께 있게 하시리라 저는 진리의 영이라 세상은 능히 저를 받지 못하나니 이는 저를 보지도 못하고 알지도 못함이라 그러나 너희는 저를 아나니 이는 너희와 함께 거하심이요 또 너희 속에 계시겠음이라"(요 14:16~17).

⑤ 항상 겸손(謙遜)해야 그 일을 계속(繼續)할 수 있다.

"그러므로 하나님의 능하신 손 아래서 겸손(謙遜)하라 때가 되면 너희를 높이시리라"(벧전 5:6).

⑥ 항상 전도의 말씀과 병행(竝行)해야 유지(維持)할 수 있다.

"가면서 전파하여 말하되 천국이 가까왔다 하고 병든 자를 고치며 죽은 자를 살리며 문둥이를 깨끗게 하며 귀신을 쫓아내되 너희가 거저 받았으니 거저 주어라"(마 10:7~8).

⑦ 은과 금을 초월(超越)해야 유지(維持)할 수 있다.

"베드로가 가로되 은과 금은 내게 없거니와 내게 있는 것으로 네게 주노니 곧 나사렛 예수 그리스도의 이름으로 걸으라 하고"(행 3:6).

⑧ **자신**이 주님의 심부름꾼임을 항상 명심(銘心)해야 하고 주님의 사랑과 긍휼(矜恤), 겸손(謙遜)과 순종(順從)함으로 사용해야 유지(維持)할 수 있다.

"또 산에 오르사 자기의 원하시는 자들을 부르시니 나아온지라 이에 열둘을 세우셨으니 이는 자기와 함께 있게 하시고 또 보내사 전도도 하며 귀신을 내어 쫓는 권세도 있게 하려 하심이러라"(막 3:13~15).

(5) 신유(神癒)의 능력(能力)을 전도현장에서 효과 있게 나타낼려면?

① 전적으로 전도(傳道)의 말씀에 의지(依支)하여야 한다.

"가면서 전파하여 말하되 천국이 가까왔다 하고 병든 자를 고치시며 죽은 자를 살리시며 문둥이를 깨끗게 하며 귀신을 쫓아내되 너희가 거저 받았으니 거저 주어라"(마 10:7~8).

② 복음을 믿고 진심(眞心)으로 회개(悔改)케 하여야 한다.

> **"그러므로 너희가 회개하고 돌이켜 너희 죄 없이함을 받으라 이 같이 하면 유쾌(愉快)하게 되는 날이 주 앞으로부터 이를 것이요"**(행 3:19).

③ 복음을 믿고 죄사함을 받았다는 확신(確信)을 가지게 해야 한다.

> **"침상에 누운 중풍병자를 사람들이 데리고 오거늘 예수께서 저희의 믿음을 보시고 중풍병자에게 이르시되 소자(小子)야 안심하라 네 죄 사함을 받았느니라"**(마 9:2).

④ 주의 능력은 언제나 나타날 수 있다는 확신(確信)을 가지게 해야 한다.

> **"예수께서 이르시되 할 수 있거든이 무슨 말이냐 믿는 자에게는 능치 못할 일이 없느니라 하시고"**(막 9:23).

⑤ 믿음을 받아들이는 자에게만 이적(異蹟)과 신유(神癒)를 베풀어야 한다.

> **"이는 제 마음에 겉옷만 만져도 구원을 받겠다 함이라 예수께서 돌이켜 그를 보시며 가라사대 딸아 안심하라 네 믿음이 너를 구원하였다 하시니 여자가 그 시로 구원을 받으니라"**(마 9:21~22).

⑥ 전적(全的)인 믿음으로 오직 하나님의 역사(役事)에 맡겨야 한다.

"예수께서 집에 들어가시매 소경들이 나아오거늘 예수께서 이르시되 네가 능히 이 일 할 줄을 믿느냐 대답하되 주여 그러하오이다 하니 이에 예수께서 저희 눈을 만지시며 가라사대 너희 믿음대로 하라 하신대 그 눈들이 밝아진지라 예수께서 엄히 경계(警戒)하시되 삼가 아무에게도 알게 하지 말라 하셨으나 저희가 나가서 예수의 소문을 그 온 땅에 전파하니라"(마 9:28~31).

(6) 신유(神癒)의 역사(役事)는 그 방법이 반드시 제한(制限)되어 있지 않다. 신유의 역사는 시간과 공간을 초월(超越)하여 여러 가지로 나타난다.

① 예수님의 말씀만으로 고치셨다.

"예수께서 가버나움에 들어가시니 한 백부장이 나아와 간구하여 가로되 주여 내 하인이 중풍병으로 집에 누워 몹시 괴로워하나이다 가라사대 내가 가서 고쳐주리라 백부장이 대답하여 가로되 주여 내 집에 들어오심을 나는 감당치 못하겠사오니 다만 말씀으로만 하옵소서 그러면 내 하인이 낫겠삽나이다 나도 남의 수하에 있는 사람이요 내 아래도 군사가 있으니 이더러 가라하면 가고 저더러 오라하면 오고 내 종더러 이것을 하라 하면 하나이다 예수께서 들으시고 기이히 여겨 좇는 자들에게 이르시되 내가 진실로 너희에게 이르노니 이스라엘 중 아무에게서도 이만한 믿음을 만나보지 못하였노라 또 너희에게 이르노니 동서로부터 많은 사람이 이르러 아브라함과 이삭과 야곱과 함께 천국에 앉으려니와 예수께서 백부장에게 이르시되 가라 네 믿은 대로 될지어다 하시니 그 시로 하인이 나은지라"(마 8:5~13).

② 손을 얹으사 고치시기도 하신다.

"뱀을 집으며 무슨 독(毒)을 마실지라도 해를 받지 아니하며 병든 사람에게 손을 얹은즉 나으리라 하시더라"(막 16:18).

③ 말씀으로 귀신(鬼神)을 쫓아냄으로도 고치셨다.

"저물매 사람들이 귀신 들린 자를 많이 데리고 예수께 오거늘 예수께서 말씀으로 귀신들을 쫓아내시고 병든 자를 다 고치시니"(마 8:16).

④ 병든 자가 예수의 겉옷에 손을 댐으로도 나았다.

"열두 해를 혈루증(血漏症)으로 앓는 여자가 예수의 뒤로 와서 그 겉옷 가를 만지니 이는 제 마음에 그 겉옷만 만져도 구원을 받겠다 함이라 예수께서 돌이켜 그를 보시며 가라사대 딸아 안심하라 네 믿음이 너를 구원하였다 하시니 여자가 그 시로 구원을 받으니라"(마 9:20~22).

⑤ 제자들과의 협력(協力)에 의해서도 나았다.

"그가 베드로와 요한이 성전에 들어가려 함을 보고 구걸(求乞)하거늘 베드로와 요한으로 더불어 주목하여 가로되 우리를 보라 하니 그가 저희에게 무엇을 얻을까 하여 바라보거늘 베드로가 가로되 은과 금은 내게 없거니와 내게 있는 것으로 네게 주노니 곧 나사렛 예수 그리스도의 이름으로 걸으라 하고 오른손을 잡아 일으키니 발과 발목이 곧 힘을 얻고 뛰어서서 걸으며 그들과 함께 성

전으로 들어가면서 걷기도 하고 뛰기도 하며 하나님을 찬미(讚美)하니"(행 3:3~8).

⑥ 믿음으로 간절히 기도(祈禱)할 때 고침 받는다.

"믿음의 기도는 병든 자를 구원하리니 주께서 저를 일으키시리라 혹시 죄를 범하였을지라도 사(赦)하심을 얻으리라"(약 5:15).

⑦ 신유(神癒)의 역사(役事)는 오직 그리스도께서 모든 연약(軟弱)함과 병을 친히 짊어지심으로 나타난 확실(確實)한 증거(證據)이다.

"이는 선지자 이사야로 하신 말씀에 우리 연약(軟弱)한 것을 친히 담당하시고 병을 짊어지셨도다"(마 8:17).

(7) 인간의 육신이 병드는 원인(原因)은 대개 5가지로 정리할 수 있다.

① 육신의 병은 죄 때문에 생길 수도 있다

중풍병자가 침상에 누워 네 사람에게 메워 예수님께 왔을 때 많은 무리로 인하여 예수 앞으로 데려갈 수 없어서 지붕을 뜯어 구멍을 내고 침상을 예수 앞에 달아 내리니, 예수님은 그의 병이 죄 때문인 것을 아시고 그의 죄를 용서해 주셨다. 그는 누워서 침상에 메워 예수님께 왔다가 죄 용서를 받고 자기가 누워서 온 침상을 들고 걸어서 갔다. 그래서 육신의 병은 고침을 받고 건강을 회복한 것이다.

"사람들이 한 중풍병자를 네 사람에게 메워 가지고 예수께로 올새 무리를 인하여 예수께 데려갈 수 없으므로 그 계신 곳의 지붕을 뜯어 구멍을 내고 중풍병자가 누운 상을 달아 내리니 예수께서 저희의 믿음을 보시고 중풍병자에게 이르시되 소자야 네 죄 사함을 받았느니라 하시니 어떤 서기관들이 거기 앉아서 마음에 의논하기를 이 사람이 어찌 이렇게 말하는가 참람(僭濫)하도다 오직 하나님 한 분 외에는 누가 능히 죄를 사하겠느냐 저희가 속으로 이렇게 의논하는 줄을 예수께서 곧 중심에 아시고 이르시되 어찌하여 이것을 마음에 의논하느냐 중풍병자에게 네 죄 사함을 받았느니라 하는 말과 일어나 네 상을 가지고 걸어가라 하는 말이 어느 것이 쉽겠느냐 그러나 인자가 땅에서 죄를 사하는 권세가 있는 줄을 너희로 알게 하려 하노라 하시고 중풍병자에게 말씀하시되 내가 네게 이르노니 일어나 네 상을 가지고 집으로 가라 하시니 그가 일어나 곧 상을 가지고 모든 사람 앞에서 나가거늘 저희가 다 놀라 하나님께 영광을 돌리며 가로되 우리가 이런 일을 도무지 보지 못하였다 하더라"(막 2:3~12).

베데스다 못 가에 삼십팔 년 된 병자가 누워 있었는데 병의 원인은 죄 때문이었다. 예수님은 그의 병의 원인을 아시고 그를 일으켜 주셨다. 그리고 그 후 성전에서 그를 만났을 때 더 심하지 않게 다시는 죄를 범치 말라고 주의를 주셨다.

"거기 삼십팔 년 된 병자가 있더라 예수께서 그 누운 것을 보시고 병이 벌써 오랜 줄 아시고 이르시되 네가 낫고자 하느냐 병자가 대답하되 주여 물이 동할 때에 나를 못에 넣어 줄 사람이 없어 내가 가는 동안에 다른 사람이 먼저 내려가나이다 예수께서 가라사대 일어나 네 자리를 들고 걸어가라 하시니 그 사람이 곧 나아서 자리를 들고 걸어가니라 이 날은 안식일이니 유대인들이 병 나은

> 사람에게 이르되 안식일인데 네가 자리를 들고 가는 것이 옳지 아니하니라 대답하되 나를 낫게 한 그가 자리를 들고 걸어가라 하더라 한대 저희가 묻되 너더러 자리를 들고 걸어가라 한 사람이 누구냐 하되 고침을 받은 사람이 그가 누구신지 알지 못하니 이는 거기 사람이 많으므로 예수께서 이미 피하셨음이라 그 후에 예수께서 성전에서 그 사람을 만나 이르시되 보라 네가 나았으니 더 심한 것이 생기지 않게 다시는 죄를 범치 말라 하시니 그 사람이 유대인들에게 가서 자기를 고친 이는 예수라 하니라"(요 5:5~12).

확실히 죄 때문에 병이 들기도 한다. 이런 죄 때문에 생긴 병은 간절히 회개해야 치료를 받을 수 있고 빨리 건강을 회복할 수가 있다.

② 육신의 병은 육신이 약해서 생길 수도 있다.

인간의 육체는 하나님이 손수 흙을 빚어서 만드셨다. 그래서 하나님은 "너는 흙 이니 흙으로 돌아갈 것이니라" 고 하셨다.

> "내가 얼굴에 땀이 흘러야 식물(食物)을 먹고 필경(畢竟)은 흙으로 돌아가리니 그 속에서 네가 취함을 입었음이라 너는 흙이니 흙으로 돌아갈 것이니라 하시니라"(창 3:19).

흙으로 만든 인간의 육체는 노쇠(老衰)하면 병이 든다. 과로(過勞)하면 병이 든다. 신경통, 요통, 근육통이 생긴다. 소화가 잘 안된다. 그러므로 과로하면 안된다. 장수(長壽)는 하나님이 주시는 복이다. 2002년 1월 5일자 신문에 결혼 80주년을 맞이한 노부부에 대한 기사가 실렸다. 제주도 남제주군 대정읍 하모리에 거주하는 102세 되시는 할아버지와 97세 되시는 할머니 이셨다. 이 부부는 1922년 1월 25일에 결혼하셔서 결혼 80주년을 맞이한 것이다. 그리고 할머니는 할아버지 보다 먼저 돌아가셨다고 하는데 그렇게 장수하시면서 같이 해로(偕老)하시는 것은 매우 귀한 일이라 생각된다. 건강은 건강할 때 과로(過勞)하지 말고 항상 주의해야 한다. 그리고 항상 깨어 열심히 기도하는 가운데 먼저 영혼이 잘 되도록 힘쓰면 육신도 잘 된다.

"사랑하는 자여 네 영혼이 잘 됨같이 네가 범사에 잘되고 강건하기를 내가 간구하노라"(요삼 1:2).

③ 육신의 병은 전염병으로 생길 수도 있다.

폐결핵, 이질, 홍역 같은 것들은 모두 전염병이다. 과거에 우리는 광우병 파동으로 인해 쇠고기 수입을 금지한 적도 있었다. 그리고 김밥으로 인한 이질 발병(發病)으로 몇 백 명이 감염(感染)된 사건도 있었다. 이런 것들은 전부 전염병이다. 전염병은 대개 위생 관리를 잘못해서 생기는 병이다. 이런 병을 무조건 죄 때문이라 해서는 안된다.

④ 육신의 병은 하나님의 뜻을 나타내고자 생길 수도 있다.

하나님의 하시는 일을 나타내고자 함이다. 소경된 자의 소경된 원인은 하나님의 하시는 일을 나타내고자 함이라는 것이다. 그렇게 말씀하시고 예수님은 땅에 침을 뱉어 진흙을 이겨 그의 눈에 바르시고 실로암 못에 가서 씻으라고 하셨다. 그는 그대로 순종했다. 그의 눈이 밝아졌다. 하나님이 하신 일은 무엇인가? 그가 눈을 뜰 수 있도록 예수님께 능력으로 역사(役事)하신 것이다. 진흙을 눈에 바른다는 것은 의학적 상식으로는 이해하기 힘든 행위이다. 그 소경은 자기 눈에 무엇을 발랐는지 알지 못했지만 예수님이 시키는 데로 실로암 못에 가서 씻었다. 그랬더니 눈이 밝게 뜨여졌다. 하나님은 의심 없이 믿음으로 순종하는 자에게 하나님의 일을 나타내신다.

"예수께서 길 가실 때에 날 때부터 소경된 사람을 보신지라 제자들이 물어 가로되 랍비여 이 사람이 소경으로 난 것이 뉘 죄로 인함이오니이까 자기오니이까 그 부모오니이까 예수께서 대답하시되 이 사람이나 그 부모가 죄를 범한 것이 아니라 그에게서 하나님이 하시는 일을 나타내고자 하심이니라 때가 아직 낮이매 나를 보내신 이의 일을 우리가 하여야 하리라 밤이 오리니 그 때는 아무도 일할 수 없느니라 내가 세상에 있는 동안에는 세상의 빛이로라 이 말씀을 하시고 땅에 침을 뱉어 진흙을 이겨 그의 눈에 바르시고 이르시되 실로암 못에 가서 씻으라 하시니 (실로암은 번역하면 보냄을 받았다는 뜻이라) 이에 가서 씻고 밝은 눈으로 왔더라 이웃 사람들과 전에 그가 걸인(乞人)인 것을 보았던 사람들이 가로되 이는 앉아서 구걸하던 자가 아니냐 혹은 그 사람이라 하며 혹은 아니라 그와 비슷하다 하거늘 제 말은 내가 그로라 하니 저희가 묻되 그러면 네 눈이 어떻게 떠졌느냐 대답하되 예수라 하는 그 사람이 진흙을 이겨 내 눈에 바르고 나더러 실로암에 가서 씻으라 하기에 가서 씻었더니 보게 되었노라"(요 9:1~11).

⑤ 육신의 병은 귀신(鬼神) 때문에 생길 수도 있다.

귀신이 들면 자해(自害)한다. 포악(暴惡)해 진다. 우울증에 걸리게 된다. 자살까지도 자행(自行)한다. 귀신이 들면 인격이 파손(破損)된다. 가정이 파손된다. 사회가 파손된다. 평화가 깨어진다. 신앙이 깨어진다. 질서가 깨어진다. 국가도 흔들린다. 귀신이 들면 부부 사이도 파괴된다. 부모와 자식 사이도 파괴된다. 친구 관계도 파괴된다. 이웃 성도의 교제도 파괴된다. 이것을 누구의 이름으로 이길 수 있을까? 오직 예수 그리스도의 이름뿐이다. 예수 그리스도의 이름으로 물리치고 승리할 수 있다. 요즘 종종 우울증에 걸린 부모가 자식들을 죽이고 자신도 자살하는 사건을 접한다. 이것은 부모가 자식들을 하나의 인격체로 생각하지 않고 부모 자신의 소유물(所有物)로 여기기 때문이다. 문제는 우울증과 같은 정신적인 병이다.그런 정신병은 귀신이 주는 병이다. 우울증에 걸리면 염세(厭世)에 빠지게 된다. 그래서 비관하여 자살을 시도(試圖)한다. 자살 충동은 누가 조종할까? 전적으로 귀신이 조정하고 있다. 이것은 예수의 이름으로 과감하게 물리쳐야 한다. 그래야 귀신을 이길 수 있다. 세상적인 조건을 모두 갖추고 있으면서도 자꾸 걱정과 근심에 빠지는 것은 귀신이 주는 생각이다. 그런 이웃이 있다면 우리는 그들에게 예수 이름을 전해 주어야 한다. 가장 좋은 소식, 복된 소식을 전해 주고 귀신(鬼神)을 예수 이름으로 쫓아 내야 한다.

'미카엘 복음성가' 1046장 3절에 보면 '예수 이름으로' 찬송하고 있다.

예수 이름으로 예수 이름으로 마귀(魔鬼)는 쫓긴다.

예수 이름으로 예수 이름으로 병마(病魔)는 쫓긴다.

예수 이름으로 나아갈 때 누가 나를 괴롭히리요

예수 이름으로 기도할 때 악마(惡魔)는 쫓긴다.

(예수 이름으로 기도할 때 귀신(鬼神)은 쫓겼다)

그래서 귀신은 예수 이름으로 담대하게 물리치면 귀신은 한 길로 들어왔다가 일곱 길로 소리치며 떠나가고 병은 고침을 받게 되는 것이다.

> **"믿는 자들에게는 이런 표적이 따르리니 곧 저희가 내 이름으로 귀신을 쫓아내며 새 방언을 말하며 뱀을 집으며 무슨 독을 마실지라도 해를 받지 아니하며 병든 사람에게 손을 얹은즉 나으리라 하시더라"**(막 16:17~18).

▶ 모든 병의 원인은 대부분이 귀신(鬼神)의 역사(役事)가 많다

① 자연스럽게 병이 발생한 것의 원인은 대부분이 귀신(鬼神)이다.

② 자기 실수(失手)로 병이 발생했어도 그 원인은 대부분이 귀신(鬼神)이다.

③ 타인(他人)에 의해 병이 발생했어도 그 원인은 대부분이 귀신(鬼神)이다.

④ 귀신(鬼神)은 병을 가져다 주고, 고통(苦痛)과 파멸(破滅)을 가져다 준다.

⑤ 성령(聖靈)의 능력은 병의 원인이 되는 귀신을 추방(追放)하고 고치신다.

"저물매 사람들이 귀신 들린 자를 많이 데리고 주께로 오거늘 예수께서 말씀으로 귀신을 쫓아내시고 병든 자를 다 고치시니"(마 8:16).
"그러나 내가 하나님의 성령을 힘입어 귀신을 쫓아내는 것이면 하나님의 나라가 이미 너희에게 임하였느니라"(마 12:28).

3. 전도와 축복(祝福)

♣ 예수는 제자들과 전도자에게 있어야 할 권능(權能)을 명하셨다.

"아무 성이나 촌에 들어가든지 그 중에 합당한 자를 찾아내어 너희 떠나기까지 거기서 머물라 또 그 집에 들어가면서 평안하기를 빌라 그 집이 이에 합당하면 너희 빈 평안이 거기 임할 것이요 만일 합당치 아니하면 그 평안이 너희에게 돌아올 것이니라 누구든지 너희를 영접도 아니하고 너희 말을 듣지도 하니하거든 그 집이나 성에서 나가 너희 발의 먼지를 떨어 버리라 내가 진실로 너희에게 이르노니 심판 날에 소돔과 고모라 땅이 그 성보다 견디기 쉬우리라"(마 10:11~15).

♣ **전도자**는 그리스도의 축복을 비는 대리자의 역할을 감당해야 한다. 비록 손에는 아무 것도 가진 것이 없다 해도 영력(靈力)이 있어야 한다.

"너희 전대(纏帶)에 금이나 은이나 동이나 가지지 말고 여행을 위하여 주머니나 두벌 옷이나 신이나 지팡이를 가지지 말라 이는 일꾼이 저 먹을 것 받는 것이 마땅함이니라"(마 10:9~10).

> **"베드로가 가로되 은과 금은 내게 없거니와 내게 있는 것으로 네게 주노니 곧 나사렛 예수 그리스도의 이름으로 걸으라 하고"**(행 3:6).

♣ **신자(信者)의 열심을 능력(能力)이라고 착각(錯覺)해서는 안된다.** 능력 가운데는 열심도 있고 부지런함도 있는 것이지만 실제로 영력(靈力)이 있어야 복음을 전파(傳播)하는 사명(使命)을 감당(堪當)할 수 있다.

복음(福音)은 듣거나 말거나 해도 복된 소리가 아니요, 반드시 들어야 할 복된 소리, 하늘의 소리이다. 혹 복음(福音)을 듣지 못하면 그 영혼(靈魂)은 영원(永遠)히 멸망(滅亡)한다는 것을 우리는 알고 있다. 세상은 이런 사실을 알지 못하지만 그리스도인들은 알고 있다. 예수를 믿으면 영생(永生)을 얻고 믿지 않는 자는 이미 심판(審判)을 받은 것이라고 하였다.

> **"저를 믿는 자는 심판을 받지 아니하는 것이요 믿지 아니하는 자는 하나님의 독생자의 이름을 믿지 아니하므로 벌써 심판을 받은 것이니라"**(요 3:18),

그러므로 복음(福音)을 들은 자를 반드시 믿게 해야 하는 전도자(傳道者)의 책임(責任)이 따른다. 생전 듣지도 못한 이를 어찌 믿을 수 있겠는가? 또 전파(傳播)하는 자가 없이 어찌 들을 수 있겠는가? 전파(傳播)하도록 파송(派送)된 자가 아니면 어찌 전할 수 있겠는가? 그리고 그를 파송(派送)하신 이가 있지 않으면 어떻게 파송(派送)을 받을 수 있겠는가?

"그런즉 저희가 믿지 아니하는 이를 어찌 부르리요 듣지도 못한 이를 어찌 믿으리요 전파하는 자가 없이 어찌 들으리요 보내심을 받지 아니하였으면 어찌 전파하리요 기록된 바 아름답도다 좋은 소식을 전하는 자들의 발이여 함과 같으니라"(롬 10:14~15).

아무리 훌륭한 전도자의 전도를 받았다 할지라도 전도를 받아야 할 자의 마음이 완악(頑惡)하여 심령(心靈)을 굳게 닫고 있으면 어떻게 감동될 수 있겠는가? 그러므로 전도자가 어느 가정에 들어가든지 먼저 평안(平安)을 빌어 그 집이 평안을 얻게 해야 한다. 그 빈 평안이 그 집에 머무르기에 합당하면 거기 임할 것이요 합당치 않으면 복을 빈 자에게 되돌아 오게 될 것이라고 말씀 하신 것처럼, 빈 복은 반드시 어디에든지 임하게 되어 있다.

"또 그 집에 들어가면서 평안(平安)하기를 빌라 그 집이 이에 합당하면 너희 빈 평안이 거기 임하실 것이요 만일 합당치 아니하면 그 평안이 너희에게 돌아올 것이니라"(마 10:12~13).

그러므로 전도자(傳道者)는 혹 자기에게 돌아올지도 모르는 복을 위하여 진실(眞實)하게 그리고 믿음으로 빌어야 한다. 남에게 복을 빌 때도 자기에게 복을 비는 것처럼 정직(正直)하고 진실(眞實)하게 간절히 빌어야 한다.

우리가 이웃을 사랑하되 자기 몸과 같이 사랑하라 하셨으니, 이와 같은 뜻으로 이웃을 위하여 복을 비는 것이다. 누구든지 자신을 위하지 않는 자가 없고 또 자신을 위하여 더 좋은 것을 바라지 않는 자가 없다. 혹시라도 빈 평안이 자기에게로 돌아올 것을 바라보고서라도 참된 평안(平安)과 복을 빌어야 한다. 여기에서 다시 강조(强調)하고 싶은 것은 전도자가 자기가 사랑하는 자만을 위해 복을 빈다면 자신에게 돌아올 분깃이 없다는 것이다.

그러나 완악(頑惡)하게 거절(拒絕)하는 이들에게라도 참된 평안과 복을 빈다면 혹 그들이 거절(拒絕)할지라도 복과 평안(平安)은 땅에 떨어지지 아니하고 반드시 자기에게로 돌아온다는 것을 알아야 한다. 그러므로 할 수 있는 한 원수(怨讐)일지라도 진정(眞情)으로 복을 빌어 주어야 한다. 그가 혹 전도자의 비는 복을 받으면 하나님께 영광(榮光)이 되려니와 혹 받지 않는다 할지라도 그것은 반드시 자기에게 돌아올 것이 분명하지 않는가?

전도자는 복음만을 전하지 아니하고 그리스도께서 빌어 주셔야 할 평안(平安)과 복을 빌 의무를 맡았다. 복을 비는 자가 형식적으로 그리고 종교적 의미로서만 평안을 빈다면 결코 약속이 따르지 않으나, 참된 신앙(信仰)과 그리스도인의 명령을 따라 순종함으로 복을 빈다면 주님이 함께하실 것이다. 그러므로 혹 말을 하더라도 주께서 하시는 것같이 하고, 혹 행동을 하더라도 주께서 하시는 것처럼 해야 한다는 원리(原理)가 여기에 있는 것이다. 전도자의 권위(權威)는 주님이 약속(約束)하시고 지켜 주심에 있다.

전도자는 자기에게 돌아올지도 모르는 평안을 핍박자(逼迫者)나 복음의 원수(怨讐)된 자들에게도 열심히 빌어주고 복음을 전해야 할 것이다.

축복(祝福)이란 복을 빈다는 뜻이므로 오해(誤解)하기 쉬우나, 그

렇다고 해서 잘못된 단어가 아니다. 우리 주님께서 아버지께 복을 빌면 복을 받을 수 있는 것이다. 하나님은 복을 주시는 분이시다. 그러나 축복(祝福)이란 복을 빌어 주는 것을 말한다. 예수는 우리를 구원(救援)하시고 또한 아버지께 복을 빌어 주시는 분이시다. 전도자는 예수 이름으로 복을 비는 자들이다. 그러면 하나님이 복을 주신다는 것을 믿어야 한다. 자신이 복을 빌므로 상대(相對)가 하늘로부터 오는 복을 받는다는 것을 기뻐하고 감사(感謝)해야 한다. 전도(傳道) 자체(自體)가 세상에서 소외(疎外)당하고 고난(苦難)당하는 이들에게 하나님의 은혜(恩惠)의 선물(膳物)을 알리고 주는 일이다.

하나님은 세상을 차별(差別)하지 않고 누구에게나 하나님의 아들을 주셨다. 하나님께서 아들이라도 아끼지 않으셨으니 무슨 은사(恩賜)인들 아끼시겠는가? 하나님의 아들이 복음을 받는 자들에게 무슨 은사인들 제한하시겠는가? 하나님의 선물을 보편적(普遍的)으로 납득(納得)하지 아니하고 특별한 경우에만 주어지는 것으로 생각하므로 모두 은혜(恩惠)에 이르지 못하고 있다. 복음 전하는 자는 누구에게든지 복을 빌 능력(能力)이 있음을 믿고 그 일에 충실해야 하며 복을 마음껏 빌어 주어야 한다. 복이란 뜻을 순전(純全)히 문화적(文化的)인 것으로만 생각하기 때문에 오해(誤解)하기 쉽다.

복(福)이란 실로 소유(所有)할 권리(權利)를 말한다. 우리가 하나님께 복을 받았노라 함과 같은 것이다. 그러나 복음(福音)을 전하는 자들이 복음을 가지고 가서 복음을 전하고 복을 빌 수 있는 것은 물질 따위만을 말함이 아니고 평안(平安)을 비는 일을 말함이니, 예수께서도 부활(復活)하셔서 제자들에게 나타나실 때에 그같이 평안(平安)을 빈 것을 기억해야 할 것이다.

> **"예수께서 또 가라사대 너희에게 평강이 있을지어다 아버지께서 나를 보내신 것같이 나도 너희를 보내노라"**(요 20:21).

이 말씀은 복음 전도자들에게 모범(模範)이 된다. 혹 복음을 거부(拒否)하는 자가 있다 하더라도, 중심으로 함께 복을 빌 기회를 마련해야 한다.

복(福)을 빌거나 평안을 빌 때는 의심(疑心) 없이 인색(吝嗇)하지 말아야 한다. 참으로 눈물이 날 정도로 간절한 심정(心情)으로 복을 빌어 주어야 한다. 혹 그들이 그것을 받지 않을 때는 자신에게 그 복이 돌아 올 것이다.

성도의 능력(能力)과 그들의 권세(權勢)를 부인(否認)하고 의심하는 이들은 주의 종들이 아니다. 주의 종들은 예배 끝에 두 손을 높이 들고 모든 이들을 위해 "예수의 이름"으로 복을 빌지 않는가? 그렇게 복을 빌고도 의심한다면 순전히 기만(欺瞞)이요 위선(僞善)이 아닐 수 없다.

복은 오직 하나님의 것이며 하나님의 영광(榮光)과 그의 영화(榮華)를 세상으로 하여금 맛보게 하신 것이다. 그러므로 전도자가 너무 영적으로만 치우쳐, 축복을 구원(救援)과 절대 무관(無關)한 것으로 여겨 평안을 비는 복을 부정(否定)해서는 절대로 안된다.

축복(祝福)은 어떤 의미(意味)에서 전도(傳道)의 효과(效果)를 가져올 수 있다. 세인(世人)들은 영혼(靈魂)의 구원(救援)에 대하여 납득(納得)하기까지 여러 가지 어려움을 겪는다. 그러나 평안을 비는 복에 대하여는 무리 없이 받아들인다. 평안은 심령(心靈)의 문제요 복은 현실에 가까운 것처럼 알고 있기 때문이다. 전도자가 평안을 비는 복을 아끼지 아니하고 풍성(豊盛)히 베푼다면, 전도는 더욱 효과적(效果的)일 것이다.

전도자는 복음을 전할 때에 평안하기를 간절히 빌며, 전도와 축복(祝福)을 함께 병행(竝行)시킬수록 더 좋은 전도의 풍성한 결과를 얻게 될 것이다. 과연 누가 자기들의 가정에 찾아 와서 복을 비는 것을 싫어하겠는가? 하나님께서 먼저 선지자들을 보내시고 그 후에 그의 아들을 보내신 것같이 먼저 평안을 비는 축복이 있은 다음에, 예수의 구속(救贖)에 대하여 전한다면 복음이 자연스럽게 먹혀 들어갈 것이다. 또한 이는 확실히 그렇게 해야만 한다. 우리에게 주어진 권능(權能)으로 그 같은 일을 얼마든지 할 수 있다. 전도자는 어느 누구에게나 복을 빌되 후하게 넘치게 빌어주어야 한다.

예수께서 어린아이들이 자기에게 오는 것을 금하지 말라 하시고 일일이 그들의 머리 위에 손을 대시고 축복하셨던 것을 배워, 어른들이라도 주님 앞에 오는 자들을 축복하고 혹 다시 세상으로 돌아갈지라도 축복해 주어야 한다. 그리고 그들이 언젠가는 반드시 돌아올 것임을 확신(確信)해야 한다. 어떤 교회는 빨리 부흥(復興)을 했는데 그 이유(理由)는 축복의 말씀을 대단히 많이 전했기 때문이다. 그러므로 초신자(初信者)들로 매우 붐빈다.

교회(敎會)는 이런 것을 바라는 믿음이 연약(軟弱)한 자를 비방(誹謗)하지 말아야 하고 이들이 믿음으로 성숙(成熟)할 때까지 그렇게 할 수밖에 없는 이들을 이해(理解)하고 사랑하고 용납(容納)해야 한다. 이는 바로 전도(傳道)의 원리(原理)이다. 전도(傳道)는 매우 적극적(積極的)이여야 한다.

전도는 철저히 하되 하나님이 베푸신 은사(恩賜)와 지혜(智慧)를 모두 동원(動員)해서 그 영혼(靈魂)을 사랑하는 간절(懇切)한 마음으로 해야 한다.

바울(Paul)의 편지들에서도 발견할 수 있듯이 먼저는 성도들의 영혼(靈魂)을 사랑하는 마음을 가지고 평안의 축복을 넘치게 비는 문구로 시작되었다. 이런 평안의 축복을 싫어할 사람은 이 세상에 아무도 없을 것이다.

> **"하나님의 뜻으로 말미암아 그리스도 예수의 사도된 바울과 및 형제 디모데는 고린도에 있는 하나님의 교회와 또 온 아가야에 있는 모든 성도에게 하나님 우리 아버지와 주 예수 그리스도로 좇아 은혜와 평강이 있기를 원하노라 찬송하리로다 그는 우리 주 예수 그리스도의 하나님이시요 자비의 아버지시요 모든 위로의 하나님이시며 우리의 모든 환란 중에서 우리를 위로하사 우리로 하여금 하나님께 받는 위로로써 모든 환란 중에 있는 자들을 능히 위로하게 하시는 이시로다"**(고후 1:1~4).

♣ 전도(傳道)와 축복(祝福)을 병행(竝行)시키라.

처음 만나는 이에게도 복을 빌고 평안(平安)을 빌라. 그것이 주님의 명령이고 전도(傳道)의 시작(始作)이며 실천(實踐)이다.

♣ 복을 빌되 상대가 받지 아니하면 내게로 돌아올 수 있음을 명심하라.

이웃을 자기 몸과 같이 진정으로 사랑하며 아낌없이 간절하게 복을 빌라. 혹 그가 그 복을 거절하게 될지라도 그것은 자기에게 돌아올 것이다.

♣ 세상은 평안(平安)과 복(福)을 매우 좋아한다는 것을 알라.

그러나 그것은 결코 잘못되거나 헛된 사고(思考)가 아니다. 연약(軟弱)한 탓으로 그것을 먼저 요구(要求)하고 있는 것이다.

♣ 복을 빌되 후하게 차고 넘치게 빌라.

성부(聖父)와 성자(聖子)와 성령(聖靈)의 이름으로 차고 넘치게 빌라. 그 자체(自體)가 전도(傳道)이며 복음(福音) 전파(傳播)이다.

우리는 오직 복음(福音)을 전파(傳播)하기 위해서 그 무엇이라도 아끼지 말고 차고 넘치게 부어 주며 빌어 주며 최선을 다 해야 할 것이다. – 아멘 –

제 12 장

전도와 순교(殉敎)

제 12 장

전도와 순교(殉教)

전도(傳道)는 인류(人類)의 역사(歷史)와 함께 있을 것이다. 그러므로 인류의 종말이 오면 전도도 끝날 것이나 인류가 생존(生存)해 있는 한 전도의 일은 계속될 것이다. 인류(人類)의 역사(歷史)가 진행되는 한 전도가 박해(迫害)와 배척(排斥)을 받는 것은 분명한 사실이다. 그것들이 과거처럼 극심(極甚)하지는 않으나 그 양상(樣相)이 달리 나타나고 있다. 과거에는 원시적(原始的)인 방해(妨害)였지만, 현대는 문명(文明)과 문화(文化)의 역반응(逆反應)을 통한 기독교(基督教) 무용론(無用論)이 서서히 고개를 들기 시작하여 마침내 기독교를 박해(迫害)하고 있다. 하나님은 이와 같은 것을 성경(聖經)에 미리 말씀해 주셨다. 세상을 지배(支配)하던 마귀(魔鬼)는 심판(審判)을 받았으나 그의 행동의 종말에는 아직 기간이 남아 있다.

> "…하늘과 그 가운데 거하는 자들은 즐거워하라 그러나 땅과 바다는 화 있을진저 이는 마귀가 자기의 때가 얼마 못 된 줄을 알므로 크게 분(憤)내어 너희에게 내려갔음이라 하더라"(계 12:12).

하나님은 에덴(Eden) 동산에서 인간(人間)을 타락(墮落)시킨 뱀(마귀)을 저주(詛呪)하셨으나 그것의 종말(終末)은 시한(時限)을 두셨으니, 이는 인류(人類)를 마귀(魔鬼)의 지배(支配) 안에서 구원(救援)해 내기 위함이다.

> "여호와 하나님이 뱀에게 이르시되 네가 이렇게 하였으니 네가 모든 육축(六畜)과 들의 모든 짐승보다 더욱 저주(詛呪)를 받아 배로 다니고 종신토록 흙을 먹을지니라 내가 너로 여자와 원수(怨讐)가 되게 하고 너희 후손(後孫)도 여자의 후손과 원수가 되게 하리니 여자의 후손은 네 머리를 상하게 할 것이요 너는 그의 발꿈치를 상하게 할 것이니라 하시고"(창 3:14~15).

만일 인간이 마귀(魔鬼)의 유혹(誘惑)으로 타락(墮落)한 즉시 하나님이 당장에 마귀(魔鬼)를 저주(詛呪)하시고 영원히 지옥(地獄)으로 보내셨다면, 그의 지배 아래서 벗어나지 못한 인간도 마귀와 함께 영원히 멸망(滅亡)하고 말았을 것이다. 그러므로 하나님은 먼저 인간을 사랑하셔서 그의 지배 안에서 구원(救援)하신 다음 마귀를 멸하시려고 마귀의 형벌을 연기하셨다. 또 예수께서 십자가 위에서 승리하시고 그 당장에 마귀(魔鬼)를 멸하셨더라면 인류는 또 다시 마귀의 지배 안에서 영원히 벗어나지 못하고 마귀와 함께 멸망(滅亡)하였을 것이다. 그러나 하나님은 마귀의 최후의 날을 지연

(遲延)시켜서라도 인류 가운데 한사람이라도 더 구원(救援)하시려고 하신다.

> **"사랑하는 자들아 주께는 하루가 천 년 같고 천 년이 하루 같은 이 한 가지를 잊지 말라 주의 약속은 어떤 이의 더디다고 생각하는 것같이 더딘 것이 아니라 오직 너희를 대하여 오래 참으사 아무도 멸망치 않고 다 회개하기에 이르기를 원하시느니라"**(벧後 3:8~9).

소돔(Sodom)과 고모라(Gomorrah)를 멸망(滅亡)시키시기 직전(直前)에 단 한 사람의 의인(義人)일지라도 구출(救出)하셨던 것을 생각하면, 하나님의 이 세상을 향한 사랑하심과 참으심이 과연 어떠하신가를 잘 알 수 있다.

우리는 하나님의 전도(傳導)의 목적(目的)이 어디에 있는가를 생각해야 한다. 혹자는 소돔과 고모라 사람이 느낀 것처럼 잘못 생각하고 있다. 전도의 목적이 무엇인가? 영혼(靈魂)을 구원(救援)하는데 목적이 있는가? 아니면 사람의 육신(肉身)을 구원하는데 그 목적이 있는가? 세상이란 개념(槪念)이 높은 빌딩이 들어 서 있는 도시를 말함인가? 단 한 사람의 의로운 영혼(靈魂)을 의미(意味)함인가? 또한 하나님의 자비(慈悲)하심이 계속 세상의 멸망(滅亡)을 지연(遲延)시킬 것인가? 구원받은 영혼을 진실(眞實)로 더 좋은 곳으로 안내(案內)하시는가? 우리는 이것들을 잘 이해(理解)해야 한다.

소돔과 고모라는 당시에 의인 오십 명도 아니고, 사십오 명도 아니고, 사십 명도 아니고, 삼십 명도 아니고, 이십 명도 아니고, 십 명만 있었어도 구원을 받았을 것인데, 안타깝게도 의인(義人) 십

명이 없어서 멸망(滅亡)함을 면치 못하고 유황불을 비같이 내려 완전히 불로 멸망하고 말았다.

"그 성중에 의인 오십이 있을지라도 주께서 그곳을 멸하시고 그 오십 의인을 위하여 용서치 아니하시리이까 주께서 이같이 하사 의인을 악인과 함께 죽이심은 불가하오며 의인과 악인을 균등히 하심도 불가하니이다 세상을 심판하시는 이가 공의를 행하실 것이 아니니이까 여호와께서 가라사대 내가 만일 소돔 성중에서 의인 오십을 찾으면 그들을 위하여 온 지경을 용서하리라 아브라함이 말씀하여 가로되 티끌과 같은 나라도 감히 주께 고하나이다 오십 의인 중에 오인이 부족할 것이면 그 오 인 부족함을 인하여 온 성을 멸하시리이까 가라사대 내가 거기서 사십오 인을 찾으면 멸하지 아니하리라 아브라함이 또 고하여 가로되 거기서 사십 인을 찾으시면 어찌 하시려나이까 가라사대 사십 인을 인하여 멸하지 아니하리라 아브라함이 가로되 내 주여 노하지 마옵시고 말씀하게 하옵소서 거기서 삼십 인을 찾으시면 어찌 하시려나이까 가라사대 내가 거기서 삼십 인을 찾으면 멸하지 아니하리라 아브라함이 또 가로되 내가 감히 내 주께 고하나이다 거기서 이십 인을 찾으시면 어찌 하시려나이까 가라사대 내가 이십 인을 인하여 멸하지 아니하리라 아브라함이 또 가로되 주는 노하지 마옵소서 내가 이번만 말씀하리이다 거기서 십 인을 찾으시면 어찌 하시려나이까 가라사대 내가 십 인을 인하여도 멸하지 아니하리라"(창 18:24~32).

"여호와께서 하늘 곧 여호와에게로서 유황과 불을 비같이 소돔과 고모라에 내리사 그 성과 온 들과 성에 거하는 모든 백성과 난 것을 다 엎어 멸하셨더라"(창 19:24~25).

아브라함의 간구(懇求)는 소돔과 고모라에 있는 수많은 사람들이 영원히 꺼지지 않는 유황불에 죽어 갈 것을 안타까워한 것이다. 하나님께서도 니느웨 성(城)에 대하여서는 그같이 말씀하셨으니, 12만여 명의 사람들 육체뿐만이 아니라 이성(理性) 없는 육축(六畜)들까지도 사랑하고 염려하셨다.

> **"하나님이 요나에게 이르시되 네가 이 박넝쿨로 인하여 성냄이 어찌 합당하냐 그가 성내어 죽기까지 할지라도 합당하니이다 여호와께서 가라사대 네가 수고도 아니하였고 배양(培養)도 아니하였고 하룻밤에 났다가 하룻밤에 망한 이 박넝쿨을 네가 아꼈거든 하물며 이 큰 성읍 니느웨에는 좌우로 분변(分辨)치 못하는 자가 십이만여 명이요 육축(六畜)도 많이 있나니 내가 아끼는 것이 어찌 합당치 아니하냐"**(욘 4:9~11).

그러나 오늘날 우리가 생각할 것은 우리의 믿음의 소망(所望)은 이 세상이 지속(持續)되는 것에 있는 것이 아니라, 주께서 부활(復活)하신 후 승천(昇天)하셔서 우리들이 거처(居處)할 처소(處所)를 예비(豫備)하시는 중에 계시다가 때가 차면 그가 천사들과 함께 천사장(天使長)의 나팔 소리와 함께 강림(降臨)하실 것이니, 그때는 모든 죽은 자들이 무덤에서 일어나고 또 살아 남은 자들도 홀연(忽然)히 변화(變化)하여 함께 들려 올라갈 것이다. 그날에는 믿지 않는 자들과 마지막으로 영원(永遠)히 헤어져서 다시는 그들을 보지 못할 터이요, 성도(聖徒)들은 세상에 대한 미련(未練) 없이 영원한 나라에 가서 살게 될 것이다. 이는 진리(眞理)이다. 그렇다고 해서 소돔 때와 같이 도시 안에 의인 십 인이 있으면 도시의 멸망(滅亡)을 면할 수 있고 또 사람과 육축(六畜)들이 보존(保存)될 수 있다는 뜻은 아니다.

그 때는 비록 그랬을지라도 오늘날의 세상에서는 그렇지가 않으니, 의인이 있어서 세상을 유지(維持)할 수 있다는 오해(誤解)는 버려야 한다. 세상이 착하다고 하여 세상을 이대로 지구 안에 두신다는 약속은 이제는 없다. 우리들의 믿음의 소망은 저 하늘에 가서 주님과 함께 거하는 것에 있다.

예수께서 부활(復活)하셨으면 다시 세상에 거하셔야 하실 터인데도 그는 제자들과 오백여 성도가 보는 가운데에서 하늘로 올리우셨다. 부활(復活)하신 주님께는 세상에 더 머무르셔야 할 이유도 없고 의미도 없다. 더 거룩하고 온전한 나라, 하나님 나라의 보좌(寶座) 우편에 오르셔야 하셨고 또 그곳에서 우리를 위해 기도하시고 처소(處所)를 예비(豫備)하고 계신다.

"너희는 마음에 근심하지 말라 하나님을 믿으니 또 나를 믿으라 내 아버지 집에 거할 곳이 많도다 그렇지 않으면 너희에게 일렀으리라 내가 너희를 위하여 처소를 예비하러 가노니 가서 너희를 위하여 처소를 예비하면 내가 다시 와서 너희를 내게로 영접하여 나 있는 곳에 너희도 있게 하리라"(요 14:1~3).

이 지구(地球) 안에 세상 사람들이 함께 머물고 있는 것은 아직 세상이 전도받을 가능성이 있다는 의미이다. 이 세상이 전도를 받지 아니하고 다시는 전도가 불가능하게 되면 세상은 존재해야 할 아무런 의미가 없게 된다.

아브라함에게 약속하셨듯이 이 세상을 구원(救援)할 수 있는 아브라함의 자손(子孫)들이 계속 나타나는 한 전도를 통해서 그 일을 계속하실 것이요, 전도(傳道)가 더 이상 진행될 수 없는 날에는 세상은 있으나 마나 한 존재가 되어버릴 것이다. 소돔과 고모라 때에는 의인(義人)이 없으므로 성(城)이 망하였다. 만약 의인 십 인만 있었더라도 그 성은 그대로 있었을 것이다.

앞으로 이 땅에서 하나님이 가장 기뻐하시는 의인(義人)은 전도하는 이들이다. **하나님이 작정(酌定)하신 그날이 오면 세상은 곧 종말(終末)을 맞게 될 것이며, 전도자의 모든 일이 이제 끝나고 구원과 은혜의 문은 완전히 닫혀 버리고 만다. 그러므로 전도자는 마지막 그날까지 최선을 다하여 한 영혼이라도 더 구원시키기 위하여 열심을 다하여 기도하고 전도해야 될 것이다.** 그리고 이미 구원(救援)받은 영혼(靈魂)들은 천국에서 세상 고생(苦生) 다 잊고서 영생(永生)하게 하시고 영광 중에 평안하게 하실 것이다.

> **"내가 진실로 너희에게 말하노니 이 세대가 지나가기 전에 이 일이 다 이루리라 천지는 없어지겠으나 내 말은 없어지지 아니하리라 그러나 그날과 그때는 아무도 모르나니 하늘의 천사들도, 아들도 모르고 오직 아버지만 아시느니라"**(마 24:34~36).

만약에 전도자들의 성과가 계속 있다면 세상은 지속(持續)되고 교회는 세상에 여전히 머물게 될 것이다. 소돔 성에서 롯이 사위들에게 전도하였을 때 그들이 전도를 받아들였더라면, 그리고 그 즉시 나가 그들의 친구들에게 다시 전도하여 회개(悔改)케 했더라면, 이렇게 하여 의인이 십 인이 넘었더라면, 그 성은 망하지 않았을 것이다. 그러나 그 성안에는 전도자의 일거리가 다시 없었다. 그것이 종말이다. 이 세상을 유지(維持)하기 위하여 의인이 세상에 필요한 것이 아니다. 의인들은 하루 빨리 하늘 나라에 가기를 원한다. 이는 육체가 죽어서 영혼(靈魂)만이 훌훌 떠나 사랑하는 가족과 영원히 이별(離別)하는 것이 아니고 이미 때를 따라 죽었던 가족들도 함께 신령(神靈)한 몸으로 부활(復活)하여 영생(永生)에 들어가기를 원하는 것이다.

이 세상은 문명으로 인간들의 삶을 어느 정도는 편리하게 돕는다. 그러나 문명(文明)은 날이 가면 갈수록 인류(人類)를 두려움 속으로 몰고 들어간다. 이런 문명(文明)으로부터 자유를 얻어 내려는 것이 문화(文化)이다. 그러나 이런 것들이 세상에 진치고 있다 하더라도, 주님을 바라보는 성도들에게는 주님이 준비하신 신령(神靈)한 나라가 더욱 그립고 가고 싶어진다.

세상은 하나님이 아직도 그대로 두셨기 때문에 존재할 뿐이다. 세상을 더 이상 그대로 둘 필요가 없게 되면 세상은 곧 멸망(滅亡)하게 된다. 그러므로 전도자는 세상의 종말이 오기 전에 최선을 다하여 열심히 전도해야 한다.

우리의 소원은 세상이 한없이 지속(持續)되는 것이 아니다. 세상이 모두 회개(悔改)하여 구원(救援)받아 하늘로 함께 올라가는 그것이다. 그러기에 부지런히 기도하며 열심히 전도해야 한다. 그러나 전도할지라도 세상이 주는 유혹(誘惑)과 문명으로 인한 극심한 타락(墮落)이 전도를 막고 전도자가 하루 종일 수고할지라도 얻는 것이 없게 될 때가 온다. 이렇게 얻는 것이 전혀 없어지게 되면 전도의 일이 없어지게 되고 전도자가 할일이 없는 세상이 오면 종말(終末)을 맞이하게 될 것이다. 전도자가 문 밖에 나가 전도하는 대로 구령(救靈)의 결과를 얻어 오게 되면 세상에는 더욱 전도자가 필요하게 되고, 또 전도자가 이렇게 필요하면 세상은 그나마 조금은 유지될 것이다.

전도는 세상에서 구원(救援)을 받아야 할 영혼(靈魂)들, 곧 전도자들이 와서 구령(救靈)해 줄 때까지 영혼을 몸에 간직하고 기다리고 있는 육체들을 위함이다. 그러므로 전도자의 활동이 가능한 이상 세상은 잠간 지속(持續)된다. 그러나 전도할 수 없는 때가 오면 세상은 종말(終末)에 이른다.

종말(終末)이 가까이 올수록 세상은 완악(頑惡)하여 전도를 받지 아니하고 오히려 박대(薄待)하며 대적(對敵)한다. 과거에 죽기를 작정(作定)하고 전도했을 때처럼 무지(無知) 막지(莫知)하게 죽이는 일은 없다 할지라도, 지금도 여전히 순교(殉敎)하기로 작정(作定)한 전도자(傳道者)가 없이는 어렵다. 과거의 순교(殉敎)는 육체(肉體)의 죽음을 각오(覺悟)하는 것이었지만, 앞으로의 순교(殉敎)는 인격적(人格的)인 모멸(侮蔑) 등을 감당(堪當)해야 한다. **전도자에게 있어 최상(最上)의 보상((補償)은 순교(殉敎)에서 오는 것이라 할 수 있다. 순교(殉敎)란 어떠한 죽음으로 죽을 것이냐가 아니라 전도하다가 전도의 현장에서 언제든지 죽을 수 있는 것을 말하는 것이다.**

"영양(營養) 거미"는 풀잎을 감아 집을 짓고 그 안에 들어가서 알을 낳는다. 또 그 알들이 새끼 거미로 까서 나오게 되면 어미 거미는 새끼 거미들의 영양(營養)을 위하여 자기의 몸을 내놓는다. 그러면 새끼들은 어미를 파먹고 자란다. 이렇게 영양 거미는 새끼들을 위한 최후를 갖는다. 이는 거미의 본능(本能)에서 이루어지는 것이지만, 인간적으로 생각해 볼 때 새끼를 위하여 자기 몸을 양식으로 내놓고 죽어 가는 거미의 최후는 매우 슬프면서도 깊은 감동을 준다. 진실로 복음을 전하는 자는 마치 이러한 거미처럼 복음을 듣는 자들이 어떻게 구원(救援)을 받으며 그들의 영혼(靈魂)이 어떻게 될 것을 미리 알고 자신을 그들의 믿음의 양식으로 기꺼히 미련 없이 내어 놓아야 한다.

"말하되 보라 하늘이 열리고 인자가 하나님 우편에 서신 것을 보노라 한대 저희가 큰 소리를 지르며 귀를 막고 일심으로 그에게 달려들어 성(城) 밖에 내치고 돌로 칠새 증인들이 옷을 벗어 사울이라 하는 청년의 발 앞에 두니라 저희가 돌로 스데반을 치니 스데반이 부르짖어 가로되 주 예수여 내 영혼을 받으시옵소서 하고 무릎을 꿇고 크게 불러 가로되 주여 이 죄를 저들에게 돌리지 마옵소서 이 말을 하고 자니라"(행 7:56~60).

진실로 참된 **전도자(傳道者)는 고통(苦痛)과 슬픈 일이 있어도 결코 그것을 내색하지 아니하고 오직 전도(傳道)받는 이들의 영혼(靈魂)을 위하여 그 몸을 다 내어 놓아야 한다. 전도자는 늙어 죽기를 기다릴 수도 없다. 전도자는 죽는 그 순간(瞬間)까지 전도하는 일에 일평생을 거는 사람이다.**

한 알의 밀이 땅에 떨어져서 썩어져 죽어야만이 많은 열매를 맺듯이, 전도자야말로 복종(服從)해야 할 일에 당연(當然)히 복종하고 죽어야 할 일에 당연히 죽어지고 썩어져서 많은 열매 맺기를 사모(思慕)하는 자다.

"내가 진실로 진실로 너희에게 이르노니 한 알의 밀이 땅에 떨어져 죽지 아니하면 한 알 그대로 있고 죽으면 많은 열매를 맺느니라"(요 12:24).

전도(傳道)하지 않는 이유 중 하나는 심한 교만(驕慢)이다. 내가 전도하는 행동을 남들은 어떻게 볼 것인가 하는 두려움 때문에, 성큼 나서지 못하고 망서리는 중에 결국은 전도의 일을 포기(抛棄)하고 만다. 이러한 교만은 결국 불신앙이다. 믿음이 있노라 하고 행함이 없으면 죽은 믿음이라는 말씀은 모든 믿음에 해당된다. 전도자가 죽을 각오(覺悟)만 있으면 전도는 얼마든지 가능하다. 왜냐하면 전도는 용기(勇氣)로부터 시작할 수 있기 때문이다.

전도자는 뒤를 돌아다 볼 겨를이 없을 정도로 잡은 쟁기에 몸을 붙여야 한다. 이름도 없이 빛도 없이 오직 한 영혼(靈魂) 한 영혼이 구원(救援)받는 것을 최고의 기쁨으로 삼고 첫째도 전도요, 둘째도 전도요, 셋째도 전도뿐이어야 한다. 진실로 목숨을 내놓지 않으면 안되는 것이 바로 전도(傳道)이다.

1. 복음과 함께 먹음

전도자(傳道者)는 복음을 전하다가 전도자로 일생을 마친다. 그러므로 당초(當初)에 복음 전도자로 나서는 사람은 생활의 방편(方便)으로 직장을 얻는 사람들과 다르다. 아예 물질과 등을 지고 고난(苦難)을 향한 언덕길을 올라가는 자다. 그에게 있어서는 생활의 전부가 전도이기에 큰 각오(覺悟)가 없이는 넘기 불가능한 고개이다. **전도자로 자원(自願)한 다음에는 남에게 누(累)를 끼치는 일을 해서는 안된다.** 혹자(或者)는 너무 가난하고 물질에 쪼들리다 못해 전도자가 해서는 안될 일들을 하기도 한다. 전도자가 부양(扶養)의 의무(義務)를 지고 있으면 차라리 그 의무를 택하는 편이 낫다. 전도자라는 명함(名銜)을 가지고 신자들에게 실망을 안겨 주는 행위는 거룩하지 못하다. 그런 자는 젊어서 자녀를 다 교육시키고 또 아내를 위하여 어느 정도 준비해 준 다음에 자기 홀몸만 빠져 나와야 한다. 자신의 굶주림으로 인하여 부유한 신자들의 생활을 탓하고 또 무엇을 바라고 넘보는 것은 좋지 않다. 전도자는 자신의 기막힌 사연(事緣)을 가지고도 조금도 내색 없이 오직 전도에만 전념(專念)해야 하기 때문이다. 과거의 전도자들에게는 하루 종일 걷다가 발이 부르트고 피로(疲勞)에 지쳐 쓰러진 일들이 한두 번이 아니었다. 굶주림과 헐벗음으로 인해 최후를 맞이한 이들도 적지 아니하다. 그러나 그들은 구차(苟且)하게 죽지 아니하고 기도하는 마음과 자기 사명(使命)을 다했는데 대한 감사한 마음으로 인생의 막을 내리곤 했다.

그러나 근래의 전도자들 중에 부유(富裕)한 집에 의지하다 못해 신앙(信仰)을 빙자(憑藉)하여 협박(脅迫)까지 하는 이들도 있으니, 이런 이들은 남을 구원(救援)하고도 자기 영혼(靈魂)은 지옥(地獄)에 떨어뜨릴 수도 있는 비참(悲慘)한 자들이다. 전도자는 그 정신부터 거룩해야 하고 매우 아름다워야 한다. 젊음을 바쳐 수고하고 늙어서는 주님으로부터 위로(慰勞)를 받는 것이 옳다. 현재 큰 교회를 담임(擔任)하고 있는 이들 중의 많은 분들이 개척(開拓) 전도(傳道)를 한 이들이다. 그들은 과거 수십 년간의 피나는 노력과 더불어 절망스러운 때를 넘긴 체험(體驗)들로 가득 채워져 있다. 그들이 오늘날 큰 교회의 목회자(牧會者)가 된 것은 결코 우연한 일이 아니다. 나무 뿌리가 깊이 박히고 넓게 퍼져 나가야 큰 나무가 될 수 있다. 밖에 노출(露出)되지 않은 뿌리가 깊으면 깊을수록 그 나무의 무성(茂盛)함이 클 것이요 뿌리가 깊이 박히지 못한 나무는 그렇지 못할 것이다. 선배(先輩)들은 수십 년씩 경륜(經綸)을 쌓아 올렸건만, 단 몇 년 정도의 고생도 견디어 내지 못하는 천한 태도는 차라리 타락(墮落)이요 욕심장이라 할 수 있다.

만약 누가 전도자로 나서기로 각오(覺悟)했다면 차라리 굶어 죽을지라도 부끄럽고 수치(羞恥)스러운 삶을 살지 말아야 한다. 누가 도와주지 않는 것을 원망(怨望)하고 불평(不平)하는 따위의 타락(墮落)을 하려거든 아예 전도할 생각을 바꾸어야 한다. 성경대로라면 두 주인을 섬길 수 없다. 어떤 전도자는 전도하면서 자기의 집을 마련하려는 염치(廉恥) 없는 이도 있다.

전도자는 빈손 들고 왔다가 빈손 들고 가야 하는 모범을 보여야

한다. 세상과 물질에는 매우 어두운 사람이 되어 영안(靈眼)이 밝아지고 신령(神靈)한 의무만을 자기 인생의 목표로 삼아야 한다. 혹 생기면 먹고 안 생기면 또 그대로 굶어가며 지내는 한이 있어도 결코 자신의 참혹(慘酷)한 모습을 일부러 드러낼 필요가 없다. 식량이 없어 굶을 때는 차라리 금식(禁食)하는 때로 삼고, 얼굴을 깨끗하게 다듬고 표정을 밝게 해야 할 것이다. 수중(手中)에 가진 돈이 없어 차를 탈 수 없거든 걸어가면서 전도하면 될 것이다.

전도자는 자신에게 필요한 것을 도무지 사람에게 구하지 말고 주께 구해야 한다. 사람에게 구하는 자는 믿음을 값없이 던져 버리고 일하지 않는 게으른 사람이다. 전도자는 주님이 부르셨고 주님께 드려진 몸이니, 모든 것을 주님께 맡기고 기도하며 주님과 모든 사정을 의논해야 한다.

인간의 방법은 주님이 도와주지도 않으며 또한 전도의 열매도 없다. 그러한 전도는 주님이 기뻐하는 일이 아니다. **바울 사도처럼 차라리 자비량(自費糧)해서라도 물질과 연관 없이 전도에 전념(專念)하고 복음을 정직하게 전파(傳播)하면 주님께서는 전도자의 사정을 기억해 주실 것이다.** 믿음을 떠난 자기의 유익을 위한 전도는 무가치(無價値)하다. 그런 이는 결국 남도 구원하지 못하고 자신도 결국 망하게 된다는 사실을 깊이 명심해야 한다.

> **"성전(聖殿)의 일을 하는 이들은 성전에서 나는 것을 먹으며 제단(祭壇)을 모시는 이들은 제단과 함께 나누는 것을 너희가 알지 못하느냐 이와 같이 주께서도 복음 전하는 자들이 복음으로 말미암아 살리라 명하셨느니라"(고전 9:13~14).**

신령(神靈)한 계시(啓示)를 즉각(卽刻) 바로 받는 것처럼 속여 남을 현혹(眩惑)하고 그들의 주머니로부터 현금이 나오게 하려는 자는, 자신을 스스로 저주(詛呪)하는 자살자(自殺者)와 같으니, 더러운 이(利)를 위하여 겨우 주님의 은혜(恩惠)로 구원(救援)받은 자기 영혼(靈魂)을 저주(詛呪)받게 할 것이 무엇인가? 차라리 굶어 죽을지언정 영광의 면류관(冕旒冠)을 쓰는 것이 더 낫지 아니한가? 이 땅에서 화(禍)를 면하기 위하여 남을 속이고 배불린 다음 저 하늘에서 벌거벗은 삯꾼의 대우(待遇)를 받을 것이 무엇인가?

"여호와의 말씀이 내게 임하여 가라사대 인자야 너는 이스라엘의 예언(豫言)하는 선지자를 쳐서 예언하되 자기 마음에서 나는 대로 예언하는 자에게 말하기를 너희는 여호와의 말씀을 들으라 주 여호와의 말씀에 본 것이 없이 자기 심령을 따라 예언하는 우매(愚昧)한 선지자에게 화가 있을진저 이스라엘아 너의 선지자들은 황무지에 있는 여우 같으니라"(겔 13:1~4).

"너희가 두어 웅큼 보리와 두어 조각 떡을 위하여 나를 내 백성 가운데서 욕되게 하여 거짓말을 곧이듣는 내 백성에게 너희가 거짓말을 지어서 죽지 아니할 영혼을 죽이고 살지 못할 영혼을 살리는도다"(겔 13:19).

사도 바울도 주의 종으로써 교회의 부양(扶養)을 받을 권리가 있었음에도 불구하고 이 권리마져 포기하고, 자기를 위해 쓰지 않는 것은 자기가 받을 상에 대한 소망 때문이라고 하였으니 우리도 마땅히 그렇게 해야 할 것이다. 그래야 전도에 더욱 담대(膽大)하고 설득력(說得力)을 가질 수 있다.

"그런즉 내 상이 무엇이냐 내가 복음을 전할 때에 값없이 전하고 복음으로 인하여 내게 있는 권을 다 쓰지 아니하는 이것이로라" (고전 9:18).

만약 전도자가 가증(可憎)스러운 것을 다 버리고 진실한 마음으로 전도에만 임한다면 하나님은 이를 능히 갚아 주실 것이다. 전도는 하나님이 작정(酌定)하신 일이요, 그의 나라를 채우시기 위하여 우리에게 시키신 일이기에 거룩해야 한다. 전도자의 정직(正直)함과 거룩함은 더 훌륭한 대우(待遇)를 받게 한다. 이 땅에서도 상을 받게 하고 또 하늘에서는 더 큰 상급(賞給)과 칭찬을 받게 한다. 전도자는 복음을 위하여 살고 복음으로 일하면서 복음으로 인하여 먹어야 한다. 전도자가 일상(日常)의 의식주(衣食住)를 초월(超越)할 때에 능히 전도의 일을 감당(堪當)하고 더 크게 쓰임 받을 것이다.

전도자는 어떠한 환경(環境)에 처하든지 물질을 초월(超越)하는 깨끗한 양심과 뜻을 품어야 한다. 이는 전도자가 성장(成長)하고 도달(到達)해야 할 영적(靈的) 수준(水準)이며 하나님의 관심을 끄는 유일한 지혜(智慧)이다.

2. 복음을 위한 삶과 언어

전도자(傳道者)는 복음을 위하여 살아야 한다. 그러므로 생활과 습관(習慣)이 일반인(一般人)과 달리 모범(模範)을 보여야 한다. 뿐만 아니라 오직 믿음의 언어(言語)만을 사용해야 한다. 이런 생활들을 통하여 하나님의 나라에 유익을 더하고 구원(救援)받을 영혼(靈魂)들을 안내(案內)해야 한다. 보통 신자들이 "하나님의 나라를 위하여" 또는 "주를 위하여" 생활한다고 말한다. 그 모두가 맞는 말이다. 그러나 그것은 궁극적(窮極的)인 측면(側面)에서이고 현실적인 면에서는 구령(救靈)을 위해서 생활하는 것이다.

예수는 하나님의 나라를 위하여 오셨고 또 죽으셨다가 부활하셔서 하늘로 올리우셨다. 성령(聖靈)은 그가 하신 일을 인간에게 알게 하시고 그의 공로(功勞)를 힘입게 함으로써 인간들로 하여금 은혜(恩惠)를 입게 하신다. 인간으로 예수를 알게 하시고 또 그의 하신 일을 의지(依支)하게 하신 하나님의 사랑을 받게 하신다. 만약 하나님께서 인간에게 예수를 알게 하지 않으셨더라면 인간 중에 구원(救援)받을 자는 한 사람도 없었을 것이다. 또 설사(設使) 그렇다 해도 하나님 나라의 일은 한 점의 흠도 없이 성취(成就)되었을 것이나, 하나님은 하나님의 형상(形象)을 입고 지음을 받은 인간에게 하나님의 본체(本體)의 형상(形象)이신 예수를 뵙게 하고, 그의 하신 일로 인하여 구원(救援)을 얻게 하심으로 하나님이 지으신 모든 피조물(被造物)들 중에 인간에게 제일 큰 복을 받게 하셨다. 예수께서는 인간(人間) 편에서 볼 때 그의 뜻을 이루신 것이다. 그러므로 인간은 인간의 도리(道理)로서, 구원받게 된 것에 배은망덕(背恩忘德)하지 말아야 하고 또 먼저 구원을 받은 자들은 나중에 태어나는 이들을 위하여 복음을 전해 주어야 할 것이다.

우리는 그리스도께서 하나님 아버지의 뜻을 이루시기 위하여 희생(犧牲)하신 것과 또한 인류에게 사랑을 베푸신 것을 모범(模範)

을 삼아서 성도의 생활이 어떻게 보여져야 하는가를 생각하고 열심을 내야만 한다.

우리 성도들이 세상에 사는 일생 자체(自體)에 의무가 부여(附與)되어 있다. 한평생이 되는 인간(人間)의 일생은 긴 것도 아니고 또한 짧은 것도 아니지만, 이 세상에 사는 그것만으로 결코 인간의 생을 다했다고 할 수는 없다. 모친(母親)의 태중(胎中)에 잉태(孕胎)된 아이가 10개월 동안 태(胎) 속에 머무는 그것이 그의 생의 전부가 아니며, 거기에서 세상에 태어나 세상에서 약 70-80년의 세월을 지내는 것 또한 생의 전부가 아니다. 이것은 흙 속에서 나온 육체가 흙에서 양육받다가 흙으로 돌아가는 것에 불과하다. 그러나 영혼은 우리의 본향(本鄕) 천국에서 영생복락(永生福樂)을 누리게 된다.

태중(胎中)에 있는 아이가 제 달이 차기도 전에 유산(流産)되어 버리면, 아무리 좋게 꾸며진 바깥 세상이 기다리고 있다 할지라도 결코 그곳에서 살 수 없듯이, 이 세상에서 자기 영혼(靈魂)을 거룩하게 하여 신령(神靈)한 나라에 들어가 살 준비가 안된 자는 그대로 유산(流産)되고 말 것이니, 신령(神靈)한 몸으로 들어갈 하나님의 나라를 볼 수 없을 것이다.

세상은 태중(胎中)에 있을 때처럼 그 다음으로 들어갈 나라를 위하여 자격을 구비(具備)하고 준비하는 기간과 같은 장소이다. 태중(胎中)에 있는 태아(胎兒)가 건강(健康)하여야 세상을 맛볼 수 있는 것처럼 세상에 있는 동안 영혼(靈魂)이 건강하고 신령(神靈)한 말씀을 공급받아서 영혼이 잘 되어야 주 예수께서 준비하신 천국에 들어가 영생복락(永生福樂)을 누리게 된다.

이 세상은 하나의 과정(過程)이다. 어느 누가 할 수만 있다면 오래 살려고 한다거나 죽는 날까지 행복만 즐기려 한다면 이는 더 좋은 곳을 깨닫지 못한 연고(緣故)이다. 만일 더 좋은 곳을 안다면 이 세상은 하나의 과정으로서 의무(義務)를 감당(堪當)하며 소망 가운데 준비하며 기쁨으로 지낼 것이다.

"한 세대(世代)는 가고 한 세대는 오되 땅은 영원히 있도다 해는 떴다가 지며 그 떴던 곳으로 빨리 돌아가고 바람은 남으로 불다가 북으로 돌이키며 이리 돌며 저리 돌아 불던 곳으로 돌아가고 모든 강물은 다 바다로 흐르되 바다를 채우지 못하며 어느 곳으로 흐르든지 그리로 연하여 흐르느니라 만물의 피곤함을 사람이 말로 다 할 수 없나니 눈은 보아도 족함이 없고 귀는 들어도 차지아니하는도다 이미 있던 것이 후에 다시 있겠고 이미 한 일을 후에 다시 할지라 해 아래는 새것이 없나니 무엇을 가르켜 이르기를 보라 이것이 새것이라 할 것이 있으랴 우리 오래 전 세대에도 이미 있었느니라 이전 세대를 기억함이 없으니 장래 세대도 그 후 세대가 기억함이 없으리라"(전 1:4~11).

그러므로 **성도(聖徒)는 세상을 알라. 성도는 흙 속에서 태어나서 잠시 지내다가 흙을 떠나 영원한 나라로 간다. 그러나 이 세상을 지나는 동안에는 오로지 자기가 맡은 일을 충실(充實)히 감당(堪當)해 나가야만 한다.**

"또 너희에게 명한 것같이 종용(從容)하여 자기 일을 하고 너희 손으로 일하기를 힘쓰라"(살전 4:11).

▶ 성도의 자기 일이란?

① 거룩함이다.

세상이 타락(墮落)했다고 해서 함께 놀아날 수는 없다. 세상과 구별(區別)된 생활을 하지 않으면 주의 나라에 들어갈 수 없다. 우리에게 믿음을 주신 것은 세상에서 지저분한 사람들과 분명히 구별되게 하신 것이며 우리도 하나님의 아들처럼 그의 이름을 힘입고 그의 능력(能力)과 성품(性品)을 힘입게 하신 것이다. 거룩해야 할 것은 거룩한 자만이 주를 뵈올 수 있기 때문이다.

> **"모든 사람으로 더불어 화평함과 거룩함을 좇으라 이것이 없이는 아무도 주를 보지 못하리라"**(히 12:14).

거룩하신 성령(聖靈)을 모셔야 거룩한 성전(聖殿)이 되기 때문이다.

> **"너희가 하나님의 성전(聖殿)인 것과 하나님의 성령이 너희 안에 거하시는 것을 알지 못하느뇨 누구든지 하나님의 성전을 더럽히면 하나님이 그 사람을 멸하시리라 하나님의 성전은 거룩하니 너희도 그러하니라"**(고전 3:16~17).

거룩하지 않는 자는 하나님과 상관(相關)이 없다. 죄인은 거룩하지 못하며 거룩하지 못한 자들을 위해 마련된 곳이 있으니 곧 그곳이 지옥(地獄)이다.

오늘날 불신자(不信者)들은 지옥(地獄) 이야기만 나오면 괜히 싫어하고 고개를 돌린다. 그들에게는 지옥이란 것이 차라리 없었으면 좋겠다고 생각할 것이다. 물론 예전에는 지옥(地獄)이란 것이 있다는 것을 알지도 못하고, 있다는 것을 믿지 않는 사람들도 많았다. 만일 지옥(地獄)이 있다는 것을 확실(確實)히 알고 믿었더라면 그때 일찍이 예수를 믿었을 수도 있었을 것이다.

> **"오직 너희를 부르신 거룩한 자처럼 너희도 모든 행실에 거룩한 자가 되라 기록하였으되 내가 거룩하니 너희도 거룩할지어다 하셨느니라"**(벧전 1:15~16).

② 의로움이다.

일찍이 의인(義人)은 없나니 하나도 없다고 말씀하셨으니, 예수의 공로(功勞)로 우리 모두는 의로워졌다. 증거(證據)는 바로 믿음이다. 누구든지 믿음으로 의롭게 되었고 의인을 부르시는 하나님은 믿음의 사람을 찾으신다. 믿음은 의(義)를 행하고 또 의롭게 산다. 세상과 구별된 것이 이것이다.

소돔과 고모라가 멸망(滅亡)할 당시 의인 십 인이 없어서 망하였지만 의인인 롯(Lot)은 구원(救援)받았다. 이와 같이 의인은 멸망하지 않는다. 세상 모두가 수장(水葬)되는 홍수(洪水) 때에도, 노아와 그의 식구 여덟 명은 구원을 받았다. 그는 당시에 완전한 자였고 하나님과 동행하는 의인이었다.

> **"노아의 사적(史蹟)은 이러하니라 노아는 의인이요 당세(當世)에 완전한 자라 그가 하나님과 동행하였으며"**(창 6:9).

의인은 망하지 않는다는 담력(膽力)이 곧 그리스도인의 담력이며 믿음이다.

③ 정직함이다.

세인(世人)들은 누구든지 그리스도인이라면 반드시 정직(正直)해야 한다고 말한다. 그래서 그리스도인들은 세상의 최후의 양심(良心)의 표로 삼으려 한다. 세상도 이렇게 인정(認定)하는데 만일 그리스도인들이 정직(正直)하지 못하다면 세상은 어찌 될 것인가? 끝장이다. 더 이상 소망(所望)이 없다.

세상은 저울눈을 속이고 남의 것을 탐내고 있다. 그러나 그리스도인들만은 세상이 끝나는 그날까지 자기를 지키며 정직하게 진실(眞實)하게 살아야 한다. 비록 남이 속일지라도 내가 남을 속일 수는 없다. 비록 나의 것을 빼앗길지언정 남의 것을 속여 빼앗을 수는 없다. **하나님은 정직(正直)한 심령(心靈)을 직접(直接) 살피시고 하나님의 눈동자처럼 지키신다.**

하나님은 신실(信實)하시고 정직(正直)하신 분이시다. 그러므로 하나님의 사람은 신실하고 정직해야 한다. 하나님이 가장 싫어하시는 사람은 정직하지 못한 남을 속이는 자라 하셨다. 세상이 그리스도인들을 핍박(逼迫)할 때 종종 쓰는 말은 "예수장이들이 더 나쁘다" "예수장이들도 남을 속이더라" "예수장이들 가운데도 거짓말장이가 많다"는 등으로서 정직하지 못한 것을 이유(理由)로 든다. 신자(信者)의 영혼(靈魂)은 하나님의 등불이라 했다.

> **"사람의 영혼은 여호와의 등불이라 사람의 깊은 속을 살피느니라"**(잠 20:27).

하나님은 자기의 등불을 선지자들의 깊은 곳에 넣어 두시고 살피신다.

> **"의인의 길은 정직함이여 정직하신 주께서 의인의 첩경**(捷徑)**을 평탄케 하시도다"**(사 26:7).

④ 믿음이다.

믿음이 없이는 하나님을 기쁘게 할 수 없고 하나님의 일을 할 수도 없다.

> **"믿음이 없이는 기쁘시게 못하나니 하나님께 나아가는 자는 반드시 그가 계신 것과 또한 그가 자기를 찾는 자들에게 상**(賞) **주시는 이심을 믿어야 할지니라"**(히 11:6).

믿음의 **언어(言語)는 사람을 구원(救援)하는 도구(道具)이다.** 그러므로 언어부터 진실(眞實)한 언어를 사용함으로써 다른 이에게 감동과 신용(信用)을 주어야 한다. 성경은 무슨 말을 하든지 주께서 말씀하시는 것같이 하고, 봉사하려면 하나님의 힘으로 하는 것같이 해서 하나님께 영광을 돌려라고 하셨다. 믿음의 언어는 곧 주님의 언어이며 믿음의 봉사는 곧 주님의 힘이다.

"만일 누가 말하려면 하나님의 말씀을 하는 것같이 하고 누가 봉사하려면 하나님의 공급하시는 힘으로 하는 것같이 하라 이는 범사에 예수 그리스도로 말미암아 하나님이 영광(榮光)을 받으시게 하려 함이니 그에게 영광과 권능이 세세(世世)에 무궁(無窮)토록 있느니라 아멘"(벧전 4:11).

세상이 쓰는 말들은 합리적(合理的)이고 타산적(打算的)이나 믿음의 언어만은 진리(眞理)이다. 하늘에서 내려 주신 말이요 영원히 변할 수 없는 약속의 언어이다. 믿음의 언어는 모두에게 믿음을 나누어 주며 또 타락(墮落)한 이들을 부끄럽게 하여 그들로 하여금 자신을 돌아보게 한다. 또 믿음의 언어는 세상을 책망(責望)할 수 있고 더러운 것들을 꾸짖어 변화 시킬 수 있다. 믿음의 언어만큼은 하나님의 모든 능력을 담아 옮기며 영원하신 하나님의 약속으로 어느 시대에도 똑같은 효력을 내게 한다. 천지는 변할지라도 믿음의 언어만큼은 변할 수 없다. 성경의 말씀 자체가 믿음의 언어이다.

믿음 있는 자의 언어는 믿음의 언어로만 이루어 져야 한다. 전도자는 이런 믿음의 언어를 통하여 사람을 구원(救援)한다. 마치 낚시질하는 자가 낚시밥을 끼워 낚시질하듯 믿음의 언어는 영적(靈的)으로 방황(彷徨)하고 있는 이들에게 믿음을 주며 그들의 영혼(靈魂)을 구원해 내는 능력이 된다. 주님은 말씀으로 병을 고쳤고 또 말씀으로 귀신(鬼神)들을 내어 쫓으셨다.

> "저물매 사람들이 귀신 들린 자를 많이 데리고 예수께 오거늘 예수께서 말씀으로 귀신들을 쫓아내시고 병든 자를 다 고치시니 이는 선지자 이사야로 하신 말씀에 우리 연약(軟弱)한 것을 친히 담당하시고 병을 짊어 지셨도다 함을 이루려 하심이더라"(마 8:16~17).

그리고 주님은 말씀으로 풍랑(風浪)을 조용하게 하셨고, 바다를 잠잠하게 하셨다. 이렇게 주께서 쓰신 언어가 곧 믿음의 언어인 진리의 말씀이다. 혹이 철학적인 용어를 사용한다 해서 그 언어가 믿음의 언어가 될 수는 없다.

또 믿음의 언어는 단순히 착하고 순한 사람이 쓰는 말 같은 것을 의미하지 않는다. 믿음의 언어는 살았고 운동력이 있는 살아 역사(役事)하는 하나님의 말씀이며 그 말씀에 감동(感動)된 약속(約束) 받은 자의 언어를 뜻한다.

> "하나님의 말씀은 살았고 운동력이 있어 좌우에 날선 어떤 검보다 예리하여 혼과 영과 및 관절과 골수를 찔러 쪼개기까지 하며 또 마음의 생각과 뜻을 감찰(鑑察)하나니 지으신 것이 하나라도 그 앞에 나타나지 않음이 없고 오직 만물이 우리를 상관하시는 자의 눈앞에 벌거벗은 것같이 드러나느니라"(히 4:12~13).

믿음의 언어(言語)로써 설교하는 목회자(牧會者)에게는 주의 능력(能力)이 함께 하심으로, 주의 은혜(恩惠)가 임하고 더 많은 사람들이 모이게 된다. 믿음의 언어로 전도한다면 그것은 하늘에서 내리신 말씀으로 하는 것이다. 세상 사람들은 세상이 주는 것을 기뻐하고 즐거워한다. 그러므로 세상에 묻혀 살다가 필경(畢竟)은 죄인(罪人)으로 멸망(滅亡)할 수밖에 없다. 그러나 믿음의 언어는 그들이 손에 힘껏 쥐고 있는 세상에의 소망을 포기(抛棄)하게 하고 세상의 즐거운 일들을 등지게 하고 세상의 유혹(誘惑)을 뿌리치게 한다. 그리고 그것들은 하늘로서 내려 주신 영원한 약속의 구명대(救命帶) 위에 그들의 영혼(靈魂)을 단단히 묶어 매게 한다. 믿음의 언어는 죄인들의 손을 씻게 하고 자기들의 영혼을 완전한 곳으로 옮겨 놓는 일에 의심을 품지 않게 한다. 전도자는 일평생 믿음의 언어와 믿음의 생활 등을 통하여 자신의 삶의 의무(義務)를 매일마다 충실히 감당(堪當)해 나가야 한다.

믿음의 언어는 전도의 원리(原理)이다. 사람의 말로써는 영혼(靈魂)을 감동시킬 수 없으며, 하나님 나라의 일을 심도(深度) 있게 설명하기에 부족하다. 그러나 믿음의 언어는 하나님의 계명(誡命)을 선포(宣布)하며 율법(律法)보다 더 온전한 진리를 전파(傳播)하기에 적합하니, 모든 강단에서 사용해야 할 언어이다. 성령(聖靈)에 감동된 자가 믿음의 언어를 사용할 수 있고, 속죄(贖罪)받은 확실한 체험(體驗)이 있는 자가 믿음의 언어를 사용할 수 있고, 능력(能力)을 구하는 기도의 경륜(經綸)을 많이 가지고 있는 자가 믿음의 언어를 사용할 수 있다. 믿음의 언어는 산을 옮기고 뽕나무를 들어 바다에 심겨지라 할지라도 그것들이 복종(服從)하게 된다.

거룩한 자들이 하나님 앞에서 사용하는 믿음의 언어와 세상 사람들이 세상에서 쓰는 말은 전혀 다른 것이다. 전도자는 이러한 믿음의 언어를 통해 구령(救靈)할 수 있어야 한다. 믿음의 언어에는 신령(神靈)한 능력(能力)이 분명히 따른다. 전도자는 어떤 환경(環境), 어떤 핍박(逼迫), 어떤 죽음이 닥쳐올지라도 믿음의 언어만을 사용해야 하고 죽음도 각오(覺悟)해야 한다.

> "저희가 돌로 스데반을 치니 스데반이 부르짖어 가로되 주 예수여 내 영혼을 받으시옵소서 하고 무릎을 꿇고 크게 불러 가로되 주여 이 죄를 저들에게 돌리지 마옵소서 이 말을 하고 자니라"(행 7:59~60).

이는 전도에 있어 최고의 능력이며 최고의 승리이며 최고의 상급이다.

3. 복음과 함께 죽음

인간은 육체(肉體)로 인하여 많은 제한(制限)을 받는다. 육체(肉體)는 물질(物質)을 사용(使用)해야 하며 또 모든 공간(空間)을 초월(超越)할 수는 없다. 그러므로 천사(天使)보다 조금 못한 조건(條件)으로 지음을 받았다. 예수께서도 육체(肉體)를 입으심으로 천사보다 조금 못한 조건으로 세상에 오셨고, 인간은 더욱 제한(制限)받는 존재(存在)가 된 것이다. 이는 예수께서 죽음을 맛보려 하심이요 인간으로 고난(苦難)을 맛보게 하려 하심이다.

"오직 누가 어디 증거하여 가로되 사람이 무엇이관대 주께서 저를 생각하시며 인자가 무엇이관대 주께서 저를 권고(勸告)하시나이까 저를 잠간 동안 천사보다 못하게 하시며 영광과 존귀(尊貴)로 관 씌우시며"(히 2:6~7),
"오직 우리가 천사들보다 잠간 동안 못하게 하심을 입은 자 곧 죽음의 고난받으심을 인하여 영광과 존귀로 관 쓰신 예수를 보니 이를 행하심은 하나님의 은혜로 말미암아 모든 사람을 위하여 죽음을 맛보려 하심이라"(히 2:9).

이렇게 죽음을 맛보게 하려 하심은 하나님의 뜻이 있기 때문이니, 그것에 누가 감히 항거(抗拒)하며 지으신 이에게 누가 감히 반항할 수 있는가? 우리 인간은 모두 영원 전 예수 안에서 약속으로 지음을 받았고, 예수는 영원 전부터 죽음을 맛보시기로 하나님의 작정(酌定)에 따라 오신 분이 아니신가?

"그는 창세전부터 미리 알리신 바 된 자나 이 말세에 너희를 위하여 나타나신 바 되었으니 너희는 저를 죽은 자 가운데서 살리시고 영광을 주신 하나님을 그리스도로 말미암아 믿는 자니 너희 믿음과 소망이 하나님께 있게 하셨느니라"(벧전 1:20~21).
"아버지께서 나를 사랑하시는 것은 내가 다시 목숨을 얻기 위하여 목숨을 버림이라 이를 내게서 빼앗는 자가 있는 것이 아니라 내가 스스로 버리노라 나는 버릴 권세(權勢)도 있고 다시 얻을 권세도 있으니 이 계명(誡命)은 내 아버지에게서 받았노라…"(요 10:17~18).

예수의 십자가상(十字架上)의 죽으심은 하늘 문을 활짝 열고 전 인류(人類)를 그리로 들어오게 한 것이요, 영원(永遠)한 생명길을

여신 것이다.

> **"…우리가 예수의 피를 힘입어 성소(聖所)에 들어갈 담력(膽力)을 얻었나니 그 길은 우리를 위하여 휘장(揮帳) 가운데로 열어 놓으신 새롭고 산 길이요 휘장은 곧 저의 육체니라"**(히 10:19~20).

육체(肉體)는 죽음이라는 의무(義務)를 가진다. 그러므로 죽음을 피하려고 하는 것은 곧 육체의 의무를 피하려고 하는 것과 같다. 그렇다고 자살(自殺)한다거나 육체의 죽음을 고의(故意)로 재촉하여 스스로를 멸(滅)하면, 그것은 스스로를 범하는 살인(殺人)이요, 하나님의 뜻을 거역(拒逆)하는 패역(悖逆)이다. 오히려 육체(肉體)의 죽음을 무질서(無秩序)하게 가져다 주는 불순(不順) 세력(勢力)인 질병(疾病)들이라도 반격(反擊)하여 퇴치(退治)하고 건강한 육체를 지속(持續)해 나가야 한다. 육채는 하나님이 기르신다.

예수의 세상(世上)에서의 일생을 보라. 그가 탄생(誕生)하자 마자 그를 죽이려는 자를 피하여 애굽으로 도망(逃亡)하셨으니, 그 누구의 지혜(智慧)이였던가? 이는 순전(純全)히 하나님이 그리하게 하신 것이다. 또 예수의 육체(肉體)의 죽음으로 인류(人類)의 죄를 담당(擔當)케 하신 것이라면, 굳이 33년을 머물게 아니하실지라도 그의 피로써 대속(代贖)의 제물(祭物)을 삼을 수 있으셨다. 그러나 그 때는 하나님의 정하신 때가 아니었기 때문에 피하게 하신 것이다. 이와 같이 육체(肉體)의 죽음은 하나님의 정하신 뜻이다.

"저희가 떠난 후에 주의 사자가 요셉에게 현몽(現夢)하여 가로되 헤롯이 아기를 찾아 죽이려 하니 일어나 아기와 그의 모친을 데리고 애굽으로 피하여 내가 네게 이르기까지 거기 있으라 하시니" (마 2:13).

이와 같이 인간(人間)의 육체(肉體)의 용도(用途)는 하나님의 뜻대로 순종(順從)하는 데 있다는 것을 그 누구도 부인(否認)할 수 없다.

"형제들아 너희를 부르심을 보라 육체를 따라 지혜 있는 자가 많지 아니하며 능한 자가 많지 아니하며 문벌(門閥) 좋은 자가 많지 아니하도다 그러나 하나님께서 세상의 미련한 것들을 택하사 지혜 있는 자들을 부끄럽게 하려 하시고 세상의 약한 것들을 택하사 강한 것들을 부끄럽게 하려 하시며 하나님께서 세상의 천한 것들과 멸시(蔑視)받는 것들과 없는 것들을 택하사 있는 것들을 폐하려 하시나니 이는 아무 육체라도 하나님 앞에서 자랑하지 못하게 하려 하심이라"(고전 1:26~29).

"이 사람아 네가 뉘기에 감히 하나님을 힐문(詰問)하느뇨 지음을 받은 물건이 지은 자에게 어찌 나를 이같이 만들었느냐 말하겠느뇨 토기장이가 진흙 한 덩이로 하나는 귀히 쓸 그릇을, 하나는 천히 쓸 그릇을 만드는 권이 없느냐 만일 하나님이 그 진노(震怒)를 보이시고 그 능력을 알게 하고자 하사 멸하기로 준비된 진노의 그릇을 오래 참으심으로 관용(寬容)하시고 또한 영광받기로 예비하신 바 긍휼(矜恤)의 그릇에 대하여 그 영광의 부요함을 알게 하고자 하셨을지라도 무슨 말 하리요"(롬 9:20~23).

인간의 육체(肉體)는 영혼(靈魂)을 담고 있는 흙으로 만든 질그릇이다. 그래서 잘못 취급(取扱)하면 쉽게 깨질 수도 있고 버려질 수

도 있다. 영혼(靈魂)만 담고 있는 그릇이 아니라 성령(聖靈)을 모신 거룩한 전이기도 하다. 하나님은 연약한 인간을 이렇게 귀하게 여기시고 육체의 본분을 하게 하셨으니, 육체는 먹고 마시고 놀고 향락(享樂)을 누리게 하신 것이 아니다. 그러나 모든 육체들이 정욕(情慾)을 좇아 타락(墮落)하였고 신령(神靈)한 것을 사모(思慕)하지도 않으니, 사람이 육체대로 살면 그 벌을 받을 것이다. 인생을 육체와 영으로 구별하여 영에 속한 삶이냐 아니면 육에 속한 삶이냐를 결정짓고 어떻게 사는 것이 하나님의 뜻대로 사는 것인지를 분별해야 하나, 대개의 사람들은 영의 요구(要求)를 저버리고 육체대로만 살아 영원한 심판(審判)을 자초(自招)하고 있다. 영은 보이지 않으므로 무시하기 쉽다. 그러나 인간은 육체(肉體)의 본능(本能)대로만 행하는 것이 아니다.

육체를 부리는 것은 생각이요 생각을 내는 것은 마음이요 마음을 부리는 것은 영(靈)이다. 그러므로 영이 타락(墮落)했으면 자연히 그가 부리는 마음도 타락하고, 그러면 그 마음이 부리는 생각이 타락하고, 그러므로써 타락한 생각대로 육체가 행동한다. 비록 불신자라 할지라도 행실(行實)이 깨끗한 자가 있으나 그 영은 하나님을 떠나 있으니, 하나님을 모르는 영은 마음에 불신앙(不信仰)의 행실을 지시하고 마음은 즉시 불신앙의 행실을 생각에 지시(指示)함으로써 몸은 불신앙의 행실을 지시받게 된다. 비록 그가 악한 것은 아니한다 할지라도, 그는 하나님의 뜻을 거역(拒逆)하고 하나님을 불신(不信)하며 하나님을 멀리 떠나 육체(肉體)의 욕심대로 살게 되는 것이다. 또 그렇게 사는 것을 부끄럽게 여기지도 아니하고 오히려 당연하게 여기고 그렇게 사는 것을 인생답게 사는 것으로 착각(錯覺)하게 한다. 즉 하나님이 없다 하는 이들은 인간 이상의 삶을 가질 수도 없고 얻을 수도 없다.

그러나 **신자(信者)들은 하나님의 영으로 인도(引導)를 받으며 어린 양의 피로 거룩하게 된 영으로부터 마음에 하나님의 지시(指示)를 받는다.** 그러면 마음은 영으로부터 지시된 대로 생각에 거룩한 지시를 전달하고 생각은 마침내 육체에 거룩한 행실을 지시하여 행실을 거룩하게 나타내게 한다.

모든 나무는 뿌리가 건강해야만 잘 자랄 수 있다. 이처럼 사람의 영이 누구로부터 지시를 받느냐에 따라 행실(行實)이 나타나고 그 결과는 다시 영에게 돌아간다. 사람의 육체는 마음의 열매를 맺는 가지처럼 그 열매를 맺어야 한다. 육체의 궁극적인 열매는 죽음이다. 죽음을 위하여 육체를 얻었다.

> **"오직 우리가 천사들보다 잠간 동안 못하게 하심을 입은 자 곧 죽음의 고난받으심을 인하여 영광과 존귀(尊貴)로 관 쓰신 예수를 보니 이를 행하심은 하나님의 은혜로 말미암아 모든 사람을 위하여 죽음을 맛보려 하심이라"**(히 2:9).

즉 **인간(人間)의 육체(肉體)로는 죽음을 맛보고 영(靈)으로는 부활(復活)을 맛보게 하셨으니, 영으로는 하나님처럼 영생(永生)을 누리게 하려는 것이다.** 이와 같이 정하신 하나님의 뜻이 있으니 육체(肉體)를 어떻게 사용할 것인가? 육신의 속성(屬性)이 다르고 영의 속성이 다르니 육신(肉身)의 속성은 정욕(情慾)이다. 그러므로 사람이 정욕(情慾)대로 살면 육신을 따라 사는 것이요, 육신(肉身)의 정욕(情慾)은 하나님의 뜻을 거스린다. 그 행위(行爲)는 마침내 하나님의 뜻을 거스리고 하나님의 원수(怨讐)로 나타난다.

> **"육신을 좇는 자는 육신의 일을 영을 좇는 자는 영의 일을 생각하나니 육신의 생각은 사망이요 영의 생각은 생명과 평안이니라 육신의 생각은 하나님과 원수(怨讐)가 되나니 이는 하나님의 법에 굴복(屈服)치 아니할 뿐 아니라 할 수도 없음이라"**(롬 8:5~7).
> **"그러므로 형제들아 우리가 빚진 자로되 육신에게 져서 육신대로 살 것이 아니니라"**(롬 8:12).

육신(肉身)의 의무(義務)는 정욕(情慾)대로 사는 것이 아니요 최후에 거룩하게 죽는 것이다. 사람의 모든 죄가 몸 밖에 있으나 음행(淫行)하는 일은 사람의 몸 안에 있다. 모든 죄는 상황(狀況)을 따라 혹은 계획적으로 상당(相當)한 결심을 한 다음에 이루어지는 일로 보편적(普遍的)인 것이 아니다. 그러나 음란(淫亂)한 생각은 즉흥적(卽興的)이요 보편적인 것으로 항상 육체 안에 그 생각과 욕심(慾心)이 머물러 있는 육신의 본성(本性)이다.

이런 육체의 본성대로 행하면 결국 밤낮없이 음행(淫行)하게 되고 모든 생각과 행실이 음행하는 일과 연관(聯關)을 짓게 된다. 음식을 먹어도 음행할 힘을 얻으려 하고 즐기는 일도 음란(淫亂)한 것이요 듣는 것이나 말하는 것이나 행복하다는 것들이 음란에 연관된 것이다. 또 그것을 인생의 목적인 줄 알고 있다. 음행이 나쁘다는 이유가 여기에 있다. 성욕(性慾)은 육체의 본능(本能)으로 되어 있으나, 음행(淫行)을 본능으로 여기는 것은 극심(極甚)한 타락(墮落)이다. **성욕(性慾)은 육체가 영원하지 못함으로 해서 계속 혈통(血統)을 이어 가야 하는, 생산(生産)을 위한 본능이다. 가장 사랑하는 중에, 가장 즐거운 중에, 희열(喜悅)과 감정(感情)이 충만(充滿)한 중에 자기의 몸과 같고 혼(魂)과 같은 혈육(血肉)을 낳는 본연(本然)의 행위(行爲)가 성교(性交)요 정상적인 육체의 의무이다.** 그러나 사랑하지 않는 이에게 음행(淫行)하는 것은 강간(强姦)이요, 그렇게 해서 태어나는 아이는 사생아(私生兒)이다. 육체의 성욕(性慾)을 음행(淫行)에 사용해서는 아니 된다.

육체는 거룩해야 하고 매우 아름다워야 한다. 육체의 아름다움이란 건강함을 말한다. 이렇게 건강한 육체로써 육체가 허락(許諾)되는 한 힘을 다해 복음을 위하여 충성(忠誠)스럽게 순종(順從)하고 전도의 일을 하다가, 마침내 고귀(高貴)하게 죽음을 맞이해야 한다. 죽기를 기다리는 지루한 육체들도 많다. 그렇게 되지 않도록 성도는 끊임없이 기도(祈禱)해야 한다.

성도(聖徒)의 죽음을 하나님은 귀히 여기신다고 하셨다. 육체가 영혼(靈魂)에 붙어 있는 동안은 주의 일을 해야 그것이 곧 자기의 일이 된다. 성도(聖徒)에게는 늙어도 자기 할 일이 있다. **전도자는 늙어서도 아름다운 육체를 가져야 하고 비록 몸은 연수가 많이 되더라도 기력(氣力)이 약해지지 않고 믿음의 언어(言語)가 막히지 않도록 항상 깨어 기도(祈禱)해야 한다.**

“모세의 죽을 때 나이 일백이십 세나 그 눈이 흐리지 아니하였고 기력(氣力)이 쇠하지 아니하였더라”(신 34:7).

늙은 몸을 억지로 일으켜 세우고 자손들에게 손을 얹고 복을 빌 만한 믿음이 있어야 하고 하나님과의 약속(約束)을 절대(絕對)로 어기지 말아야 한다.

▶ **하나님의 사람 모세가 이제 죽음을 눈앞에 두고 이스라엘 각 지파(支派)에게 신명기 33장에서 마음껏 축복(祝福)했다(신 33:1~29).**

1. 하나님의 사람 모세가 죽기 전에 이스라엘 자손을 위하여 축복함이 이러하니라
2. 일렀으되 여호와께서 시내에서 오시고 세일산에서 일어나시고 바란산에서 비취시고 일만 성도 가운데서 강림하셨고 그 오른손에는 불 같은 율법이 있도다
3. 여호와께서 백성을 사랑하시나니 모든 성도가 그 수중에 있으며 주의 발 아래에 앉아서 주의 말씀을 받는도다
4. 모세가 우리에게 율법을 명하였으니 곧 야곱의 총회의 기업이로다
5. 여수룬에 왕이 있었으니 곧 백성의 두령(頭領)이 모이고 이스라엘 모든 지파가 함께 한 때에로다
6. 르우벤은 살고 죽지 아니하고 그 인수가 적지 않기를 원하도다
7. 유다에 대한 축복은 이러하니라 일렀으되 여호와여 유다의 음성을 들으시고 그 백성에게로 인도하시오며 그 손으로 자기를 위하여 싸우게 하시고 주께서 도우사 그로 그 대적(對敵)을 치게 하시기를 원하나이다
8. 레위에 대하여는 일렀으되 주의 둠밈과 우림이 주의 경건한 자

에게 있도다 주께서 그를 맛사에서 시험하시고 므리바 물 가에
서 그와 다투셨도다
9. 그는 그 부모에게 대하여 이르기를 내가 그들을 보지 못하였다
하며 그 형제들을 인정치 아니하며 그 자녀를 알지 아니한 것은
주의 말씀을 준행하고 주의 언약을 지킴을 인함이로다
10. 주의 법도를 야곱에게, 주의 율법을 이스라엘에게 가르치며
주 앞에 분향(焚香)하고 온전한 번제(燔祭)를 주의 단 위에 드
리리로다
11. 여호와여 그 재산을 풍족케 하시고 그 손의 일을 받으소서 그
를 대적하여 일어나는 자와 미워하는 자의 허리를 꺾으사 다시
일어나지 못하게 하옵소서
12. 베냐민에 대하여는 일렀으되 여호와의 사랑을 입은 자는 그
곁에 안전히 거하리로다 여호와께서 그를 날이 맞도록 보호하
시고 그로 자기 어깨 사이에 처하게 하시리로다
13. 요셉에 대하여는 일렀으되 원컨대 그 땅이 여호와께 복을 받
아 하늘의 보물인 이슬과 땅 아래 저장한 물과
14. 태양이 결실케 하는 보물과 태음이 자라게 하는 보물과
15. 옛 산의 상품물(上品物)과 영원한 작은 산의 보물과
16. 땅의 보물과 거기 충만한 것과 가시떨기 나무 가운데 거하시
던 자의 은혜로 인하여 복이 요셉의 머리에,그 형제 중 구별
한 자의 정수리에 임할지로다
17. 그는 첫 수송아지 같이 위엄이 있으니 그 뿔이 들소의 뿔 같
도다 이것으로 열방을 받아 땅 끝까지 이르리니 곧 에브라임
의 만만이요 므낫세의 천천이리로다
18. 스불론에 대하여는 일렀으되 스불론이여 너는 나감을 기뻐하
라 잇사갈이여 너는 장막에 있음을 즐거워하라
19. 그들이 열국 백성을 불러 산에 이르게 하고 거기서 의로운 제
사를 드릴 것이며 바다의 풍부한 것, 모래에 감추인 보배를
흡수하리로다
20. 갓에 대하여는 일렀으되 갓을 광대케 하시는 자에게 찬송을

부를지어다 갓이 암사자같이 엎드리고 팔과 정수리를 찢는도다
21. 그가 자기를 위하여 먼저 기업을 택하였으니 곧 법 세운 자의 분깃으로 예비된 것이로다 그가 백성의 두령들과 함께 와서 여호와의 공의와 이스라엘과 세우신 법도를 행하도다
22. 단에 대하여는 일렀으되 단은 바산에서 뛰어 나오는 사자(獅子)의 새끼로다
23. 납달리에 대하여는 일렀으되 은혜가 족하고 여호와의 복이 가득한 납달리여 너는 서방과 남방을 얻을지로다
24. 아셀에 대하여는 일렀으되 아셀은 다자(多子)한 복을 받으며 그 형제에게 기쁨이 되며 그 발이 기름에 잠길지로다
25. 네 문빗장은 철과 놋이 될 것이니 네 사는 날을 따라서 능력이 있으리로다
26. 여수룬이여 하나님 같은 자 없도다 그가 너를 도우시려고 하늘을 타시고 궁창(穹蒼)에서 위엄을 나타내시는도다
27. 영원하신 하나님이 너의 처소가 되시니 그 영원하신 팔이 네 아래 있도다 그가 네 앞에서 대적을 쫓으시며 멸하라 하시도다
28. 이스라엘이 안전히 거하며 야곱의 샘은 곡식과 새 포도주의 땅에 홀로 있나니 곧 그의 하늘이 이슬을 내리는 곳에로다
29. 이스라엘이여 너는 행복자로다 여호와의 구원을 너같이 얻은 백성이 누구뇨 그는 너를 돕는 방패시요 너의 영광의 칼이시로다 네 대적이 네게 복종하리니 네가 그들의 높은 곳을 밟으리로다"(신 33:1~29).

의심(疑心)하는 것은 하나님과의 약속(約束)을 전적(全的)으로 어기는 일이다. 전도자가 거리에 나가 복음을 전하다가 지쳐 쓰려져 죽어도 그 죽음이 거룩하다. 해외에 선교사(宣敎師)로 나갔다가 맹

수(猛獸)에게 찢겨 죽음을 당해도 그 죽음이 거룩하고, 혹 식인종(食人種)들에게 먹혀져도 그의 죽음이 거룩하고, 복음(福音)을 거부(拒否)하는 이들로부터 처형(處刑)을 받아도 그의 죽음이 거룩하다. 이와 같이 일평생 전도(傳道)의 일을 하다가 죽는 육체(肉體)들은 모두가 거룩하다. 자기의 신앙(信仰) 하나만을 유지하려고 기도하다 엎드려 죽는 자도 아름답지만, 전도하다 쓰러져 죽는 이만 못하다.

육체는 누구의 육체이든 죽는다. 아무리 건강해도 죽음을 피할 수 없다. 보약(補藥)을 먹고 얼마간 육체의 죽음을 지연(遲延)시켰다 해도 결국 죽는다. **성도에게 있어 죽음은 무서운 것이 아니고 아름다운 장식(粧飾)이다.**

성도는 죽음을 피할 것이 아니라 어떠한 죽음을 맞이할 것인가를 선택해야 할 것이다. 이제 우리는 장차(將次) 우리에게 돌아올 죽음의 분깃을 어떻게 감당(堪當)할 것인가? 그저 육체만 편안히 있다가 죽음을 맞이할 것인가? 육체가 병들어 시름시름 앓다가 죽음을 맞이할 것인가? 아니면 설교단에서 피를 토하듯 복음을 전하다가 쓰러져 죽을 것인가? 그것도 아니면 늙은 몸을 아무데라도 이끌고 나가 담대(膽大)히 복음(福音)을 전하다가 어느 거리에서 스스로 객사(客死)할 것인가? 불언간 닥칠 죽음을 냉철히 생각해 봐야 한다.

필자(筆者)는 장차(將次) 본인의 죽음이 거룩하고 또 아름다운 죽음이 되기 위하여 간절히 기도하고 있다. 이는 기도만 해서 될 일이 아니다. 조금이라도 건강할 때에 전도를 실행(實行)해야 하고 또 늙었을 때에라도 전도의 열심을 다하여 항상 기도하며 오직 전도에 전력(全力)해야 후회(後悔) 없는 아름다운 죽음을 맞이할 것이다. 그래서 그날 그 시간에 이르렀을 때, 높은 보좌(寶座)에 앉으신 이가 갑자기 그 영광(榮光)의 자리에서 벌떡 일어나 두 팔을 벌리고 영접(迎接)해 주실 그 영광을 바라보며 자나 깨나 열심히 준비(準備)하고, 항상 깨어 기도하고 전심으로 전도해야 할 것이다.

우리는 평소(平素)에도 항상 거룩하고 정직(正直)하며 매일마다 최선을 다해 밤낮없이 주님을 그리워하며 그의 눈동자처럼 생활(生活)해야 할 것이다.

필자(筆者)는 앞으로 여생(餘生) 동안 오직 전도(傳道)를 하다가 육체를 떠나고 싶은 심정(心情)이다. 이를 생각해 보라. 얼마나 아름다운 일인가? 한손에는 성경(聖經)을 꼭 껴안고 불쌍한 영혼(靈魂)들을 주의 사랑으로 긍휼(矜恤)히 바라보는 사랑의 눈망울을 미처 감지 못하고 그대로 뜬 채 영혼(靈魂)이 미련(未練) 없이 육체(肉體)를 떠나는 전도자의 영혼을 조용히 눈을 감고 가슴에 손을 얹고 상상(想像)해 보라. 주님은 최고(最高)로 기뻐하시고 영광(榮光)의 보좌(寶座)에서 벌떡 일어나 환영(歡迎)해 주실 것이다.

전도자(傳道者)는 끝을 아름답게 잘 맺고 후회(後悔) 없이 깨끗하게 죽어야 한다. 그리고 아름답고 보람된 죽음을 기대(期待)하며 마지막 그날까지 전도(傳道)하며 소망(所望) 가운데 기쁨으로 죽음을 맞이해야 한다.

> "이에 예수께서 제자들에게 이르시되 아무든지 나를 따라오려거든 자기를 부인(否認)하고 자기 십자가를 지고 나를 좇을 것이니라 누구든지 제 목숨을 구원(救援)코자 하면 잃을 것이요 누구든지 나를 위하여 제 목숨을 잃으면 찾으리라"(마 16:24~25).
> "내가 진실로 진실로 너희에게 이르노니 한 알의 밀이 땅에 떨어져 죽지 않으면 한 알 그대로 있고 죽으면 많은 열매를 맺느니라"(요 12:24).

전도자는 육체를 음란(淫亂)한 정욕(情慾)의 도구(道具)로 삼지 않고 전도의 아름다운 도구로 삼아야 한다. 이런 자에게는 매우 아름다운 열매가 많이 맺히게 될 것이다. 혹자(或者)는 자기에게 전도한 이가 죽을 때 그 얼굴에서 광채가 나는 것을 보고 그 즉시 회개(悔改)하고 예수를 믿었다고 한다.

혹자(或者)는 어제까지도 열심히 복음을 전하다가 갑자기 세상을 떠나면서 천국문을 향하여 들어가는 것처럼 밝은 미소(微笑)를 아름답게 남겨두고 미련 없이 세상을 떠났다고 한다. 그것을 지켜본 가족들이 눈물을 머금고 단단히 결심하고 모두 합의하여 교회에 나와 구원(救援)을 받은 경우도 있다.

혹자(或者)는 자기 몸에 암세포(癌細胞)가 온 몸에 전이(轉移)되어 죽음을 앞에 두고 같은 병실 안에 누워 있는 다른 환자(患者)에게 열심으로 예수를 전하다가 소망 가운데 웃으며 죽음을 맞이하는 최후의 가장 평안한 모습을 보여 주기도 했다. 그 일로 인하여 그 병실 안에 있던 다른 여러 환자들도 크게 감동하여 눈물을 흘리며 회개하고 구원(救援)을 받았다고 한다.

많은 **전도자** 가운데는 평생을 전도하다가 기쁨으로 가는 이도 있고, 단 몇 시간의 전도자로 아쉬움을 남기며 가는 이도 있다. 아모스 선지자(先知者)는 단 몇 개월 동안 선지자 역할(役割)을 했다고 전해지고 있다. 초대교회 일곱 집사(執事) 중 스데반은 모범(模範) 집사로서 아름다운 순교(殉敎)를 하므로 말미암아 오고 오는 수많은 세대 속에서 아름다운 본을 보여 주고 있다.

"스데반이 성령이 충만하여 하늘을 우러러 주목(注目)하여 하나님의 영광과 및 예수께서 하나님 우편에 서신 것을 보고 말하되 보라 하늘이 열리고 인자(人子)가 하나님 우편에 서신 것을 보노라 한대 저희가 큰 소리를 지르며 귀를 막고 일심으로 그에게 달려들어 성(城) 밖에 내치고 돌로 칠새 증인들이 옷을 벗어 사울이라 하는 청년의 발 앞에 두니라 저희가 돌로 스데반을 치니 스데반이 부르짖어 가로되 주 예수여 내 영혼(靈魂)을 받으시옵소서 하고 무릎을 꿇고 크게 불러 가로되 주여 이 죄를 저들에게 돌리지 마옵소서 이 말을 하고 자니라"(행 7:55~60).

"성도(聖徒)의 죽는 것을 여호와께서 귀중히 보시는도다"(시 116:15).

"내가 진실로 진실로 너희에게 이르노니 한 알의 밀이 땅에 떨어져 죽지 아니하면 한 알 그대로 있고 죽으면 많은 열매를 맺느니라"(요 12:24).

"…네가 죽도록 충성(忠誠)하라 그리하면 내가 생명의 면류관(冕旒冠)을 네게 주리라"(계 2:10).

4. 간증수기 / 살인마 고재봉의 회개와 전도
〈아! 내가 예수를 일찍 알았더라면!…〉

1963년 10월 19일 새벽 2시 강원도 인제군 남면 어론리에서 이덕주 중령 일가족 6명을 도끼로 찍어 죽여서 몰살(沒殺)시킨 사건이 발생했다. 이른 바 세상을 깜짝 놀라게한 고재봉 살인(殺人) 사건(事件)이다. 각 신문사들은 대문짝만한 신문에 기사를 냈고 세상 사람들은 너무 놀랐다.

사형수(死刑囚) 고재봉을 끈질기게 전도한 사람은, 그 당시 교회 집사로서, 대한성서공회에서 성경을 전하는 전도인(傳道人)으로 일하고 있었다.

그 집사(執事)는 신문의 기사를 보고 그 엄청난 사실에 충격을 받아 한동안 아무 말도 할 수 없었다. 나의 맘 속에는 주님께서 십자가 위에 못박히셨을 때, 옆에 달린 강도(强盜)를 보고 하신 말씀이 문득 생각났다.

"네가 나와 함께 낙원(樂園)에 있으리라"(눅 23:43). 순간 나도 모르게 "주님! 저에게도 힘을 주시옵소서, 세상이 모두 깜짝 놀라는 이 엄청난 강도를 제가 구원(救援)하게 힘을 주소서"하고 간절히 기도했다. 그 후부터 나는 새벽 기도 때 마다 입버릇처럼 간절히 기도했다.

"주여! 그 강도는 제가 구원하도록 힘을 주시옵소서"하고… 그러는 가운데 나는 차츰 용기를 갖기 시작했다. 살인마(殺人魔) 고재봉을 전도하는 일이 꼭 나에게 부여(附與)된 사명감(使命感)처럼 느껴지기 시작했다.

그토록 끔찍한 일을 저지른 그도 분명히 인간일진대 어쩌다가 사람을 죽였을망정 한 가닥의 양심(良心) 정도는 남아 있지 않겠느냐고 스스로에게 반문하면서 그에게 전도(傳道)할 수 있는 길을 상세하게 알아 보았다.

독립문 옆에 있는 서울구치소 담당 검찰관에게 부탁하여 그를 전도할 수 있는 기회를 마련하였다. 집에서부터 구치소(拘置所)까지 가는 동안 줄곧 고재봉을 만나면 무슨 말을 해야 할까 하고 생각했으나 도무지 아무런 생각도 떠오르지 않았다. 잠시 기다리고 있으니, 여덟 명의 간수에게 호위되어 '5000'이란 수인번호(囚人番號)를 단 죄수(罪囚)가 따라 들어 왔다.

"새벽마다 너를 위해 기도해 주시는 분이시다, 좋은 말씀 많이 듣고 깨닫는 바 있기 바란다." 검찰관이 이렇게 말하자 고재봉은 나를 쳐다보았다.그와 눈길이 마주치자 소름이 끼쳤다. 그의 눈에는 살기가 있다고 느껴졌다. 나는 엉겁결에 손을 내밀고 악수를 청했다. 그도 나의 손을 붙잡았다.나는 또 한번 놀랐다. 피 묻은 손, 살기(殺氣)가 감도는 차가운 손으로만 알았는데 그의 손은 의외(意外)로 따뜻했기 때문이다.

나는 처음 해보는 교도소(矯導所) 전도였기 때문에 약간 당황한 감도 있었지만 모든 것을 주님께 맡기기로 결심하고 가방에서 성경을 꺼내었다. "자, 요한복음 3장 16절을 폅시다!" 하고 거동(擧動)을 한번 둘러본 후 성경을 읽기 시작했다. **"하나님이 세상을 이처럼 사랑하사 독생자를 주셨으니 이는 저를 믿는 자마다 멸망치 않고 영생**

을 얻게 하려 하심이니라.…" 요한복음 3장 21절까지 큰 소리로 읽었다. 그리고 나서 무엇인가 이 말씀에 대한 설교를 해야 할 텐데 도무지 무슨 말을 해야 할지 생각이 떠오르지 않았다.

눈을 감고 한참을 있으니 나도 모르게 "형제여!" 하는 소리가 튀어 나왔다. 그리고 이어서, "형제여, 세상 사람들은 누구나 다 죽습니다." 하고 나도 모르게 담대하게 큰 소리로 외쳤다. 내가 지금 무슨 말을 어떻게 하고 있는지 조차 모르는 채, 계속해서 무슨 말인가를 이어가기 시작했다. 정말 주님의 힘은 너무나 놀라운 것이라는 것을 실감(實感)했다,

그토록 나오지 않든 말들이 나도 모르게 술술 나오기 시작한 것이다. 주님께서는 불쌍한 죄인들을 위하여 나의 입을 통해 말씀을 주신 것이다. 이렇게 설교를 마쳤다. 그리고 여기에 앉은 불쌍한 죄인을 구원(救援)해 달라고 기도를 드렸다. 기도가 끝나자 고재봉은 벌겋게 달아오른 얼굴로 고개를 쳐들었다. 그가 얼굴을 갑자기 쳐드는 바람에 주위의 분위기는 순간적으로 긴장이 되었다. 흉악무도(凶惡無道)한 살인마(殺人魔)가 수갑(手匣)을 푼채로 나왔으니 어느 순간에 어떤 일이 일어날지 모를 일이었다.

그때 제일 당황한 사람은 다름 아닌 구치소장이었다. 구치소장의 긴장하는 모습은 역력(歷歷)했다. 구치소장과 고재봉의 사이에는 이런 일이 한번 있었다고 한다. 어느날 구치소장이 고재봉이 수감(收監)되어 있는 방을 들여다 보았는데, 살인마 고재봉이 손가락으로 눈을 찌르는 바람에 구치소장의 안경이 깨어지면서 질겁을 하지 않을 수 없었다는 것이다. 고재봉의 손가락에 의해 구치소장의

안경이 깨어지는 순간, 구치소장은 눈알이 달아나는 줄 알았다는 것이다. 그런 일이 있은 다음부터 고재봉의 방 앞으로는 아무도 지나가려 하지 않았다는 것이다. 구치소(拘置所)에서는 고재봉을 가리켜 **'눈깔 파먹는 지옥(地獄)의 염라대왕(閻羅大王)'**이라고 한 것은 바로 그러한 일이 벌어진 적이 있었기 때문이다.

고재봉이 얼굴을 번쩍 쳐들자 실내의 공기는 엄숙할 정도로 긴장이 되었다. "뭐냐?" 고재봉은 다시 당황(唐慌)한 표정으로 다시 고개를 내려뜨리면서, "검찰관님, 이제 모든 것을 자백(自白)하겠습니다." 고재봉의 이 말이 떨어지자 모든 사람들은 다시 한번 깜짝 놀랐다. **그 동안 체포(逮捕)된 이후로 고재봉은 계속 묵비권(默秘權)을 행사하고 있었다.**

수사관이 아무리 불러도 대답 한번 하지 않았기에 체포된지 오래되어도 아직까지 수사(搜査)가 진전되지 못하고 있었던 것이었다. 그 동안 노력하신 목사님들까지도 고재봉을 전도하기 위해 애를 많이 썼으나 아무도 고재봉의 입을 열게 하지 못하였다. 그렇게 고집만 부리고 있던 고재봉이 비로소 입을 열었다. **고재봉은 당시 27세로 전방 3군단 1109 야전포단에 상병으로 부대장 전령이었는데, 그의 진술에 의하면 부대장인 박 중령의 사택에 자주 사역(使役)을 갔다고 한다.** 사역을 가서 한 일은 주로 물을 긷거나 장작을 패는 일, 또는 청소를 하는 일과 이것 저것 잔 심부름을 하는 것이었다.

그러던 어느 날이었다. 이 날도 고재봉은 박 중령 사택으로 가서 청소와 장작 패는 일 등을 끝내고 박 중령의 서재에 들어가서 잠시 쉬고 있었다.

그런데 문제의 시발(始發)은 작은 것에서 비롯되었다. 견물생심(見物生心)이라고나 할까, 고재봉은 서재에서 작은 물건 하나를 집어 들고 나왔다. 그때 가정부가 이것을 본 것이다. 가정부는 펄떡 뛰면서 야단을 쳤다. 저번에 박 중령 군화도 훔쳐간 도둑놈이라고 외치며 고재봉을 몰아 붙였다. 졸지에 고재봉은 박 중령의 집안의 모든 도난(盜難) 사건의 책임을 져야 할 판이었다. 화가 잔뜩 난 고재봉은 그 순간 옆에 있는 도끼를 집어 들었다. 까불면 죽이겠다고 위협하였다. 이로 인하여 고재봉은 살인미수(殺人未遂)로 7개월간 육군형무소에 복역(服役)하는 동안 박 중령에 대하여 이를 갈았다. **7개월의 형기(刑期)를 마치고 나온 고재봉은 원수(怨讐) 박 중령을 죽이겠다고 결심을 하고 예전의 박 중령이 살았던 사택으로 찾아갔다.**

그러나 그가 수감(收監)되어 있는 동안에 박 중령이 다른 곳으로 전속(轉屬)을 가고, 그 사택에는 이덕주 중령이 들어와 살고 있었다. 이 사실을 그가 알았더라면 이와 같은 끔찍힌 살인은 저지르지 않았을는지도 모른다.

오로지 박 중령에 대한 원수를 갚겠다는 일념에 사로잡힌 고재봉은 무작정 박 중령이 살았던 사택으로 찾아가서 도끼를 휘둘렀다. 이 바람에 박 중령이 아닌 이덕주 중령이 어이없게 부인 이재옥 교사와 일가족 6명이 함께 무참히 살해된 것이다. 고재봉은 이러한 전말(顚末)을 털어 놓으면서 후련한 표정을 지었다. 그가 그동안 그처럼 묵비권을 행사해 온 것은 수사가 지연되는 동안에 기회를 보아 탈출하여 기어히 박 중령을 살해하겠다는 결심 때문이었다는 것이다. 그는 검찰관이 묻는 질문에 모두 대답했다. 나는 이 놀라운 기적(奇蹟)을 보면서 속으로, "주님 감사합니다. 오늘 이렇게 불쌍한 종을 회개(悔改)하게 해 주시니 참으로 감사합니다." 하고 감사 기도를 드렸다. 그 후부터 나는 끊이지 않고 고재봉에 대해서 기도하고 틈만 있으면 면회를 갔다. 사형 언도(言渡)를 받은 고재봉은 공소(公訴)를 포기했다.

왜 공소를 포기했느냐는 질문에, "또 다시 공판정(公判廷)에 나가고 싶은 생각이 없었기 때문입니다. 제가 다시 공판정에 선다는 것은 한 마디로 시간의 낭비에 불과하다고 믿습니다. 그래서 공소를 하겠다는 생각을 갖지 않았습니다."라고 대답했다. 왜 고재봉이라고 해서 삶에 대한 애착이 없었을까마는 그가 공소를 포기한 목적에 대해 다음과 같아 말했다. "저같은 놈은 빨리 죽어야 합니다. 제가 살아 있다는 자체가 이미 저에게는 부끄러운 일입니다. 매일 제가 받아 먹는 4등급의 급식도 제 마음 같아서는 저 담 밖에서 끼니를 굶고 있는 거지들에게 주었으면 합니다. 제가 숨쉬고 있는 공기 한줌 마져도 저같은 쓰레기에게는 차마 아까운 것입니다." 그의 말을 듣고 있으면 왠지 모르게 눈시울이 뜨거워졌다. 그 후에 나는 자주 면회를 갔다. 하루는 일찍 면회를 갔으나 순서를 기다리다 보니 하루 종일 떨고 있어야만 했다. 연말이 가까운 한겨울이라 날씨는 혹독(酷毒)할 정도로 추웠다. 면회 마감 시간이 거의 다 되었을 무렵에야 이름을 부르는 소리가 들렸다. "고재봉!" 그 이름을 부르는 소리에 나도 모르게 큰 소리로 대답했다. "고재봉씨와는 어떤 관계이신가요?" 이렇게 시작하는 간수(看守)의 질문은 상당히 번거롭게 계속되었다. 고향은 어디이며 나이는 몇이며 부대에서 함께 있었느냐는 등등, 아마 내가 공범(共犯)이라도 되지 않나 하고 심문하는 것 같았다. 나는 꾹 참고 끝까지 간수의 질문에 아는 대로 대답을 하였다. 질문이 다 끝나니 간수는, "면회 거절합니다."라고 말하는 것이었다. 깜짝 놀라 그게 무어냐고 항의를 하였다. 그러자 간수는 고재봉이가 면회를 거절한다는 것이었다. 나는 기분이 썩 좋지 않았지만 다음에 다시 오기로 하고 준비해 간 포켓용 신약전서(新約全書) 한 권을 간수에게 내밀었다. "이것을 좀 전해 주세요." 간수는 성경(聖經)을 받더니, "여기에 아무것도 안 씌어 있지요?" 하면서 이리저리 뒤적거려 보았다. 나는 태연하게 간수를 보면서 나 아무것도 안 썼으니 안심하라는 표정을 지었다. 그 신약전서는 곧 고재봉의 손에 전해졌다. 독감방(獨監房)에 홀로 있던 고재봉은 심심하면 성경책을 할일 없이 뒤적거리곤 하였다. 그런데 한번은 고재봉의 눈에 이런 성경 구절이 눈에 번쩍 띄었다.

"하나님이 세상을 이처럼 사랑하사 독생자를 주셨으니…" 여기까지 읽던 고재봉은 생각했다. "아니, 이 구절은 요전에 왔던 어떤 목사가 읽어준 말이 아니냐?" 고재봉은 약간 신기한 생각이 번쩍 머리에 떠올랐다. 그래서 그는 계속 읽어 내려 갔다. **"이는 저를 믿는 자마다 멸망치 않고 영생을 얻게 하려 하심이니라."** 고재봉은 여기까지 읽고 나서는 또 생각했다.…

"맞다, 그 때 그 목사가 나에게 읽어 준 바로 그 말씀이다. 그때 그 목사는, 너도 죽고, 나도 죽고, 너도 나도 모두 죄인이고 세상 사람 다 죄인이고 예수 십자가 한 쪽 편 강도...너도 예수 믿으면 구원(救援)받는다...하였는데, 그 말이 정말이긴 정말인 모양이구나!…" 하고 생각하기 시작했다.

"구원이란 도대체 무엇이냐?" 그는 그 때부터 신약전서를 읽기 시작했다. 성경의 글씨들이 차츰 살아 있는 말씀으로 고재봉에게 전달되기 시작했다.성경을 읽은 결과 그는 거절했던 면담을 청했다. 내가 근무하던 대한성서공회로 연락이 왔다. 나는 기대를 안고 다시 구치소로 향했다. 일반 면회와는 달리 시간 제한이 없이 자유스럽게 만난다는 것이 오히려 좋았다. 고재봉은 나를 보자 대뜸 "지난 번에 면회를 거절해서 죄송합니다." 하고 정중하게 인사를 했다. 참 이상한 일이었다. 무슨 말인가를 하긴 해야 할텐데 도무지 생각이 떠오르지 않는 것이었다. 나는 잠시 망설이며 우물쭈물하고 있다가 "저 지난번에 책을 드렸는데 받아보았습니까?" 하고 서두를 꺼내었다. "네, 이것 말씀이지요? 잘 받았습니다." 고재봉은 바지 주머니에서 성경을 꺼내었다. 나는 깜짝 놀라서 물어 보았다. "그 책 몇장이나 읽어 보셨어요?" 그러자 고재봉은 우물쭈물하더니 작은 소리로 대답했다.

"예, 한 다섯 번 쯤…" 나는 놀라운 표정을 감출 수가 없었다. 그 짧은 기간 동안에 다섯 번이나 읽었다니, 이것이야말로 참으로 대단한 일이었다.

"저, 이거 말고 큰 책 있지요?" 라고 고재봉이 저에게 물었다.

"이거 말이요? 지난 번에 드린 것은 신약전서이고, 큰 책은 신약과 구약을 합본한 성경전서이지요, 내가 다시 사다 드리지요."라고 대답했다.

다음날 바로 나는 성경과 찬송가를 사서 고재봉에게 건네 주었다. 그랬더니 고재봉은 나에게 고맙다고 몇 번이나 거듭해서 말했다.

고재봉은 시간가는 줄도 모르고 성경을 읽었다. 시간이 이처럼 아까운지를 새삼스럽게 느낀 것이다. 급식(給食)을 갔다 주어도 고재봉은 성경에서 눈을 떼지 않았다. 읽던 곳을 끝까지 읽은 후에야 밥을 바라 보았고, 밥을 먹는 것 보다도 성경을 더 좋아했다고 하니 고재봉의 바뀌어진 심정도 이해할만 하다. 그 후부터 내가 면회를 갈 때마다 고재봉은 눈물을 글썽이며 말했다. “이 성경이 얼마나 귀한 책인지 이제야 깨달았습니다. 진작 이 책을 보았더라면 아마 제 인생도 변했을 것입니다.”라고 감격적인 목소리로 말했다. 고재봉은 매일 새벽이면 단정(端正)히 일어나 앉아 교회의 종소리가 들리는 것을 신호(信號)로 하여 찬송가를 부른다고 했다.

“인애하신 구세주여 내 말 들으사 죄인 오라 하실 때에 날 부르소서…”

그러던 어느 날이었다. 갑자기 고제봉의 방에서 큰 소리가 들렸다.

“어렸을 적에 우리 동네에는 교회가 있었는데 그 교회가 나에게 예수를 알려주지 않았기 때문에 사람을 죽이게 된 것 아니냐! 교회가, 교회가!…”

고재봉은 **안타까운 듯 흐느껴 한없이 눈물을 흘리며 울기 시작했다. 그러던 어느날 그가 한참 기도를 하고 있는데 자기도 모르는 사이에 입에서 이상한 소리가 튀어 나왔다.** 자기 자신도 그 말이 무슨 뜻인줄도 모르면서 마치 큰 힘에 이끌려서 무어라고 씨부렁

거리듯 한참 말을 했다고 한다. 그러한 체험(體驗)을 하게 된 고재봉은 깜짝 놀랐다. 일본 말도 아니요 중국말도 아닌, 그렇다고 미국말이나 한국말은 더더욱 아닌 이상한 말들이 자기의 입을 통하여 쏟아져 나온 것이다. 한동안 온 몸이 땀으로 흠뻑 젖었다. 그런데 이상하게도 마음은 퍽 포근하고 기쁨이 몸 전체를 감싸는 것이었다. 참으로 희한한 일도 있다고 그는 생각했다. 그는 또 이런 체험도 했다.

어느 순간 갑자기 머리에서부터 발끝까지 온 몸이 불덩이처럼 뜨거워지며 마치 고압선에 감전(感電)된 것처럼 오장육부(五臟六腑)가 뒤틀리고 온 몸이 마비된 듯 이성을 잃을 뻔한 때도 있었다는 것이다. 마치 거대한 힘이 자기 자신의 몸과 정신을 어느 누가 운전하고 있는 듯한 느낌이었다. 자기 자신의 일거수일투족(一擧手一投足)은 물론 자기 자신의 생각까지도 모두 누군가가 속속들이 들여다 보고 있는 것 같은 느낌이 들어서 온 몸이 부들부들 떨렸다고 한다. 그러는 가운데 그는 차츰 어떤 새로운 힘이 자신 속에 파고드는 것을 느꼈다. 말할 수 없는 새로운 힘이 그의 내부에서 솟아오르기 시작한 것이다. "그렇다, 그 목사님의 말대로 다른 사람에게 좋은 일을 하는 거다." 그 순간 고재봉의 얼굴에는 한없는 행복감과 기쁨이 한없이 넘쳐 흘렀다. **"복음을 전해야 한다. 모든 죄 많은 사람들에게 복음을 전해야 한다." 고재봉**은 **이렇게 하여 드디어 새로운 사람으로 거듭나기 시작했다.**

고재봉은 자기의 심정(心情) 변화와 전도(傳道)의 목적을 교무과에 알렸다. 구치소의 배려(配慮)로 고재봉은 드디어 다른 방으로 이감(移監)된 것이다. 감방마다 자상, 실장, 감방장 같은 계급이 있고, 신입생에게는 신고식(申告式)을 갖게 되어 있다. 물론 이것은 범죄(犯罪)일 수가 없으며, 죄수(罪囚)들이 비밀리(秘密裡)에 그렇게 자기들 나름대로의 규칙을 정해 놓은 것이다. 신입생(新入生)의 신고식은 옷을 벗기는 일부터 시작된다.

옷을 완전히 발가벗긴 채로 거꾸로 매달기도 하고 비행기를 태우기도 한다. 그 때 만약 신입생이 반항을 하거나 고분고분하지 않으면 벌칙이 주어지거나 즉석(卽席) 심판(審判)이 행해져서 큰 고통을 겪게 된다. 신입생 신고식에서 또 한가지 큰 비중(比重)을 차지하는 것은 그 신입생의 보호자를 통해서 사식(私食)과 간식(間食)을 들여보내게 하여 한동안 포식(飽食)을 하는 일이다. 고재봉이 들어왔다. 그러나 한참을 지나도 신고할 기미가 없는 것이 아닌가? 자상은 드디어 호통을 쳐야겠다고 생각하고 감았던 눈을 떴다. 그랬더니 "5000" 번을 달고 있는 살인(殺人) 강도(强盜) 고재봉이 있는 것이 아닌가! 자상은 깜짝 놀랐지만 슬그머니 눈을 감아 버리고 말았다.모두들 조심스럽게 고재봉의 행동을 살펴보고 있을 뿐이었다. 가만히 묵상(默想)을 하고 있던 고재봉은 여러 사람들 앞에서 성경을 펼쳐 놓았다. 드디어 고재봉은 진지(眞摯)한 자세로 성경을 읽기 시작했다.

방안의 모든 사람들은 피로(疲勞)를 느낄 지경(地境)이었다.

바로 그 때였다. 갑자기 고재봉이 큰 소리로 찬송을 부르기 시작했다.

"인애하신 구세주여 내 말 들으사 죄인 오라 하실 때에 날 부르소서…"

고재봉은 찬송이 끝나갈 무렵부터 한없이 눈물을 흘리기 시작했다. 모두들 넋을 잃고 바라보고만 있었다. 저렇게 맑은 눈빛을 가진 사람이 어떻게 사람을 죽였을까? 고재봉이 오면서부터 이 방의 공기는 완전히 달라지고 있었다. 시끄러움이란 찾아볼 수 없었다. 새벽이 되면 무조건 모두 일어나 교회 종소리가 울리는 것을 신호(信號)로 찬송을 불렀다.

찬송이 끝나면 고재봉은 성경을 펼쳐 들고 큰 소리로 읽곤 하였다. 이러한 일이 반복되는 동안에 어느 사이엔가 이 방의 사람들은 성경을 읽고 찬송을 부르는 일에 흥미를 느끼게 되었으며 돌아가면서 성경퀴즈도 하게 되었다. 고재봉의 성경봉독(聖經奉讀)과 전도(傳道)의 여파(餘波)는 철창(鐵窓)을 타고 옆방으로 퍼져나가기 시작했다. 그리하여 얼마 후에는 교도소 안이 온통 찬송가 소리에 묻히게 되었다. 참으로 엄청난 일이었다.

주님의 놀라운 힘이 이 곳 서울구치소에 임하신 것이다. 서울구치소 측은 고재봉을 마치 무슨 전도자(傳道者)처럼 생각하였다. 고재봉은 삶이 다하는 마지막 순간까지 한사람이라도 더 전도해야겠다는 일념으로 바쁜 하루 하루를 보내었다. 고재봉은 틈만 있으면 기도를 하였다.

그의 눈물의 기도는 확실히 대단한 힘을 가지고 있었다. 지금까지 예수가 뭔지도 모르고 있었던 많은 사람들이 고재봉의 변화된 모습을 보고 차츰 성경에 흥미(興味)를 가지기 시작했으며, 기도하는 사람들도 차츰 늘어나기 시작했다. 그의 사형 일자가 가까와 옴에 따라 더욱 자주 면회를 갔다. 하루는 고재봉이 이런 말을 했다.

"전도사님, 나 이제 이상한 것을 보았습니다. 갑자기 어디서 '**재봉아**' 하는 소리가 들리는 것이었습니다. 제가 그 소리를 찾아 사방을 두리번거리는 순간 어디선가 다시 '재봉아, 이 밧줄을 받아라!' 하는 소리가 들렸습니다. 주위를 보니 밧줄 같은 것은 없고 웬 거미줄 같은 것이 한 가닥 있었는데, 그 거미줄을 꽉 잡으니 끊어지지 않고 동동 매달려 올라가는 것이었습니다. 올라가면 올라갈수록 캄캄한 암흑(暗黑) 세계(世界)였습니다.

그런데 그 곳은 이상한 아우성이 들리고 해골(骸骨)들이 부딪히는 소리와 함께 그것이 일제히 나를 쳐다보는 것이었습니다.

그래서 바로 옆의 아저씨에게 물으니, 그는 여기에 온지가 꼭 3년째 된다고 했습니다. 왜 그렇게 하고 있느냐고 물었더니, 밥을 못 먹어서 그렇다는 것이었습니다. 3년 동안이나 밥을 못 먹으니 죽어야 할 텐데 아무리 죽으려 해도 죽을 수 없는 곳이 바로 이곳이라고 하였습니다. 어떻게 하여 이곳에 오게 되었느냐고 물으니 그의 아주머니 때문이라고 했습니다.

그 아주머니는 교회 종소리가 나면 늘 교회에 가면서도 자기한테는 한번도 교회 가자는 소리를 한적이 없었다는 것이었습니다. 자기도 어떤 때는 가고 싶은 때도 있었지만 그가 이끌어 주지를 않았다는 것이었습니다. 그가 병이 들어 이제나마 교회에 가려고 했으나 그 아주머니가 텃세를 부렸다는 것이었습니다. 젊을 때 오지 않고 있다가 늙고 병든 후에야 왜 오느냐고 호통을 쳤다는 것입니다. 무슨 염치로 병든 몸을 이끌고 오느냐고 하면서 우리 교회가 무슨 송장 치워주는 곳인 줄 아느냐고 핀잔을 주었다고 했습니다. 그 때 억지로라도 갔더라면 이곳으로 오는 것만큼은 면했을 텐데 결국 용기가 없어서 교회에 가지 못하여 이곳에 오게 된 것이 너무나 억울하다는 것이었습니다. 그러다가 저는 또 다른 곳으로 갔습니다. 이번에는 눈이 부시고 화려(華麗)한 가운데 공기가 맑고 상쾌(爽快)한 곳이 나타났습니다.

아름답게 흘러내리는 생명수 물 가에는 과일나무들이 줄을지어 서 있었고, 황금길 저 멀리 열두 진주 대문 가운데는 하나님의 보좌(寶座)가 있고, 그 옆에는 우리를 위하여 중보(中保)의 기도를 지금도 하고 계시는 예수님께서, 못 박혔던 못자국을 어루만지며 우리의 이름을 부르고 계셨습니다. 주위에는 천군천사(千軍天使)들이 갈이 화답하고 꽃들이 사방에서 아름다운 향기를 뿜어내고 있는 것을 보았습니다. 이것 좀 해몽(解夢)해 주세요."

나는 고재봉에게 그것은 참으로 성령(聖靈)이 임하사 천국(天國)과 지옥(地獄)이 있음을 증거(證據)해 준 것이라고 가르쳐 주었다. 거미줄 같은 밧줄은 주님께서 내려 주신 생명줄이니 천국으로 가게 될 것이라고 격려(激勵)해 주었다. 얼마 후 또 면회를 갔다. 오늘이 마지막 면회날이라는 것을 알고 있었기에 약간 착잡(錯雜)했다. 고제봉은 평소와 조금도 다름없는 밝은 표정이었다. 오늘 새벽에도 고재봉은 꿈에 이상한 소리를 들었다고 했다. "재봉아! 너는 56일이면 죽는다."

준엄(峻嚴)하게 들려오는 목소리에 깜짝 놀라 잠이 깨었다는 것이었다.

"전도사님, 성경에는 날짜를 어떻게 풀이 합니까?" 고재봉은 다급한 목소리로 물었다. "형제여, 그것은 누구도 모르는 일입니다. 오직 아버지만 그 날과 기한(期限)을 아신다고 하셨는데 어찌 내가 성경의 날짜를 풀이 합니까?" 그랬더니 고재봉은 약간 누그러진 기색(氣色)을 보이며, “안전도사님을 만난지도 56일이 지났고, 성령(聖靈)의 체험(體驗)을 받은 날도 지났고, 세례(洗禮)받은 날도 지났으니, 이제부터 56일 후도 아닐 것이고, 이제부터 내 집행날짜가 길면 100일 정도일 것이요, 짧으면 2,3일밖에 안될텐데,” 하며 힘없이 56일, 56일 하더니 갑자기 소리를 질렀다.

“혹시 56시간?” 이 말을 들은 나와 간수(看守)는 깜짝 놀랐다.

“그렇지 않을 것이요.” 간수가 나직한 음성으로 위로(慰勞)해 주었다.

나는 고재봉을 위하여 무엇인가 한 마디 해야겠다고 생각했다.

“아직 죽음에 대하여 그다지도 미련이 많습니까? 그 문제에서 아직 헤어나지 못하고 있기 때문에 늘 죽는다, 죽는다는 것이 아닙니까? 죽고 사는 것은 모두 하나님 아버지의 권한(權限)에 있는 것인데, 왜 죽는다는 것을 두려워합니까?” 고재봉은 눈을 껌벅거리면서 가만히 듣고 있었다.

“형제여, 내가 예전에 한 말을 다시 한번 기억하고 대답해 주세요.”

고재봉은 무슨 일인지 영문을 몰라서 멍하니 나를 쳐다보았다.

그래서 나는 다시 “다름이 아니라, 박 중령에 대해 어떻게 생각하고 있느냐는 얘기입니다. 아직도 원한(怨恨)을 품고 있나요?” 하고 물었다.

“전도사님, 그게 무슨 말씀이십니까?

저는 조금도 그런 생각을 갖고 있지 않습니다.” 하고 깜짝 놀라면서 고재봉은 대답했다. 그래서 내가 “그럼 됐어요, 이제 이 세상 사람들에 대한 원한같은 것은 없겠지요?" 하고 물었다.

그러자 고재봉은 갑자기 나의 팔을 꽉 붙잡았다.

그러자 간수(看守)는 부드러운 음성으로 "오늘 시간도 많이 갔고 하니 이만하지요."라고 말했다. 이 간수는 사형집행일(死刑執行日)이 언제인지 알고 있었을 것이다. 고재봉은 드디어 붙잡은 손을 놓고 떨어졌다. 이제 고재봉은 한 발짝 두 발짝 물러서며 자꾸만 나를 쳐다보았다. 그러자 고재봉은 문 앞까지 갔다. 그리고 문을 막 나서려다가 갑자기 홱 돌아서며 "전도사님"하고 소리쳤다. 고재봉의 힘있는 목소리가 온 방안에 울려 퍼졌다.

"전도사님, 용기(勇氣)를 내세요, 천당(天堂)에 가서 다시 만나요!"

고재봉이 오히려 나에게 용기를 북돋아 주었다.

이 후로 나는 고재봉의 목소리를 다시는 들을 수 없었다.

드디어 1964년 3월 10일 사형집행일(死刑執行日)이 되었다.

물론 고재봉은 그 사실을 알 까닭이 없었다.

▶ 고재봉을 지켜본 간수들과 동료 죄수들은 눈물어린 감동으로 이렇게 전했다

사형집행(死刑執行)날도 고재봉은 평상시(平常時)와 다름없이 새벽에 일찍 일어나서 찬송가(讚頌歌)를 부르고 성경(聖經)을 읽기 시작했다. 그런 후에 평상시와 마찬가지로 방안에 있는 모든 사람들을 차례로 붙잡고 위로(慰勞)했다. 한 사람 한 사람을 붙들고 격려(激勵)와 위로(慰勞)의 말을 할 때마다 같은 방의 모든 사람들은 한결같이 고재봉에게 감사(感謝)의 뜻을 말했다. 평상시와 같이 아침 식사를 무사히 끝내고 모두들 앉아서 성경책을 뒤적거리고 있는데 갑자기 밖에서 간수(看守)의 목소리가 들려왔다.

"고재봉, 전방(廛房)!" '전방' 이란 '방을 옮긴다' 는 뜻이다.

그러나 고재봉은 이미 그 말이 무엇을 뜻하는지 알고 있었을 것이다.

고재봉은 마치 면회 온 사람을 만나러 갈 때와 똑같은 표정으로 뚜벅뚜벅 복도를 걸어 나갔다. 철창(鐵窓) 안에서는 "고 형…!!" 하며 울음을 터뜨리는 사람도 있었다. 고재봉은 철창 앞에 손을 내밀고 있는 사람들에게 다가가서 조용히 미소(微笑)를 지으며 격려(激勵)와 위로(慰勞)를 해 주었다.

"예수 잘 믿어, 나가서 꼭 교회 다니고!…" "고 형!!! 잘 가요!…"

마침내 구치소(拘置所) 안은 삽시간에 눈물 바다가 되어 버리고 말았다.

평소에 가끔 재판정(裁判廷)이나 검찰청(檢察廳)에 갈 때 타고 왔던 차와는 다른, 군대(軍隊) 병원차(病院車)가 고재봉을 기다리고 있었다.

몇몇 간수(看守)도 같이 탔지만 차 안은 아주 삭막(索莫)하고 조용했다. 어디로 달리는지 고재봉을 실은 차는 상당히 흔들리면서 자꾸만 굴러가고 있었다. 고재봉의 머리 속에는 아마 주님의 십자가 옆에 달린 강도(强盜)가 생각났을 것이다. "오늘 나와 함께 낙원(樂園)에 있으리라…."

한참 동안 달리던 차가 드디어 멈췄다. 어느 군부대(軍部隊) 뒷산이었다. 많은 간수(看守)들과 군목(軍牧), 검찰관(檢察官) 그리고 총을 가진 9명의 헌병(憲兵)들이 미리 와서 줄을 지어 차분히 고재봉을 기다리고 있었다. 간수(看守) 두 사람이 사형수(死刑囚) 고재봉을 양 옆에서 부축하고 가서 앞에 있는 말뚝에 기대어 서게 하고 밧줄로 가볍게 묶었다.

검찰관은 고재봉에게 물었다. "마지막으로 하고 싶은 말이 있는가…?"

고재봉은 잠시 침묵(沈默)을 지키고 있다가 드디어 입을 열었다.

"하나님이 세상을 이처럼 사랑하사 독생자를 주셨으니 이는 저를 믿는 자마다 멸망치 않고 영생을 얻게 하려 하심이니라"(요한복음 3장 16절).

고재봉의 목소리는 한적(閑寂)한 주위 공간에 우렁차게 울려 퍼졌다. 검찰관은 고재봉에게 다시 물었다.

"또 할 말이 있는가…?" 고재봉은 입을 열었다.

"검찰관님, 제가 웃을 때 방아쇠를 당겨 주세요."

고재봉은 너무나도 침착했다. 그리고 소리를 높여 찬송을 부르기 시작했다.

"인애하신 구세주여 내 말 들으사 죄인 오라 하실 때에 날 부르소서…"

차마 방아쇠를 당길 수가 없었다. 왜냐하면 그가 울고 있었기 때문이었다. 고재봉은 자신에게 총을 겨눈 헌병들에게 죽어 가는 그 순간까지 **"예수! 예수!"**를 외치고 전하던 그가 이제 찬송가 186장 후렴(後斂)을 부를 때,

"주여! 주여! 내 말 들으사 죄인 오라 하실 때에 날 부르소서…"

그리고 고재봉은 평안하게 웃고 있었다. 이 세상에서 가장 아름다운 웃음으로… 드디어 그 순간 약속된 방아쇠는 고재봉을 향하여 당겨지고 말았다.

마침내 고재봉은 웃으며 천국에 갔다. 이 세상의 온갖 근심과 고통을 깨끗이 다 털어버리고 오직 사랑으로만 뭉쳐진 영혼(靈魂)의 알맹이만 가지고 우리의 본향 저 천국문(天國門)으로 웃으며 들어갔다. **고재봉이 주님을 영접(迎接)한 후에 구치소에서 전도한 숫자는 무려 1,800명이 넘는다고 한다.**

그의 죽음을 사형장(死刑場)에서 직접 지켜본 간수들과 헌병들, 군목들과 검찰관은 깊은 감명을 받고 더 많은 사람들에게, 죽음의 마지막 순간 앞에서도 웃으며 천국에 들어간 고제봉의 마지막 찬란한 광경을 널리 전했다고 한다. 결론적으로 사형장의 이슬로 사라진 고재봉을 통해서 오고 오는 수많은 세대 속에서 아름다운 구원(救援)의 열매가 많이 맺히게 될 것이다. 나는 아직 천하를 깜짝 놀라게 했던 고재봉이 남긴 한 마디를 잊지 못한다.

"내가 일찍이 예수를 알았더라면 사람을 죽이지 않았을 텐데…"

이 고재봉의 말은 아직도 내 가슴속에 살아 움직이고 있다.

아마도 주님의 부름을 받는 그 순간까지 잊지 못할 것이다.

"한번 죽는 것은 사람에게 정하신 것이요 그 후에는 심판이 있으리니"

(히 9:27).

장차 우리 앞에는 죽음이 기다리고 있습니다. 죽음이 우리 인생의 끝이라면 얼마나 좋겠습니까? 인간의 죽음 후에는 분명히 천국(天國)과 지옥(地獄)이 있습니다. 이제 우리 모두 예수믿고 구원(救援)받아 장차 저 천국(天

國)에서 영생복락(永生福樂) 누리시기를 예수님의 이름으로 간절히 축원합니다. - 아멘 -

5. 주기철 목사의 일생과 순교(殉教)

▶ 어린 시절

주기철(朱基澈) 목사님은 1897년 11월 5일, 경남 창원군 웅천면 북부리에 있는 농가에서 주현성 씨와 조재선 여사 사이에 4남(四男)으로 태어났다.

어릴 때 이름은 **주기복**이었다. 주기복은 8세 때 개통학교에 입학했다. 나이도 어리고 몸도 허약(虛弱)하였지만 성적은 월등(越等)하게 뛰어나 선생님들의 주목(注目)을 받으며 신동(神童)이라 불리기도 하였다. 을사보호조약(乙巳保護條約)이 체결(締結)되고 한일합방(韓日合邦)이 되었을 때 어른들은 모여 통탄(痛歎)하며 눈물을 흘리고 더러는 무능한 조정(朝廷)을 원망(怨望)했다. "이렇게 어이없이 일본한테 목이 매여 끌려가야 하는가? 나라 잃은 사람들은 방황(彷徨)하기 시작했다. 주기복의 집에서 가장 먼저 예수님을 영접(迎接)한 사람은 큰 형 **주기원**이었다. 주기원은 웅천읍에다 조그마한 교회당(教會堂)을 세웠다. 그래서 주기복은 친구들과 함께 열심히 주일학교(主日學校)에 다녔다.

▶ 가자 오산으로

주기복이 개통학교에 다닐 때 아직 20세인 춘원 이광수가 부산 지구로 순회 강연을 나왔다가 개통학교에 들려 "학문은 아무도 빼앗을 수 없으니 젊은이들이 열심히 배우고 나라를 다시 찾아야 우리들의 미래도 열린다" 고 열변(熱辯)을 토하면서 오산학교를 소개했다. "가자, 오산으로!" 주기복은 뜨거운 마음으로 결심했다. 그곳은 1,500리 길이나 되는 먼 길이어서 가족들이 반대하였으나 주기복은 굽히지 않고 사촌형인 주기용과 함께 오산학교에 입학했다. **오산으로 떠나기 전에 이름을 주기복에서 주기철로 바꾸었다.**

오산학교 설립자 남강 **이승훈**은 105 사건으로 감옥생활을 하고 계셨다. 그는 가난한 시골 선비의 아들로 태어나 일찍 부모를 여의었으나 자수성가(自手成家)하여 우리나라에서 첫손에 꼽힐만한 대실업가로 성장하였다. 그러나 청일전쟁과 러일전쟁으로 많은 돈을 잃어버리면서 모든 것이 헛됨을 느끼게 되었다. 그래서 40세에 늦게 공부를 시작하였다.

얼마 후 평양에서 열린 창호 선생님의 교육진흥론(教育振興論)을 듣고 그 자리에서 상투를 자르고 금주금연(禁酒禁煙)을 선언(宣言)하신 후에 청결(淸潔)하게 삶을 사시다가 1907년 43세에 오산학교를 설립(設立)했다.

1916년 주기철은 4년 동안의 공부를 마치고 우수한 성적으로 오산학교를 졸업했다. 남강 선생과 고당 선생은 주기철에게 많은 기대를 품으며 오산학교의 기둥으로 쓰고 싶어 하셨다. 남강 선생은 주기철에게 우리나라 경제를 부흥(復興)시켜 민족산업(民族産業)을 일으키는 좋은 재목이 되어주기길 바란다며 연희전문학교의 상과(商科)에 진학(進學)하기를 권유(勸誘)하였다.

▶ 제3의 존재를 찾아서

주기철은 연희전문학교에 들어간지 얼마 지나지 않아 어렸을 때부터 앓던 고질병(痼疾病)인 안질(眼疾)이 더 심해져서 공부하기가 몹시 힘들었다. 게다가 큰 형 **주기원**이 하던 염전(鹽田)과 어업(漁業), 양조장(釀造場)이 한꺼번에 기울어져 재산 상속문제相續問題)로 가정불화(家庭不和)가 일어났다는 소식을 듣고 학업을 중단하고 집으로 돌아가게 되었다. 그후 상속문제도 어느 정도 해결을 보고 눈도 나았지만 몹시 쓸쓸한 나날을 신앙으로 달래면서 살아갔다. 그러던 차에 이기선 목사님이 소개해 준 안기영씨의 막내딸 **안갑수**와 결혼생활이 시작되었다. 그러나 마음 편하게 가정의 행복속에 빠져있지는 못했다. 많은 기대 속에서 흥분하며 일어났던 3.1운동이 실패로 끝났기 때문에 많은 신자(信者)들이 회의(懷疑)에 빠지게 되었다. 그래서 교회를 세웠던 큰 형도, 작은 형도 교회를 등졌다. 교회에서 십여 년이나 봉사했던 형들이 불신(不信)으로 빠지는 것을 보며 **주기철**의 갈등(葛藤)은 더욱 깊어만 갔다.

"아아 이것도 아니다. 정녕(丁寧) 삶은 이것만이 아닐 것이다. 행복한 가정을 이루는 것만도 아니다. 그렇다고 나라를 위하여 독립(獨立)을 쟁취(爭取)하겠다고 몸부림을 치는 이것만도 아닐 것이다. 그러면 제3의 그것이 존재하는 것인가? 왜 나는 그것을 아직도 만나지 못하고 있는가…?" 갈등하며 지냈다.

그렇게 1년이 지나 첫아들 **영진**이가 돌이 될 무렵 마산 문창교회에서 **김익두** 목사를 모시고 부흥사경회(復興査經會)를 연다는 소식을 듣고 사람들이 술렁거렸다. 소경이 눈을 뜨고 앉은뱅이가 걸으며 귀머거리가 듣는 기적(奇蹟)들이 많이 일어난다고 했다. 그 소문(所聞)을 듣는 순간 가슴에서 무엇인가 뜨거운 것이 분출(噴出)했다. "가자, 가자! 문창교회로 가자…!!"

▶ 은혜 체험

울며 회개(悔改)하는 사람, 병고침을 받았다며 함성(喊聲)을 지르는 사람, 방언(方言)이 터진 사람, 각양각색(各樣各色)의 사람들로 예배당(禮拜堂)이 가득찼고 모두들 열심을 다하는데, 주기철과 친구들은 구경꾼에 불과했다. 그러면서 "왜 우리는 은혜를 못 받는가?" 안타까움과 분함으로 답답해 하였다.

셋째날 밤 집회에서 **김익두** 목사님은 "성령(聖靈)을 받으라"는 제목으로 설교를 하셨다. 장내는 성령의 불길로 휩싸였다. "장님의 눈을 뜨게 만드는 것은 내가 아니라 예수님이요! 귀머거리의 귀가 뚫리는 것은 내가 하는 일이 아니라 예수님의 이름으로 성령(聖靈)이 하시는 일이요! 마음이 가난한 자, 마음이 청결한 자는 지금 이곳에서 역사(役事)하시는 하나님을 볼 것이오!"

이때 **주기철**은 바윗돌보다 더 무거운 자신의 죄를 깨닫고 갑자기 통곡(痛哭)과 함께 눈물을 쏟기 시작했다. 그 자리에 고꾸라지면서 방성대곡(放聲大哭)을 터뜨렸다. 남의 시선도 아랑곳하지 않고 오직 사랑의 주님만 느꼈다. 울고 또 울어도 눈물은 그치지 않았다. 어둠 속에서 헤매며 찾던 그 빛, 허망(虛妄)한 속에서 그렇게 갈망

(渴望)했던 그 존재를 드디어 찾은 것이다. 이제 성령(聖靈)으로 새롭게 태어난 것이다. 그해 11월 1일 주기철과 그의 친구들은 신학생이 될 것을 결심했다. 주기철은 미래를 보장(保障)해 줄 수 없는 이국땅에 와서 고스란히 자신을 바치며 헌신(獻身)하는 선교사들을 바라보면서 가슴엔 불같은 뜨거움이 솟아오르고 밖으로는 저절로 고개가 수그러졌다.

▶ 초량교회의 위임목사

그는 1926년 3월 평양신학교(平壤神學校)를 19회로 졸업했다. 그의 나이 서른! 신학교를 다니는 동안 두 번째 아들 **영민**이와 세 번째 아들 **영묵**이가 태어났다. 자식이나 아내를 호강시킬 수 있는 처지가 아니었기에 기쁨보다는 부끄러움이 앞섰다. "예수님이 가신 길을 뒤따라 갈 수가 있을까? 세 아들과 아내와 어머님을 이끌고 나는 목회자(牧會者)의 길을 가야 한다"고 결심했다.

그는 1926년 봄에, 설립된지 33년 되는 부산 초량교회 위임목사(委任牧師)가 되었다. 주목사는 비상(非常)한 고심(苦心)과 정성을 가지고 대개 목요일까지 설교 원고를 작성(作成)했다. 원고를 작성하다가도 가끔 산에 올랐다. 방 두 칸에 어머님을 모시고 아이들과 함께 살았기 때문에 서재(書齋)가 없어 집보다는 교회에서 많이 생활하며 산에 가서 철야(徹夜)하기가 일쑤였다.

주목사는 구봉산 바위굴에서 살다시피 하고, 교회의 교육이나 재정관리에 빈틈없이 철저했으며, 그의 사례비의 절반은 교회로 되돌아 왔다. 교회에서는 보릿고개 때도 점심을 지어 배고픈 사람을 먹일 정도로 구제(救濟)와 선교(宣敎)에 힘썼다. 주목사는 기도와 철저한 생활, 보살핌으로 어수선한 시국(時局)과 기독교계(基督教界)를 성경말씀으로 지키며 든든히 기초를 다졌다. 그래서 위임(委任)받은 지 한 해 만에 100여 명의 교인이 300여 명으로 불어났다.

▶ 내일 일을 염려하는 것은 불신(不信)이오

주목사가 구봉산에 올라가 기도할 때마다 늘 아내 몫으로 친정(親庭)에서 주신 땅 6000평을 소유(所有)하고 있다는 것이 못내 양심에 걸렸다. "굶어 병들어 죽어 가는 사람들이 있는 것을 뻔히 알면서 그 땅을 어떻게 끼고 있겠오? 내가 어떻게 강대상 위에서 성도들에게 가난한 자를 구제하라고 권면하겠오? 나의 아내인 당신이 주인이니 내가 전혀 무관하다 할 수 없는거요. 처분(處分)하여 배고픈 사람들을 먹이고 봅시다." 남편의 말이지만, 끝없는 목회자(牧會者) 가정의 가난한 살림을 하다보니 자식들의 장래가 걱정되어 남겨두었던 어미의 마음인지라 부인(夫人)은 계속 반대했다.

"여보, 내일 일을 염려하는 것은 불신이오? 하나님께서 우리 아이들을 굶기시거나 까막눈을 만드시겠오? 또 설사(設使) 그렇게 하신다 하여도 무슨 뜻이 있으실 것을 못 믿겠오? 당신이 그렇게 땅을 움켜지고 있는 것은 불신이오?" 눈물로 기도한 후 결국 절반의 땅을 처분하여 구제(救濟)했다. 한편으로 그는 24회 경남노회에서 부회장으로 피선(被選)되고 25회 노회에서 다시 유임(留任), 주목사의 제의(提議)로 경남노회가 신사참배(神社參拜) 반대를 결의(決議)한 뒤로 경남 일대의 교회는 뜻을 같이하기로 단단히 결속(結

束)했다. **"신사참배는 십계명(十誡命) 중 엄연히 제1, 2계명을 어기고 우상(偶像)을 섬기는 짓이다. 우리는 계명을 어기고는 살 수 없음을 천명(天命)하여, 일본이 받드는 신사(神社) 앞에는 결단코 나가지 않을 것이다." 주목사는 신사참배를 통해 우리 민족의 신앙(信仰)을 짓밟으려는 마귀(魔鬼)를 정면으로 대적(對敵)하고 나선 것이다.**

▶ 상처받은 문창교회의 호소

문창교회는 주목사가 처음 성령체험(聖靈體驗)을 한 곳이었다. 예배당(禮拜堂)은 크고 재정(財政)은 튼튼했으나 목회자 문제로 늘 불안한 교회였다. 시련(試鍊)을 겪은지 4년이 이르도록 계속 흔들리는 문창교회는 교회를 새롭게 이끌어 줄 인물로 **주기철** 목사를 청빙(請聘)했다. 1933년 암울(暗鬱)한 기운은 점점 무겁게 조선 땅을 짓눌렀고, 전세계를 휩쓸고 있는 경제위기가 일본의 군국주의(軍國主義)를 더욱 부추겼다. 이에 일본은 북벌(北伐)을 꿈꾸면서 조선 땅을 군수기지(軍需基地)로 만들기 위하여 혈안(血眼)이 되었다.

상처 입은 문창교회 문제를 주기철 목사는 오직 말씀과 기도를 통해 해결하였다. 오랫동안 높은 영적 기갈(飢渴)에 허덕이던 교인들은 다시금 맑은 물을 얻게 되어 안정을 찾았다. 그리고 **안갑수** 사모(師母)와 당시 일본으로 유학(留學)가려다 병이 나서 포기(抛棄)한 후 의신여학교의 교사가 된 **오정모** 선생이 주일학교 교사로 일했다. 기도와 성경에만 열중하고 구제에도 열심이 있는 주목사의 관후(寬厚)하고 온유(溫柔)한 인격은 전 신도들에게 언제나 만족을 주었다. 그들이 요구하는 영력(靈力), 사랑, 학식이 다 구비되어 있어 나날이 그는 문창교회의 빛이 되었다. 1933년 5월 19일 돌연 **안갑수** 사모는 큰언니의 장례(葬禮)를 치르고 심신(心身)이 피곤한 가운데 인중(人中 – 코,입 사이)에 난 종기(腫氣)를 수술한 것이 잘못되어 결국 살 가망(可望)이 없게 되었다.

▶ 공의의 종으로 치리하다

1933년 7월 3일 경남노회는 임시노회를 소집하여 예수님은 하늘에서 내려온 육(肉)이라는 순육설(純肉說)과 십계명(十誡命) 무용설(無用說)을 주장하는 신진리파(新眞理派)에 대한 정죄여부(定罪與否)를 가려야만 했다. 그는 노회장으로서 신진리파의 문제를 어떤 형태로든 마무리해야 할 처지에 있었다. 젊은 지성인 몇과 함께 그가 아끼던 청년들이 연류(連類)되어 있었지만, 아픈 가슴으로 7월 3일 노회에서 몇몇 사람은 면직으로, 나머지는 출교로 책벌(責罰)을 단행(斷行)했다. 그후 자기를 초량교회 취임목사(就任牧師)로 청빙(請聘)하기 위해 적극적으로 나섰던 선배 **장덕생** 목사가 교리 해석을 제멋대로 만들어 새 교파를 형성하고 나가는 사건이 있었다. 권징조례(勸懲條例)에 따라 그 이름을 노회 명부에서 제명해야 했다. 비록 잘못이 있다고는 해도 한 교직자의 생명을 그렇게 잘라야만 하는 노회장 주목사의 심정은 참담(慘憺)했다.

그는 산으로 올라갔다. 왜 그에게 하나님께서는 이런 일을 맡기시는지 정말 괴로웠다. 그는 산에 올라 하나님의 뜻이 밝혀질 때까지 기도했다. 밤이 깊어지면서 평평한 바위 위에 꿇어 엎드린 그의 숨결은 그대로가 신음(呻吟)이었다. **사흘만에 세상을 떠난 아내의 죽음, 두 아이의 죽음, 제명(除名), 책벌(責罰), 한국을 키질하듯 들볶는 일본, 이땅 곳곳에 세워지는 일본의 신사(神社), 주님을 찾는 그의 울부짖음은 산 전체를 뒤흔들고 있었다. 새벽녘에야 그는 하나님의 음성을 들을 수 있었다. "제단(祭壇)은 높은 곳에 있느니라. 제단에 오르면 계단을 밟아야 하느니라."** 그 순간 그는 자신이 걸어가는 그 길이 제단을 향해 올라가는 계단이라는 것을 깨달았다. 주님의 제물(祭物)이 되기 위해 육신에 속한 애정과 욕망을 끊어내는 좁은 길이라는 것을 깊이 깨달았다.

▶ 새로운 하나님의 계획

그는 그 주일에 주일예배를 드린 후 자리에 눕고 말았다. 과로(過勞)에 영양실조(營養失調)로 10여 일간 호되게 앓고 난 후 민망(憫망)할 정도로 수척(瘦瘠)해졌다. 1934년 목사님의 건강이 더욱 안 좋아지자 제직들이 재혼문제를 들고 나섰다. 모두의 이야기가 **안갑수** 사모의 유언(遺言)도 있고, 여러 가지 면으로 봐서 **오정모** 선생이 적임자라는 것이다. 그러나 오선생은 주목사를 성직자(聖職者)로서 존경하며 사모(思慕)했으므로 그 동경을 깨뜨리고 싶지 않아서 거절했다. 그러나 결핵성 복막염으로 죽음의 고비를 겪고 난 뒤에 하나님의 뜻으로 받아들였다. 금강산에 있는 장로교 수양관에서 수양회가 열렸다.

장로교 총회(總會)의 모든 목사와 선교사 200명이 일제히 모여 조선교회의 당면문제(當面問題)와 과제를 두고 기도하며 의논하기로 되어 있었는데, 거기서 주목사는 **"예언자(豫言者)의 권위(權威)"**(마 3:1~13)라는 제목으로 설교했다. "엘리야의 권위, 예레미아의 권위, 세례 요한의 권위는 일사각오(一死覺悟) 연후(然後)에야 이루어졌습니다. 여러분, 몰라서 말을 못하십니까? 우리가 왜 벙어리 개가 되었습니까? 오늘 목사도 일사각오 연후에 할 말을 해야만 목사의 권위, 예언자의 권위가 설 것입니다. 그런데 우리는 아무 까닭 없이 일본의 한낱 순경 앞에서 쩔쩔 매고서야…" 그러나 미처 그 대목의 말을 맺기도 전에 장내를 찢을 듯한 제지(制止)의 소리가 단상(壇上)을 가로질렀다. "중지! 중지! 당장 중지…!!" 단상은 일경(日警)들과 목사들로 아수라장이 되었고, 참석자들 모두가 일경(日警)에게 맞아 피를 흘리고 멍이 든 채 그 밤을 지내고 강제로 해산(解散)을 당하였다. 한편 일본에 건너가 공부를 하던 몇몇 목사들에게서 **일본순회전도강연(日本巡廻傳道講演)**을 부탁받아 주목사는 한 달 이상 전도 강연 길을 떠난 후 교회도 조용하게 되었다. 목사님이 돌아오신 후 평양의 산정현교회에서 그를 청빙(請聘)하는 편지를 받았다. 그는 편지를 내려놓고 무학산으로 올라가 엎드렸다. "왜 저를 부르십니까? 왜 남쪽 끝에 있는 제가 그곳으로 가야 합니까?" 조만식 선생님이 몇 일 후에 친히 찾아오셨다.

▶ 산정현교회

1936년 7월, **주기철 목사를 맞이하는 산정현교회는 잔치 분위기였다.** 산정현교회는 민족주의자들의 총본산(總本山)으로 자타(自

他)가 공인(公認)할만한 교회이고, 중산층을 웃도는 식자(識者)들이며, 재력(財力)을 가진 사람들이 교인이 되는 것을 은근히 자랑으로 여길 만큼 특수층을 수용(收容)한 교회였다.

일본도 이에 맞서듯 주목사가 산정현교회로 부임해 온 그 시기에 악명(惡名)을 떨치는 군인 출신 **'미나미 지로'**를 서둘러 조선 총독으로 내보냈다.

주기철 목사는 신앙은 조국이나 민족을 초월(超越)한 절대절명(絕對絕命)의 것이어야 하며, 민족 운동을 위한 신앙이란 존재할 수 없으며, 조국 해방이 신앙의 목적이 될 수 없다는 것을, 신앙의 민족사적(民族史的) 결실은 먼저 그의 나라와 그의 의를 구한 다음에 허락되는 하나님의 선물임을 산정현교회 교인들에게 밝히 전했다. "하나님께서 저 같은 사람을 산정현교회로 끝까지 지키라는 뜻임을 깨달았습니다. 총독부(總督府)는 곧 우리 민족 한 사람 한 사람이라도 잡아 끌어내어 신사참배(神社參拜)를 하도록 갖가지 계책(計策)을 쓸 것입니다. 감언이설(甘言利說), 강제, 위협(威脅), 자신들의 법으로 온갖 방법으로 휩쓸어 올 것입니다. 신사참배(神社參拜)가 총칼이 아니니까 별것 아니라고 생각하지 마십시오. 그것은 하나님을 아바 아버지로 부르며 새 생명을 얻은 우리가 생명을 잃느냐 지키느냐 두 가지 중에 한 가지를 택하게 되는 절대절명(絕對絕命)의 사건(事件)이요 시험(試驗)인 줄 알아야 합니다.

이 문제는 우리 민족을 사랑하시는 주님께서 우리 민족을 쓰시기 위하여 연단(鍊鍛)하심이요 시험(試驗)하시는 것인 줄 알아야 합니다. 이 시험을 통과한 뒤에는 우리가 하나님께 쓰임 받는 백성이 될 것입니다. 산정현교회의 소명(召命)은 이 땅의 교회를 지키는 파숫군이 되라 하시는 것입니다."

▶ 마귀의 구체적인 활동

'미나미' 총독(總督)은 부임(赴任)하면서부터 조선(朝鮮) 사람들의 목을 단단히 조이기 시작했다. 부임하기 전에 조선을 일본 앞에 무릎 꿇리겠다고 호언장담(豪言壯談)했던 대로 본때를 보일 속셈이었다. 10월 1일, 총독부는 소위 '황국신민서사(皇國臣民誓詞)'를 제정(制定)하고, 황국신민체조(皇國臣民體操)를 만들어 시행하도록 했고, 관공서와 각급 학교에 '일본천왕(日本天王)의 사진, 일장기(日章旗), 일본 국가를 인쇄한 액자'를 배급하여 매일 경배(敬拜)하라고 지시했다. 그리고 강제로 집집마다 가미다나(神棚)를 설치했고, 평양에서는 곳곳에 신사(神社)를 세워놓고 지나가는 사람마다 코가 땅에 닿도록 공손하게 절하지 않으면 그것도 불경죄(不敬罪)라 하여 잡혀 갈 판이었다.

조선 총독부는 학교마다 신사(神社)를 참배(參拜)하라고 강력하게 명령하고, 학교에서 가르치던 조선어(朝鮮語)를 폐지(廢止)하고 일본어를 강제로 사용하게 하였다. 결국 북장로교나 남장로교, 호주 선교부에서는 "하나님의 계명(誡命)에 어긋남을 알아 신사에 참배할 수가 없고, 또 학생들에게 그렇게 가르칠 수도 없다." 하여 미션(Mission)학교들을 폐쇄(閉鎖)하기로 결정했다.

한편 53회 평북노회가 2월 7일이었다. 평북노회에서 **김일선** 목사가 노회장으로 선출되자, 평양신학교 학생들이 친일파(親日派) 앞잡이가 목사가 되어 노회장이 되고 조선교회의 신사참배 안건

(案件)이 통과되었다고 울분(鬱憤)과 흥분(興奮)으로 김일선 목사 졸업기념식수를 뽑아버리고, 돌 푯말까지 깨뜨렸다. 그런데 이 일을 **주기철** 목사가 사주(使嗾)했다며 형사들이 갑자기 들이닥쳐 주목사를 끌고갔다. 교인들은 새파랗게 질렸다. 형사를 붙잡고 말리다가 탄식하는 **조만식** 장로를 보고 주목사는 엷은 웃음을 머금으며 뒷일을 부탁했다.

학생들 10여 명과 산정현교회 교인들까지 검속(檢束)해 들인 후 2월 9일 조선의 공교회(公敎會)로서는 처음으로 신사참배(神社參拜)를 가결(可決)한 치욕(恥辱)의 날이었다. 그 일을 성사(成事)시키기 위해서 그렇게 잡아들인 것이다. 목사님이 감옥(監獄)에 계신 동안 **오정모** 사모와 성도들은 철야기도(徹夜祈禱)를 했다. 결국 목사님은 4주 만에 풀려났다.

▶ 무너지는 한국교회

전국 24개 노회가 하나하나 무너지는 소식은 하루가 바쁘게 들려왔고, 평양신학교는 스스로 문을 닫았다. 평양신학교가 문을 닫았다는 소식이 있던 날, 주목사님은 방문을 닫고 숨소리도 없이 홀로 계셨다. 오후가 되어 동료 목사님들이 침통(沈痛)한 얼굴로 방문을 열었다. 선교사들은 고국으로 돌아가고 평양신학교를 짓밟은 자들이 모란봉에 세운 일본 신궁(神宮) 텃밭에 평양신학교를 새로 세웠다. 평양 기독교(基督敎) 친목회(親睦會)와 서울 혁신교단(革新敎團)은 조선총독부(朝鮮總督府)에 직통으로 통하는 세력단체로 커져 산정현교회 새벽기도 내용까지 일일이 그 친목회에 밀고(密告)

되고 있었다. 일본이 파견한 일본 기독교회 대회 의장 **'도미다'** 목사가 총회를 앞두고 회유(懷柔)하기 위해 한국에 왔다. 평양에 도착한 그들 일행을 4개 노회가 연합으로 주최하여 모은 100여 명의 목사와 임원들이 성대한 환영 만찬(晩餐)으로 맞이한 후, 모임 장소를 산정현교회로 정했다. 도미다는 깍듯한 태도로 싹싹한 말씨로 신사(神社)를 종교의 대상으로 삼고 있지 않다고 누누이 설명을 했다. 주기철 목사는 차분하면서도 죽음을 각오한 단호(斷乎)함과 의연(依然)함으로 대처했다.

▶ 사단과의 한판승

"**도미다** 목사께서는 십계명(十誡命)을 외우십니까? 목사님께서는 언제 성경을 읽으셨습니까? 먼저 그의 나라와 의를 구하는 것이 그리스도인의 강령(綱領)이라면 도미다 목사께서는 조선을 불법으로 점령(占領)한 일본의 유익을 위하여 지금 불법을 함께 자행(自行)하고 있다는 사실을 알아야 합니다. 도미다 목사님, 목사님이 진정 그리스도의 사도(使徒)라면, 그리고 진정 조국 일본을 사랑하신다면, 이렇게 조선 사람들에게 신사(神社)를 참배(參拜)하라고 권고(勸告)하며 다니시기보다 같은 동포인 일본 사람들에게 좀더 열심히 복음을 전하셔야 하지 않겠습니까? 일본에는 신앙양심(信仰良心)을 목숨보다 더 귀하게 여기며 지키고 있는 훌륭한 분들이 많습니다. 참으로 복된 일이지요. 일본도 한시 바삐 여호와 앞으로 돌아와, 더 큰 일을 저질러 돌이킬 수 없이 되기 전에 그리스도의 진리(眞理) 앞에 무릎 꿇는 행복을 누리시기를 원합니다."

도미다는 얼굴이 창백(蒼白)해지기도 하고 쓴웃음을 짓기도 하면서 주목사의 이야기에 귀를 귀울렸다. 결국 그 간담회는 새벽 4시가 되어서야 결국 도미다 목사님의 패배(敗北)로 끝맺었다. 그런데 산정현교회에서 간담회로 밤을 지세운 날 저녁, 선교부로부터 도미다 일행에게 성대한 만찬이 벌어졌고, 도미다는 4개 노회 신사참배(神社參拜)를 가결한 선물을 안고 일본에 돌아갔다는 소식을 듣고 목사님은 저녁상을 받지 않았다. 도미다 목사의 한국방문은 9월에 개최될 예정인 장로교 제27회 총회를 위한 선무공작(先務工作)의 시작이었다. 일본은 제27회 총회에서 조선교회의 신사참배를 가결시킬 계획을 치밀하게 짜놓고 있었다. 1938년 7월 초복 더위가 땅을 절절 끓게 만들던 날, 사복경찰(私服警察) 몇 명이 교회 사무실로 들이닥쳐 영장제시(令狀提示)도 없이 창백해진 주목사를 무조건 끌고 나갔다. 총회가 열리기 전에 신사참배 반대 안건을 들고 나올 주인공이기에 주목사를 묶어 두기 위한 작전이었다.

▶ 십자가의 길

'시미즈가' 형사는 막상 **주기철** 목사를 구속(拘束)해 놓기는 했으나 적당한 죄목을 잡을 수가 없고 모두들 존경하는 터라 어떻게 하나 고민하고 있는데, 의성읍 경찰서의 고등계 계장 악마(惡魔)의 화신(化身)이라고 불리우는 낭하형사 밑에서 훈련받은 **배만수** 형사가 평양에 왔다. 배만수 형사는 의성교회를 뒤지다가 **유재기** 목사가 '기독교 청년면려회'에 관계하고 있다는 것을 알아내고, 의성교회 중심으로 청년들을 잡아 가두며 관계된 목사들을 의성으로 끌어 들였다. 이 '농우회' 는 5년 전 평양신학교 신입생 환영야유회에서 출발한 농촌계몽운동 이었는데, 회장이 산정현교회 조만식 장로요, 교인들 중에 몇 사람이 중요한 인물임을 알고 주기철 목사를 주동자로 추적(追跡)한 것이다.

8월 10일, 평안남도에 있는 장로교회들이 너도 나도 앞장서듯 신사참배(神社參拜)를 결의하고 있을 때 **주기철** 목사는 교회가 무너지는 처절(悽絕)한 소리를 들으며 의성으로 끌려갔다. 그의 도착은 고문(拷問)의 시작이었다. 검도용 몽둥이가 자주 부서졌고, 앉혀놓고 짓이기는 매질이 지루해지면 천장에 가로지른 각목에다 발목을 묶어 매달아 놓고 가죽 채찍을 휘두르며 비행기를 태웠다. "아하, 아직 매운 맛을 못보아서 입이 살았어," 주목사를 거꾸로 매어 달아놓고 고춧가루를 가득 푼 주전자 물을 코와 입으로 쏟아 부었다. 영원한 지옥불의 불붙음 같았다. 극심하던 고통은 순간 끊어져 무의식 속에 빠졌고, 고춧가루물 고문은 숨통만을 막는 것이 아니라 혈관도 타 붙게 만들었다.

주목사는 감방에 있던 청년이 내미는 밥덩어리를 간신(艱辛)히 받아들고 무릎을 꿇고 눈물을 흘렸다. "주님, 아무것도 생각이 나지 않습니다. 나는 마치 완전히 버림받은 자같을 뿐이오며, 갈 곳이 아주 없는 자 같이 되었습니다. 부끄러움도 모르겠고, 희망이라는 것을 처음부터 모르는 자같이 되었습니다. 주님! 성찬(聖餐)으로 받사오니 주께서 저와 함께 하심을 확증(確證)하게 하시옵소서. 불쌍히 여기시고 새 힘을 주시옵소서!" 눈물로 간절히 기도했다.

농우회 사건은 당초에 낭하 형사와 배만수 등이 기대했던 것만큼

성과를 거둘 수가 없었다. 약이 오른 배형사와 낭하형사의 고문은 더 혹독(酷毒)해졌다.

그들은 주목사의 손톱을 잡아 뽑았다. 그리고 손톱 뿌리가 남아 있는 자리를 대나무 바늘로 쑤시고 찔렀다. "주여! 이들을 불쌍히 여기소서, 이들을 용서하소서!" 기절(氣絕)한 주목사의 얼굴에 물을 끼얹고 의식(意識)이 깨어난 주목사를 널판자에 눕혀놓고 사지(四肢)를 묶었다. 그리고 아랫도리를 벗긴 뒤에, 알코올에 적신 탈지면을 감은 꼬챙이를 요도(尿道)에 마구 쑤셔 넣었다. 요도가 찢겨져 피가 흐르고, 그 고통은 면도날로 아랫배를 끊어 내는 듯했다.

얼마나 고문(拷問)이 심했던지 의성경찰서에서 고문을 받던 **권중하** 전도사가 순교(殉教)했고, **박학전** 목사는 고문 끝에 맑은 정신을 잃고 기절을 했다는 소식이 들렸다. 한편 평안장로회는 "신사참배(神社參拜)는 교리에 배치(背馳)되는 것이 아니다."고 선언하며 9월 2일에 경안노회도 정기노회에서 신사참배를 가결했다. 9월 9일 총회가 열리기 전에 총노회 27개 중 과반수가 넘는 17개 노회가 신사참배(神社參拜)를 스스로 가결(可決)했던 것이다.

드디어 장로회 제27차 총회가 9월 9일 평양의 서문 밖 예배당에 219명의 총회 참석자가 모여들었다. 참석자 219명의 사이마다 경찰관이 97명이나 끼어 앉아 장로회 총회가 아니라 경찰관 모임 같았다. 살벌(殺伐)한 분위기 속에서 임원선거를 하고 허둥지둥 불법으로 신사참배를 가결하고 말았다.

▶ **오정모 사모의 절개**

의성에서 면회를 허락한다는 전갈(傳喝)이 오자, **오사모**는 먹는 것도 잊고 자는 것도 잊고 한걸음에 달려갔다. 낭하형사와 배형사는 오사모를 앉혀 놓고 회유(懷柔)하였다. "주목사는 시국에 대해 아주 둔하더군요. 그러니 부인께서 면회를 하시면서 요즈음에 돌아가는 사태를 잘 설명하시고, 신사참배(神社參拜)를 하겠다는 약속을 하도록 설득하세요. 아시겠습니까? 그것 한가지면 당장 석방(釋放)입니다." 오사모는 어떻게 할까 갈등하고 있는데, 형사실 문이 열렸다. 주목사의 깍지 못한 수염 속의 얼굴은 백납 빛이었다. 안질이 도져 벌겋게 충혈되었고, 저고리는 헐렁하며 허수아비에게 걸쳐놓은 옷처럼 보였다.

오사모는 피가 나도록 입술을 깨물고 그 자리에 무릎을 꿇고 엎드려 절했다. **"목사님 장하십니다. 조선의 교회가 다 무너져도 목사님이 견디시는 한 우리 주님의 교회는 그 자리에 건재(健在)하십니다. 목사님, 승리하셔야 합니다. 주님께서 목사님의 승리(勝利)를 끝까지 지켜보시며 기다리고 계십니다."**

갑자기 배형사가 머리채를 잡아채었다. "아니! 이런 독한 계집이 있나? 제 서방을 석방(釋放)시키도록 말을 거들랬더니 무어야? 더 견디고 승리하라고! 세상에 석방을 죽음의 길로 몰아넣는 독한 여편네로구만…" 호통을 쳤다.

"목사님, 우리 기도가 결단코 헛되지 않습니다. 목사님 지금까지 견디신 것처럼 기도하시면서 견디십시오. 모두들 잘 계시니 집안 염려는 하시지 마세요. 산정현교회도 꿋꿋하게 잘 견디고 있습니

다. 교인 중에 아무도 십계명(十誡命)을 어긴 사람이 없습니다."

배형사는 오사모를 마구 내동댕이쳤다.

평양으로 돌아오는 기차 안에서 오사모는 한없이 눈물을 흘리며 울고 또 울었다. "주님 용서 하세요. 기차 안에서만 울고 평양에 도착하면 눈물을 흘리지 않겠으니 지금만 용서하세요." 하며 울면서 간절히 기도했다.

▶ 5가지 기도제목

다음해 2월 농우회 사건으로 구속(拘束)된 사람들은 검찰청(檢察廳)으로 넘겨졌고, 검찰청에서 유재기 목사 한 사람만 기소(起訴)를 하고 나머지는 모두 무혐의(無嫌疑)로 석방(釋放)하기로 결정을 했다.

2월 5일 주일 아침 평양역에는 수많은 사람들이 주기철 목사님을 마중나와 있었다. 그날 예배 시간이 되자, 평양과 대동과 신교리의 3개 경철서 소속 고등계(高等係) 형사들이 산정현교회로 몰려들었다. 2천여 명이 집결한 자리였으나 숨소리 한가닥 들리지 않았다.

"지난 7개월 동안 감옥(監獄)에서도 나와 함께 해주신 주님께 감사를 드립니다. 그동안 기도해 주신 여러분의 기도 안에서 저는 모든 것을 잘 견디고 오늘 이렇게 여러분 앞에 섰습니다. 7개월 동안 저에게는 5종목의 기도가 세워졌습니다."

첫 번째, 저의 기도는 **'죽음의 권세를 이기게 하여 주옵소서'** 입니다.

"저는 바야흐로 죽음에 직면(直面)해 있습니다. 내 목숨을 빼앗으

려는 검은 손은 시시각각(時時刻刻)으로 다가오고 있습니다. 사망(死亡)의 권세(權勢)는 사람을 위협(威脅)하는 마귀(魔鬼)의 최대 무기(武器)인 듯 합니다. 죽음이 두려워 의(義)를 버리고 죽음을 면하려고 믿음을 버린 사람이 얼마나 많습니까? 오! 주님 이 목숨 아끼다가 주님을 욕되게 하는 일을 겪지 않게 하여 주옵소서. 이 몸이 부서져 가루가 되어도 주님의 사랑만을 지키게 하여 주옵소서. 소나무는 죽기 전에 찍어야 푸르고, 백합화는 시들기 전에 떨어져야 향기롭습니다. 세례 요한은 33세에, 스데반은 그 젊음의 뜨거운 피를 뿌렸습니다. 이 몸도 시들기 전에 주님의 제단(祭壇)에 제물(祭物)이 되게 하소서!"

두 번째, 저의 기도는 **'장기간의 고난을 견디게 하여 주시옵소서'** 입니다.

"단번에 겪는 고난은 이겨내기 쉬우나 장기간의 고난은 참기가 힘이 듭니다. 칼로 베고 불로 지지는 고문(拷問)이라도 한 두 번에 죽어진다면 그래도 이길 수가 있으나 한달, 두달, 1년, 10년 계속되는 고난은 견디기가 어렵습니다. 하물며 저처럼 연약(軟弱)한 약졸(弱卒)이 어떻게 장기간의 고난을 견디어 배기겠습니까? 다만 주님께 의지할 뿐입니다. 주님을 위하여 이제 당하는 수옥(囚獄)을 내가 피하였다가 이 다음에 주님이 "너는 내 이름으로 평안과 즐거움을 다 받아 누리고 고난의 잔은 어찌하고 왔느냐?"고 물으시면 무슨 말로 대답하랴! 주님을 위하여 주어지는 십자가(十字架)를 내가 어찌 피하였다가 이 다음에 주님이 "너는 내가 준 유일한 유산(遺産)인 십자가를 어찌하고 왔느냐?"고 물으시면 내가 무슨 말로 대답하랴!..."

세 번째, 저의 기도는 **'노모와 처자와 교우를 주님께 부탁하는 기도'** 입니다.

"나에게는 팔순(八旬)을 바라보는 어머님이 계시고 병든 아내와 아직 어린 자식들이 있습니다. 아들로 태어나 자식의 의무도 중요하고, 한 사람의 가장(家長)으로서 하나님이 주신 자식들의 아비가 된 책임도 무겁습니다. 늙으신 어머님을, 병든 아내를, 어린 자식들을, 불안해 하는 양떼를 선한 목자이신 주님께 맡겨드립니다. 병들고 상한 자를 사매어 주시고, 길 잃고 헤매는 자들을 인도하시며, 낙심하고 범죄(犯罪)한 자를 주님의 보혈(寶血)로 사유(赦宥)하여 주옵소서. 인간을 얽매인 인정(人情)의 줄이 나를 얽어매지 않도록 기도해 주십시오. 부모나 처자를 예수님 보다 더 사랑하는 자는 예수님께 합당치 않다 하셨으니, 저로 예수님께 합당한 자가 되도록 도와 주옵소서!"

네 번째, 저의 기도는 **'의(義)에 살고 의에 죽게 하여 주옵소서'** 입니다.

"사람이 세상에 태어나 사람으로서 마땅히 행하여야 할 의(義)가 있습니다.

나라의 국민이 되어서는 충절(忠節)의 의가 있고, 여자가 되어서는 정절(貞節)의 의가 있고, 그리스도인이 되어서는 그리스도인의

의(義)가 있습니다.

이 몸이 어려서 예수님 안에서 자랐고 예수님께 헌신(獻身)하기로 열 번, 백 번 맹세했습니다. 예수님의 이름으로 밥 얻어 먹고, 목사가 되어 영광을 받다가 하나님의 계명(誡命)이 깨어지고 예수님의 이름이 땅에 떨어지게 된 오늘, 이 몸이 어찌 죽음을 피하려 하겠습니까? 인생은 짧고 의(義)는 영원합니다. 사랑하는 교우 여러분! 의에 죽고 의에 삽시다. 의를 버리고, 예수님께 향한 의를 버리고 산다는 것은 짐승의 삶만 같지 못합니다. 예수님은 살아 계십니다. 여러분, 부디 예수로 죽고 예수로 삽시다."

다섯 번째, 저의 기도는 **'내 영혼을 주님께 부탁합니다'**입니다.

"오, 주님, 예수여! 내 영혼(靈魂)을 주님께 부탁합니다. 십자가를 붙잡고 쓰러질 때, 내 영혼(靈魂)을 받아 주시옵소서! 혹시 옥중(獄中)이나 사형장(死刑場)에서 저의 목숨이 끊어질 때, 저의 영혼을 받아 주시옵소서. 아버지의 집은 나의 집, 아버지의 나라는 저의 고향이로소이다. 더러운 땅을 밟던 내 발을 씻어서 저로 하여금 하늘나라의 황금길을 걷게 하옵시고, 죄악 세상에서 부대끼던 저를 깨끗게 하사 영광의 조건에 서게 하시옵소서. 저의 영혼을 주님께 의탁하나이다. 아멘."

눈물 바다를 이룬 산정현교회 예배당에서 그날 그 자리에서만은 모든 사람이 하나였다. 일본의 앞잡이로 손가락질 받던 조선(朝鮮) 형사(刑事)들까지 눈물을 머금었다.

▶ 외로운 하나님의 종

목사님이 집으로 돌아오신 뒤 6개월 후의 일이다. 8월 초순 어느 주일예배 시간이 임박(臨迫)하여 여러 명의 형사대가 찾아와 설교하지 못하도록 막았다. 주목사는 얼굴빛 하나 변하는 일없이 형사 앞에 꼿꼿하게 섰다. **"당신네들은 일본의 헌법(憲法)에 예배(禮拜)의 자유(自由)가 보장(保障)된 것을 모르시오? 당신들은 지금 예배를 방해(妨害)하는 것이 아니라 헌법을 위반(違反)하고 있오."** 순간 형사들이 얼어 붙는 것 같았다. 목사님은 지혜(智慧)롭게 적을 공격한 것이다. 그날의 설교가 있은지 나흘 째 되던 날, 여섯 명의 형사들이 사택으로 들이닥쳤다. "갑시다!" "이번에는 무슨 명목이요? 법에도 없는 폭력(暴力)을 언제까지 행사하리라 믿고 이러시오? 나는 당신네들에게 끌려갈 일을 한 적이 없소." "잔소리가 많다." 부장형사가 목사의 팔을 낚아챘다. 고무신을 신고 있는 주목사를 형사들 서 너 명이 달려들어 잡아 끌었다.

일본 관헌(官憲)은 9월에 소집할 예수교 장로회 제28차 총회에서 '**국민정신 총동원 조선예수교 장로회연맹**'을 조직할 사전(事前) 모의(謀議)를 끝낸 뒤에 그 계획에 방해가 될 것 같아 미리 **주기철** 목사를 구속(拘束)한 것이다.

주목사를 연행(連行)하자마자 '**시미즈가**' 형사는 지하실에 끌어다 놓은 주목사를 먼저 거꾸로 매어 달았다. 그리고 주전자에 고춧가루를 풀었다. 피가 머리로 내리 쏟아지고 눈알이 당장 빠질 듯 했다. 코로 입으로 들이붓는 고춧가루물은 뇌수(腦髓)를 긁어 흔들며 단번에 숨통을 막았다. 목구멍이 찢어지고 콧 속이 타는 듯 했다. 얼마 만에 기절(氣絕), 다시 의식이 돌아오자 그들은 주목사를 천장에서 끌어내려 엎어 놓고 등을 발로 밟고 옆구리에 발길질을 했다. 코로 입으로 들어갔던 고춧가루물이 다시 조금씩 밀려나왔다. 그들은 주목사를 의자에 묶어 놓고 전기 고문(拷問)을 했다.

"전기 찜질을 하셨으니 이번에는 손톱 소재를 해드리지." 대나무 바늘로 손톱을 쑤시고 발톱을 후볐다. 그때 홀연(忽然)히 주목사의 입에서 통일 찬송가 197장이 흘러 나왔다.

"이 세상 험하고 나 비록 약하나 늘 기도 힘쓰면 큰 권능(權能) 얻겠네. 주의 은혜(恩惠)로 대속(代贖)하여서 피와 같이 붉은 죄 눈같이 희겠네."

"아니 이게 무슨 소리야?" 형사들은 얼굴을 흉측(凶測)하게 찌푸렸다. "예수한테 힘을 달라고 노래를 한다. 생명이 오락가락하는 고문을 받으면서 노래를 부른다고?…" 주목사는 다시 천장에 거꾸로 매어 달렸다. 그리고 코와 입으로 쏟아 붓는 고춧가루물을 들이켰다. "하나님 찬양… 주여, 나를 주님 곁으로 부르소서. 나의 육체(肉體)가 슬프오니 내 슬픔을 거두어 주소서. 주여!!…"

▶ 시험받는 산정현교회

산정현교회 교인들은 목자(牧者) 잃은 양떼였다. 며칠 후 평양경찰서에서 산정현교회 긴급(緊急) 호출(呼出)이 떨어졌다. 경찰서로 간 교회 중진(重鎭)들에게 경찰서는 지시사항(指示事項)을 주면서 협박(脅迫)을 했다.

① 교회 재직(在職)은 모두 매주일 반드시 한 번씩 신사참배를 이행할 것.

② 설교 또는 교회 사무(事務)는 재직(在職)들이 집행(執行)하고 서양인과 기타 다른 사람은 교회에 관여(關與)하지 못한다.
③ 이 사항들에 관한 결정을 금일 오후 3시까지 회답(回答)할 것.
④ 이상 세 가지 항목 중에 단 한 가지라도 불응(不應)할 때에는 당장 내일부터 교회를 폐쇄(閉鎖)한다.

이제는 **주기철** 목사와의 싸움이 아니라 산정현교회와의 싸움이 구체적으로 시작된 것임을 모두가 알고 있었다. 주일예배는 그야말로 눈물의 예배였다.

예배를 감시하던 형사들이 분위기를 살벌(殺伐)하게 만들었다. 성도들 개중에는 조심스럽게 눈치를 보아가며 타협(妥協)을 제의하는 사람도 없지 않았다. 그러나 대부분의 성도들은 **"모두 경찰서에 갇히는 것이 낫지, 순교(殉教)라면 몰라도 누가 배교(背教)에 앞장을 서라는 말이요? 산정현교회가 지금까지 지켜 온 정절(貞節)이 아까워서라도 그렇게는 안 될 일이다."**라고 하였다. 또한 청년회원들은 혹시(或是)라도 제직들이 신사참배(神社參拜)를 하기로 결정할까봐 눈을 부릅뜨고 있었다. 신사참배가 결정되지 않자 그날 오후 형사대 십여 명이 예배당으로 들이닥쳤다. 그러나 예배당 안에 엎드려 있는 사람들에게 위협적(威脅的)인 말 몇 마디를 던졌을 뿐, 감히 교회문에 못을 박지는 못했다.

10월 3일의 일이었다. 수요일예배 설교를 하려고 강단에 올라가던 방장로를 갑자기 형사 서 너 명이 덮쳤다. "장로의 설교가 금지된 것을 알고 있으면서 무슨 반항이야?" 형사들은 60을 넘긴 방장로의 팔을 비틀어 잡아끌면서 밖으로 나갔다. 교인들은 일제히 하나님 아버지를 부르며 엎드려 통곡(痛哭)을 터뜨렸다. 통곡(痛哭)이 바로 기도(祈禱)요 찬송(讚頌)이요 찬양(讚揚)이었다.

▶ 영문(營門) 밖의 길

방장로의 끌려간 곳은 주기철 목사님이 고문(拷問)을 당하고 있던 지하실이었다. "어이 주목사…! 당신이 잘못 가르쳐서 여기까지 잡혀 온 늙은이가 있으니 보라구…!" 하면서 방장로를 천장(天障) 지렛대에 팔목을 묶어 놓고, 다리며 발바닥을 몽둥이로 마구 때려 살이 터지고 피를 흘리게 만들었다.

형사들은 주목사를 매어달아 놓은 채, 그 앞에서 방장로를 형틀에 묶어 놓고 미친듯이 두드려 패기 시작했다. 방장로는 고통(苦痛) 중에도 주목사님이 괴로워할 것만 염려되어 신음(呻吟)소리 한 번 마음 놓고 쏟아내지 못했다.

"야…! 이 늙은 것이 매를 맞다가 죽는 것이 소원이야? 바른 대로 불어! 누가 신사참배(神社參拜)를 하지 말라고 시켰어…?"

"사람이 시킨 것이 아니라 우리 하나님께서 그 따위 우상(偶像)에게는 절하지 말라고 하시었소. 나를 이 자리에서 죽여 보시오. 그 외에 다른 대답이 나오겠는가…!!" 독이 오른 형사들은 누가 더 잔인(殘忍)한 매질을 하는가 경쟁을 하면서 양쪽에서 몽둥이를 마구 휘둘렀다.

방장로는 일어나 걷지 못하는 주목사를 끌어 등에 업고 감방(監房)을 향해 걸었다. 이것이 이유가 되어 기운이 남아 저렇다며 방장로를 또 다시 끌어다가 고문을 시켰다. 새벽 2시가 넘어서야 감방(監房)에서 돌아왔다.

"장로님, 우리의 정신은 생생합니다. 더구나 주님의 장중(掌中)에 붙잡혀 있는 우리의 영혼(靈魂)은 아무도 건드리지 못하지요. 일본 관헌(官憲)이 무슨 짓을 한다 해도 우리의 영혼(靈魂)만은 흠집 없이 지켜주십니다…."

주목사는 기도하는 방장로의 등 뒤에 대고 나직히 그동안 고문(拷問)을 당하면서 한줄 한줄 기도하듯 지은 '**영문 밖의 길**'이라는 시를 그 무렵 널리 알려진 '**다뉴브 강의 잔물결**'이라는 곡조에 붙여 노래를 불렀다.

> "서쪽 하늘 붉은 노을 영문(營門) 밖에 비치누나,
> 연약(軟弱)하온 두 어깨에 십자가를 걸머지고,
> 머리에는 가시관 몸에는 붉은 옷,
> 한없이 걸어가신 영문(營門) 밖의 길이라네…"

▶ 목사직 파면과 산정현교회의 폐쇄

경찰은 산정현교회에 압력(壓力)을 가하여 신사참배(神社參拜)를 시키려고 안간힘을 써보았으나, 교회는 똘똘 뭉쳐 신사참배(神社參拜)를 거부(拒否)했다.

평양노회장 최목사를 이용하여 회유(懷柔)를 해보았으나 실패하자, 경찰의 명령에 따라 임시노회로 총회의 신사참배 결의와 총회장의 경고문(警告文)을 무시한 주기철 목사를 파면(罷免)시켰다.

부활주일(復活主日)에 평양노회 전권위원들 9명이 강단을 차지

하고 이인식 목사를 당회장으로 세울 것이라는 것을 알고 교인들은 부활주일 전날 밤부터 예배당에 모여 눈물로 기도하며 밤을 세웠다. 주일을 앞둔 예배당의 철야기도(徹夜祈禱)는 장엄(莊嚴)이요 거룩이었다. 주일예배(主日禮拜) 시간이 다가오자 **양재현** 집사가 당시 204장(통일384장) '내 주는 강한 성이요' 와 통일390장 '십자가 군병들아' 를 이어서 부르며 절대로 중단하지 말자고 외쳤다. 9명의 수습위원 목사님들과 경찰 40여 명이 밀어닥쳐 중지를 시키려 악을 써댔으나 곧 찬송소리에 묻혀 버렸다. 화가 난 형사들이 교인들을 잡아서 끌어내고 내동댕이치며 감옥(監獄)으로 끌고 갔다. 결국 경찰은 예배당(禮拜堂)을 폐쇄(閉鎖)시켰다. 경찰은 주기철 목사의 가족들이 기거하고 있는 사택도 빼앗았다.

▶ 저 높은 곳을 향하여

주목사님을 취조(取調)했던 **'구가'** 경사는 목사님의 거룩한 모습을 보고 "주기철 목사가 국사범(國事犯)만 아니었다면 나는 정말 주목사님을 존경할뻔 했소."라고 고백했다. 평양경찰은 일단 **주기철** 목사를 가석방(假釋放)이라는 명목으로 방면(放免)할 방침(方針)을 세웠다. 가석방의 소식을 들은 산정현교회 교우들은 서로 얼싸안고 울며 웃으며 기뻐했다. 목사님은 산정현교회로 가서 손수 각목을 떼어내고 교회로 들어가셨다. 먼지 앉은 강단 앞에 무릎을 꿇고 엎드렸다. "주님, 주님이 견디셨습니다. 주께서 이기셨습니다. 나에게 견딜 수 있는 힘을 만나(μάννα)처럼 내려주시며 주께서 이 길을 가십니다. 그러나 주님, 감히 질문을 해도 된다 하시면 그 나라에 이르기까지 제가 겪어야 할 일은 얼마나 남아 있습니까? 주님, 이 흩어진 양떼를 어떻게 하시렵니까?"

경찰은 목숨을 걸고 '**신사참배 반대운동**'을 펼치며 부흥집회로 '**교회재건운동**'을 서둘던 **한상동, 이기선** 목사를 구속(拘束)하면서 주기철 목사님을 다시 수감(收監)했다. 가석방(假釋放)되어 집에서 기거(起居)하기 한 달여 만에 '**교회재건파**'(敎會再建派)라 이름을 붙인 목사님들 21명과 주기철 목사, 그리고 신사참배(神社參拜) 반대자들에 대한 일체 검거(檢擧)가 시작되었던 것이다.

1940년 여름 일본은 동아일보와 조선일보를 폐간(廢刊)시켰고, 22년간 조선교회의 보수적(保守的) 신앙(信仰)을 이끌어가며 꾸준하게 출간되던 '신학지남'까지 폐간시키므로 평양신학시대의 막을 강제로 내렸다. 그리고 다시 장로회 총회를 앞두고 수많은 목사들과 신자들을 검거(檢擧)했다. **한상동** 목사와 **주남선** 목사가 검거되고 **손양원** 목사는 여수 경찰서에 투옥(投獄)되었다.

▶ 잔인한 특별면회

다음 해 초봄, 느닷없이 형사가 들이 닥쳤다.

특별면회라고 하면서 식구들 모두 함께 데리고 갔다.

특별히 면회라는 말에 노모(老母)는 솔깃하고, 광조(아들)는 그저 좋아하며 따라 나섰다. 그런데 3층 형사실이 아닌 지하 고문실(拷問室)로 데리고 갔다. 형사들은 가족들이 보이는 앞에서 주목사님을 잔인(殘忍)하게 고문(拷問)하기 시작했다. 노모(老母)는 기절(氣絕)하여 시멘트 바닥에 쓰러졌고, 오사모(師母)는 어머님을 무릎에 안고 엎드려 숨차게 주님만을 찾았다.

목사님이 기절(氣絕)하니 천장에서 끌어내려 이제는 고춧가루를 주전자에 풀어 그 물을 주목사님의 코와 입에 붓기 시작했다. 형사는 주목사가 고문받는 것을 지켜보지 않는다고 노모와 오사모를 발길로 걷어차고 머리끄덩이를 끌어 내동댕이쳐가며 소리를 질렀다. 목사님의 배가 출산(出産) 직전의 임산부(姙産婦)처럼 부풀어 오를 때까지 붓더니 이제는 목사님의 배에 의자 둘을 엎어놓고 배를 짓눌렀다. 핏물인지 진물인지 검누런 물이 코에서 귀에서 쏟아져 나왔다. 노모는 다시 기절하여 늘어지셨고, 오사모는 더 이상 볼 수 없어서 눈을 감았다. 형사들은 야비(野卑)한 웃음을 떠올리며 목사님을 일으켜 책상 위에 앉혔다. 주목사와 오사모의 눈이 마주치자 깊은 신뢰(信賴)와 아픔과 사랑으로 미소를 지었다. 그런데 갑자기 "야, 이년아!" 벼락치는 소리와 함께 형사들은 검도용 칼로 오사모를 후려치며 발길질을 하고 모욕적(侮辱的)인 언사(言辭)를 퍼부었다. 살이 터지면서 흐른 피가 시멘트 바닥을 붉게 적셨다.

밤이 깊어서야 세 식구는 경찰서에서 풀려났다. 노모는 정신을 잃었고 어린 광조(아들)는 아버지가 당하는 고문과 어머니의 매 맞는 모습을 지켜보다가 그 충격으로 말을 잃었다. 그러나 입을 벌려 말을 해보려고 애쓰던 광조는 끝내 목소리를 내지 못하고 쓰러져 울음을 터뜨렸다. "괜찮다. 그러면 좀 더 견디자. 우리 기도하며 기다리자꾸나." 오사모는 어린 광조를 가슴에 안았다. 오사모의 가슴이 찢어지듯 한없이 쓰라리고 아팠다.

▶ **나를 돌박산에 묻어주오.**

1944년, 전쟁은 이제 막바지에 달한 것 같았다. 그간에 폐쇄(閉鎖)된 교회가 2백여 교회, 목회자나 장로, 집사, 평신도들을 구속(拘束), 수감(收監)한 숫자가 2천여 명에 이르렀다. 징병제(徵兵制)는 학병제(學兵制)로까지 이어졌다. 학교 건물뿐 아니라 교회 건물까지 일본 군대(軍隊)를 주둔(駐屯)시켰고 교회안에까지 '가미다나(神棚)' 를 설치(設置)했다.

4월 19일 저녁에 형무소에서 사람이 찾아왔다. "주기철이 위독(危篤)하여 병감(病監)에 수용(收容)되어 있으니, 긴급 면회 바람." 이라고 전해 주었다. 오사모는 그 소식을 듣고 날이 밝기도 전에 형무소로 정신 없이 달려갔다. 간수는 면회실이 아닌 소장실로 오사모를 안내했다. "부인, 부군께서 너무 위중(危重)한데 병원으로 모시고 가십시오. 수속을 밟아 드리겠습니다."

이들은 열흘 전에 **최권능** 목사님을 이렇게 옥중에서 강제로 밀어내었다. 최목사님은 옥중(獄中)에서 소천(召天)하시겠다는 뜻을 굽히지 않으셨지만 강제로 모시고 나가서 5일 째인 4월 15일 병원에서 소천(召天)하지 않았는가? 이들은 목사님들이 옥중(獄中)에서 순교(殉敎)하셨다는 소문(所聞)을 두려워 하고 있었던 것이다. 주기철 목사님은 두 간수(看守)에게 의지하여 겨우 들려오셨다. 서 있을 힘도 잃은 듯 간수(看守)들에게 몸을 의탁(依託)한 목사님은 앞이 보이지 않는 듯 초점(焦點)을 맞추지 못하고 힘없이 비틀거렸다.

오사모는 간절한 심정으로 주목사님에게 말했다.

"목사님 승리하셔야 합니다. 이제 다 오셨습니다. 끝까지 승리하셔야 합니다.

주님께서 월계관을 들고 계신 것 보이시지요? 눈을 들고 바라보세요. 주님의 얼굴을 바로 보세요! 목사님…!!!"

드디어 주목사님이 타 붙은 입을 겨우 열어 오사모에게 말했다.

"나는 머지않아 주님 앞으로 갈 것이오. 아…!! 어머님이 보고 싶소…! 불쌍한 어머님을 내 대신 잘 모셔주시오. 어린 자식들을 잘 부탁합니다. 나는 하나님 앞에 가서 조선 교회를 위하여 기도하겠소…! 교회에게 내 말을 전해주시오. 여보, 나를 웅천으로 가져가지 말고 평양 돌박산에 묻어주시오…!!!" 주목사님의 마지막 부탁이었다.

그 말을 다 마치지도 못하고 목사님은 쓰러졌고 간수들은 황급(遑急)하게 목사님의 몸을 양편(兩便)에서 붙들었다. 끌려가시던 목사님이 뒤돌아보시며 **"여보…!! 따뜻한 숭늉 한 그릇 마시고 싶소…!!!"** 하시며 진한 여운(餘韻)을 남기고 조용히 가셨다. 오사모는 그날 밤을 혼자 엎드려 한없이 울고 또 울었다. 때는 바야흐로 일본이 완전히 무너지기 1년 4개월 전이었다.

"목사님의 유체(遺體)를 모시고 나가겠습니다. 수속해 주십시오."

이미 밖에서 애타게 기다리던 **백인숙** 전도사와 여집사들은 사태를 짐작하고 달려와 함께 끌어안고 한없이 흐느껴 울고 울며 또 울었다.

"우리 목사님이 승리 하셨습니다! 승리하셨습니다…!!

주님이 지금 기뻐하십니다!! 목사님의 승리(勝利)를 기뻐하십니다…!!!"

▶ **세 개의 면류관**

"사모님, 어제 목사님께서 운명(殞命)하시던 순간(瞬間)…"

'**내 영혼(靈魂)의 하나님이시여! 나를 붙들어 주옵소서!**' 하며 마지막 외치시던 음성이 어찌나 우렁찼던지 주변에 있던 사람들 모두가 무척 놀랐습니다.

"**목사님께서는 승리(勝利)하셨습니다.**"라고 한 간수(看守)가 말해주었다.

5일장, 장례일인 화요일 아침에는 눈부시도록 화창하게 밝은 햇살이 쏟아졌다. **평양 고등보통학교** 정문 앞 광장이 인산인해(人山人海)를 이루었다.

경찰관들이 몰려 들었으나 그 수많은 사람들 기세(氣勢)에 눌렸는지 아무런 행동개시(行動開始)도 하지 못했다. 기자묘 앞을 지나서 대성산 공동묘지에 **드디어 목사님이 그렇게도 그리워 하시던 돌박산**에 이르러 고히 **잠**들었다.

어머니를 사랑하는 효자(孝子)**요,**

아이들의 훌륭한 **아버지요,**
애정을 가진 남편이요,
연약(軟弱)한 **육신**(肉身)을 **입은 인간**(人間) **주기철**.....
그러나 그 인간(人間)**의 애절**(哀切)**함과 연약**(軟弱)**함을 지고,**
좌로나 우로나 치우치지 않고 십자가(十字架)**만 바라보며,**
묵묵히 한 **걸음** 한 **걸음씩 일사각오**(一死覺悟)로,
끝까지 오직 주님만을 따라간 하나님의 진실된 종이었다.
오직 하나님을 사랑하기에 하나님의 명령(命令)**에,**
겸손(謙遜)**히 죽기까지, 죽을 때까지 온전**(穩全)**히 순종**(順從)한,
그야말로 충성(忠誠)**스러운 진실**(眞實)**되고 참된 종이었다.**

**주기철 목사님의 값진 순교(殉教)는,
평양 산정현교회와 오정모 사모(師母)와
온 가족(家族)이 함께 한 고난(苦難) 후의
찬란하고 아름답게 빛나는 참되고 거룩한 순교(殉教)의
최고(最高) 면류관(冕旒冠)이며 영광(榮光)이라 할 수 있다. -아멘-**

6. 예수님 12제자의 순교 일지

요세푸스 교회사 중의 "예수의 12제자 순교 일지"에 보면 예수님의 12제자 중 11제자는 모두 다 아름다운 순교(殉教)로 끝을 맺었다.

그러나 사도(使徒) 요한은 끓는 기름가마 속에서 순교를 당할 뻔했는데 요한 계시록을 기록해야 하는 사명(使命)이 남아 있었기 때문에 특별히 주님께서 극적으로 살려 주셔서 요한 계시록(啓示錄)을 쓰게 하셨다.

▶ **이제 '요세푸스 교회사' 중의 "예수의 12제자의 순교 일지"를 소개하면서 조용히 끝을 맺는다.**

① 베드로 – 로마에 가서 전도(傳道)하다가 거꾸로 십자가에 못 박혀 죽임을 당함.

② 안드레 – 그리이스에 가서 전도(傳道)하다가 아가야성에서 X자형의 십자가에서 줄에 매달려 죽임을 당함.

③ 야고보 – 예루살렘에서 전도(傳道)하다가 헤롯에게 칼로 목

베임을 당해 죽임을 당함.

④ 요한 – 에베소에 가서 전도(傳道)하다가 핍박을 받아 끓는 기름가마에 던졌지만 저절로 튀어나오는 바람에 박해(迫害)하던 사람들을 깜짝 놀라게 했다. 결국 그를 밧모섬에 귀양을 보냈고 그곳에서 하나님의 계시(啓示)를 받아 요한 계시록을 기록했다.

⑤ 빌립 – 소아시아 부르기아에 가서 전도(傳道)하다가 기둥에 매달려 죽임을 당함.

⑥ 바돌로메 – 아르메니아에 가서 전도(傳道)하다가 거꾸로 십자가에 못박혀 죽임을 당함.

⑦ 도마 – 인도에 가서 전도(傳道)하다가 창에 맞아 죽임을 당함.

⑧ 마태 – 이디오피아에 가서 전도(傳道)하다가 목 베임으로 죽임을 당함.

⑨ 알페오의 아들 야고보 – 성전 꼭대기에서 떨어뜨려 죽임을 당함.

⑩ 가나안인 시몬 – 애굽에 가서 전도(傳道)하다가 다시 유대에 돌아와 전도하다가 활에 맞아 죽임을 당함.

⑪ 야고보의 동생 유다 – 페르시아에 가서 전도(傳道)하다가 활에 맞아 죽임을 당함.

⑫ 맏디아 – 이디오피아에 가서 전도(傳道)하다가 돌에 맞아 죽임을 당함. (가룟유다 대신 12제자의 반열에 오름)

※ 12제자 중에 순교(殉敎)를 당하지 않은 사람은 오직 한사람 사도 요한밖에 없다.

"성도의 죽는 것을 여호와께서 귀중히 보시는도다"(시 116:15).
"한 번 죽는 것은 사람에게 정하신 것이요 그 후에는 심판이 있으리니"(히 9:27).
"네가 얼굴에 땀이 흘러야 식물을 먹고 필경(畢竟)은 흙으로 돌아가리니 그 속에서 네가 취함을 입었음이라 너는 흙이니 흙으로 돌아갈 것이니라 하시니라"(창 3:19).
"다 흙으로 말미암았으므로 다 흙으로 돌아가나니…"(전 3:20).
"내일 일을 너희가 알지 못하는도다 너희 생명이 무엇이뇨 너희는 잠간 보이다가 없어지는 안개니라"(약 4:14).
"모든 육체는 풀과 같고 그 모든 영광이 풀의 꽃과 같으니 풀은 마르고 꽃은 떨어지되 오직 주의 말씀은 세세(世世)토록 있도다…"(벧전 1:24).
"예수 그리스도는 어제나 오늘이나 영원토록 동일하시니라"(히 13:8).
"…네가 죽도록 충성(忠誠)하라 그리하면 내가 생명의 면류관(冕旒冠)을 네게 주리라"(계 2:10).

이제 마지막으로 성도(聖徒)의 죽음은 끝까지 아름다워야 하고 전도자(傳道者)의 죽음은 밝은 빛과 같이 아름답고 찬란(燦爛)하게 유종지미(有終之美)를 거두어 끝까지 승리(勝利)하여야 한다. 이것이 참으로 아름다운 전도(傳道)의 원리(原理)이다. – 아멘 –

제 13 장

결론(結論)

제 13 장

결론(結論)

전도(傳道)는 어느 누구든지 꼭 해야 할 의무(義務)이다.

전도(傳道)는 언제 어디서든지 반드시 해야 할 임무(任務)이다.

전도는 주님의 지상명령(至上命令)이요 또한 그리스도인의 직무(職務)이다. 불신자의 영혼(靈魂)이 장차(將次) 죽어서 지옥(地獄, Hell)[15]으로 갈 것을 뻔히 알면서도 전도하지 않는 것은 성도(聖徒)로서 도저히 있을 수 없는 일이다.

그리스도인은 어느 누구든지 모두 다 전도자(傳道者)이다.

신자(信者)로서 복음을 전하는 전도자가 아닌 자는 아무도 없다.

그러나 전도하지 않는 것은 불신앙(不信仰) 때문이고 믿음이 적어서 담대(膽大)하지 못하기 때문이다. 만일 전도하려고 기도(祈

---

15) 지옥(地獄) : ① 기독교적으로, 예수 믿지 않는 사람이 사후에 영이 하나님의 심판을 받아 영원토록 고통을 당하는 곳
② 종교적으로 보면, 이 세상에서 생전에 죄악을 범한 사람이 사후에 영이 영원히 고통을 받는 곳.

禱)하고 열심을 다하면 하나님은 전도의 문을 열어 주시고 구원(救援)의 열매를 맺게 해 주실 것이다.

성경에 나타난 주님의 일꾼들은 한결같이 모두 다 전도하는 사람들이였다. 그들은 그 일이 너무나 힘들고 도저히 감당(堪當)하기 어려워도 결코 거절(拒絕)하지 않았다. 전도(傳道)하다가 핍박받아 극심(極甚)한 고통을 당하여 죽는 한이 있더라도 묵묵(默默)히 그 뒤를 따르는 자들은 계속(繼續)해서 있었다.

예수의 제자(弟子)들도 예수와 항상(恒常) 함께 있기를 원했지만 주님은 그들을 도리어 훈련(訓練)하고 위로(慰勞)하여 세상으로 보내셨다(마 28:19~20).

오늘날 혹자(或者)는 자신이 마치 구약(舊約)의 선지자(先知者)들처럼 심판(審判)을 전하는 자같이 착각(錯覺)하며 권위주의(權威主義)를 휘두르고 있다. 그런 일은 이미 지나간 사람들이 한 일이다. 우리는 예수님께서 십자가(十字架) 위에서 피흘려 죽으심으로 이루어 놓으신 구원(救援)의 복음(福音)을 이 생명을 다하여 세상 끝날까지 담대(膽大)하게 전파(傳播)해야 한다.

지금 세상은 심판(審判)을 몰라서 망하는 것이 아니라 예수를 믿지 않음으로 망하는 것이다. 신약교회(新約敎會)의 역사(役事)는 순전히 핍박(逼迫)과 박해(迫害)를 무릅쓰고 복음을 전파(傳播)하다가 죽어간 순교자(殉敎者)들의 흘리신 피의 발자취를 따르는 것이다. 오늘날 현대교회의 할 일은 역시 전도이다. 현대교회(現代敎會)는 공명심(功名心)에 치우쳐, 각종(各種) 행사(行事)에만 참여(參與)함으로써 유명무실(有名無實)한 명분(名分)을 얻으려는 비겁

(卑怯)한 투쟁(鬪爭)으로 오히려 분열(分裂)을 가져오기가 일쑤다.

일하지 않고도 교회의 부흥(復興)을 얻으려는 잘못된 모순(矛盾) 때문에, 이미 예수를 믿고 있는 사람들을 모으려는 영적(靈的) 전투(戰鬪)가 결국 서로를 중상(中傷)하거나 모략(謀略)하게 하여 교회의 상처(傷處)만 더해가고 있다.

현대(現代)의 크고 작은 모든 교회(敎會)들은 이런 비겁(卑怯)하고 실속 없는 헛된 수단(手段)과 방법(方法)을 버리고 오직 기도(祈禱)로 오직 성령(聖靈)으로 감동(感動)되어 성령(聖靈)의 능력(能力)으로 충만(充滿)해야 한다.

오직 성령(聖靈)으로 하지 않고는 결코 진정(眞正)한 전도도 할 수 없고 교회 부흥(復興)도 결코 가져올 수 없다. 교회는 예배당(禮拜堂)을 마련하더라도 전도를 목적(目的)으로 해야 하고, 무슨 행사를 한다고 할지라도 그 모든 일이 전도가 목적이 되어야 하고, 설교와 가르치는 것 그 모두가 오직 전도가 목적이 되어야 한다. 성경에는 이웃을 전도하지 않는 죄가 있다는 것을 가르치고 있으니 지상의 모든 교회들은 철저(徹底)하게 열심히 훈련하여 전도에 임하여야 한다. 이렇게 값없이 선물(膳物)로 주신 복음을, 받은 자만이 독점(獨占)할 수 없다. 복음을 전하지 않으면 도리어 화(禍)가 된다는 것을 바울은 말했다(고전 9:16). 교회(敎會)가 부흥(復興)하지 못하고 성장(成長)하지 못하는 이유(理由) 중 하나는 주님의 뜻에 불순종(不順從)하고 전도하지 않기 때문이다.

교회가 전도하라 하신 주님의 명령을 진심으로 받아들여 그 명령에 두렵고 떨리는 마음으로 순종하면, 각 교회는 주님의 도우심으로 부흥될 것이다.

전도의 씨가 혹 길가에 떨어지기도 하고, 혹 돌밭 가운데 떨어지기도 하고, 혹 가시덤불 가운데 떨어지기도 하지만 더러는 옥토(沃土)에 떨어지면 혹 백 배, 혹 육십 배, 혹 삼십 배로 열매를 맺을 수가 있다(마 13:8).

혹 피곤(疲困)할지라도, 혹 지루할지라도, 혹 싫증난다 할지라도, 혹 짜증나고 고통(苦痛)스럽다 할지라도 전도에는 다른 수단과 다른 방법이 없다. 성령(聖靈)의 감동(感動)으로 충만(充滿)해지면 할 수 있는 것이 전도이다.

성도가 자기 일생동안 과연 몇 사람이나 구원(救援)했느냐 함은 중요한 문제이다. 예수께서 씨 뿌리는 비유(比喩)에서 비유로 증거(證據)하셨듯이, 한 알의 씨가 옥토(沃土)에 떨어져 죽으면 혹 백 배, 혹 육십 배, 혹 삼십 배로 열매를 맺을 수 있다. 어떤 교회의 일꾼들은 가만히 앉아서 노력(努力)도 없이 사람들이 도와주기를 기도(祈禱)하면서 기다리며 바라보고만 있다.

그러나 실제(實際)로 바라고 믿고 움직이지 않는 자에게 하나님은 붙여주지도 않으시고 보내주지도 않으신다는 사실(事實)을 깨달아야 한다. 주님이 제자(弟子)에게 "내 양(羊)을 먹이라" 고 하심을 생각하자. 이미 주님께서 자기(自己)를 사랑하는 자에게 자기의 양들을 맡기신 것이다.

오직 하나님이 자신을 쓰시도록 철저(徹底)히 준비(準備)하며 노력해야 한다. 더욱 겸손(謙遜)하여 주님의 명령(命令)을 순종(順從)하며 수행(隨行)하려고만 하면 주님께서도 그를 사랑하시고 모든 것을 더해 주실 것이다.

주님이 "있는 자에게 더 있게 하신다"는 말씀을 기억(記憶)하고 주님을 위해서 열심히 하려고만 하면, 더할 수 있도록 열어 주실 것이요, 혹 부족(不足)하면 더 열심히 주님 앞에 엎드려 간절(懇切)히 기도해야 한다.

전도(傳道)에는 아무리 좋은 이론(理論)이 있다 하더라도 그것만 믿고 전도하지 않고 일하지 않는 이들에게는 아무런 효력(效力)도 없고 열매도 없을 것이다. 주님 나라에 대한 소망(所望)이 없는 자들은 결코 전도하지 않는다. 그러므로 전도를 하는 것은 순전(純全)히 믿음의 결과(結果)이다. 전도(傳道)는 하나님이 기뻐해 주시고 기억해 주시는 영원한 상급(賞給)과 칭찬(稱讚)이 있으니 감사(感謝)하고 기쁜 마음으로 자원(自願)해서 해야 한다.

신학교(神學校)를 졸업(卒業)하고 문을 나서는 사람들에게도 전도에 불타는 사명감(使命感)과 책임(責任)을 반드시 지워서 내보내야 할 것이요, 집사(執事)의 직분(職分)을 받든지 교사(敎師)의 직분을 받든지 그들에게 전도의 짐을 지워 주면서 반드시 실천(實踐)하도록 당부해야 한다.

교회가 주일예배(主日禮拜)에 참석(參席)하고 돌아갈 때는 반드시 전도의 의무를 가지게 할 것이니, 이런 열심(熱心)은 듣는 자가 싫어하거나 귀찮아할지라도 계속 들려 줄 가치와 보람 있는 **주님의 대(大) 지상명령(至上命令)**[16]이다.

16) 주님의 대(大) 지상명령(至上命令) : 예수님의 분부(分付) 중에서 이 세상에 가장 크고 높고 귀한 일.

복음(福音) 전도(傳道)는 교회가 이 땅위에 존재(存在)하는 유일(唯一)한 이유(理由)이며 모든 목회(牧會) 계획도 오직 전도의 목적 아래 세워져야 한다.

하나님은 불타는 사명감(使命感)을 가지고 열심히 기도하며 전도하고자 하는 교회들과 함께 하시며, 그런 곳에 뭇 영혼(靈魂)들을 친히 보내 주셔서 구원(救援)의 길로, 생명의 길로, 영생의 길로 인도(引導)해 주시기를 기뻐하신다.

그러므로 현대교회(現代敎會)는 영적(靈的)으로 깨어서 더욱 정신(精神)을 차리고 근신(謹愼)하여 기도(祈禱)하며, 세상에서 멸망(滅亡)의 포구(浦口)로 마구 달려가는 뭇 영혼(靈魂)들을 구원(救援)하기 위하여 한번 왔다가 가는 나그네 인생길에서 이 생명 다 바쳐 끝날까지 전력투구(全力投球)해야 한다.

이 글의 결론(結論)으로 각 교회(敎會)의 전략(戰略)과 부흥(復興)은 모든 부흥의 총체(總體)인 끊임없는 기도(祈禱)와 전도(傳道)가 가장 효과적(效果的)임을 주의 이름으로 자신 있게 권하고 싶다.

아무쪼록 어려운 환란(患亂)과 고난(苦難)과 역경(逆境)에 버티다 못해 쓰러져, 이 땅위에서 소리없이 조용히 사라져 가는 교회(敎會)들이 오직 기도와 전도(傳道)를 통해서 날마다 살아나며 부흥(復興)하고 발전(發展)하고 성장(成長)하기를 간절(懇切)히 바라며 조용히 기대(期待)해 본다.

이제 마지막으로 우리의 남은 생애(生涯)를 최선을 다하여 저 천국(天國)의 칭찬(稱讚)과 상급(賞給)을 바라보며 매일마다 쫓아감으로 한번 왔다가는 나그네 인생길에서 예수님의 십자가

(十字架)[17] 사랑의 흔적(痕迹)을 이 땅위에 보다 많이 남겨놓고, 최후(最後)로 유종지미(有終之美)를 거두고 우리의 본향(本鄕)인 천국(天國)으로 간 뒤에 후손(後孫)들이 그 본을 받아 구원(救援)의 열매를 차고 넘치게 맺을 수 있도록 기대(期待)해 보면서 가슴 벅차고 떨리는 마음으로 조용히 이 글의 끝을 맺는다.

–아멘–.

17) 십자가(十字架) : ① 고대 서양에서 흉악한 죄인을 사형하던 십(十)자형의 예수가 사형 받은 형구(刑具).
② 기독교에서 예배의 대상으로 교인들이 위하는 십(十)자 모양의 표.

부록

A. 나그네 인생길-1

김경섭 작사

1. 하나님이 주신생명 세상일에 허송하다
한번왔다 가는인생 어느누가 막으리오
철인[18]도 못막으니 후회한들 때는늦고
슬피울며 이를가는 지옥문이 열리네

2. 살아생전 죽은영혼 전도못한 애통함을
후회해도 때는늦고 눈물흘려 소용없네
회개하고 주믿으면 저 요단강 건너편에
영원한 안식처인 천국문이 열리네

3. 황금마차 열두대문 저 천국에 들어가면
괴로움과 슬픔없는 주님품에 늘 안기어
세상에서 힘든멍에[19] 모두 다 내려놓고
천국에서 영원토록 영생복락 누리겠네.

18) 철인(哲人) : 지혜가 밝고 도리(道理)에 정통한 사람.
19) 멍에 : 끌기 위하여 소(畜)나 말(馬)의 목에 얹은 기구.

B. 나그네 인생길-2

김경섭 작사

1. 나그-네 인생길이 제아무리 고달파도
   한번왔다 가는인생 원-망- 을-마-라
   인생도- 한번가면 디-시- 못-오-고
   뜬세상- 부귀영화 물-거- 품-이-라
   아-아- 아--아- 나그네 인생길이여

2. 나그-네 인생길이 왜이다지 어려운가
   한세월이 흘러가면 좋-아- 지-겠-지
   산천도- 봄이오면 꽃-이- 피-는-데
   인생도- 때가오면 꽃-이- 피-겠-지
   아-아- 아--아- 나그네 인생길이여

3. 나그-네 인생길이 왜이다지 빨리가나
   인생이- 흘러흘러 어-디- 로-가-나
   나그네- 가는길은 두-갈- 래-의-길
   믿는자- 천국이요 불-신- 자-지-옥
   아-아- 아--아- 영원한 인생길이여

4. 나그-네 인생길에 욕심일랑 버-리-자
   빈손들고 왔다-가 빈-손- 으-로-가
   정일랑- 두지말자 미-련- 없-이-가
   우리모두 천국에서 다-시- 만-나-자
   아-아- 아--아- 영원한 영생길이여.

C. 낙심 말아라

1. 내어깨에 멘 대사업 이루기 전에는
사람들이 중상[20]하고 원망이 생겨도
절대로 낙심말고 담대히 나가거라
하나님은 네편되어 도와주심 믿어라

2. 동지들이 다 떠나고 황막[21] 한 광야에
너홀로 버림받아도 낙심치 말아라
십자가 바라보며 용감히 나가거라
하나님은 팔을펴사 너를 품어주신다

3. 가시밭에 백합화는 찔리움을 받고
웃고있는 장미에는 폭풍이 불어온다
웃음에 향기뿌려 태풍에 날리어라
하나님은 흠향[22] 하사 너를 칭찬하신다

4. 십자가를 진 후에야 부활 축복오며
밀한톨은 썩은후에 열매를 맺느니라
난관역경[23] 뚫고가 백전불굴[24] 싸우면
하나님은 승리관을 네게 내려주신다. (끝)

---

20) 중상(中傷) : 사실이 아닌 말을 꾸며서 남의 명예나 위신을 손상시키는 일.
21) 황막(荒漠) : 거칠고 한없이 넓음.
22) 흠향(歆饗) : ① 기독교적으로 보면, 하나님이 향기(기도,찬양)를 받음.
② 종교적으로 보면, 신명(神明)이 제물(祭物)을 받음
23) 난관역경(難關逆境) : 극한 어려움을 당하여 일이 뜻대로 안 되는 불행한 처지
24) 백전불굴(百戰不屈) : 온갖 세상 풍파에도 굽히지 않고 꿋꿋이 나아감.

▶ **불경**(나마다경 38장 8절)에 보면 다음과 같은

석가모니의 마지막 예언적 말씀이 기록되어 있습니다.

何時爺蘇來,吾道無油之燈也(하시야소래, 오도무유지등야)

(언젠가 예수께서 오시면, 나의 깨달은 도는 기름 없는 등과 같다)

이것은 실제로 불경에 있는 내용으로 석가가 입멸(入滅)하기 전 최후로 한 설법(說法)에 나오는 말입니다. 이처럼 석가모니(釋迦牟尼)는 마지막에 자신이 깨닫고 가르쳐 왔던 불교의 모든 교리를 부정(否定)하고 지옥(地獄)으로 갔답니다.

성철 스님은 한국 불교계에서 최고로 존경받는 참으로 대단한 분입니다.

"산은 산이요 물은 물이로다"라고 했던 것처럼 산은 산으로, 물은 물로 볼 수 있는 정확한 분입니다. 대부분의 이 세상 사람들은 욕심이 가득하니 산이 산으로, 물이 물로 보이지 않지요. 사람은 죽음 앞에서 정직해 진다고 합니다.

아무런 욕심 없이 세상에 있는 것을, 있는 그대로 보았던 성철 스님은 마지막 죽음의 순간에 자신의 삶을 뒤돌아 보았으며 자신의 미래를 보았다고 합니다.

다음은 성철 스님이 마지막 순간에 본 것을 임종게(臨終偈) 라는 이름으로 남긴 것입니다. (동아일보 1993년 11월 5일 31면, 조산일보 1993년 11월 5일 15면)

生平欺狂男女群(생평기광남녀군) : 일생 동안 남녀의 무리를 속여서,

彌天罪業過須彌(미천죄업과수미) : 하늘에 넘치는 죄업은 수미산을 넘는구나.

活陷阿鼻恨萬端(활함아비한만단) : 산채로 무간지옥 떨어지니 그 한이 만 갈래라.

一輪吐紅掛碧山(일륜토홍괘벽산) : 한 덩이 붉은 해 푸른 산에 걸렸네.

이렇게 성철 스님은 열반(涅槃)[25] 직전에 자기의 일생을 정리하는 한문 28자로 된 열반송(涅槃頌)을 남겼습니다. 일평생 그렇게 맑고 밝고 깨끗하게 산 그분이 살아오면서 남을 속인 죄가 얼마나 많은지, 수미산(須彌山)[26] 보다 더 높아서, 지옥 중에서도 가장 고통이 큰 무간지옥(無間地獄)[27]에 가게 되었다고 하니,

같은 인간으로써 도를 깨닫기 위해 부단히 노력한 성철 스님의 결과는 무엇입니까? 자신의 노력으로는 죄를 도저히 해결할 수 없음을 진솔하게 고백했습니다.

---

25) 열반(涅槃) : ① 불교에서 도를 이루어 모든 번뇌와 고통이 끊어진 경지(境地).
② 불교에서 수행을 통해 진리를 체득하여 생사를 초월한 최고의 경지

26) 수미산(須彌山) : 불교에서 말하는 저승에 있는 상상의 산으로 가장 높은 산.

27) 무간지옥(無間地獄)=아비지옥(阿鼻地獄)–불교에서 말하는 여러 지옥 중에서 고통이 가장 극심한 지옥.

불교의 창시자인 석가모니(釋迦牟尼)[28]와 한국 불교계에서 최고로 존경받는 성철 종정(宗正)[29]은 모든 영계(靈界)를 체험(體驗)한 후 자신들의 마지막으로 갈 곳이 천국이 아닌 지옥인 것을 깨닫고 망연자실(茫然自失)[30]했다고 합니다.

이 세상에 어떤 종교(宗敎)와 극기(克己)도, 고행(苦行)과 수행(修行)도 사람을 온전히 천국(天國)으로 옮겨 놓지는 못합니다. 이 세상의 모든 사람은 자신의 노력과 수단과 방법으로 그 무엇으로도 결코 천국에 갈 수는 없습니다.

예수님께서 만민의 죄를 짊어지고 십자가 위에서 물과 피를 아낌없이 쏟으시고 죽으심으로 죄 값을 지불하시고 3일 만에 부활하심으로 생명의 주가 되셨습니다.

오직 예수 그리스도(Ιησούς Χριστός)를 구주로 영접하고 예수 그리스도를 나의 구세주(救世主)로 믿는 길만이 유일한 구원(救援)에 이르는 길입니다(요 1:12). 그 외에 이 세상에서 천국에 갈 수 있는 길은 그 어떤 길도 주신 일이 없습니다.

"다른 이로서는 구원을 얻을 수 없나니 천하 인간에 구원을 얻을 만한 다른 이름을 우리에게 주신 일이 없음이니라 하였더라" (행 4:12).

---

28) 석가모니(釋迦牟尼) : 불교의 교조(敎祖). 석가(Sakya)는 종족의 이름이고 모니(muni)는 성인이란 뜻이다.
샤카족 출신의 성인이다. B.C.623년에 출생하여 B.C.544에 입멸(入滅)하였다.

29) 종정(宗正) : 종파의 가장 높은 어른.(한국 불교계에서 최고 높은 웃어른)

30) 망연자실(茫然自失) : 깜짝 놀라 정신을 잃고 어리둥절 하는 것.

눈에 보이지 않고 느껴지지 않아도 영원한 천국과 지옥은 확실하게 있습니다.

지금 이시간 예수 그리스도를 믿음으로 받아들이시고 영접(迎接)하세요. 그리고 다음과 같이 큰 소리로 믿음으로 고백하며 기도(祈禱)하세요.

하나님 아버지 감사합니다. 예수님께서 십자가 위에서 피흘려 죽으심으로 저의 모든 죄를 용서하여 주심을 믿고, 예수님께서 다시 부활하심으로 영생을 주심을 믿습니다. 지금부터 저의 모든 생애를 예수님께 맡기오니 지금부터 천국갈 때까지 인도해 주시고 축복해 주옵소서. 예수님의 이름으로 기도 드립니다. 아멘.

그럼 이제 예수 그리스도를 나의 구세주로 굳게 믿고 구원받으시기 바랍니다.

끝으로 이제부터 열심히 교회에 다니면서 하나님의 무한한 복을 받아 누리며 장차 천국에서 영생복락(永生福樂)을 마음껏 누리시기 바랍니다.   – 아멘 –.